욕망하는 몸

국립중앙도서관 출판시도서목록(CIP)

....

욕망하는 몸 : 인간의 육체에 관한 100가지 이야기 / 지은이: 루돌프 셴다 ; 옮긴이: 박계수. — 서울
: 뿌리와이파리, 2007
  p. ; cm

원서명: Gut bei Leibe : hundert wahre Geschichten vom menschlichen Körper
원저자명: Schenda, Rudolf
참고문헌과 색인수록
ISBN 978-89-90024-69-5 03900 : \28000

511.4-KDC4
611-DDC21   CIP2007001279

Gut bei Leibe
Hundert wahre Geschichten vom menschlichen Körper
ⓒ Verlag C. H. Beck oHG, München 2002
Korean language edition arranged with Verlag C. H. Beck through Shin Won Agency Co., Seoul
Korean Translation Copyright ⓒ 2007 by Puriwa Ipari Publishing Co.

욕망하는 몸

인간의 육체에 관한 100가지 이야기

루돌프 센다 지음 | 박계수 옮김

Gut, bei Leibe

뿌리와
이파리

감히 주장하지만, 천재의 모든 작품을 수집하고, 그 목록을 작성하거나 아니면 저장해 놓기 위해서만 태어난 듯 보이는 저속하고 저급한 정신을 가진 인간들이 존재한다. 표절자, 번역자, 편찬자들이 바로 그들이다. 그들은 아무 생각도 하지 않으며, 작가가 이미 말했던 것을 말할 뿐이다. ……그들은 독창적인 어떤 것도 소유하고 있지 않다. 그들은 단지 다른 사람들로부터 배운 것만을 알고 있다. ……안락함과 유용성이 결핍되어 있는 공허하고 어설픈 지식, ……마치 전혀 유통되지 않는 화폐와 같다.

장 드 라 브뤼에르(Jean de La Bruyère), 『성격론』(*Les Caractères, I: Des Ouvrages de l'Esprit*)[1694] Nr. 62; 1995, 152f.

모든 작가들 중에 나는 표절자를 가장 경멸한다. 그들은 코를 킁킁거리며 사방을 돌아다니다가 다른 사람들의 작품에서 일부를 뽑아내어, 정원의 네모난 뗏장처럼 자신들의 작품에 집어넣는다. 표절자들은 활자를 끼워넣어 책 한 권을 만드는 인쇄소의 식자공과 다름없다 ─ 그렇게 하기 위해서 필요한 것은 오로지 손뿐이기 때문이다.

몽테스키외(Montesquieu), 『페르시아인의 편지』(*Lettres Persanes*), 1721, Lettre LXVI

"수만 가지의 말도 안 되는 이야기들을 모았다면 당신은 그것으로 책 한 권을 만들 수 있습니다. 그것은 어려운 일이 아닙니다." ─ "그럴 겁니다. 그런데 제목은 어떻게 하지요─그것이 문제군요!"

구리오(J.-M. Gourio), 『카페의 재치 있는 이야기 모음집』(*Brèves de comptoir*), 3, 1994, 96

감사의 말

먼저 나에게 유용한 지원과 함께 많은 조언을 해준 우어술라 브루놀트 비글러(Ursula Brunold-Bigler), 루이스 칼보(Luis Calvo), 브리기테 프리조니(Brigitte Frizzoni), 루트 가이저(Ruth Geiser), 레굴라 내프(Regula Näf), 수잔네 셴다(Susanne Schenda), 페터 폰 마트(Peter von Matt)와 취리히 중앙박물관의 많은 직원들(특히 고문서 담당 직원들)에게 진심으로 감사의 말을 전한다. 취리히 대학의 민속학 연구소 도서관 역시 매번 많은 도움을 주었다.

퇴직 후 우울증에 빠져 헤매는 동안 여러모로 나를 격려해준 의사들, 보클뤼즈의 패트릭 라미(Patrick Lamy), 취리히의 위르크 뮐러 슈프(Jürg Müller-Schoop), 요나/장크트갈렌의 크리스토프 셍커(Christoph A. Schenker) 박사에게도 감사드린다.

최근 몇 년 동안 막스 뤼티 대학 유럽 민속문학 전공의 정규교수직 '동결'로 인해 책을 집필하는 데 나름의 열정과 여유를 가질 수 없었음에도 불구하고, 계속 집필하도록 나를 고무했던 베크 출판사의 카린 베트(Karin Beth)에게 특히 감사하고 싶다.

취리히, 요나/장크트갈렌, 생로망드 말가르드/보클뤼즈

1997년 여름에   R. S.

＊이 책에 사용된 그림은 쥐세페 미텔리(Giuseppe Mitelli)의 「꿈-알파벳」(볼로냐, 1638)에 수록된 동판화를 모사한 것이다.

차례

들어가며: 육체의 문화사

일상생활에서 우리의 육체나 육체의 개별 부위와 그것의 다양한 모험만큼 함께 이야기하기에 흥미로운 대상도 별로 없을 것이다. 다른 사람들의 육체와 그것의 특별함 혹은 연약함을 파헤치는 것만큼 우리를 사로잡고 감동시키는 것도 흔치 않다. 건강하든 병이 들었든, 우리의 육체는 매번 우리의 의식 속으로 밀고 들어와 유쾌하거나 불쾌한 결과를 알려주며, 그것을 주위 사람들에게 무조건 전달하기를 원한다. 잘 알려져 있다시피 일찍 일어난 새가 먹이를 얻을 수 있다는 황금의 아침시간에는 지난밤의 육체 상태가 어땠는지 함께 있는 사람들에게 정확하게 표출된다. 마찬가지로 황금의 저녁시간에는 오늘 하루 육체에 어떤 일이 일어났는지가 그대로 드러난다. 사람들은 만나는 곳이면 어디서든간에 '그것은 그렇다고 치고'라고 말을 돌리면서 질병과 '권위자'를 통한 질병의 치유로 대화의 주제를 이끌어간다. 그리고 손에 펜대를 쥐고 있는 곳이면 어디서든간에 — 편지나 일기 혹은 삶의 회상으로 — 기꺼이 몸과 몸의 상태, 모든 사지와 내부 장기의 영광과 불행에 관해 기술한다. 육체에 관한 그런 진술에서 '귀를 쫑긋 세우고' 놀라서 눈을 크게 뜨는 사람들은 의학도보다는 오히려 문화학자들이다.

그런 주제에 관해 기술할 시간을 가진 사람은 누구인가?

의료는 우리 시대에 진지하게 탐색되며, 진지하게 시행되는 사회제도로 발전했다. 그런 제도 안에서 흥미로운 질병과 치료에 관해 이야기하는 것, 혹은 기껏해야 대기실, 즉 아스클레피오스(의술의 신으로 아폴로와 코로니스의 아들 - 옮긴이) 사원의 열주현관에서 훌륭한 의사의 시술에 관해 이야기하는 것과 같은 부차적인 것이 들어설 자리는 거의 없다. 오늘날 작가 출신의 비전문가는 역사적이거나 심지어 상상력이 가미된 관찰들에 따른 고도로 발달한 의료기술적인 담론에 끼어들 엄두를 내지 못한다. 현대의 의학도서관에는 마찬가지로 아주 포괄적이고 집약적으로 서술되어 있으면서 비전문가들은 전혀 이해할 수 없게 기술된 서적 수만 권이 소장되어 있다. 물론 어떤 의사나 의료진도 이런 도서관을 샅샅이 조사할 수는 없다. 더구나 문외한이라면 이런 도서관 한 곳에 소장된 서적의 1,000분의 1이라도 접해보았다고 말할 수 있는 사람은 극소수에 불과하다. 'ergo non est', 즉 그래서 문외한은 참견해서는 안 된다. 결국 의학은 소수의 학문으로 남아 있으며, 앞으로도 계속 그렇게 유지될 것이다.

물론 의학의 이같은 배타성과 전문성이 항상 그렇게 철저했던 것은 아니다. 16~17세기의 위대한 의사들은 그 중에는 물론 도로테아 폰 만스펠트(Dorothea von Mansfeld, 1482-1578)나 바로크 시대의 엘레아노레 폰 뷔르템부르크(Eleanore von Württemburg, 1482-1578), 트로파우 대공비인 엘레오노라 마리아 로잘리아(Eleonora Maria Rosalia) 같은 몇몇 여성도 포함되어 있다 - 도움을 주려는 의도와 이해할 수 있는 형태로 구두로나 서면상으로 문외한들에게도 의학적 지식을 전달할 준비가 되어 있었다. 응급상황에서 의사를 불러올 수

10

없을 경우에는 그들이 직접 시술을 할 수 있도록 하기 위해서였다. 그렇다, 진지하고 자주 울었다는 고대 그리스의 철학자 헤라클레이토스(Heracleitos, 기원전 550-480경)와 웃고 있는 데모크리토스(Demokritos, 기원전 460-370경) 사이에 철학적 활동 가능성이 항상 존재했던 것처럼, 당시에는 해학적이며 재미를 주는 의학적인 오락물을 위한 충분한 공간이 존재했다. 그래서 '히아트로필루스'(Hiatrophilus), 즉 스스로 '의사의 친구'라고 칭했던 테오도르 안드레아스 폰 헬비히(Theodor Andreas von Helbig)는 1728년 그의 저서인 『똑똑하고 유쾌한 의사』(Kluger und lustiger Medicus)의 머리말에서 자신은 "고결한 의학 입문자들에게 이런 아름다운 기술에 대한 의욕이 생기도록 하고" 싶다고 말한다. 그의 저서는 그래서 전문가들만을 대상으로 한 것이 아니다. "현직 의사들 역시 여러 가지 진지한 이야기나 터무니없는 치료법, 기이한 사건들에서 즐거움을 느낄 수 있을 것이다. 학식이 있는 사람이든 없는 사람이든 자신의 유익과 즐거움을 위해 이 책을 이용할 수 있으며, 여러 가지 터무니없는 보조 약제 중에서 때로 효능이 입증된 아주 탁월한 약제를 다수 발견할 수 있을 것이다."

육체의 신화에 관한 이야기, 육체 이야기, 육체에 관한 보고를 다루는 이 책은 위에 언급한 헬비히의 책과 비슷한 목표를 설정하고 있지만, 강조점은 약간 다르다. "학식이 없는 사람들"(어느 정도의 학교교육을 받은 사람들)이 주요 독자층이 될 것이다. 그리고 대체로 "즐거움"이 계몽주의적인 가르침(물론 이 책에는 이것도 들어 있다)보다 앞선다. 또한 이 책의 이런저런 대목들을 믿을 것인지, 여기에 기술되는 이상한 처방을 직접 시험해볼 것인지, 아니면 차라리 "학식 있는 사람"에게 진료를 받을 것인지는 전적으로 독자들 본인의 결정에 달려 있다.

나는 히아트로필루스, 즉 의사의 친구에 속한다고 생각하지만, 오히려 의사보다는 환자들에게 더 친밀감을 느낀다. 나는 카밀레 차나 샐비어 차의 추종자에 속하며, 제바스티안 크나이프(Sebastian Kneipp, 1821-1897, 현대 물 치료법의 선구자라 할 수 있으며, 그가 창안한 물 치료법은 이후 "크나이프 요법"으로 불린다―옮긴이) 같은 사람을 매우 높이 평가한다. 그러나 위급 상황에서는 이미 검증받은 화학적 치료나 외과적 수술을 정통 의학자들에게 의뢰하는 것을 선호한다. 나는 인간의 육체에 관한 이야기인 이 책을 통해 어떤 방식으로든 의학박사들을 가르치려는 의도는 전혀 갖고 있지 않다. 기껏해야 몇몇 전문가가 과거의 체험을 적은 대목이나 공상적인 대목에서 즐거움을 느낄 수도 있지 않을까 기대해본다. 하지만 많은 의사들이 이 책을 통해 한편으로는 자신들의 인간 관찰의 상대성, 전승되어 내려온 사고와 행동의 지속성을 통찰할 수 있게 되고, 다른 한편으로는 자신들의 기술관이 변할 수 있다는 인식에 도달하게 된다면 그 효과가 더 높이 평가받을 수도 있을 것이다. 육체, 건강 그리고 질병은 역사적인 혹은 지리학적인 문화비교의 관점에서 볼 때 전통과 강하게 결부되어 있으면서도 대단히 변화무쌍한, 직설적으로 말하면 아주 변덕스러운 사안이다.

무엇을 위해 이렇게 야단법석을 떠는가?

이 책은 예컨대 엄청난 성공을 거둔 미국인 데즈먼드 모리스(Desmond Morris)나 행동연구가인 데일 거스리(R. Dale Guthrie)에 의해 대변되는 명제를―우리는 그 명제를 비교생태학적인(동물행동에서 파생된) 명제 혹은 생물학적인 명제로 지칭할 수 있다 — 수정하고 싶어한다. 이 명제에서 주장하는 바는 이렇다. 인류는(그것은 모든 인간을 의미한다) 일찍이 동물적 존재였으며, 오늘날에도 여전히 동물적 존재이다. 인간은 주로 짝짓기를 겨냥한 신호를 보낸다. 인간의 아름답고 젊은 육체는 특히 번식 지향적이며, 끊임없이 성적인 활동을 추구한다는 것이다. 이런 명제들은 하루하루가 대체로 너도밤나무 잎처럼 힘들고 고달픈 인간적인 삶의 일상을 간과한다. 말하자면 그런 견해들은 인간의 다양한 연령이나 공동생활의 역사를 단순화하고 무시하고 있는 것이다. 그런 사고체계에서는 과거에 여호수아의 군대가 여리고 성을 무너뜨렸던 것처럼 인간의 육체를 무너뜨리고 심하게 손상시키기도 하는 모든 자연적인 위험과 기술적이고 인위적으로 조성된 위험들이 비집고 들어갈 공간이 존재하지 않는다. 육체적 형태와 기능의 다양함, 인간이 해결할 수 있는 많은 과제들, 인간에게 부과되는 문화특수적인 그리고 시대연관적인 요구의 다양성, 이 모든 것이 그런 제한을 통해 왜소해지고 만다. 육체의 다양성은 중앙아프리카나 샌프란시스코, 히말라야로 탐험여행을 몇 번 하는 것만으로 충분히 조사했다고 할 수 없으며, 몇몇 유인원의 사회적 삶과 비교한다고 해서 충분히 설명될 수 있는 것도 아니다.

　다른 한편으로 나는 이 책이 백과사전처럼 여겨지게 하고픈 생각도 없다. 인간의 가장 중요한 육체 부위들(대부분의 민족이 수천 년 전부터 그에 대한 개념과 생각을 가지고 있던)에 대해 느슨하게 분류하며, 우선 외부적으로 피부에서부터, 그 다음으로 위쪽의 머리에서부터 시작한다. 그리고 10개의 장으로 나누어 아래로 발가락까지 내려간다. 그런 시스템에서는 전체를 개선하지 않고는 거의 어떤 것도 바뀌지 않는다. 또한 사지와 기관이 인체에 속하는 모든 것은 아니다. 인간의 몸가짐과 자세, 일과 휴식, 이른바 인간의 아름다움과 추함, 웃음과 울음, 감동과 흥분 — 에로틱한 흥분도 포함된다 —, 부상과 훼손, 감염과 질병, 나아가 인간의 탄생, 청년기와 노년기에 관한 상세한 장이 빠져 있다. 더욱이 고통과 타락, 죽음에 관해서도 전혀 언급되지 않는다. 이모든 것은 역사적으로, 성별에 따라, 지역별로나 심지어 종파별로 세분화될수도 있을 것이다. 카를 율리우스 베버(Karl Julius Weber)의 "웃는 철학자" 『데모크리토스』(Demokritos) 이후로 모든 문화학자들을 열광시켰던 이런 주제들 중 많은 것이 여기서는 아주 간단하게 대략적으로만 언급될 것이다(예컨대 P. Gay, *Education of the Senses*; P. Perrot, *Travail des apparences*; M. Beutelspacher, *Kultivierung*; U. Jeggle, *Kopf des Körpers*; B. Duden, 'Haut'; G. Dane, "Die heilsame Tiolette", G. Houbre, *Discipline de l'amour* 참조).

도대체 왜 — 캐롤라인 바이넘(Caroline W. Bynum)의 말로 물어본다면 — "육체를 가지고 이렇게 야단법석을 떠는가?" 인간은 — 여기서는 특히 근세 초기 이후의 유럽에 사는 사람, 즉 특별한 역사적 발전도상에 있는 문화권의 사람을 말한다 —, 그러니까 남녀는 그들의 지속적인 생물학적 조건들만 가지고 사는 것이(그리고 죽는 것도) 아니다! 인간의 육체는 변화할 수 있는 정신적, 사회적, 심리적, 경제적 관계망 속에서 동시에 구성된다. 이런 관계망은 인간의 육체감각, 육체의 표현방식, 외부의 육체관, 즉 사회적인 육체의 이미지와 육체의 상징(혹은 "집단상징")에 아주 다양한 방식으로 영향을 미친다. 바바라 두덴(Barbara Duden)이 『여성의 육체』(*Der Frauenleib*)에서 말했듯이 임신은 생물학적으로 수백 년 전과 똑같이 진행되고 있는데, 이것은 맞는 말

14

이다. 실제로 임신은 사회적 인지와 치료 속에서 강한 변화와 간섭을 받게 된다. 이런 '다른 상황'에서 우리는 점점 더 우리의 동요하는 육체를 의식하게 되며, 동시에 육체는 우리에게 수수께끼로 가득 찬 호두처럼 점점 더 강해 보인다. 껍질을 깨서 분리시키고, 잘 씹어서 삼켜야 할 호두처럼 말이다.

계몽주의자 몽테스키외는 그의 『페르시아인의 편지』(Lettre LIX)에서 이렇게 말했다. "트라이앵글이 신을 창조했다면 그 신은 세 개의 면과 세 개의 각을 가지고 있을 것이다." 신성에 대한 생각처럼 그렇게 인간의 육체에 관한 묘사 역시 문화적 차이와 역사적 변화에 따라 크게 달라진다. 기껏해야 광고산업만이 그 여자가 '그 여자'고 그 남자가 '그 남자'라는 사실을 우리에게 설득하려고 시도할 수 있다. 그때 한번이라도(아니면 부차적으로라도) 앞의 바이넘이 우리에게 보여주었던 것과 같은 중세 후기 신비주의자들과 열광주의자들의 그야말로 내세를 지향하는, 이상한 육체 체험에 관해서는 조금도 언급해서는 안 된다. 거기서는 성스런 육체의 피, 심장, 피부, 뼈, 포피 혹은 땀이 다른 모습과 냄새, 의미영역을 제공하기 때문이다. 낯선 나라로의 육체적 여행과 고서로의 정신적 여행은 육체적인 것의 새로운 세계를 우리에게 열어준다.

그렇다. 일상적인 삶의 순간은 매번 놀라운 장면을 통해 이 세상이 이곳에서는 종교적인 '신앙의 보급'(propaganda fidei)으로, 저곳에서는 립스틱 광고나 박스티셔츠 광고로 화려할 때도 있고 암울할 때도 있으며, 심지어 끔찍할 때도 있다는 사실을 우리에게 보여준다.

육체의 완전성에 관한 요구

인간의 육체, 정신, 영혼은 하나의 통일성을 이루고 있으며, 육체는 아름다운 전체를 형성하고 있다는, 대부분 사실로 인정받고 있는 이 진리를 여기서 부정하고 싶은 생각은 전혀 없다. 그럼에도 이런 생각의 절대적인 타당성에 관한 정당한 의문은 존재한다. 1785년 카를 필립 모리츠(Karl Philipp Moritz, 1756-1795)는 자신의 '제2의 자아'(alter ego)인 안톤 라이저에 관해 이렇게 기술했다. "저녁에 잠들기 전, 그가 자주 자신의 육체가 해체되고 분리되는 것을 생생하게 상상할 때면, 자신의 육체를 파괴한다는 생각조차 그에게 편안하게 느껴질 뿐 아니라 심지어 일종의 관능적인 정욕까지 불러일으켰다."

그런 육체의 분리에 관한 생각은 혹독한 매로 너무 경건하게 양육된 소년의 두려움에 가득 찬 악몽만은 아니다. 그 소년이 가장 좋아하는 놀이는 어쨌든 완전한 세상을 때려부수는 것이다. 그림으로 그려진 인간의 육체 부위거나 아니면 실제 인간의 육체 부위 역시 우리 눈앞에 여기저기 흩어져 있거나 혹은 우리 눈앞에서 이리저리 날아다닌다. 아이들이 그림이 인쇄된 종이에서 어릿광대 ― 꼭두각시를 오려내서 그것을 춤추게 할 때, 시칠리아 인형극에서 이교도 주인공이 카를 황제의 팔라딘(카를 황제를 섬기던 12용사의 하나―옮긴이)에 의해 토막 나서 진짜 '잘려나간 사지'(membra disjecta)처럼 무대 바닥에 여기저기 흩어져 있을 때(그 인형은 원래부터 그렇게 분해되도록 제작되었다), 모든 전쟁의 살육('Gemetzel', 이 단어는 어원학적으로 '잘린 것 Gestümmel' 대신 '소동 Getümmel'을 의미한다)이 끝난 후 팔, 다리, 발, 머리, 내장, 머리가 "바닥에 떨어질"(Ludwig Uhland, *Schwäbische Kunde*) 때 그렇다. 기독교 서구 문학과 회화에서 사지는 어디서나 항상 이리저리 뛰어다닌다, 그것이 사실적이든 심리적이고 상징적이든간에. 그리고 그 이유는 인간 육체의 아름다운 전체성에 관한 이념이 너무 쉽게 '튼튼한 국가'나 '완전한 민족 육체'라는 정치적 이데올로기에 의해 무시되기 때문이다(S. Schade, *Der Mythos des "Ganzen Körpers"*). 스페인 부르고스 아우구스티누스 교회의 치유력이 있는 것으로 유명한 십자가조차 — 니코데무스(혹은 니고데모)가 제작했다고 한다 — 따로따로 움직이는 지체들로 구성되어 있다. 1500년경 "매우 경건한" 이사벨 왕비(카스티야의 페르난도 5세 왕비)가 성유물로 가져가려고 이 입상에서 못 하나를 빼내자, 십자가에 못 박힌 예수의 나무 팔이 마치 시체의 팔처럼 그녀에게 떨어졌다 (L. M. Calvo Salgado, *Die Wunder*, 2장 1절).

육체 부위가 따로따로 떨어지는 현상은 모든 종류의 처형과 순교에 관한 초기 그리스도교의 구전, 그리고 그에 관련되어 최후의 심판 날에 잘린 육체의 부활과 관련된 문제에서 중요하다. 인간을 유연하며 가형적(可型的)인 자동인형으로 보는 관점은 물론 초기 산업화와 자동화 시대에, 즉 18~19세기에 일할 수 있는 육체 부위를 훈련시키는 과정에서 더욱 중요해졌다. 당시 인간은 전체로서가 아니라 몸놀림이 유연하며 근육이 있는 개별적인 뼈와 사지의 소유자로서 요구되었다. 찰리 채플린은 영화 〈모던 타임즈〉에서 공장의 꼭두각시들이 어떻게 작동하는지를 우리에게 보여주었다. 사지의 분리는 최근 일어난 비행기 추락사고에 관한 사람들의 주목을 끄는 뉴스에도 보인다. 비행기 사고의 구조원은 어떤 지체가 어떤 몸통에 속하는지를 곰곰이 생각해봐야 할 것이다. 그런 상황은 우리의 일상적인 몸 상태에서 더 명확하게 감지할 수 있다. 드물게는 신체의 건강함을 알려줄 때도 있지만, 자주 몇몇 육체 부위에서 몸이 좋지 않다는 신호를 보낸다. 몸 자체에서 통증을 느끼는 게 아니라 어떤 때는 머리, 어떤 때는 왼쪽 다리, 어떤 때는 이른바 다중적인 의미의 허리 — 라틴계 민족들은 이것을 즐겨 '신장' 이라 부른다 — 뒤 어딘가에서 통증을 느낀다.

이 세상에서 그렇게 여러 번 십자가에 못 박히고 분리된 인간의 육체, 성경에서 자주 예언하고 있는 이 세상의 "흙"(창세기 3:19, 욥기 34:15, 시편 104:29, 전도서 3:20)은 낙원에 점점 더 가까이 다가가면서 부활한 육체와 옛 영혼으로 이루어진 영광스러운 전체가 될 수도 있다. 최후 심판에 관한 중세의 회화들이 보여주듯이 말이다. 그러나 낙원으로 가는 도중의 인간은 오히려 그 지체가 의학적 마귀의 목구멍 속으로 이러저리 내던져지고, 해부되거나 아니면 분해될 지경에 놓인 죄인처럼 보인다. 개별 부위로만 알 수 있는 나머지 부분들은 성경의 사사기에 나오는 레위 사람 첩의 토막 난 시체와 같다. 레위 사람은 자신의 첩을 여러 명에게 능욕당하게 하고는 열두 덩이로 "나누고" 이스라엘 모든 지파에 이스라엘의 용기에 대한 증거로 보냈다(사사기 19:29, 20:6). 우리의 구체적인 일상에서도 병원에 입원한 뮐러 부인이나 마이어 씨가 전체로서 파악되기보다는 오히려 "부러진 엉덩이"나 "위암"으로 파악되고 있지 않은가? 우리는 우리 육체의 고귀함에 관해 생각하기보다는 우선 팔과 다리, 그리고 폐와 간의 상태를 규명하고 싶어하지 않는가?

여성 육체와 남성 육체의 큰 차이점은?
종교개혁 시대의 팸플릿과 함께 남자과 여자의 차이점에 관한 질문과 대답들이 손쉽게 시장에서 팔리기 시작했다. 이른바 『아리스토텔레스의 난제들』(*Problemata Aristotelis*)의 세 번째 질문은 1531년 남녀간 차이에 관해 묻고 있다. 즉 왜 여자들은 남자들보다 더 머리가 긴가? 이 질문에 대한 답변으로 중세의 학자인 알베르투스 마그누스(Albertus Magnus)의 글이 인용되었다. 거기에는 그가 이렇게 말했다고 적혀 있다. "여자들은 남자들보다 더 축축한 성질을 지닌다. 그리고 여자들은 뇌 속에 습기를 품고 있다. 머리카락은 여자들이 축축한 생리를 할 때 가장 많이 자란다. 그렇기 때문에 여자들은 머리가 길다."

왜 여자들은 남자들처럼 그렇게 털이 많이 나지 않는가 하는 여덟 번째 질문에는 아리스토텔레스가 답변한다. 이번에는 반대로 습기가 여자들에게 털이 많이 나지 않게 하는 이유가 된다. 머리를 자라게 하는 습기의 "과다함"은 여자들에게 "습기", 즉 생리로 분출된다. 여자들은 이런 방식으로 정화되기 때문에 염증과 암이 적게 발생한다. 그리고 나이 든 여자는 턱수염이 자라는데, 그 이유는 그들에게서 "습기가 흘러나가지 않기 때문이다" (fol. A2r°). 1530년경 관상학의 창시자인 바르톨로메우스 코클리투스 (Bartholomaeus Coclitus)의 글에서 우리는 남녀간에는 "커다란 차이"가 있다고 쓴 대목을 읽을 수 있다. "그래서 남자의 기질은 그들의 성격을 급하고 격정적인 것으로 몰고 간다. 남자의 기질은 배우려는 경향이 있고, 분주하며, 관대함에 대한 열정을 가지고 있다. 그러나 여성의 기질은 소심하며 동정심이 많다. 자연은 운명이 인간의 육체에서 필요로 하는 모든 것을 그렇게 정리한다."

바바라 두덴은 1992년 '남자와 여자 — 여자와 남자'라는 주제로 제5회

뷔르츠부르크 심포지엄에서 18세기까지 강력하게 유지되던 혼란스럽고 애매모호한 주장들을 우리의 진보적 논의에서 철저하게 차단시켰다. "육체 역사가로서 나는 오늘 여기서 논의되고 있는 것들 중에 어떤 것도 당시에(18세기 초에) 존재하지 않았다는 것을 여러분에게 보증할 수 있습니다" (B. Duden, *Die männliche und die weibliche Rute*, 1992, 143). 틀림없이 이 역사가는 1980년대 이후로 화제에 오르고 있으며, 앞에 언급했던 남녀의 차이에 대한 오래된 질문들과는 근본적으로 다른 그런 주제를 언급했던 것이다. 그것은 바로 성 역할과 '젠더 스터디', 즉 사회적으로 혹은 문화적으로 특징지어지는 성의 차이에 관한 연구이다. 다른 한편으로는 성과 관련된 견해와 현대적인 성관계, 여성해방 이론과 사회적 관계에 대한 여성 특유의 관찰, 언어와 일상에서의 성차별, 즉 당연하다는 듯이 수용되는 남성적 형태의 지배이다. 가끔은 현대 여성들의 독립성 추구에 대한 남성들의 보다 긍정적인 입장, 공공연하게 성기나 번식, 오르가즘에 관한 논의를 할 수 있는 준비성, 성적 학대 역시 이런 주제에 포함된다. 육체의 이미지는 실제로 매번 사회적으로 새로이 생산되거나 수정된다. 동시에 물론 변화하지 않고 존재하는 육체의 물리학적인 특징들, 그리고 삶과 죽음이라는 인간에게 해당되는 자연법칙이 존재한다. 정수리부터 발바닥까지 우리의 일상적인 존재와 건강과 질병의 지속적인 상호작용이 이런 범주에 속한다.

특히 이런 편안한 느낌과 불편한 느낌에 대한 의견과 태도에는 많은 상수들이 개입된다. 그 경우 개개의 육체 부위와 그 변화의 연관성에서 볼 때 가끔은 '잘못된' 것이기도 하지만 문제는 저항력이 강한 신앙관과 가치부여이다. 그래서 이 책에서는 과거에(이것은 대부분 근세 초기를 의미한다) 육체와 육체에 대한 생각 그리고 육체의 취급과 관련하여 오늘날 극복된 것으로 보이거나 실제로도 완전히 과거에 속했던 많은 것이 '그렇게 존재했'음을 이따금 지적하게 될 것이다. 그럼에도 우리는 우리의 육체관이, 다른 현실적인 영역보다 더 전통과 밀접한 연관성을 지니는 것으로 규정할 수밖에 없다는 결론에 도달하게 된다.

17~18세기의 의학논문은 물론 다음과 같은 사실을 입증해준다. 즉 대부분 남성이었던 과거의 개업의사들이 여성 환자를 남성 환자와는 다르게 대했다는 것, 그들이 남성에게 했던 것과 똑같이 여성도 존중하며 치료하지 않았다는 것, 그들이 나이 든 여성보다는 젊은 여성에게 더 신경 썼다는 것 (그리고 가난한 여성보다 부유한 여성에게 더 신경 썼다!), 그리고 그들이 여성 환자가 고통을 더 많이 감내할 수 있다고 추측했으며, 그들의 상태를 별로 불쌍히 여기지 않았다는 것, 결국 여성 환자가 죽었을 경우에도 남성 환자를 살려내는 데 실패한 경우보다는 양심의 가책을 덜 느꼈다는 것, 이 모든 것이 이런저런 의료적 실수에 관해 제출한 보고에서 나타난다. 이렇게 드러난 문제는 분명히 심화연구를 해야 할 것이다. 물론 이것이 여자 육체와 남자 육체의 차이에 대한 설득력 있는 결론이 될지는 아직 미지수이다. 원칙적으로는 우선 인간의 육체가 정말 만족스러운 방식으로 묘사되고 있는지부터 질문을 던져야 할 것이다.

말로 표현하기 힘든 인간의 육체

유럽의 몇몇 나라에서 낸 명작선집을 들춰보면 아름다운 여인과 사랑의 고통, 삶의 즐거움과 죽음, 조국과 향수, 동물과 식물, 바다와 험악한 날씨 외에 인간의 육체는 그 아름다움이 시로 찬미되는 경우가 거의 없다. 개별적인 육체 부위에 관해서는 더 말할 나위가 없다. 「나의 왼팔에게」, 「클레리아의 발을 보면서」, 혹은 「머리에 대한 송시」 같은 소네트나 연가도 존재할 수 있지 않을까? 왜 그런 제목은 벌써 그것을 듣는 것만으로도 우스꽝스러운가? 정수리부터 발가락까지 너무 일상적인 데에 몰두하는 것은 아무래도 문학의 고귀한 의도에 어긋나기 때문이다. 시인들은 20세기까지도 여러 육체 부위의 아름다움과 유용성 혹은 인간적인 위대함을 서로 연관지으며 몸 전체의 모습을 시로 찬미하기를 거부한다. 많이 알고 있긴 하지만 언어의 재능을 거의 갖고 있지 않은 의학도들이 우리 육체와 개별 부위를 묘사한 산문들은 더욱 조잡하다.

삽화가 들어 있는 현대적 육체사전의 하나인 화려한 『라루스 의학사전』 (*Larousse mèdical*)이나 비싼 학술서적을 출판하는 베를린 출판업자의 알려지지 않은 베스트셀러인 이른바 『프쉬렘벨』 (*Pschyrembel*) 의학사전을 들춰보면, 거기에서 인간의 몸 전체가 힘줄, 혈액, 세포 등으로 주된 연관성 속에서 아주 상세하게 묘사되어 있는 것을 발견할 수 있지 않을까? 그러나 그렇지 않다. 인간은 어떤 해부학 강의에서보다 그런 책들에서 더 분리되고, 분해되고, 그럼으로써 해부된다. 인간은 육체적 부분들의 합 이상이다. 인간은 예컨대 리처드 그레고리(Richard L. Gregory)의 『옥스퍼드 정신 사전』 (*Oxford Companion to the Mind*, 1987)에서 나타난 것처럼 정신적, 영적 요소의 합보다 더 강력하다. 책 한 권을 읽거나 도서관 한 군데를 다 뒤진다 해도 인간은 그렇게 쉽게 파악되지 않으며, 다수의 독자를 만족시킬 만한 육체에 대한 묘사를 발견하기 힘들다.

그렇다고 해서 육체를 묘사하려고 시도하지 않을 이유는 없다. 손으로 더 듬으면서 — 두려움을 가지고, 그러나 시각장애인의 성공 가능성 역시 존재한다 — 예를 들면 모든 종류의 이야기, 신화, 보고서 그리고 인간의 존재와 허상에 관한 이야기를 설명해줄 보조수단을 가지고서 말이다. 취리히의 독어독문학자인 페터 폰 마트(Peter von Matt)가 자신의 저서 『······얼굴은 완성된다』(... fertig ist das Angesicht, 1989)에서 "인간의 얼굴이 근본적으로 말로 표현하기 힘들다는 점"에 관해 강조하고 나서 아주 매력적인 인용문을(막스 프리쉬, 요한 볼프강 괴테, 귄터 그라스, 프란츠 카프카 같은 문학적인 초상화가들의) 통해 이 작가들이 어떻게 남자의 표정과 여자의 표정을 거의 삼차원적으로 손에 잡힐 듯이 우리에게 소개해줄 수 있었는지를 보여주었다면, 인간의 육체를 일반적으로 말로 표현하기 힘들다는 사실이 — 고백하자면 대체로 — 육체의 수많은 개별적인 특징들에 대한 묘사를 통해 부분적으로 방증될 수 있지 않을까 하는 문제가 여기서도 제기된다. 육체는 지금껏 미지의 존재였으며 앞으로도 계속 그럴 거라는 명제는 물론 아주 많은 논거로 잘 증명되고 있다.

육체: 미지의 것!

인간의 육체에 관한 이런 이야기들이 현대처럼 그렇게 모든 시대에 항상 존재했던 것은 아니다. 특히 18세기 후반 이후와 좀 심하게 말하면 관상학적 시대라고까지 표현할 수 있는, 육체를 더 의식하게 된 20세기에는 더더욱 그렇다.

13세기 말 토스카나 산문집인 『노벨리노』(Novellino)의 남녀 주인공들은 육체가 정확하게 표현되지 않는 특징을 지닌 채 세계무대에 등장한다. 그 주인공들은 이런저런 행위와 재미있는 대화를 이끌어가지만 얼굴 표정과 몸짓은 명확하게 표현되어 있지 않다. 그 산문집의 개작자인 알도 부시(Aldo Busi)와 카르멘 코비토(Carmen Covito)는 그것을 무의식적으로 오늘날의 서술 기법으로는 적당치 않은 것으로 보고 이렇게 번역했다(1992). "농부는 손가락을 성유에 집어넣었다." 원본에는 이렇게 되어 있다. "그리고 성유를 취했다"(Novellino, XCIII). 개작자들은 "그는 동맹을 맺었다"(XCVI) 대신 "그는 자신의 손으로 동맹을 맺었다", 포도주 변조자의 돈주머니를 "주둥이로 여는"(XCVII) 원숭이를 주머니 "끈을 이빨로" 여는 원숭이로 바꾸었다. 그래서 이 산문집의 신판에는 많은 텍스트와 주인공이 더욱 생동감 있게 표현되고 있다. 그러나 독자는 잘못된 인상을 받게 된다. 왜냐하면 『노벨리노』의 주인공들은 손과 발이 없기 때문이다. 그렇다고 우리가 원본 노벨리노를 비난할 수 있는가? 이미 언급했던 카를 필립 모리츠의 젊은 안톤 라이저 역시 자신의 육체를 가지고 있는가? 4년 전부터 접질린 발목이 그를 고통스럽게 한다. 그는 존경스러운 사람들 앞에 나설 때면 가슴이 쿵쾅거리며 뛴다. 그리고 아주 무서우면서도 잔인한 브라운슈바이크의 모자장수 집에서 그는 타는 듯이 뜨거운 염료용액과 얼음처럼 차가운 오커 강 물에 손을 번갈아 담금으로써 여린 손을 망가뜨렸다. 또한 행간에서 간접적으로 읽을 수 있듯이 그는 야뇨증 환자였다. 이것이 우리가 안톤의 육체에 관해 알 수 있는 모든 것이다.

인간은 자신의 육체를 단순한 물질로 경멸해야 하고 영혼만을 살찌울 필요가 있다는 이른바 중세 말기의 금욕적인 관념이 오랫동안 꾸준하게, 특히 독실한 신앙인들의 범주에서 고수되어 왔다. '금욕'은 수백 년 동안 인간의 삶의 굴곡 위에 비문처럼 서 있었다. 그것은 금욕과 육체의 고행을 의미하며, 동시에 신이 우리에게 보내주었거나 아니면 인간이 스스로 자신의 육체에 가해야 할 징계를 의미하기도 했다. 이런 단어의 핵심은 언제나 'mort', 즉 창조물의 유일한 목적인 죽음을 의미했다. 인간이 평생 영혼-정신-육체를 지닌 하나의 완전한 전체로 존중받기 위해서는 아주 새로운 도덕이 필요했다. 그리고 이런 인간에 대한 존중은 계몽주의자들에 의해 — 예컨대 스코틀랜드 사람인 데이비드 흄(David Hume, 1711-1776)의 『인성론』(*Trestise of Human Nature*, 1738)이나 『인간오성에 관한 철학논집』(*An Enquiry Concerning the Principles of Morals*, 1751)에서 — 비로소 강조되고 있다. 흄의 말에 따르면 금욕적인 덕목은 새로운 시민 계몽주의 사회 이상의 틀 속에서는 아무 쓸모가 없어졌다. 새로운 자신감, 즐거운 사회적 교제, 자기 자신에 대한 만족감을 위해 이제는 인간이(물론 처음에는 남자가!) 자신의 육체를 수용하고 정신 그리고 영혼과 함께 발전시켜야 한다(B. Willey, *Eighteenth Century Background*, 110-125).

인간의 육체에 대한 보다 깊은 개관은 18세기 초의 의사들에게조차 거부된 적이 많았다. 르네상스 시대에 이미 베네치아 사람 알레산드로 베네데티(Alessandro Benedetti, 15세기 후반)와 베젤가 출신의 벨기에 사람 안드레아스 베살리우스(Andreas Vesalius, 1514-1504) 같은 탁월한 인체 해부학자들이 배출되긴 했지만 말이다. 당시 대부분의 의사들에게는 고대 그리스의 의사인 갈레누스(Claudius Galenus, 131-201)의 체액 이론에 대한 이론적 믿음으로 충분했다.

그들은 인간의 내장을 알기 위해 해부하는 것을 피했다. 그런 절제수술은 의사들과 의학적, 신학적으로 교육을 받지 않은 일반 사람들에게 당연히 죄를 짓는 것으로 여겨졌다. 그들은 해부에 사용된 육체는 영광스러운 완전한 부활을 할 수 없다고 생각했기 때문이다. 그래서 전문가들은(동화작가인 샤를 페로[Charles Perrault]의 형인 파리의 클로드 페로[Claude Parrault, 1613-1688] 등등) 포유류, 특히 낙원에 들어갈 능력이 전혀 논의되지 않았던 돼지를 대상으로 해부기술을 연습했다. 가스코뉴 출신 프랑스 왕 앙리 4세의 궁정 외과의였던 기욤 루아조(Gillaume Loyseau)는 — 이 의사는 자신의 저서 『의학적 관찰』(Observations)과 함께 이야기꾼으로 앞으로 자주 등장하게 될 것이다 — 예컨대 17세기 초에 베르주라크에서 식사가 끝나자마자 먹은 것을 바로 토하는가 하면 갑작스레 발작을 일으키다가 결국은 사망한 한 남자를 치료한 적이 있었다. 죽음까지 불러온 이 질병의 원인에 대한 의사의 호기심은 강했다. 그는 약삭빠르게 행동함으로써 이 시체를 해부할 수 있었다. "나는 생각 끝에 그의 질병이 절대로 바르게 진단되지 않았다는 사실을 알았다. 그래서 그 시체를 약사인 클로드 드빌(Claude Deville)에게 가지고 갔다. 그는 시체를 지하실로 옮기더니 문을 잠갔다. 친척들은 반대했지만 나는 그 시체를 해부했다. 그 안에서 나는 기억할 만한 가치가 있는 이상한 것을 발견했는데, 차라리 그것을 보지 않는 게 나을 뻔했다"(109).

당시에는 극소수의 의사들만이 인체를 해부하여 개복하는 모험을 감행했다. 1628년 영국사람 윌리엄 하비(William Harvey, 1578-1657)는 혈액순환의 비밀을 밝혀냈다. 그리고 1651년에야 프랑스 사람 장 페케(Jean Pecquet, 1622-1674)가 림프 순환로(처음에는 개의 생체해부를 토대로 한 것이다!)를 발견했다. 1620

년 프랑크푸르트 출판업자이며 판화가인 요한 테오도르 데 브리(Johann Theodor de Bry, 1561-1623)의 동판화가 바젤의 시의이며 식물학 교수인 카스파르 바우히누스(Caspar Bauhinus, 1560-1624)의 『해부학 강의』(Theatrum anatomicum)의 삽화로 수록되었다. 이 책의 표지에는 인간의 외형과 세밀한 내부를 보여주는 강렬한 삽화들이 "동판화 형태로 표현된"(æneis formis expressæ) "생생한 그림"(vivae imagines)으로 묘사되어 있으며, 살아 있는 기념비로서 관찰자의 눈앞에 제시되고 있다. 그러나 이 동판화는 엄청나게 비쌌다. 그런 지식이 다수의 대중에게 알려지기까지는 더 오랜 시간이 걸렸을 것이다.

17세기가 지나면서 해부는 처음에는 전문가들을 위한, 다음에는 의대 신입생들을 위한 일종의 학습극으로 발전했다. 렘브란트(Rembrandt Harmenszoon van Rijn)는 1632년 〈니콜라에스 툴프 박사의 해부학 강의〉(Die Anatomielektion des Dr. Nicolaes Tulp, 헤이그, 마우리츠하위스 왕립미술관)를 유화로 그렸다. 그의 선구자 중 한 명인 플랑드르 사람 헤라르트 다비트(Gerhard David)는 1498년에 매수당한 판사 시사무스(Sisamus)의 끔찍한 이야기를 그림으로 그렸다(브뤼헤, 흐루닝 미술관). 헤로도토스와 발레리우스 막시무스의 보고에 따르면 페르시아 왕인 캄비세스 3세가 시사무스의 살가죽을 벗기라는 선고를 내렸다고 한다. 그림 속에 비스듬히 자리잡고 있는 것은 창백한 시체가 아니라 살아 있는 듯한, 거의 벌거벗은 남자로 사슬에 묶여 있다. 여러 명의 형리들이 왼쪽 팔뿐 아니라 오른 팔, 왼쪽 다리 그리고 가슴에서 살가죽을 도려내고 있다(J. Gélis, L'homme "dépouillé", 1997, 328f.).

의료적 관점: 객체로서의 육체

처벌을 통한 교육적 의도가 숨어 있는 그런 그림이 렘브란트에게는 너무 잔인할 뿐 아니라 비과학적인 것으로 보였던 듯하다. 그는 관람자의 관심을 누워 있는 시체보다는 그 주변에서 해부과정을 지켜보는 의사 7명의 초상으로 유도했다. 살가죽을 벗기는 것은 예술가에게 도축작업처럼 보였을 테지만 해부는 현대적인 의료행위로 보였을 것이다. 1655년 12월 코펜하겐의 해부학자 토마스 바르톨리누스(Thomas Bartholinus, 1616-1680)는 유아살해죄로 막 참수당한 16살 여성의 '무척 아름다운' 시체(cadaver elegantissimum)를 공개적으로 해부했다(*Historiae anatomicae*, cent. II, 98; 1654, 347-349). 자연학자인 올로프 루드베크(Olof Rudbeck)가 설립한 스웨덴 웁살라 대학의 해부학 연극은 1662~1663년에 시작되었다 — 오늘날에도 그것을 관람할 수 있다. 30년 전쟁 후 변혁기의 몇 십 년이 지나고 나서야 해부학적 발견이 계속 이루어졌다.

이렇게 의학사적으로 볼 때 발전이 더딘 이유는 18세기 계몽주의 작가들조차도 인체에 대한 묘사를 시도하기보다는 피했기 때문일 것이다. 대단히 유명한 작가들의 텍스트에서 육체에 관한 묘사를 찾으려고 드는 독자들은 적잖이 실망할 것이다. 예리한 심리학자로 인정받는 카를 필립 모리츠가 이탈리아에서 쓴 편지에서도 이와 관련된 글은 거의 찾아볼 수 없다. 좀 심하게 말하자면 운동을 즐기는 풍채 좋은 로마 사람들의 육체에 대한 기록은 전혀 없다. 모리츠의 관심은 빌라 보르게세(16~19세기 이탈리아의 명문가)의 '전사'(오늘날에는 루브르 박물관에 소장되어 있다) 같은 고대 그리스의 동상에 더 많이 끌렸다. "나는 이런 동상들을 언젠가 베를린 출신의 어느 해부학자(!)와 함께 보았다. 그는 아주 정교한 동상의 표면을 통해 바로 내부의 신체구조까지 통찰했으며 모든 근육이 예술가의 깊은 해부학적 연구에서 나온 것임을 감지했다. 모든 근육은 긴장되어 있었다. 한쪽 팔과 다리는 앞을 향해 나아가고 있는 반면에 다른 쪽 팔과 다리는 뒤로 도주하는 듯했다." 베르니니 (Gian Lorenzo Bernini, 1598-1680, 이탈리아 바로크 시대의 위대한 조각가, 화가, 건축가―옮긴이)의 〈돌 던지는 다윗〉을 보고 모리츠는 이렇게 언급했다. "다윗이 거인을 향해 돌을 던지면서 입술을 꽉 깨물고 있는 모습이 묘사되었다"(Reisen eines Deutschen in Italien, 1787. 10. 6.). 1788년 1월 9일에 그는 다시금 보르게세의 전사를 관찰한다. "왼쪽 허벅지의 모든 근육은 뒤로 물러서려고 하는 반면에 상체 전체는 앞으로 숙여져 있다." 그리고 1월 12일에는 〈벨베데레의 아폴로〉를 관찰하며 "부드러운 손가락"과 "모든 것을 잡고 그 안에 움켜쥐는 인간 조직체의 힘의 상징"인 손에, 그리고 "유연성을 지니면서도 건장한" 팔에 경탄한다. 살아 있는 인간을 이런 방식으로 관찰하고 묘사하는 것은 이탈리아 여행자에게는 관심 밖의 일이었다.

최근 들어 육체의 문제와 특히 언어의 도움을 받지 않는 의사소통의 문제에 점점 더 많은 관심을 보이고 있는 비교문예학은(J.-D. Müller, 'Aufführung' und 'Schrift' 참조) 어떤 나라에서 어떤 작가들이 18세기 말에 여성과 남성의 육체를 인상학이나 예의바르게 차려입은 몸가짐과 결부시키지 않고 묘사하기 시작했는지, 그리고 19세기가 진행되면서 어떻게 이런 경향이 육체에 대한 '사실주의적' 묘사에서 '자연주의적' 묘사로까지 확장되었는지를 밝혀낼 것이다. 인간에 대한 새로운 관찰방식은 "의학적 관점"(regard médical, Michel Foucault, 1963), 즉 특별한 의학적 관찰방식과 함께 의학도들에게 영향을 미쳤다. 의학도들은 하나 혹은 두 개의(남/여) 획일적인 인체를 앞에 세워 놓고, 자신들이 진찰하는 병든 육체를 이런 규범에 따라 판단했다(베살리우스를 통해, 혹은 해부학 연극에서 해골과 절개된 근육의 거대한 그림이 나온 이후 이런 일은 흔하게 일어났다). 그러면서 환자의 개성은 이상적인 육체, 다르게 말하자면 "고립되고 객관화되고 물질적인 육체"(B. Duden, *Geschichte unter der Haut*, 1987, 15)에 종속되고, 그럼으로써 고유의 활동이나 고유의 의견이 없는 객체로 전락해버린다.

이런 과정과 함께 시작된, 환자를 가족환경으로부터 분리시켜 실험실이나 병원에 고립시키는 것은 구조적 폭력행위로 간주될 수 있다. 이런 폭력은 여성해방론적인 해석에 따르면(U. Frevert, *Frauen und Ärzte*) 오로지 남성에 의해서 시작되기 때문에 특히 여성을 겨냥하게 된다. 물론 환자를 객관화시키는 것이 남성들에게서는 일어나지 않았다는 뜻은 아니다. 그리고 '지배'(권력과 지배)라는 주제가 거론될 수밖에 없다면, 그때는 앞으로 이 책에서 자주 등장하게 될 또 다른 현상, 즉 '폭력'(해를 끼치려는 의도건 치료하려는 의도건 육체에 가해진 폭력)도 고려해야 할 것이다.

외부의 폭력

편견에서 벗어나, 이미 '객체'에서 의료진의 '파트너'로 격상된 오늘날의 우리는 우리의 육체가 우리의 생활방식이나 이성, 그리고 완벽해진 의료 시스템의 기술을 통해 만들어지고 조종될 수 있는 것이라고 생각할 수도 있다. 그리고 우리 눈에는 보이지 않지만 우리 주변에서 움직이며 영향을 미치는 힘과 권력에 대해 전혀 신경 쓰지 않을 수도 있다. 같은 유럽권에 속하는 지역인 시칠리아 카스텔베트라노에 사는 카테리나라는 이름의 36살 여성은—다섯 자녀를 둔 전업주부이다—1985년 여류 민속학자(Elsa Guggino, 1993, 153)에게 자기 내부에 진을 치고 있던 "유령"(spiriti)이 자신의 육체를 어떻게 괴롭혔는지를 설명한다. "나는 기분이 무척 나빴다. 그것은 내 안으로 들어오려 했다. 그것은 내 머리카락을 잡아당기고 나를 때렸다. 그렇게 한 것은 악한 종류의 것이다. 그 중에는 악한 것도 있지만 선한 것도 있다. 나는 거의 죽을 뻔했다. 내 얼굴은 창백해졌고, 몸이 마비되며 경련을 일으켰다. 나는 비틀거리며 돌아다녔다. 사람들이 내가 원숭이가 되었다고 말했다. 나는 몹시 추해졌으며, 전혀 다른 사람이 되어버렸다(그것은 그녀가 엄청나게 뚱뚱해졌다는 뜻으로 보인다, E.G.]. 왜냐하면 당시에 그것들이 나에게 '파투라' (fattura, 마술, R.S.)를 걸었기 때문이다. 당시 나를 도와주었던 기독교인은 악령을 쫓아내고 선한 영은 그냥 놔두었다." 카테리나가 착각한 것이라고 확신할 수 있는가? 그 부인은 공격적으로 해를 입히는 악한 영, 그녀를 괴롭히기 위해, 심지어 그녀를 파멸시키기 위해 외부에서 그녀의 몸에 침투한 세력에 관해 이야기하고 있다.

인간의 육체는 실제로 모든 사지와 함께—피부와 머리카락을 포함해서—외부로 향하려는 경향을 지닌 존재라는 특징, 즉 그의 '인간의 조건' (condition humaine)을 통해 부각된다. 동시에 인간은 그럼으로써 자연과 문화의 힘에 어쨌든 무방비로 내맡겨져 있다. 인간은 험한 날씨에 맞서서 의복과 거처를 통해 몸을 가리고 보호하려고 시도한다. 물론 인간의 눈앞에는 인간을 파멸시키기에 충분한 기본적인 자연의 힘, 즉 바람, 물, 불, 바위 등이 존재한다. 무시무시한 힘에 의해 발사되어 인간의 골수를 노리고 인간을 죽이기까지 하는 수많은 질병의 화살(우리가 오늘날 감염이라고 부르는 모든 것에 대한 과거의 비유적인 개념들)이 존재한다. 그것을 넘어서 인간 스스로 만들어낸 무기도 있다. 그것들은 인간에게 수천 가지의 가벼운 상처부터 치명적인 상처까지 두루 입힐 수 있다. 인간의 육체가 언제 어디서나 부상당할 수 있다는 것도 '인간의 고통'(miseria humana)이라는 오랜 주제에 포함된다.

이 책의 독자들은 인간의 육체가 부상당할 수 있고, 장애를 입을 수 있으며, 심지어 파괴될 수 있다는 사실과 여러 번 부딪치게 될 것이다. 폭력, 즉 육체를 손상시키려는 목적으로 물리적 힘을 가하는 것이 어디서나 늘 존재했던 것은 아니다. 즉 그것은 자연의 법칙은 아니지만 대부분의 인간의 문화형태에서 필요악으로 집약된다. 근세 초기와 후기의 역사는 끊임없이 일어나는 전쟁과 살육과 대량학살을 통해, 수많은 개인적인 학대행위를 통해 (레나 크리스트[1881-1904]는 『살아남은 자들의 회상』[Erinnerungen einer Überflüssigen]에서 수천 명의 학대받는 어린이에 관해 증언한다), 나아가 고문, 살인, 치사, 이른바 '사고'로 인한 살인(이것도 하나의 완곡어법이다!)을 통해 육체의 손상이라는 이런 주제를 매번 상기시킬 만한 이유를 우리에게 제공하고 있다. 인간의 육체를 오로지 완전한 미학적 관찰 대상이라고 착각하게 만드는 모든 경향에도 불구하고, 공공장소의 기념비에서부터 도로의 '희생자 추모비'에 이르기까지 수많은 추모비와 기념현판들이 세워졌으며, 현재도 세워지고 있다.

이런 종류의 폭력은 의사들이 자신의 손과 팔로 의료기구를 사용하거나 제3자의 도움으로 환자에게 행사하는 강제력과는 구분되어야 한다 — 치과의사라는 단어만으로도 이에 상응하는 생각들을 불러일으키기에 충분하다.

그러한 폭력의 사용은 결정적인 단점을 지니기는 하지만 아주 드물게는 어느 정도 고려될 수도 있다. 그러나 그런 치료현장에 대한 과거의 묘사는 어디까지나 그것이 시술자의 입장에서 기술된 것이든 아니면 희생자의 입장에서 기술된 것이든간에 피, 공포, 심지어 죽음의 무서운 이미지들과 밀접한 관계를 가지고 있다. 그렇다고 해서 이 책에서 질병이나 치료, 실패의 고통스런 기억 등을 숨길 이유는 전혀 없을 것이다.

연출과 미화

우리 주위에서 매일같이 쏟아지는 광고 이미지들은 "아름답게" 보일 것이다(*Lust am Leib*, 1997). 하지만 그것은 윤기 흐르는 머리카락, 반짝이는 하얀 치아, 약간 벌어진 입술, 매끈한 피부, 탄탄한 근육, 영원할 것 같은 발랄함 등을 지닌 아름다운 허상에 불과할지도 모른다. 특히 점점 더 세분화되는 이른바 위생이 문제가 된다면, 이런 종류의 전시를 위한 육체나 유혹적인 육체에 관해서는 여기서 부차적으로만 다룰 것이다. 육체의 청결 문제는 17~18세기에도 대단히 열악했다(P. Perrot, *Le travail des apparences*, 14-17). 그러다가 19세기 이후에 새로운 청결의 이데올로기가 실제로 성공을 거둔 것처럼 보인다. 청결 이데올로기는 인간으로 하여금 우선은 육체와 의복, 주거 환경을 비교적 깨끗하게 유지해서 '눈이 부시도록 화려한', '백조처럼 하얀'과 같은 형용사로 장식하는 적절한 외모를 지닐 수 있도록 교육시켰다. 그리고 결국—제2차 세계대전 이후로—우리는 육체 본래의 지방층과 방향층을 매일같이 세척하고 제거했다. 이런 세척과 제거를 위해 먼저 모든 종류의 화학제품이 투입했으며, 그런 다음 이미 제거된 성분을 인공적으로 생산된 유분과 수분으로 긴급하게 보충해주어야만 했다.

　이러한 육체 청결 과정은 특히 광고자본의 압박을 통해 시작되었으며, 품질이 좋다고 알려진 화장품(Kosmetika, '코스코Kosko'는 잘 정리된 아름다운 세계이다)의 도움으로 실현되었다. 그러면서 육체에 관한 새로운 이상이 생겨났다. 즉 마른 체형('거식증의 문제'로까지 발전한다. N. Caskey, 1986 참조), 갈색으로 그을린 피부, 주름 없는 싱싱함, 그리고 더 이상 노동 차원에서 이용되는 것이 아니라 스스로 (이론가들은 '자기지시적 selbstreferentiell'이라고 말한다) 만족하는 '피트니스', 즉 나는 날씬하다, 피부는 매끈하고 갈색이며 근육질이다, 특히 나에게서 좋은 향이 난다, 그래서 나는 존재한다, 다른 모든 것은 소용없다 등등. 그 사이 독자적인 권력으로 팽창한 광고산업은 자기네가 인간에게 일과 먹을 것을 준다(남자들에게는 더 많은 빵을, 모델들에게는 더 많은 일을)는 사실에서 자신들의 정당성을 찾을 것이다. 또한 광고산업은 광고기술과 영화기술을 비판적으로 공부하는 사람들에게 — 롤랑 바르트가 벌써 30년 전에 우리에게 올바로 읽는 법을 가르쳐주었던 — 상징체계나 의미론의 숨겨진 비밀에 관해 더 이상 새로운 지식을 제공하지 않는다. 광고시장은 특히 아이들에게 조롱 투의 상투어 기법을 가르쳐주며, 분필을 삼킨 늑대가 전부 믿을 만하지는 않다는 인식을 가지게 한다. 화려한 색상의 광고 영상들이 일상에서의 인체의 성공과 실패에 관해 물론 아주 약간의 지식을 제공하긴 했다. 하지만 인간의 육체와 관련해서는 더 중요한 문제가 논의되어야 할 것이다.

육체의 고집

육체의 역사는 약간은 진지하다고 할 수 있는 몇 가지 소식을 알려준다. 그 내용은 이렇다.

18세기 말에서 19세기 초 이후로 보건 관리기관들, 즉 국법을 우선시하며 조직적으로 사고하는 의사들은 궁정의 정보를 담당하는 추밀 고문관이자 주치의인 요한 페터 프랑크(Johann Peter Frank)나 혹은 헤센 대제후의 의료고문인 요하네스 슈톨(Johannes Stoll)의 제안에 따라 환자들을 엄격하게 구축된 의료-국가학의 대상으로 만들려고 했다. 인간의 육체는 그때마다의 공식 의료기관이나 오늘날의 화장품산업 역시 기꺼이 실행하고 싶어하듯이 항상 그렇게 고통을 당하지는 않았다. 인간의 육체에는 가릴 수도 없고 숨길 수도 없는 독특한 냄새의 강한 잔재와 예측할 수 없는 고집, 완고함, 특히 고도로 세분화된 기계의학(그리고 그에 속하는 은어)에 맞서는 저항력의 강한 잔재가 남아 있다. 이런 원리는 특히 — 물론 그때만 해당되는 것은 아니다 — 남자 의사들이 여성 환자에게 자신들의 기술을 적용할 때면 그렇다. 분첩이나 향수병을 든 미인의 광고가 사람들의 눈을 현혹시키기 원하면 원할수록, 의료 시스템이 더욱 발달하고 세분화될수록, 의약산업이 우리의 일상적인 질병의 자연스럽고 울퉁불퉁한 길을 의약으로 평탄하게 하거나 아스팔트 길로 만들수록, 인간의 육체는 잽싸게 이런 곤란한 상황에서 자긍심('나 혼자서도 그것을 해낼 수 있어' 혹은 '나라면 다르게 할 수 있는데')을 끌어내기 위해 빠져나갈 구멍이나 샛길을 찾게 된다. 질병을 그 자체로 느끼려는 사람들이 늘어나면서 '마르세유 비누'(단순한 염석 비누로 최고급이다), 자기명상과 '송아지 의학', '배설물 의약' 혹은 기적 치료사들의 종말이 도래한 것이 아니라 오히려 그 반대이다. 이런 대안적인 의술은 매번 철저히 탐구할 가치가 있으며, 정통의 학도 마찬가지이다. 대안 치료와 정통의학 치료 이 두 가지는 서로에게 없어서는 안 될 존재이다.

인간의 육체는 어떤 기계보다 더 견고하다. 인간의 육체는 생명이 있는 동안 연료주입 펌프가 달려 있는 자동차보다 — 더 값싸게, 환경을 보호하면서 — 더 많은 것을 수행한다. 인간의 육체는 메가와트 출력을 지닌 핵원자로보다 더 안전하다. 인간의 육체는 보디빌딩 센터에 가지 않아도 아주 튼튼하며, 특별히 예민한 것으로 매번 증명되었다. 우리 육체는 존중과 마땅히 받아야 할 애정, 그리고 매일매일 최소한의 육체적 관리와 특히 정신적 관리가 필요하다. 우리의 육체를 존중하기 위해서 우리는 의사보다(의사가 우리 몸을 진찰하거나 우리에게 질문하는 시간은 채 30분이 안 된다) 우리 몸을 더 잘 알아야 한다. 많은 사람들이 자동차 보닛 아래 모터에 관해 별로 알려고 하지 않는 것처럼 자기 몸의 내부에 대해서도 별 관심이 없다. 그냥 모터가 작동하기만 하면 되기 때문이다! 그러나 우리가 어떤 관이 어디에 놓여 있는가를 안다면 담비가 몇 번 물어뜯어 자동차 내부의 관이 손상되었을 경우에 도움이 될 것이다. 그리고 육체의 동굴에는 전기 케이블보다 더 중요한 것이 존재한다.

인간의 육체는 겉으로만 변화한다. 몇몇 역량 있는 화가나 디자이너 그룹은 인간의 육체를 어떤 때는 보다 뚱뚱하게(페르난도 보테로[Fernando Botero, 1932-]처럼), 어떤 때는 보다 가냘프게(베르나르 뷔페[Bernard Buffet, 1928-2001]처럼) 형상화시킨다. 매 시즌마다 이상적인 패션 모델(중성)에게 새로 디자인된 의상들이 입혀지며, 이런 성을 알 수 없는 인형 같은 모델들의 육체에 모토나

슬로건으로서 이런저런 육체의 '정신성'이 새겨진다. 거울 앞에서 우리는 바디숍에서 나온 세제를 통해 다른 사람에게도 되도록 마음에 들게 영향을 미치는 이미지를 만들어낸다. 그럼에도 이런 미국화된 현대성, 스타일링, 피어싱, 리프팅, 행복 등에는 고대 세계의 모든 것이 그대로 남아 있다. 말하자면 두통이나 독감, 요통 그리고 소화불량의 경우처럼 대부분 쉬지 않고 일하지만 ― 거의 칭송을 받지 못하는 기관들, 즉 심장근육과 위, 간, 쓸개 혹은 폐의 고통에 대해서는 차치하고라도 ― 그것들은 아주 열심히 나름의 임무를 수행하는데, 그것은 이른바 모든 문화적 변화에도 불구하고 히포크라테스 시대와 다르지 않다. 그렇기 때문에 우리는 여기서 소개된 옛 신화, 보고문학, 이야기들에서 매번 대단히 현대적으로 느껴지는 사실들을 만나게 된다.

이 책은 독자들이 자신의 육체, 육체의 완성도 및 부상 가능성, 나아가 그것의 아름다움 및 불완전함에 대해 좀 더 많이 알고 더욱 자주 생각할 수 있도록 도와주고 싶어한다. "그래서 이 소책자를 마음에 들어하지 않는 사람을 우리는 미워하지 않을 것이다. 그렇기 때문에 앞에서 언급한 육체의 유용성에 관한 소책자는 아무것도 잃을 것이 없다. '모든 사람의 마음에 들기란 불가능하다'라는 격언을 우리가 너무도 잘 알고 있음을 고려한다면 말이다"(T. A. Hellwig, *Medicus*, 1728, fol. 3v°).

"박쥐 다섯 마리를 잡아 그것을 태워 재를 만들어라.

그리고 개미들로 하여금 이것을 분해시키게 해서 연고처럼 되면 그 부위에 발라라. ⋯⋯⋯⋯⋯⋯⋯⋯⋯⋯

그러면 어떤 털도 나지 않을 것이다."

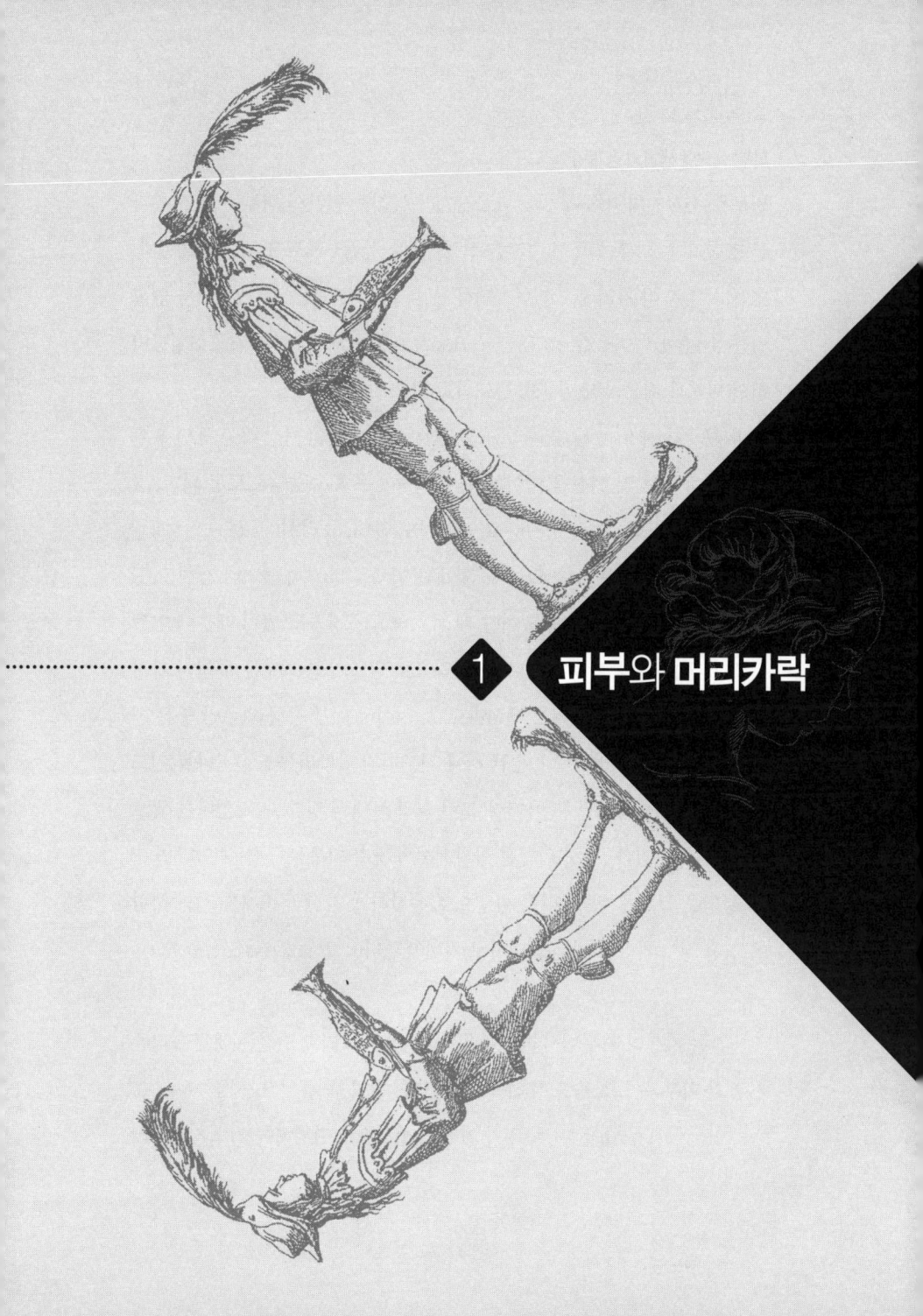

1 피부와 머리카락

피부: 육체와 생명의 총개념

전문용어로 진피('Dermis' 혹은 'Corium')라 불리는 인간의 피부는 매우 복잡한 조직이다. 피부는 특히 수많은 신경, 혈관, 선(腺), 모근을 포함하고 있다. 또한 더 깊숙이 자리잡고 있는 '피하'(Subkutis)라 불리는 층과 그 위를 덮고 있는(혈관도 없고 감각도 없는) '표피'(Epidermis)를 포함해서 대략 1.6~1.8평방미터의 면적과 체중의 18퍼센트 정도의 무게를 지닌다.

피부는(독일어 'Haut'는 라틴어 'cutis'와 관련이 있다) 인간의 가장 바깥 표면 혹은 가장 겉에 있는 것 이상을 의미한다. 진지하게든 혹은 농담으로든 외피, 모피, 털가죽, 가죽, 혹은 수지라고 불리기도 하며, 플러시(긴 털이 있는 무명 벨벳 – 옮긴이)라고도 불릴 수 있는 이 덮개는 인체를 완전히 덮거나 감싸고 있다. 그리고 피부가 인체를 덮어쓴 채 보호하고 포장하고 있기 때문에 어쨌든 그것은 우리의 전체가 된다. 상징적으로 말하자면 그것은 우리의 가장 본래적인 자아이다. 그래서 예의바르고, 성실하고, 훌륭한 피부란 좋은 친구를 의미한다. 그리고 "내 손끝 하나 건드리지 마!"라는 말은 "나를 건드리지 마!"라는 의미일 뿐 아니라 그런 외침은 내가 정말 쉬고 싶다는 뜻으로 이해할 수 있다. 아주 위급한 상황에서 누군가 피부를 구할 수 있다면 그는 생명을 건지게 된다. 다른 한편으로 용감하게 자신의 존재를 거는 사람은 심한 경우 자신의 피부를 대가로 치러야 한다(L. Röhrich, *Lexikon* 2, 399-401 참조).

인간은 자신의 피부에서 빠져나올 수가 없다. 그리고 인간은 대체로 다른 사람의 피부 속으로 숨으려 하지도 않는다. 동화 속에 나오는 공주(Peau d' Ane, 샤를 페로의 산문소설에서, 1694)가 자신을 성적으로 갈망하는 아버지로부터

도주하기 위해 했던 것처럼 과거에 금덩이를 낳았던 당나귀 가죽 속에 숨어서 마구간 하녀가 된다 할지라도 인간의 정체성은 바뀌지 않는다.

"그때 공주가 거리에 나타났다.
그녀의 머리는 지저분하게 엉클어져 있다.
그녀는 거리에 있는 모든 사람에게 부탁한다,
자신을 하녀로 받아주기를.
그러나 냉정한 사람들과 가난한 사람들조차
불쾌감을 주는 그녀의 지저분한 머리를 보자 그녀를 피한다.
사람들은 그녀를 원하지 않는다. 어떤 동정심도 느낄 수 없기 때문이다.
사람들은 그 더러운 아이를 그대로 버려둔다."

자연스럽고 아름다운 피부덮개의 모든 왜곡과 훼손에도 불구하고 결국은 이 소녀 '알러라이라우'(털북숭이)가 진짜 누구인지가 밝혀진다. 원래의 피부를 변장하는 것은 위급한 상황에서 유용할 수 있다. 하지만 그것은 다른 사람을 속이는 행위일 뿐 아니라 자기기만의 덫이기도 하다. 용을 죽인 영웅 지그프리트는 마법의 굳은살로 자신의 몸을 잘 감쌌다고 생각한다. 그런데 어깨 사이의 일부분이 가려지지 않은 채 자신의 피부가 ─ 그리고 그럼으로써 그 자신이 ─ 그대로 드러나서 치명적인 부상을 당하게 되었다. 이것은 다른 신화에도 전이되어 다음과 같은 것을 의미하게 된다. 즉 우리가 어떤 사람에게서 그 피부를 벗겨낸다면, 피부가 벗겨짐과 동시에 그 사람도 완전히 파멸한다. 그는 기껏해야 알아볼 수 없도록 훼손된, 이름 없는 '에코르혜'(해부학적으로 박제한 박피된 인체)로 의학사 박물관에 전시될 수 있을 것이다.

고대 이교도의 신화 이야기 중 한 가지와 기독교의 신과 성자 이야기 중 한 가지가 ― 둘 다 겉으로는 극도로 잔인한 줄거리를 다루고 있다 ― 피부를 벗기는 것과 관련이 있다. 즉 사티로스(반인반수의 숲의 신)이자 피리 연주자인 마르시아스에 관한 전설, 그리고 성 바르톨로메우스의 후기 성인전이다. 마르시아스는 올림포스의 아들이며 피리 연주의 창시자로 건방지게도 아폴론에게 키타라(고대 그리스의 현악기) 연주로 내기를 하자고 나섰다. 마르시아스가 지면 아폴론은 그를 마음대로 처분할 수 있는 권리를 가지게 된다. 결국 아폴론 신은 자신의 현악기를 임의로 뒤집어서 연주할 수 있었다. 그러나 마르시아스는 ― 그것도 하나의 기술이라고 한다면! ― 피리를 그런 식으로 뒤집어서 연주하는 기술을 보여줄 수가 없었다. 그리고 그 관악기로 화음을 넣을 수도 없었다(분산화음은 틀림없이 인정받지 못했을 것이다). 아폴론은 자신에게 도전한 사람에게 복수를 했다. 마치 사로잡은 야수처럼 그를 나무에 매달아서 살가죽을 벗겼다. 오비디우스(그리스도 이전 세대)가 아주 상세하게 사람의 가죽을 벗기는 이런 장면을 묘사하고 있는데(*Metamorphosen*, VI, 400), 이것은 레이덴이나 웁살라의 의학적 원형극장에서 일어났던 기이한 전시 해부를 상기시킨다. 독자들은 그런 잔인한 장면을 피하고 싶어한다. 어쨌든 오비디우스는 살가죽이 벗겨진 사람으로 하여금 이렇게 포효하게 한다. "당신은 [아폴론] 왜 내 살가죽을 벗기는 겁니까?" 살가죽이 벗겨지는 이런 처형에서 그는 자신의 자아를 빼앗기게 된다.

피부 형벌

제노바의 주교인 야코부스 폰 보라기네(Jocobus von Voragine)는 자신이 지은 『황금 전설』(*Legenda aurea*)에서 사도인 바르톨로메우스의 죽음에 관해 명확하게 설명하지 못하고 있다. 『황금 전설』의 저자는 그 성자가 십자가형을 당했는지, 참수되었는지 아니면 살가죽이 벗겨졌는지 정확히 알려져 있지 않다고 기술하고 있다. 그래서 우리는 "사람들이 처음에 그를 십자가에 못 박았고, 더 큰 고통을 주기 위하여 살가죽을 벗겼을 것이며, 맨 나중에 그의 목을 베었을 것" 이라고 추측해도 좋을 것이다. 후기의 성인전에는 잔인하기로 악명 높은 아스티아게스 왕(기원전 6세기경 메디아 제국의 마지막 왕 — 옮긴이)이 바르톨로메우스의 가죽을 벗기게 했다는 사실이 확실하게 언급되어 있다. 그래서 바르톨로메우스는 그림과 판화에 어떤 때는 손에 예리한 칼을(알브레히트 뒤러나 한스 발둥 그린[Hans Baldung Grien]의 그림에서) 들고 있거나, 어떤 때는 팔에 자신의 살가죽을 들고 있는 것으로 묘사된다. 미켈란젤로의 작품인 성 시스티나 대성당의 〈최후의 심판〉에도 바르톨로메우스 성자는 그런 모습으로 그려졌다. 1624년 나폴리에서 일하던 주세페 데 리베라(Jusepe de Ribera)는 동판화에서 심지어 가죽 벗기는 사람이 나무에 묶어놓은 벌거벗은 성자의 살갗을 왼편 팔뚝에서부터 벗기는 장면을 묘사하고 있다. 그렇지만 우리는 마르시아스의 경우처럼 여기서도 고난, 즉 형벌과 고통을 먼저 떠올리지 않는다. 순교로 인해 완전히 망가진 지상의 무상한 육체 바르텔은 바로 그의 고귀하며 영원한 자아 바르톨레메우스와 함께 돌아다닌다. 이런 생각은 머리를 최고로 고양된 순교와 함께 그들의 정체성의 상징으로서 그들의 육체 위에 얹고 다니는 것이 아니라 육체 옆에 가지고 다니는 '두족류' 성자들을 떠올리게 한다.

정체성과 생명을 위협하는, 살갗을 벗기는 것과 관련된 신화의 잔재는 알프스 지역에 퍼진 ‘제넨툰쉬’(Sennentunsch)의 악행과 형벌 그리고 경고의 전설에서도 찾을 수 있다. 그것은 피부 접촉금지령을 위반하고 금기를 어긴 사람의 피부에 가해지는 치명적인 형벌과 관련이 있다. 여기서는 기독교적인 금욕의 도덕 역시 중요한 역할을 한다. 고독하게 사는 알프스 사람들은 자신의 산장에 실물 크기의 인형을 만들어 놓았다고 전해진다. 19세기 스위스 그라운빈덴 주의 전설 수집가인 나나 카메니쉬(Nina Camenisch)는 이런 연관성 속에서 사내 녀석들이 이 여자 인형과 함께했던 “즐거움”과 “여러 가지 못된 행위”에 관해 폭로했다. 다른 연구가인 디트리히 예클린(Dietrich Jecklin)은 약간 부끄러워하면서 “기분이 들떠 있던 양치기들이…… 이것을 마치 살아 있는 아이처럼 다루고 귀여워했다”고 기술하고 있는데, 그것은 남자들이 이 인형을 통해 성적 충동을 만족시켰음을 의미한다.

민속학자들의 말에 따르면 이 인형은 그러고 나면 생명을 얻게 되고, 뻔뻔스럽게 쾌락을 즐긴 사람들의 살갗을 벗겼으며(직접 만든 섹스 대상과의 성적 관계가 벌을 받을 만한 중죄인 것처럼 그렇게), 이 살가죽을 알프스 산장 위에 지붕처럼 펼쳐놓았다고 한다. 다시금 아름다워지고 남자들의 열망의 대상이 되기 위해 기꺼이 쪼글쪼글한 피부에서 벗어나려고 하는 ‘살갗이 벗겨진 노파’에 관한, 지중해 일대 섬에서 자주 이야기되던 해학 동화는 이와 비슷하게 쾌락을 적대시하며 게다가 여성 혐오증이 있는 것처럼 보인다. 쥐세페 피트레(Gisueppe Pitre, 1875)가 지은 이 동화의 한 변형에서, 늙고 추한 한 여자에게 아직 아름다운 여동생이 이발사 겸 의사에게 살가죽을 벗겨야 한다고 충고한다. "그리고 그녀[여동생]는 언니에게 12크로이처 동전을 한줌 가득 주었다. 도나 페파는 그것을 가지고 떠났다. 그녀는 집을 나서자마자 바로 이발소에 가서 이발사에게 말했다. '내 살갗을 벗겨주세요!' 이발사는 그 말을 듣고 이렇게 말한다. '정말 당신 미쳤군요! 어떻게 그 고통을 감당하려고요?!' — '걱정하지 마세요. 여기 돈이 있으니 원하는 만큼 가져가세요.' 이발사는 돈을 보자 눈이 멀었다. 그래서 그는 혼자 중얼거린다. '이제 어떻게 해야 하지? 그녀의 살갗을 벗겨야 하는가. 그래 좋아, 내가 그녀의 살가죽을 벗겨 주겠어.' 그는 늙은 여자 쪽으로 몸을 돌렸다. '좋아요, 당신은 틀림없이 강할 겁니다. 이리 앉으세요.' 그녀는 의자에 앉았다. 그는 면도칼을 잡고 그녀 이마에서 약간의 피부를 벗겨내기 시작했다. 그가 면도칼로 살갗을 벗겨내자 도나 페파는 비명을 질렀다. '아야, 아야!' 이발사가 대답했다. '그러면 그만둘까요?' — '아니요, 벗겨주세요. 나는 내 여동생처럼 예뻐 보이고 싶어요.' 다시 이발사는 계속 피부를 벗겨냈고, 그녀는 비명을 질렀다. '아야, 아야!' — '그만할까요?' 이발사가 말했다. '아니요, 계속해주세요. 여동생처럼 예뻐 보이고 싶어요.' 그래서 그는 계속했다. 그러나 목까지 이르러서 목의 피부를 벗겨냈을 때 도나 페파는 죽었다. 이발사는 그녀가 죽은 것을 보자 맞은편에 앉아서 이 사건을 함께 지켜보았던 미장이 두 명을 불렀다. 그는 자신이 아무 죄가 없다는 데 대한 증인으로 그들을 원했다. 시체를 묻는 사람들이 왔다. 그들이 노파의 시체를 싣고 떠났다."

마르시아스 신화는 오비디우스의 변신 이야기가 중세에 매번 새롭게 신화 책에 실리고, 과장된 그림으로 그려졌고, 나아가 바르톨로메우스 성인전은 교회에서 계속 이야기되면서 깊은 인상을 남겼지만, 인간적인 사고와 행위를 전파하는 데는 거의 도움이 되지 않았다. 근세 초기의 이런 모든 법적인 형벌 역시 집단의 기억 속에 저장되었다. 이 형벌들은 '단지' "피부와 머리카락"에만 적용되었으며 ― 그것은 머리카락을 자르는 일이나 불명예스럽게 공개된 장소에서 벌거벗은 몸에 채찍질하는 것을 의미한다 ― 아직 '손과 목', 즉 육체 부위의 절단에는 이르지 않았다. '사람 가죽 벗기는 놈'이라는 욕은 어쨌든 우리 언어에서는 극단적인 인간경멸과 파괴의 예를 기억하고 지칭하기 위해 남아 있다. 그것은 특히 강제수용소, 인간의 숙청, 혹은 홀로코스트 범죄와 관련해서 여전히 사용되고 있다.

외부세계가 피부 속으로 침투하다

"나는 내 피부에 오직 물과 A B[비누 상표명]만 사용했다"고 어느 모델이 최근 비누 광고에서 주장한다. 이 광고는 젊고 아름다운 여자의 피부는 우리의 생활공간에서는 오직 물과 비누에만 견디어낼 수 있다고 천연덕스럽게 거짓말을 한다. 우리 피부는 주위 환경의 영향에 내맡겨져 있다. 오래전부터 인간은 바람과 기온 등의 괴물에 맞서서 동물(가죽, 털)이나 식물에서 얻은 재료로 만든 덮개로 자신을 보호해왔다. 의복(프랑켄 지방 사람들이 '동반자'라고 일컫는다면 이 역시 맞는 말이다)은 음식과 주거와 함께 인간의 일반적인 기본 욕구에 속한다. 이런 보호조치에도 불구하고 인간의 감각기관 중 가장 바깥에 있는 예민한 피부는 줄곧 외부의 훼손과 영향에 내맡겨져 왔다. 우리는 안데르센(Hans Christian Andersen, 1805-1875)의 동화에 나오는, 여러 장의 매트리스 위에서도 그 아래 완두콩이 깔려 있다는 것을 느낄 수 있었던 공주(AaTh 704)

처럼 그렇게 예민할 필요는 없다. 피부는 아주 가벼운 공기의 움직임을 감지하고 손가락 끝이나 손바닥이 표피에 닿기도 전에 그것의 접근을 알아챈다. 피부는 눈에 보이지 않는 광선이나 공기오염에 대해 정확하게 인식할 수 있는 자극의 신호로 반응한다.

느낀다는 것은 물리적으로 더듬거나 접촉하는 것뿐 아니라 정신적, 사회적인 감지나 지각과도 관계가 있다. 태아와 신생아들은 엄마와, 그리고 세상과의 첫 접촉을 피부를 통해 감지한다. 그리고 피부 대 피부의 직접적인 접촉의 온기는 (이누이트 족의 아이들뿐 아니라) 대부분의 아이들이 성장하고 사회화되는 과정에서 아주 중요한 요소이다. 여러 민족들의 성년식에서 신과 친밀한 관계에 있으면서 축복해주는 역할을 맡는 사람(신부, 샤먼)은 헌신하는 사람의 피부에 물이나 기름 혹은 향유를 바르는데, 그럼으로써 그들의 육체적 건강과 영혼의 구원, 사회적인 위상, 나아가 새로운 삶의 단계로의 발전을, 아니면 종부성사로 다른 세계로 떠나는 것을 축원해준다. 그리고 특히 사랑하는 사람이 우리를 부드럽게 애무해줄 때 우리의 피부는 가장 기분이 좋다.

그러나 이 세상은 우리의 피부에 축복이나 애무만 보내는 것이 아니다. 과거의 생각에 따르면 악한 세력이 질병을 감염시키는 화살을 우리에게 쏜다고 한다. 그리고 아름다운 육체와 벌거벗은 피부 속에 수많은 화살을 가지고 다니는 성 세바스티안은 특히 페스트를 막는 수호신으로 여겨진다. 성 세바스티안을 묘사한 그림을 보면, 그는 자신의 순교를 통해 주위에 떠돌아다니는 질병 화살의 대부분이 우리를 피해가게 하거나 아니면 다른 곳을 향하게 만들 수 있다고 믿기 때문이다. 외부로부터 오는 재앙은 방금 떨어진 호두나 밤을 주워 모으는(즉 질병에 걸린다는 의미임) 아이처럼 호기심이 많은 것처럼 보이며, 그다지 순진하다고 할 수는 없다. 즉 불행은 비교적 부드러운 인간의 껍질 속에 무엇이 숨겨져 있는지를 간절히 알려고 하는 것처럼 보인다. 그리고 나서 재앙은 피부라는 이름의 경계를 훼손시키면서 피부 속의 살을 찌르고 자르고 물어뜯으면서 침투해 들어간다.

이런 주제에 관한 이야기들을 읽는 것은 별로 기분 좋은 일이 아니다. 우리는 그럼에도 불구하고 그것을 숨겨서는 안 된다. 피부는 자극을 받아 붉어질 수 있다. 긁혀서 상처가 날 수 있다. 구멍이 나거나 벗겨질 수 있으며, 심지어 완전히 훼손될 수도 있다. 19세기의 "미신적인 인쇄물" 로서 금서로 지정된 인기 있던 소책자인 『그리스도의 고난에 관한 7가지 아름다운 기도』(Sieben schönen Gebethen vom Leiden Christi)에는 "그리스도의 비밀스런 고통" 이 상세하게 언급되어 있다. 그 중에는 특히 9만 7,305개의 핏빛 땀방울로 덮여 있는 예수 그리스도의 피부가 6,666군데의 채찍 자국과 회초리 자국으로 인해 동정심을 강하게 유발하며, 머리부분에는 가시관으로 찔린 곳이 72군데나 보인다는 내용이 들어 있다. 18세기의 명상작가 요한 야콥 람바흐(Johann Jacob Rambach)는 증쇄를 거듭한 『그리스도의 고통에 관한 명상』(Betrachtungen über das gantze Leyden Christi)에서 그런 피부훼손을 넘어서 다음과 같이 기술했다. "분명히 병사들은 매질에 매질을 더했을 것이며 예수의 부드럽고 성스러운 육체에 상처를 입혔다. 그래서 가죽으로 엮은 데다 쇠철사로 구멍을 뚫었을 채찍으로 인해 피부에서만 피가 난 것이 아니라 뼈에서 살점이 떨어져 나와 그의 등에서는 피가 펑펑 솟아나왔다."

고난사 속의 예수에게, 그리고 성인전 속의 순교자들에게 가해졌던 상처들뿐 아니라 우리 자신의 육체에도 흉터로 보이는 그런 상처들은 실제로 수없이 많다. 여자들, 아이들, 남자들의 피부에 남겨진 수많은 채찍질의 상처들은 많은 자전적 증거들이 증명해주듯이 아물고 희미해지긴 하지만 절대 잊히지는 않는다. 한스 작스(Hans Sachs, 1494-1576)가 자신의 풍자골계(1539)에서 여자들의 동물 같은 피부 9군데 가운데 8군데를 채찍질해서 떨어져나가게 한 것은 그리 오래전 일이 아니다. 17세기 전반에 뉘른베르크에서 출간된(다른 변형으로도 널리 퍼진) 파울루스 퓌르스트(Paulus Fürst)의 삽화가 그려진 팸플릿에서 다음과 같은 글을 읽을 수 있다.

"때려라, 탁, 우당탕탕, 찰싹! 모든 곳에 두 번씩.
그녀에게서 차례로 8군데의 피부가 떨어져나간다.
1. 자주 화가 난 것처럼 보이게 하는 사자의 피부
2. 중얼거리면서 고백하곤 했던 곰의 피부
3. 남자가 짖어대야 할 때면 개의 피부
4. 마치 칼에 찔린 돼지처럼 꿀꿀거리기 때문에 돼지의 피부."

채찍질당하는 여자는 이런 식으로 말의 피부, 고양이의 피부, 당나귀의 피부, 토끼의 피부를 잃어버린다. 그리고 "그녀는 반죽음 상태에서 뛰쳐나와 지하실에 숨는다. 그녀는 말했다. 나에게 이런 고통은 다시는 없을 거야, 절대로!" 교육학자들이 부모와 교사들에게 매를 아끼지 말라는 성경 구절을 귀띔했던 것은 그리 오래전 일이 아니다. 그리고 세계 각지에 있는 고문실에서 수감자들의 피부가 전과 마찬가지로 여전히 굴욕적인 방법으로, 또 여러 가지 방식으로 고통스럽게 훼손되고 있음을 잊어버려서는 안 된다.

피부에 대한 공격이라는 또다른 영역에서는 더 많은 일들이 일어난다. 우리는 낯선 세력에게 ─ 그것이 물, 공기, 태양 같은 자연적인 힘이든, 모든 종류의 화학적 산물이든, 아니면 문신하는 사람의 바늘이든 ─ 우리 피부를 괴롭히거나 공격하도록 허용한다. 그리고 이런 외부 세력의 개입 중에서 많은 것이 선한 의도를 지니며, 특히 문화특수적인 이유가 존재한다 할지라도 외부 세력이 미치는 효과가 항상 건강에 좋은 것은 아니다. 예를 들어 땀은 19세기의 보건운동 이후로 계속 금기시되는 것으로 여겨져 왔다. 그리고 개인적으로 서로 다른 땀 냄새는 특히 청결한 20세기 중반 이후로 데오도란트라 불리는, 냄새를 제거하며 그럼으로써 냄새를 동일하게 만드는 화학약품을 통해 점점 더 이 세상에서 그리고 의식에서 제거되었다. 이와 비슷하게 우리는 우리 피부의 다른 분비물, 즉 특별한 선(腺)에서 배출되는 피지를 알콜, 비누, 샤워 젤로 점점 더 강력하게 대처한다. 피부과 의사들은 우리가 피부위생 이전의 시대에 관한 보고를 더 많이 살펴보면 볼수록, 양잿물로 씻어낸 우리 피부 위로 여러 가지 소름이 돋게 하는 '과학적인 비누 희생물' (R. Wolf, 1996)보다 이런 주제에 관해 더 많이 기술했다.

위생, 청결, 화장

르네상스 남자들은 화장이 육체의 노화를 감추려는 늙은 창녀의 게으른 속임수라고 생각했다. 요아힘 뒤벨레(Joachim Du Bellay, 1522-1560)는 본인보다 나이 많은 친척인 장 뒤벨레(Jean Du Bellay) 추기경을 수행하면서 로마에서 4년

(1553-1557)을 보냈는데, 그는 자신의 풍자적인 소네트(*Les Regrets*, Nr. 92)에서 그런 교활한 로마 여자들에 관해 이렇게 기술한다.

> "그녀는 매일 자기 머리카락에 아주 많은 웨이브를 만든다,
> 그녀는 눈썹을 뽑고, 머리에서 발끝까지
> 자신의 시든 육체를 엄선한 구정물로 씻는다.
> 그리고 세월의 흔적이 남아 있는 얼굴에 하양과 빨강으로 너무도 짙게
> 화장한다."

16~17세기의 공상적 사회개혁가들(즉 유토피아설의 주창자로, 토마스 모루스 [Thomas Morus], 토마소 캄파넬라[Tommaso Campanella], 요한 발렌틴 안드레에[Johann Valentin Andreae], 프랜시스 베이컨[Francis Bacon])은 그들 사회의 청결유지를 위한 첫 계획을 세웠지만, 한편으로 18세기 후반까지는 이른바 '화장술' (comptoria ars: G. Dane, "Die heilsame Tiolette", 76-84)에 대한 비판이 끊이지 않았다. 계몽주의 시대에는 체취의 제거를 통해 청결상태와 위생상태를 개선하라는 경고가 점점 증가했다(G. Vigarello, 1988). 그러다가 19세기가 지나면서 비로소 위생은 민중 계몽과 학교 수업의 주제로 부각되었다. 내륙에서 빨래는 연례적인 행사로 여겨졌을 뿐, 절대 하루 일과에 속하지 않았다. 프랑스 민속학자인 이본 베르디에(Yvonne Verdier)는 자신의 산파인 미노(주민 360명) 출신의 마르셀린에게 1900년대 상황에 관한 이야기를 들었다(*Façons de dire, façons de faire*, 108-110). "우리는 빨래를 한 해에 두 번 했습니다. 한 번은 봄에, 또 한 번은 가을에 하지요. 그때는 위대한 출항의 시기이기도 했습니다. 장

롱은 빨랫감으로 가득 찼지요. 빨래는 '라 부이'[빨래를 삶다]라 불렸는데, 최소한 사흘이 걸렸습니다 — 거대한 의식이었지요." 4~5명의 여자들이 엄청나게 큰 대야와 물, 잿물(과일나무로 만든 것이 제일 좋았다)을 사용해서 빨래를 했다. 물에 적신 빨랫감들을 비누, 솔, 방망이로 빠느라고 많은 땀을 흘렸다. "나는 빨래하는 여자들을 계속 볼 수 있었지요. 그들은 침대 시트를 굵직한 소시지처럼 말아서 두들겼어요……. 빨래를 짤 때는 서로 도와주었지요. 빨래를 짜려면 항상 두 명이 필요했으니까요." 모든 종류의 잿물과 더러운 빨랫감을 지칭하는, 오늘날도 사용되는 프랑스어 'lessive'는 재를 뜻하는 라틴어 'lix'에서 유래된 것이다.

　　보다 수준 높은 시민적인 청결 윤리는 서서히 그러나 지속적으로 하층 민중계급의 의식 속으로 침투해 들어가면서 동시에 마르세유 비누처럼 더러움을 강력하게 몰아냈다. 그것은 새로운 청결이 처음에는 셔츠와 바지에서, 그 다음에는 피부와 머리카락에서도 질병의 싹을 몰아냈다는 것을 의미한다. 그리고 그것은 오래 걸리지 않았다. 거기서 불결함에 대한 관념, 심지어 도덕적으로 더러운 성향들이 멀리 아니면 아주 가까이 위치한 국가들의 이른바 문화적 후진성이나 동물성과 결합된다. 즉 『카스티야의 어린 왕자』(*La petite infante de Castille*, [1929], Paris 1935, 16)에서 앙리 드 몽테를랑(Henry de Montherlant, 1896-1972)은 스페인에서 자기와 함께 발렌시아에서 바르셀로나로 여행한 젊은 스페인 여자(그는 이 여자를 "bête féminine", 즉 암컷 혹은 동물이라고 불렀다)에 관해 이렇게 기술했다. "그녀의 머리카락은 집시여자들의 머리처럼 끈적거렸다. 그리고 그녀에게는 마맛자국이 있었는데 그것은 나에게 많은 것을 의미했다. 왜냐하면 그것을 보면 바다 속에서 오랫동안 잠겨 있어 물고기에게 갉아먹힌 그리스 동상의 머리가 생각났기 때문이다. 코를 찌르는 그녀의 더러운 냄새에 파리들이 몰려들었다. ……그녀의 손가락은 살이 너무 쪄서 반지가 손가락 안으로 파고들 정도였다. ……그녀는 우유를 단지째 들이켜면서, 마실 때마다 일종의 신음하는 듯한 소리를 냈다. 그녀는 입에 우유를 가득 채우자마자 암탉이 물을 마실 때처럼 머리를 뒤로 젖혔다."

이방인이나 외국인, 방랑자들은 매번 불결함에 대한 비난의 반사판 역할을 해야 했다. 청결 논쟁에서는 언제든 '찌든 때까지 완전히 제거하는'이라는 단어가 등장한다. 햇빛과 눈처럼 흰 백조 깃털은 새로운 위생 계몽운동에서 옷가지의 더러움, 그리고 땀에 젖은 피부 속까지 스며든다는 새로운 세제의 상징이 된다.

육체의 청결은 물론 19세기에서 20세기 중반까지 특히 남성들 사이에서 일상적인 덕목은 아니었다. 예를 들면 역사학자 에르네스트 라비스(Ernest Lavisse, 1842-1922)는 자신의 『회상』(*Souvenirs*, Paris 1912, 137f., 182f.)에서 당시 라온 실업학교에서(1852년경) 육체의 청결은 소수에게만 해당되었다고 이야기하고 있다. 즉 때밀이 수건에 물 몇 방울만 떨어뜨리면 언제든 얼굴을 닦기에 충분했다는 것이다. 그렇다면 얼굴 아래는? "발을 씻는 것은 기대하지 않았다. 가끔 한번씩 사람들이 우리를 하나밖에 없는 목욕탕으로 데리고 갔다. 거기서는 라온 학교 전체의 청결을 위해 6개의 욕조면 충분했다. 여름에는 들판으로 나갔으며, 몇 번 냉욕을 했다. 우리는 틀림없이 더러운 아이들이었을 것이다." 3년 후 마생 학교에서 ─ 그리고 파리의 다른 학교에서도 "더 나아지지는 않았을 것이다" ─ 이런 불충분한 위생상태는 계속되었다. "전혀 씻지 않는 것보다 더 간단한 것은 없다. 집단행동을 감시했던 선생들에게는 대부분 주위사람의 청결을 그렇게 엄격하게 준수할 수 없는 이유들이 충분히 있었다. 그림 교실이 족욕의 목적으로도 사용되었다. 우리는 학급별로 불려갔다. 한 달에 한 번, 아마도 두 번이었을 것이다. 우리는 목욕통에 여러 명이 함께 들어갔으며, 목욕수건은 두 명당 하나씩 사용했다. 여름이면 운이 좋았다. 우리는 파리의 가장 깨끗한 세느강 욕탕인 프티 욕탕으로 불려갔기 때문이다.”

여자들은 어쨌든 특히 허리 아래의 청결에 관해서는 다른 생각을 가지고 있었다. “얼굴, 그것을 너는 한 번은 생략할 수 있다.” 그렇게 지지의 할머니인 마담 알바레스는 손녀들에게 가르쳤다. “응급상황이나 여행중에는 다음 날로 미룰 수 있다. 그러나 하체의 청결 — 그것은 여성의 품위이다!” (Colette, *Gigi* [1944년 출간], 1장) 1994년 9월 19일자 『프랑크푸르트 알게마이네 차이퉁』에 실린 AFP 통신 기사를 믿어도 된다면, 그 사이에 육체의 세심한 관리가 사회적 관심사로 떠올랐다. “슈트라스부르크 근처 알사스 지방의 링골스하임에서는 간통을 한 여자가 향수 때문에 발각되었다. 토요일에 알려진 것처럼, 목요일에 스물 네 살의 이 여자는 은퇴한 부부의 집에 들어갔다가 잠시 후 집주인 여자가 돌아오자 놀라서 침실 커튼 뒤에 숨었다. 그러나 한 시간 후에 발각되었다. 집주인 여자는 집에서 나는 이상한 향수 냄새를 알아챘고, 냄새를 추적해서 그녀를 찾아냈다.” 이어지는 아무 냄새도 나지 않는(?) 늙은 연금생활자 아내와 좋은 향수냄새를 풍기는 젊은 피의자 사이의 싸움에 대해서 그 보고는 신중하게도 전혀 언급하고 있지 않다.

피부는 자신의 상태를 외부에 알린다

누구도 자기 피부에서 빠져나올 수는 없다. 마치 병아리가 껍데기를 깨고 나오듯이 피부에서 나오기를 원한다 할지라도 우리는 평생 이런 피부에 둘러싸여 있다. 그래도 인간은 이런 피부를 통해 여러 가지 방식으로 — 예를 들면 갖가지 색깔이나 특별한 응급신호로 — 다른 세계에 자신을 알린다. 피부는 마치 폐를 롤러에 걸어서 길게 늘려놓은 것처럼 숨을 쉰다. 그리고 피부는 온기를 내뿜는다. 특별한 그룹의 척추지압사 혹은 지압사들은 자신들의 손의 표면이 열파 외에 다른 광선을 내뿜는다고 믿는다. '카리스마'(그것은 은총의 능력을 의미한다)라고도 불리는 인간의 발광은 감지할 수 있지만 어디까지나 눈에 보이지는 않는 현상이다. 그래서 이런저런 작가나 화가들은 신에게서 받은 능력인 카리스마를 지닌 사람들, 예컨대 성경 속의 인물, 특히 예수와 그의 사도들을 눈에 띄게 묘사하기 위해서는 빛과 관련된 어휘와 빛이 나는 색깔과 형태의 도움을 받아야 한다. 하느님은 시내산에서 모세의 머리에 두 장의 십계명판만 준 것이 아니다. "모세가 그 증거의 두 판을 손에 들고 시내산에서 내려오니 그 산에서 내려올 때에 모세는 자기가 여호와와 말하였음으로 말미암아 얼굴 피부에 광채가 나나 깨닫지 못하였더라. 아론과 온 이스라엘 자손이 모세를 볼 때에 모세의 얼굴 피부에 광채가 남을 보고 그에게 가까이 하기를 두려워하더니"(출애굽기 34:29-30). 모세는 이스라엘 자손들을 진정시키고 황량한 시내산에서 겪은 체험에 관해 그들에게 이야기했다. 그리고 사람들이 놀라지 않도록 하기 위해 광채가 나는 자기 얼굴을 수건으로 가렸다.

마티아스 그뤼네발트(Mattias Grünewald)는 그의 이젠하임 제단화(Isenheimer

Altar)에서 부활하신 그리스도가 권세의 상징인 강력한 후광을 지닌 것으로 묘사했다. 회화에서 자주 사용되는 성스러움의 또 다른 상징은 '광륜'(타원형으로 빛나는 빛의 테두리), 외부로 빛을 발산하는 둥그런 황금빛 광선(예컨대 성체현시대의 장식으로) 혹은 후광이다. 기독교 성자들 중 일부는 빛이 날 정도로 반짝이는 피부를 죽음을 넘어서까지 유지하고 있다. 성자들의 시체가 영면을 시작한 뒤로 여러 해가 지나 관에서 옮기기 위해 꺼낼 때면 그들에게는 여전히 성스런 빛이 발산된다. 어쨌든 토마스 바르톨리누스(Thomas Bartholinus)는 1663년 자신의 의학적 서한(*Epistolarum medicinalium... centuria* I, 11-13)에서 빛을 발하는 시체에 관해 보고하고 있다. 잘 알려진 이런 전설적인 이야기는 이제는 세속화되어, 취리히의 신문인 『블리크』 1997년 5월 5일자의 기사 같은 데서도 등장한다. "빛을 발하는 농부와 전혀 감을 잡지 못하는 전문가. 젊은 베트남 농부인 차말레부오트의 몸에서 광선 쇼처럼 빛이 났다. 지난 달 그는 논바닥에 쓰러졌다. 그 후 그의 온몸에서 고열이 났다. 결국 깨어난 그는 자신의 몸 여기저기서 작은 전구처럼 반짝이는 파란색 반점을 발견했다. 이런 기이한 현상은 매일 저녁 반복되었다. 몸에 반짝이는 반점이 생긴 세 번째 사람이 나타났다. 지금까지 자문을 받은 전문가들은 이런 현상에 대해 아무런 설명도 하지 못했다."

학교에서 배운 지식만으로는 설명되지 않는 것이 많다—특히 피부의 경우가 그렇다. 탁월한 존재의 다른 발현 역시 인간의 피부에서 나온다. 아시시의 성 프란치스코(프란치스코 수도회의 창시자) 이후(그는 아마도 이런 점에서 성흔의 선구자였던 것 같다) 남이탈리아에서 성인으로 추앙받는 산 조반니 로톤도의 피우스 신부까지(그리고 다시 그의 숭배자들까지), 인간의 몸에 성흔이 나타나는 현상은 큰 주목을 끌었다. 지속적인 현상이든 일시적인 현상이든, 원하든 원하지 않든, 외부로 알렸든 아니면 비밀로 유지했든간에 예수 그리스도의 성흔이 그들의 손이나 발 혹은 옆구리에 나타났다. 성자들의 피부는 예수 그리스도의 고통을 알릴 수 있다.

피부는 자주 성스러움의 상징과는 다르게 세속적으로 매일 주로 물로 이루어진 액체를 분비한다(의학자들은 피부를 통한 침투라고 말한다). 고상한 사람들은 발한(땀분비)이라고 일컫는 이런 땀은 하느님이 창조와 인간의 타락 이후에 얼굴에 땀을 흘려야 먹을 것을 먹을 수 있다고 했듯이(창세기 3:19) 얼굴에서만 나오는 것이 아니다. 그 후로 혹독한 작업은 인간에게 쓰디쓴 것이 되었으며, "쓰디쓴 땀"(그것에 관해서는 책상물림 파우스트도 이야기했다)을 의미한다. 짠 맛이 나는 피부의 분비물은 이마에서만 떨어지는 것이 아니다. 땀은 텔레비전 영화 주인공들의 얼룩 하나 없는 깨끗한 티셔츠를 적신다. 이런 땀의 흔적들은 그들의 세속적인 성실함이나 세속화된 성스러움의 상징으로서 울퉁불퉁한 가슴과 넓은 등에서 볼 수 있다. 땀에 쉬 젖을 뿐 아니라 독특한 냄새까지 풍기는 — 개개인의 피부의 고유한 특성을 암시하는 — 겨드랑이 같은 오목한 부위는 물론 텔레비전에서 보이기는커녕 언급되지도 않는다.

칠판의 역할을 하는 피부

모든 사람이 성스러움의 광채를 내뿜을 수는 없으며, 땀은 기껏해야 형사들의 자랑거리가 될 뿐이다. 그리고 그냥 맨 피부만으로는 상당수의 남녀가 기꺼이 자원하는 관찰 대상이나 관심의 대상이 되지 못한다. 그래서 마지막으로 피부에 일부러 상처를 내거나 문신을 하는 것에 관해 언급하고 싶다. 여기서 문신이란 18세기 유럽 사람들이 원시민족에게서 관찰했던 습속의 하나로 피부를 온갖 종류의 그림신호나 문자신호를 그리기 위한 칠판으로 사용한 것을 말한다. 20세기 초반에도 원래 육체를 보호하고 재앙을 막기 위한 이런 종류의 피부 장식이 특정한 직업군에 속한 사람들, 특히 선원들에게 남아 있었다. 오늘날에도 이런 주제를 다루는 잡지들을 흔히 볼 수 있는데, 결국 남녀를 불문하고 수백만의 유럽 사람들이 이것을 단순히 이국적인 표현방식으로만 이용하는 것이 아니라 자신의 몸을 장식하기 위해, 특유의 그리고 변화할 수 없는 존재로서의 자신을 부각시키기 위해, 나아가 성적 매력을 높이고, 잊히지 않는 진리나 소식을 ─ 가끔은 정치적으로 진보적인 ─ 보내기 위해 문신을 사용하고 있음을 알 수 있다. 독일에서 일상적으로 볼 수 있는 문신의 그림 모티브와 문자 모티브는 그동안 (M. Friedrich, 1993, 217-230에 따르면) 심장(사랑의 화살과 함께), 십자가, 무기, 동물, 식물, 해양학적 그림들, 그리고 (특별히 아름답지는 않지만 그럼에도 벌거벗은) 여성들 및 단어, 사랑의 고백("사랑해!"), 격언, 이름, 이니셜, 날짜 등으로 나타났다 ─ 아름다운 문신 사진 앨범에 담긴 다채로운 피부 장식에 관해서는 여기서 굳이 더 언급할 필요가 없을 것이다.

선원들과 프리스타일 레슬링 선수들뿐 아니라, 하이미토 폰 도더러 (Heimito von Doderer, 1896-1966, 오스트리아 소설가)의 "팔, 어깨 그리고 가슴에 거친 문신을 한" 아니타 멜리나티 같은 승마곡예사뿐 아니라 많은 사람들이 문신을 하지 않은 매끈한, 그리고 무척 깨끗하고 가끔은 심지어 근육질의 탱탱한 피부가 얼마나 중요한지를 잘 알지 못한 채 자연 피부의 단조로움을 따분하게 여긴다. 그래서 자신의 육체에 장식을 하기 위해 목숨을 걸고 문신 연구소(항구도시에 그런 것들이 몰려 있고, 내륙으로 점점 침투해 들어가고 있다)의 소파 위에 눕는다. 기꺼이 느끼는 통증과 함께 대체로 1.5평방미터 넓이의 피부에 적어도 푸른색 장미 한 송이나 해마, 드물게는 쾌락의 정원이나 올바른 신조를 새기기 위해서다. 앞에 언급했던 멜리나티는 — 그녀는 도더러의 단편소설 「문신한 여자」(Eine Tätowierte)에 등장한다(*Die Erzählungen*, München 1995, 245f.) — 자신의 몸에 이런 장식이 "육체 전체에 그것도 아주 촘촘히" 새겨져 있으며, 자신이 보드빌 극장(노래, 곡예, 버라이어티 쇼 등을 상연하는 극장으로 바리에테라고도 함 — 옮긴이)에 승마곡예사가 아니라 매력적인 피부를 가진 여자로 등장하는 것을 상상한다. 자기 몸에 그렇게 문신을 하는 대신 그녀는 로포풀로 서커스단에서 해고된 롤러스케이트 무희인 카타리나 호쉐크를 설득해서 그녀의 몸에 문신을 하게 한다. 멜리나티는 "작고 어두운 방에서 매끄럽고 하얀 육체에 산(酸)과 바늘, 잉크로 끝없이 새겨넣는다. 그리고 기분 좋은 그 육체로 일종의 잘게 썬 색색의 비프스테이크를 만든다. 우리는 결말에서 말할 수 있다. 이것이 카타리나 호쉐크에게 존재의 근거를 만들어준다고."

이 이야기는 희비극적으로 끝난다. 어느 날 그녀를 치근대며 따라다니던 한 남자와 만나기 직전에 "그녀는 살 속으로 파고 들어가 절대 빼낼 수 없는 쐐기풀처럼 자신의 피부가 손상되었음을 느꼈다." 카타리나는 사랑을 포기한 채, 멜리나티라고 잘못 안 낯선 여인에게 폭력을 휘두름으로써 자신의 절망을 표현한다. 그리고 결국 법적인 조사와 심리적인 심문 후에 그녀는 본래의 자신, 즉 "어두운" 가설 소극장에서 문신을 한 여자로 남는다.

피부 발진

험하게 다루어진 피부는 독특한 신호를 보낸다. 가끔은 열이 난 것처럼 붉게 변해서 화장품 남용에 대해 경고하거나 도움을 청한다. 붉은 기운이 도는 누런 색 혹은 자주색 습진이나 갖가지 수포진 그림이 들어 있는 피부과 의사의 참고서는 비전문가에게는 공포를 불러일으킨다. 치료사들이 그런 경고신호와 관련하여 수많은 피부병을 치료하기 위해 유럽 역사의 여러 시대에 사용했던 치료법은 매우 다양하다. 기도와 '푸닥거리'는 근세 초기를 넘어서 20세기까지, 특히 페스트 전염 기간에 피부 발진을 막는 중요한 해독제였다. 마술적인 그리고 신비한 힘에 의존하는 치료제는 모든 가능한 변형으로 사용되었으며, (오늘날까지) 노란색이나 붉은색으로 채색되어 사용되었다. 특히 무사마귀는 피부의 다양한 표현방식과 그것을 치료하기 위해 사용된 약제들에 대한 주목할 만한 예를 제공해준다. 그리고 눈에 띄고 부담스럽긴 하지만 전혀 해가 되지 않는 이런 종양은 아주 다양한 조언과 조제법의 소재와, 실제로 일어난 기적적인 치료에 관한 보고나 이야깃거리를 제공해준다. 취리히의 어느 피부과 개인병원에는 오랫동안 다음과 같은 문구가 적힌 예쁜 어린이 그림이 걸려 있었다. "감사합니다. X 선생님, 제 무사마귀를 떼어주셔서 감사합니다." 기다리는 환자들은 이제 궁금해한다. 이 의사가 어떻게 사마귀를 떼어냈을까? 양파즙인가 연고인가, 마법 주문으로 한 것인가 아니면 아연 연고로 한 것인가? 우리는 우선 나이 든 취리히 외과 의사인 요하네스 폰 무랄트(Johannes von Muralt, 1645-1733)와 그의 『해부학 강의』(Anatomische Collegium, 466f.)에서 그가 자신의 동업자조합원들에게 무엇을 추천했는지에 관해 물어볼 수 있다. "8일 전에[1686년 7월 29일] 했던 약속에 따라 이제 무사마귀에 관해 무엇인가를 기록할 것이다. 피부에 나는 종양들은 동일한 것이다. 그 뿌리를 동일한 것에 두고 있으며, 그것을 통해 영양분을 섭취한다. 종양들은 늘어진 사마귀, 무화과 사마귀, 살 사마귀 그리고 암 사마귀로 구분된다. 우리는 그것을 제거하기 위해 여러 가지 약제를 사용했다. 소의 쓸개, 염화암모늄, 명반이 추천할 만하며, 비누나 꿀과 혼합한 질산염을 덧바를 때도 있다. [빌헬름 파브리치우스] 힐다누스는 포도나무 재와 생석회 양잿물로 만든 약간의 가루약을 추천한다……. 아니면 생석회만을 취해서 그것을 비누와 섞는다. 그리고 그것을 사마귀 위에 바른다. 거기에 황산염이나 녹청을 섞으면 더욱 좋다. 일부 사람들은 질산은을 사마귀 위에 올려놓고 그것과 함께 태워 없앤다. 불로 달군 철사나 발갛게 달아오른 철이 아주 안전하고 빠르게 그것을 제거해준다." 다른 의견에 따르면 "납 당의 정제에 청개구리 기름을 휘저어서" 사용할 수 있다. 그리고 그것은 아마도 이전에 북부 바이에른 지방에 잘 알려진, 리스에 있는 라임링겐 카푸친회 신부의 축복만큼이나 도움이 될 것이다.

민담은 피부의 '발진'과 관련된 경우 좀 더 과장되거나 아니면 이런 개념을 곧이곧대로 받아들인다. 쥐세페 피트레가 1875년에 전해준 시칠리아 동화인 「돈지갑과 외투 그리고 마술 피리」에서 영리한 공주에게 속아넘어가 자신의 악기를 빼앗긴 셋째 남동생은 사마귀 나무를 만나게 된다. 그가 이 나무에서 열매 30개를 따먹었을 때 "그의 머리에, 얼굴에, 코에 혹이 30개나 자라났다. 그래서 그는 아주 끔찍해 보였다." 다행히도 그는 이 사마귀를 하얀 무화과로 제거할 수 있다는 사실을 알아냈다. 사마귀가 왜 나는지 그리고 그것을 어떻게 제거할 수 있는지를 알고 있던 그는 그 지식을 이용해서 자신을 속인 공주와 궁정 사람 전체가 뿔이 나도록 만들었다(그것은 흥미롭게도 로마 사람들에게는 자기 아내가 외간 남자와 정을 통한 경우, 'cornuti', 즉 기만당한 남편에 대한 암시이다). "그들은 그 지방의 외과의사를 불렀다. 그러나 외과의사들 역시 아무것도 알지 못했으며, 누구도 그들을 도와줄 수 없을 거라고 대답했다." 그러나 우리의 주인공은 상응하는 대가를 받고, 즉 공주를 아내로 삼고는 그 사람들에게서 볼썽사나운 거대한 뿔을 제거해준다. 어쨌든 마술로 뿔이 자라게 했다가 다시 사라지게 하는(그에 대한 약으로 딸기가 사용된다) 이런 모티브가 들어 있는 동화는 1890년 핀란드 남서부의 포리에서도 발견된다.

우리는 영국의 의사로 물리학자이며 철학자인 토머스 브라운 경(Thomas Browne, 1605-1682)을 알고 있으며, 더구나 그릇된 관념들을 반증하는 그의 『미신론』(Pseudodoxia, 1646) 이후로 모세는 그 어떤 뿔도 지니지 않았으며, 특별한 광채가 그의 머리 주변에서 발산되었다는(S. 390) 것을 알고 있다. 뿔을 가리키는 그리스어 'keros'와 비슷하게 들리는 히브리어 'keren'의 잘못된 번역 탓에 모세의 이마 위에 보이는 최고의 성스러움의 빛이 뿔이 되어버렸다. 우리는 12세기 이후로(LCI 3, 285f. 참조) 수많은 성경 삽화나 조각에서, 특히 로마 근처 빈콜리 성 피에트로 성당의 율리우스 2세 묘비 옆에 있는 모세 동상(미켈란젤로 작)에서도 그 뿔을 볼 수 있다.

그런데 뿔이 머리뿐 아니라 습진처럼 몸 전체에 나는 그런 인간에 관해 상상하는 데도 마찬가지로 생생한 동화적 상상력의 종양이 문제인가? 빌헬름 파브리치우스(Wilhelm Fabricius)는 널리 보급된 자신의 『외과학적 관찰』(Chirurgische Beobachtungen, Opera omnia, 105)에서 18살 난 여자를 거의 나체 상태의 목판화로 보여줌으로써 더 나은 예를 우리에게 가르쳐준다. 이 여자는 1612년 베를린 병원에 입원하여 의사 파울루스 렌툴루스에게 수술을 받고 완치되었다. 이 여자는 등과 팔, 그리고 허벅지에 난 뿔 모양의 종양으로 — 그 종양은 손가락 두 개 정도의 높이에 암갈색을 띠고 있었다 — 고생하고 있었다. 의사들은 그녀의 몸을 철저히 조사한 후에 여러 번 '춤 노이엔 하우스'(현재 베른 근처의 노이하우스) 욕탕으로 보냈다. 그녀는 거기서 결국 그 뿔들로부터 해방될 수 있었다.

이 모든 것이 물론 약간은 의사들의 지나간 라틴어 구전이나 민간 전승에 의해 전해진 것처럼 들린다. 피부 '발진'에 대한 의학적 입장의 변화는 계몽주의 시대에 와서야 비로소 부각된다. 예컨대 크리스토프 빌헬름 후펠란트(Christoph Wilhelm Hufeland, 1762-1836)는 피부병을 분석하면서 그것을 건전한 생활방식과 결부시켰다. 즉 피부병의 원인은 "불결함, 태만한 피부문화[위생]에 있다. 그래서 하층계급[그리고 불결한 민중들 사이에서 더 자주(러시아 사람들은 사우나 목욕을 통해 피부병을 예방한다) 나타난다. 습기와 후텁지근한 공기, 눅눅한 거처, 습기 찬 기후 등으로 인한 피부 분비물의 지속적인 억제, 좋지 않은 다이어트, 맵고 짠 음식, 훈제된 음식, 상하고 기름진 음식, 치즈, 뜨거운 음료" 등등도 원인이다. 후펠란트는 물론 이미 독성이 있는 금속이나 탁한 공기 같은 "부패한 그리고 치명적이고 자극적인 물질의 국지적인 영향"을 감지했다. 결국 그는 인간의 피부는 육체의 쓰레기 제거기가 되는 데 익숙해져야 하고, 그렇게 된다면 '피부 발진'(Exanthemata)은 치료하기가 그다지 힘든 병이 아니다(Enchiridion medicum, 520)라는 식의 의견을 내놓았다. 그런데도 생활방식의 근본적인 개선과 함께 그가 추천하는 약품의 목록은 오늘날의 관점에서 여전히 의심스럽다. 그가 추천하는 약은 이렇다. "설파(유황), 안티몬, 이티오프스(유황화와 수은의 혼합물), 플룸머 가루, 유창목(산 도밍고에서 나는 목재), 열대 아메리카산 청미래 덩굴, 우엉." 내인적인('내부에서 오는') 습진을 가진 환자들이 피부과 의사로부터 확실한 치유 가능성도 없이 어떤 때는 이런 약을, 또 어떤 때는 저런 약을 받게 된다면, 후펠란트가 추천한 것과 여러 원주민이나 이방인들이 추천해준 것들이 위로가 될 수도 있을 것이다. 그럼에도 불구하고 이상한 피부 반점은 전문가의 진찰을 받는 것이 좋다고 권고한다. 비교적 해가 없는 갈색 반점과 붉은색 반점 중에서 응급신호 이상의 것을 의미하는 흑색종 '선지자'(Praecursor)를 발견할 수도 있기 때문이다.

머리카락도 자신을 표현한다

우리의 피부는 대략 10만 개의 털과 솜털을 통해서 자신을 뚜렷하게 드러낸다. 털과 솜털은 두꺼운 뿌리('모구')를 진피의 맨 아래층에 박고 있으며, 머리와 겨드랑이, 성기 주위와 같은 특정한 부위에서 집단을 이루어 진피와 표피를 통해 외부로 비스듬하게 삐져나온다. 여자와 남자는 특히 머리카락으로 외부세계와 의사소통을 하고 접촉하며 그 정체성을 신호로 알린다. 그리고 자신들의 현재 상태와 바라는 상태를 양식화하여 표현한다.

인체에 난 털들은 말하자면 개인적으로 광범위한 다양성을 보여준다. 털의 양이든, 매끄러운 정도든, 혹은 머리카락의 색깔이든, 몸 전체에 털이 어떻게 분배되었든간에 말이다. 어떤 사람들은 다리와 배에도 털이 나 있고,

다른 어떤 사람들은 심지어 '이빨에도 털이 나 있다' (관용구로 '깐깐하다, 거세다'라는 의미임 - 옮긴이)고 한다. 또 어떤 사람들은 윗머리에 까칠까칠한 흔적이 전혀 없이 돌아다니기도 한다. 어린아이들은 털이 성인과는 다르게 난다. 어떤 사람들은 마치 성경에 나오는 것처럼 보이고(창세기 25:25), 다른 어떤 사람들은 1년 동안 향유를 바르고 향수를 뿌리고 난 후의 에스더처럼(에스더서) 무척 매끈한 피부를 가지고 있다. 어떤 여자들은 자두 같은 피부를 지녔으며, 다른 어떤 여자들은 털북숭이처럼 털이 많다. 간단히 말해서 털이라는 주제에 관해 이야기하는 것은 앞으로도 절대 중단될 수 없을 것이며, 이발사나 미용사의 - 앞에 언급했던 이발사에 관해서는 더 말할 것도 없고 - 숫자도 여전히 많을 것이다. 프랑스 사람들은 어쨌든 머리카락을 의미하는 'cheveux'와 그들이 'poils'라 부르는 다른 체모를 구분한다. 그래서 체모를 보여준다는 것은 벗었다는 것을 의미한다. 1차 세계대전 당시 프랑스 군인들은 'poilus', 즉 까칠까칠한 사람이라 불렸다. 독일에서 '털북숭이'(haarige) 사건은 원하는 만큼 매끈하게 진행되지 않는 까다로운 사건을 말한다. 그리고 머리카락 하나가 잘못된 방향으로 빗질이 되거나, 어부들이 하는 말로 아내 일제빌이 "내 말을 듣지 않으면" 우리의 '심기가 거슬린다.'

　머리카락은 애정생활에서도 복잡한 역할을 한다. 머리카락은 매혹적인 고유의 삶을 영위하며, 잃어버린 아이에 대한 기억, 혹은 잊히지 않는 연인에 대한 기억을 일깨워준다. 마법치료를 하면서 떠돌아다녔던 울름 출신의 에버하르트 고켈(Eberhard Gockel, 1636-1703)은 예컨대 『기이한 의학적, 마술적 이야기에 관한 연구』(Tractatus Polyhistoricus Magico-Medicus Curiosus, 112f.)에서 마법에 걸려 사랑에 빠진 의대생에 관해 이야기하고 있다. 그 의대생은 오랫동안 어떤 여자를 사랑했는데, 알고 보니 그의 바지에 달려 있는 마술주머니 때문이었다. 재단사가 그것을 발견해서야 그 사실을 알게 되었다. 그 주머니에는 토끼 꼬리 외에 "곱슬곱슬한 털(아마도 그 여자의 은밀한 곳에서 잘라낸 것으로 보이는)"이 들어 있었다 ― 이것은 이성에 대한 사랑의 충동이 어떻게 일어났는지를 명료하게 보여준다. "그 주머니를 꼬리, 체모 그리고 다른 모든 것들과 함께 태워버리자마자 게크는 마음의 평안을 얻었다." 털과 사랑 ― 이 주제는 나름으로 연구할 만한 가치가 있을 것이다.

이제 세계의 많은 문명화된 국가에서 몸통은 지체들과 함께 대부분 옷으로 가려진 상태이고 단지 머리(많은 지역에서는 남자들의 머리만)만 자유로이 바깥으로 나와 있다. 괴테의 『인간의 한계』(*Grenzen der Menschheit*)에 씌어 있듯이 "구름과 바람의 노리개가 된다." 이러저런 모자나 터번, 혹은 머릿수건, 베일 등은 정수리를 가리고 가끔은 심지어 눈썹까지 덮거나 그늘지게 하기도 한다. 그러나 머리의 모든 머리카락은 드러날 때가 더 많으며 개성의 상징, 혹은 국민성의 상징으로, 아름다움 혹은 달라지고 싶은 의지의 상징으로, 나아가 예속 혹은 저항의 상징으로 이용된다. 육체의 어느 부분도 머리카락만큼 외모와 평가의 시대적이고 문화적인 변화에 예속되어 있지 않다. 최근에는 치모도 헤어 디자이너의 대상이 된다. 그래서 특별하게 털이 나는 몇몇 부위의 털을 뽑는 것이 정당화된 듯하다.

머리카락은 대체로 그렇다

변화가 가능하며, 감탄할 만한 머리카락. 머리카락의 길이, 모양, 색깔은 매번 바뀐다. 권력기구의 균일화 시도는(군대나 감옥에서, 혹은 그룹 지도자를 통해 ['peer-leaders']) 단기간만 영향을 미칠 뿐이다. 머리카락은 언제든 길거나 곱슬곱슬하게, 생머리든 퍼머넌트 머리든, 아주 이상한 형태로 고정되든, 아니면 반항적이며 자유에 미친 듯한 형태든 다시 자라났다. 샴푸나 헤어 스프레이가 등장하기 이전에는 머리 모양에 전혀 신경 쓰지 않았다고 상상하는 것은 아무래도 어색하다. 괴츠 폰 베를리힝겐은 자신의 삶을 회고하면서 프리드리히 폰 안스바흐 후작의 궁전에서 청년기에 열정적으로 근무할 때 "머리에 기름칠을 한" 어느 "폴란드 놈"을 우연히 만난 일을 떠올린다. 그는 괴츠를 칼로 찌르려고 했다. 왜냐하면 괴츠가 잘못해서 자신의 기다란 소매자락으로 "그의 아름다운 머리카락을…… 엉망으로 만들었기 때문이다." 퍼머넌트 웨이브 유행은 다른 유행처럼 정점을 맞았다가 이내 쇠락했다. 누구나 바라는 바가 다르다는 뜻의 '부엉이를 좋아하는 자도 있고 밤꾀꼬리를 좋아하는 사람도 있는 법이다'라는 격언은 여기에도 적용된다. 사람들은 삼손이 절대 자신의 머리에서 머리 자르는 칼을 멀리했던 것을 관대하게 넘겨준다(사사기 13:5, 16:17). 그는 자기 손으로 잡은 사자의 갈기보다 더 긴 갈기 머리를 하고 돌아다녔다. 그는 어머니의 뱃속에서부터 신에게 바쳐진 사람이었다. 그런 만큼 자신의 특수 지위를 과시하려고 했다. 히피나 펑크, 스킨헤드들이 '나는 이런 사람이다, 그러니 당연히 다르게 생각한다'는 것을 보여주려고 하듯이.

여자들의 긴 머리카락은 어떤 때는 관능적이며 아름다운 것으로, 또 어떤 때는 유용한 것으로 느껴진다. 마리아 막달레나는 그림에서 자주 머리수건을 쓴 여자로 등장한다. 그녀는 그러면서 복음주의자인 누가(누가복음 7:37-38)가 이야기했던 "여자", "죄를 지은 여자"와 동일시된다. "예수께서 바리새인의 집에 앉아 계심을 알고 향유 담은 옥합(마태복음 26장 7절에는 '매우 귀한 향유 한 옥합'으로 되어 있다)을 가지고 와서 예수의 뒤로 그 발 곁에 서서 울며 눈물로 그 발을 적시고 자기 머리털로 닦고 그 발에 입 맞추고 향유를 부으니"에서 이 여인은 요한복음(12:3)에는 마리아라고만 나와 있다. 그녀가 마리아 막달레나와 일치하는지는 별개 문제이다. 그림 동화에 나오는 성모 마리아의 아이는(KHM 3) 발끝까지 길게 늘어뜨린 머리카락을 하고, 사람들이 머리카락 옷이 몸에서 떨어지는 것을 보지 못하도록 하려고 숲 속을 뛰어다녔다. 이런 머리카락 옷은 그곳에서 사냥을 하는 왕의 마음을 사로잡았다. 왕은 그 여자를 궁으로 데려가서 이 세상의 질서에 따라 "바로 아름다운 옷을 입혀" 주었다. 털북숭이 공주(KHM 65)의 아버지에게는 "금발머리의 아내가 있었으며 그녀는 이 세상 그 누구보다도 아름다웠다." 어린 딸 역시 그런 금발 머리를 지니고 있었다. 그리고 왕비가 죽었을 때 아버지 왕은 "갑자기 그녀에게 뜨거운 사랑"을 느꼈다. 근친상간에서 벗어나기 위해 딸은 이미 알려졌다시피 "수많은 짐승의 털로 만든 망토"를 걸쳐야만 했다. 그녀는 인간의 피부를 동물의 가죽 아래 숨긴 것이다. 이탈리아 동화에 나오는 어린아이 역시 금발머리를 지니고 있었는데, 그로 인해 주위가 환해졌다(R. Schenda, *Märchen aus der Toskana*, Nr. 17: *Das sprechende Voglein*).

여자들의 아름답고 긴 머리는 남자를 사로잡기 위해 혹은 남자들에게 행운의 여신의 머리카락을 잡을 수 있는 기회, 즉 긴 머리의 연인을 자신에게 묶어놓을 수 있는 기회를 주기 위해 바깥세상으로 흩날리게 한다. 라푼첼 (KHM 12)은 길게 땋은 머리채를 그녀의 연인이 높은 탑에 기어오르도록 하는 데 이용한다. 왕자가 탑을 올라간 결과는 알려져 있다시피 라푼첼의 쌍둥이 출산이다. 코르시카 동화에서는(G. Massignon, 1984, 20) 여주인공이 땋은 머리를 이용해 어머니를 끌어올린다. 나폴리의 동화 작가인 잠바티스타 바실레 (Giambattista Basile, 1575-1632)의 동화에 실린 상인 이야기(Pentamerone, 1,7)에는 "머리카락으로 남자들을 묶어서, 마법으로 사랑에 빠지게 하는" 교활하긴 하지만 매력적인 요정이 등장한다. 반대로 사랑에 빠진 한 왕자는 미르테(은 매화) 공주(Pentamerone, 1,2)를 자신의 침대에 묶어놓기 위해 이런 방법을 사용한다. 공주는 매일 아침 이른 새벽에 침대에서 빠져나와 "사라져버렸다. 그리고 몹시 지친 상태에서 강한 호기심을 충족하고 난 후 왕자에게 돌아왔다. 이런 일이 7일 동안 지속되었다. 왕자는 더 이상 자신의 간절한 욕망을 억제할 수 없었다. 그는 이제 별에서 어떤 보물이 자신에게 떨어지는지, 그리고 어떤 배가 사랑의 보물을 가득 싣고 자신의 침대에 닻을 내릴 것인지를 알고 싶었다. 그래서 어느 날 밤 어여쁜 공주가 잠이 들었을 때 그는 공주가 달아나지 못하도록 그녀의 머리카락을 자신의 팔에 묶었다. 그리고 하인을 불러서 촛불을 켜놓게 했다. 그때 그는 아름다움의 정수, 여인의 기적, 비너스의 거울상과 여신이 자기에게 선물로 준 그림이 그려진 달걀을 보았다."

긴 머리카락의 유용성에 대해서는 의심의 여지가 없지만, 다윗의 셋째 아들인 압살롬은 긴 머리카락 탓에 죽임을 당했다. 무모하게 에브라임 숲을 지나 도망갔을 때, 그의 머리카락이 녹나무 가지에 걸렸다. 압살롬은 버둥

거리며 그 가지에 매달려 있었고, 그래서 요압이 그를 죽일 수 있었다. 또한 머리를 빗으로 빗어본 적이 없는 가난한 더벅머리 아이(1847)의 모습은 더욱 끔찍하다. 그 아이는 용감하게 이발을 한 수백만의 어린아이들에게 조롱의 대상이 되었다. 정신과 의사이며 어린이책을 쓴 하인리히 호프만(Heinrich Hoffmann, 1809-1894)은 아이들의 긴 머리에 대해 비난했는데, 거기에는 위생적인 이유뿐 아니라 참으로 독일적인 이유가 있기도 하다. 알사스 사람이면서 바로크 도덕주의자인 요한 미하엘 모셰로슈(Johann Michael Moscherosch, 1601-1669)는 긴 머리의 유행을 다분히 "라틴계 민족적"인 것으로 보면서 거부했다. "그것은 바로 느슨한 경박함이 아니던가? 아래로 늘어져 있는 이 긴 머리는 도둑의 머리이며 라틴계 사람들의 머리이다. 그들은 악행이나 도둑질 [때문에] 귀를 잘리는 것을 염두에 둔 탓에 머리카락으로 귀를 가리기를 원했으며, 또한 사람들이 귀가 잘린 것을 보거나 눈치 챌 수 없도록 하려고 했다. 그리고 정직하다는 명성을 지닌 독일인과 우리의 후손이 되고 싶어하는 너희들이 죄 많은 그런 사람들의 부도덕함을 모방하고 그것을[그런 머리카락을] 귀하고 아름다운 물건처럼 뽐내려 하는가?" (*Gesichte Philanders von Sittewalt*, 1642/43.)

머리색: 금발이든 백발이든

머리카락이 길든 짧든, 생머리든 퍼머넌트 머리든, 염색을 하든 안 하든, 머리카락 유행을 둘러싼 논의는 오래된 것이다. 그리고 그것은 주지하다시피 (특히 펑크와 관련하여) 오늘날까지 지속된다. 머리의 염색은(초록색이거나 타는 듯한 붉은색이라 할지라도) 오래전부터 이루어져 왔다. 특히 백발머리를 가진 사람들이 나이 들어 보이는 것을 숨기기 위해 염색을 했다. 백발은 성적 능력의 부족을 연상시키는 경우가 많다. 바로크 시대의 독일어 관용구 중에 이런 말이 있다. "산에 눈이 내리면 계곡도 추워진다." 프랑수아 라블레(François Rabelais, 1494-1553경)는 『팡타그뤼엘』 제3권(Le Tiers Livre, 1546, XXVIII)에서 이미 그런 내용을 표현했다. "[파뉘르주에게] 내가 거기서 본 것은 너의 머리카락이 이미 하얗게 세었다는 것이다! 너의 턱수염은 회색, 흰색, 적갈색, 검은 색이 뒤섞여서 마치 세계 지도처럼 보였다. ……나의 친구여, 산에 눈이 내리면…… 산이란 머리와 턱을 말하는 걸세 ─ 그렇다면 바지춤의 계곡에도 더 이상 온기가 남지 않는다네." 바실레는 1635년 나폴리의 목가에서 (활화산의 눈 덮인 산꼭대기를 보면서) 사랑에 빠진 노인의 입을 통해 눈 덮인 산꼭대기 아래에는 타는 듯한 열정이 숨겨져 있다고 주장하지만 친구들은 그를 비웃을 뿐이다. 그러니 염색을 하라! 그러나 남자들 역시 붉은 머리카락을 갖고 싶어 하지 않는다. 붉은 머리카락은 세계적으로 널리 퍼진 미신의 늪에 너무 쉽게 빠져버림으로써 마술사라는 의심을 받게 되기 때문이다. 이른바 '젝스투스 플라토니쿠스 Sextus Platonicus'(인문주의자에 의해 재발견된 6세기의 작가인 Sextus Placitus Papyrensis를 말함)는 1575년 동물로 만든 치료제에 집중했던 그의 『의서』(Artzney Buch)에서 다음과 같이 검은 염색약 제조를 추천했다. "까마귀 알을 구리로 만든 식기에 넣고 그 색깔이 사라질 때까지 오래 젓는다. 그리고 그것을 머리에 바른다. 이빨도 같이 검게 변하지 않도록 하려면 기름이 상할 정도로 오래 입에 머금고 있어야 한다. 그러고 나서 머리를 묶어 넷째 날에 풀면 머리가 절대 하얗게 세지 않는다."

물론 젊은 나이에도 흰머리가 생기는 사람들이 많다. 특히 갑작스런 충격으로 하룻밤 사이에 머리가 하얗게 변할 수도 있다. 만투바와 몬테페라토 궁정의 주치의인 마르첼로 도나티(Marcello Donati, 1538-1602)는 이런 주제를 무척 중요하게 여겨 1588년 유명한 의학적인 기적 이야기를 이런 주제로 시작하고 있다. 「두려움이나 슬픔으로 인해 머리카락이 갑작스레 하얗게 세는 현상에 관하여」('canities')가 그의 『의학적인 기적 이야기』(Medica historia mirabilis)의 첫 번째 장 제목이다. 그 안에서 우리는 특히 다음과 같은 내용을 읽을 수 있다. "스페인 사람 페드로 멕시아가 기술한 바에 따르면 가톨릭 왕(페르난도 왕)이 감옥에 보낸 돈 디에고 오소리오가 아직 나이가 젊고, 전성기의 남자임에도 불구하고 하룻밤 사이에 공포로 인해 머리가 하얗게 세었다고 한다. 율리우스 카이사르 스칼리게르(Julius Caesar Scaliger)는 카르다노의 책 『사물의 불가사의』(De subtilitate)에 반박하기 위해 저술한 책 312장에 당시에 일어난 다음과 같은 이야기를 기록하고 있다. 만투바의 영주인 프란치스코 곤차가는 반란 혐의가 있는 동서를 성문탑 감옥에 처넣어서 그를 고통스럽게 심문하고 고문하도록 했다. 다음 날 아침 그는 감옥에 갇힌 사람이 갑자기 머리가 하얗게 변했다는 보고를 받았다. 이것을 신이 보낸 신호라고 여긴 영주는 감동을 받아 은총을 베풀어서 그를 풀어주었다." 도나티는 그렇게 백발, 은발, 그리고 흑발과 백발이 뒤섞인 머리를 가진 아이와 노인들에 관한 여러 가지 이야기를 모아 편집했다 — 어원학적으로 말하면, 그는 그 이야기들을 머리카락이라는 주제에 끌어다붙였다. '하룻밤 사이에 머리가 세는' 모티브는 물론 오래전부터 현대적인 전설로 여겨졌다. 1950년대에 미국에서 인기를 누린 믿을 수 없는 이야기 모음집인 『리플리의 믿거나 말거나!』(*Ripley's Believe it or Not!*)(여섯 번째 시리즈, 1958, 78)에도 은행가 알퐁스 드 로칠드(Alphonse de Rothschild, 1827-1905)가 1871년 독불전쟁 후에 금발머리를 한 승리자의 보상 요구에 놀라서 그때까지 새까맣던 그의 머리카락이 어느 날 오후 갑자기 하얗게 세어버렸다는 이야기가 들어 있다.

대머리

머리숱이 많은 것은 틀림없이 인간의 자연스런 머리 장식이다. 그럼에도 우리는 대머리를 — 성경의 열왕기(하 2:23-24)가 경고하듯이 — 대머리라고 부르지 말아야 한다. 불 마차를 타고 하늘로 올라간 엘리야의 아들 엘리사가 벧엘로 올라갈 때 "작은 아이들이 성읍에서 나와 그를 조롱하여 이르되 대머리여 올라가라 대머리여 올라가라 하는지라" 엘리사는 아무 죄도 없는, 긍정적이며 문학적인 동요의 힘에 관해 분명 아무것도 몰랐을 것이다(우리는 루터가 이 성경대목에서 두운법을 성공적으로 구사했다는 데 주목해야 한다!). 엘리사는 호프만의 「더벅머리 페터」에나 나올 법한 어린이를 싫어하는 불평가였다. 그는 벧엘의 아이들을 저주했다. 무슨 일이 일어났는가? "곧 수풀에서 암곰 둘이 나와서[루터의 문학적 상상력이라니!] 아이들 중의 사십이 명을 찢었더라." 경건한 사람들이 머리를 빡빡 민 아이들을 학교로 보내면 다른 아이들이 이런 식으로 장난치는 것에 대해 벌을 주기 원했던 것으로 보인다. 프랑스 사람들은 이런 머리모양의 유행을 'taille à la chien', 즉 강아지 머리형이라고 일컬었다. 이 머리모양은 훈육에 도움이 되지 않고, 독일에서처럼 이를 잡는 데 도움이 되었다.

그러나 대머리는 여러모로 쓸모가 있지 않은가? 날아다니는 파리와 대머리의 우화는 역사가 길다. 파리는 몹시 짜증나게 대머리 위에 앉으려고 줄기차게 시도한다.

"저기 파리가 붕붕거리며 날아와서
그의 귀 주변에서 앵앵댄다.
……
짓궂은 파리! 봐라, 이제 파리가
그의 대머리 위에 확실히 앉았다."

빌헬름 부쉬(Wilhelm Busch, 1852-1908)는 감시관의 한낮의 휴식을 이렇게 묘사하고 있다. "단지 우리는 그런 모습을 자주 보지 못할 것이다." 대머리가 훼방꾼을 잡기 위해 스스로 자기 머리를 때리며 아픔을 느낀다 할지라도 결국은 파리를 잡게 될 것이다. 그러면 파리는 죽음을 맞이한다. 반면 대머리는 훼방꾼과의 싸움에서 거의 상한 데 없이 승리자가 된다. 특히 러시아계 미국인 영화배우 율 브린너(1920-1985)의 성공 이후 누구도 대머리를 놀리지 않을뿐더러 오히려 그 반대이다. 대머리들은 특히 오락산업과 패션 산업에서는 매력적이며 심지어 능력 있는 것으로 – 적어도 남자의 경우에 – 인정받는다. 종교적 맹세 때문이든 아니면 화학요법 때문이든, 머리카락을 잃어버린 민머리 여자들은 여전히 자신들의 머리를 공개적으로 보여줄 생각이 거의 없었다. 아직까지는 아이린 시네드 오코너(Irin Sinead O' Conor)(아마도 마지막 장면에서 "여전히 동일한 머리모양을" 한, 유진 이오네스코의 유명한 〈대머리 여가수〉[1950]

74

를 기념하여) 같은 몇몇 여가수와 여배우들만이 스스로 자신의 머리를 밀어버린 바 있다.

리즈 테일러가 1997년 2월 말, 곧 있을 뇌수술을 앞두고 자신의 길고 덥수룩한 머리의 일부만 제거하는 것이 아니라 정수리 전체의 머리카락을 밀어버리려 한다는 사실을 암시했을 때 1997년 3월 2일자 『취리히 존탁스블리크』(*Zurcher Sonntagsblick*)는 이 뉴스에 집중하여 이 여배우의 대머리 사진 몽타주를 실었다. 그럼으로써 이 신문은 판매부수에서 『라이프』지 4월호를 앞설 수 있었다. 그렇게 천박하게 사람들의 주목을 끄는 것을 우리는 몰지각한 짓이라고 말할 수도 있다. 대중매체 시장에서 여성의 대머리는 아직 모범이나 우상의 성격을 전혀 띠고 있지 있다. 갑자기 많은 머리가 빠지는 것을 경험해야 했던 여자들은 자신들이 마침내 모나코의 카롤리네 공주처럼 보인다는 것에 대해 여전히 불행해할 것이며, 대중매체의 표제로 다루어지는 것도 원하지 않을 것이다. 그에 반해 머리숱이 많은 여자들은 과시욕의 대상으로서 항상 다루어졌다.

수염: 여성에게도 있다

"Barba signum virile est", 즉 수염은 남성의 상징이라고 라틴어로 인쇄된 유럽 문화권의 잠언집에 적혀 있다(*Vita philosophorum et poetarum*. Hagenau, 1510). 거기에 수염은 남성적인 성숙의 상징이기도 하다고 덧붙일 수 있다. "그때 한 남자가 들어왔다. 그는…… 무서워 보였다. 그는 상당히 늙어 보였고, 턱에는 길고 하얀 수염이 달려 있었다." 그렇게 『두려움을 알기 위해 찾아 나선 사람에 관한 동화』 (*Märchen von einem, der auszog, das Fürchten zu lernen*, KHM 4)에 적혀 있다. 노인과 긴 수염. 그것은 서로 틀림없이 연관이 있다. 동화에 나오는 노인에게도 그의 턱수염은 물론 저주가 된다. 겁 없는 소년이 그의 수염을 갈라진 모루 사이에 끼우고 나중에는 심지어 "그가 신음할 때까지" 쇠몽둥이로 때린다. 나이가 많다고 해서 존경을 받는가? 성실한 독일 남성의 수염에 대해 더 이상 존경심을 기대할 수는 없는가? "프리트마이어 씨는 이렇게 말했다. 독일인이 되기를 원한다면 네가 어떤 종류의 남방계 수염을 가지고 있는지 보아라? 너의 성실한 선조들이…… 그것을 최고의 장식으로 여겼기 때문에 그들은 제대로 된 수염을 길렀다. 그런데 너희들은 남방의 변덕스러운 바보들을 본받아 매달, 매주 수염을 깎다니! 그리고 매일 아침 쇠와 불로 고통을 주고, 고문하고, 잡아당기기를 원하는가? ─ 어떤 때는 동그란 수염, 달팽이 수염, 어떤 때는 처녀 수염, 접시모양 수염, 뾰족한 수염, 오리 수염, 가느다란 수염, 사탕 수염, 터키식 수염, 스페인식 수염……." 어쨌든 앞에 언급했던, 프랑스의 풍습에서 흠을 잡을 수 있을 정도로 오랫동안 프랑스에 살았던 요한 미하엘 모셰로슈는 그의 풍자 산문인 『필란더 폰 지테발트의 경이로운 얼굴』 (*Gesichte Philanders von Sittewalt*)에서 30년 전쟁 때 당시 유행하던 뾰족한 수염이나 콧수염을 만들기 위해 독일 전통의 아래 얼굴을 모두 뒤덮는 턱수염을 단념했던 독일 남자들을 비난했다. 모든 머리 유행 가운데 특히 당시 남성들의 "영웅적" 수염유행을 비난했던, 삽화가 곁들여진 팸플릿 자료는 충분히 남아 있다.

프랑스 사람들은 다시 한 번 풍기문란자가 된다. 그러나 프랑스 사람들도 그들 자신의 수염에 대해 비판을 하곤 한다. 단지 차이가 있다면 그들은 스페인 사람과 포르투갈 사람들의 수염을 강하게 비웃는다는 점이다. 그래서 우리는 몽테스키외의 『페르시아인의 편지』 78번에서 다음과 같은 글을 읽을 수 있다. "이제 콧수염과 관련하여 그것은 이미 그 자체로 존중받을 가치가 있다. 거기서 기인하는 다른 장점들에 관해서는 더 이상 언급할 필요가 없다. 그래서 인도에 있는 유명한 포르투갈 장군 후안 데 카스트로(Juan de Castro)에게서 볼 수 있듯이 그것은 영주 밑에서 근무하거나 혹은 어떤 국가의 명예를 위해 큰 이익이 될 수 있다. 그 장군은 어느 날 돈이 필요했다. 그래서 그는 자신의 콧수염 날개를 잘라내서, 이것을 담보로 맡기고 고아 주민들에게 2만 피스톨레(원래 스페인의 금화임 - 옮긴이)를 요구했다. 그들은 그에게 그 돈을 바로 빌려주었다. 그리고 나중에 그는 돈을 갚고 자신의 콧수염을 아주 조심스럽게 돌려받았다." 스페인 사람들이 '세 가지 색깔의 수염을 가진 사람은 배반자임에 틀림없다' 라는 자국 속담을 말한다면, 그것은 틀림없이 그들 입장에서 프랑스의 삼색기에 대해 의구심을 갖고 있는 것이다. 한마디로 우리는 남성의 수염에 대해 그것이 남성에만 해당된다 할지라도 이렇게 말할 수 있다. 적이 많으면 명성도 높다!

긴 수염과 관련된 중세의 격언에서는(긴 수염 자체에는 어떤 지혜도 숨겨져 있지 않다!) 이런 문장이 발견된다. "수염 난 여자와 화해한 적을 조심하라"(TPMA 3, 206). 도메니코 콤파레티(Domenico Comparetti)가 1870년 수집한 한 이탈리아 동화에서(파울 하이제가 그 동화를 1914년 「수염난 여자」[Die Bärtige]라는 제목으로 번역했다) 사람을 잡아먹는 귀신이 한 예쁜 여자에게 벌을 준다. 그 여자가 황급히 왕자와 함께 가기를 원하는 바람에 그 귀신에게 제대로 작별인사를 하지 않았다는 이유였다. "그리고 갑자기 그녀에게 긴 수염이 자라서 아주 끔찍해 보였다." 그래서 사랑에 빠진 왕자는 수염이 난 괴물 같은 여자를 버렸다(사람 잡아먹는 귀신이 행복한 결말을 위해 수염 저주를 다시 없앴다면 좋았을 텐데!). 그 모티브는 원래 탐욕스런 이방인에게 잡혔다가 갑자기 온몸에 털이 나서 이방인으로부터 도망쳐 나올 수 있었던 정숙한 처녀의 전설에서 비롯된 것이다. 수염이 난 여자들은 말하자면 오래전부터 괴물로 여겨졌으며, 그 결과 쇼윈도 상점에 걸린 물건처럼 전시되었다.

과거에 아우구스부르크 출신의 바바라 우르슬러라는 여자는 뻣뻣한 금발 체모와 길게 흘러내리는 수염으로 유명했다. 곱슬머리가 심지어 귀에서까지 자라났다. 자신의 여성성을 증명하기 위해서 그녀는 스피넷(16~17세기의 건반이 달린 발현악기 - 옮긴이) 연주자로 등장했다. 뷔르츠부르크 정규 수도참사 회원인 요하네스 찬(Johannes Zahn)은 그녀에 관한 갖가지 광고를 그의 『역사』(Specula historica, 1696, III, 71)를 저술하기 위해 전부 베끼게 했다. 그라우뷘덴(스위스 동부의 주)의 지리서 편찬자이며 라틴어 연대기 저자인 울리히 캄펠(Ulrich Campell)은 1549년 치처스에서 보고한다(Raetiae alpestris topograohica descriptio. ed. C. J. Kind, 1884, 70). "1549년 같은 마을에서 나는 이미 성인이 된 남자 같은 여자를 보고 적잖이 놀랐다……. 그녀의 턱에는 남성들에게서나 볼 수 있는, 숱이 많고 상당히 길게 내려오는 수염이 달려 있었다." 이런 여자들은 매번 구경하기 좋아하는 사람들의 웃음거리가 되었다. 그리고 교양 있는 사람들 역시 그들에 관해서는 조롱투의 아이러니컬한 어조로 언급했다. 희극작가 아우구스트 폰 코체부(August von Kotzebue, 1761-1819)는 『1804년 파리에서의 회상』(Erinnerungen aus Paris im Jahre 1804, Berlin 1804, 62f.)에서 우리를 파리의 가설극장으로 초대한다. "잠시 이 커튼 뒤로 들어가는 것도 당신은 후회하지 않을 겁니다. 당신은 여기서 이상한 여성을 발견하게 됩니다. 이 여자에게 자연은 남성의 장식품을 부여했지요. 검고 숱이 많으며 길게 내려오는 카푸친회 수도사의 수염을 지닌 여자입니다. 사기가 아닙니다. 내가 정확하게 그 여자를 조사해봤지요. 이 여자는 아직 20대입니다. 그리고 내가 그녀 옆에 있을 때도 여전히 눈물을 흘리던 그녀의 눈은 한 쌍의 숱 많은 검은 눈썹으로 인해 그림자가 드리워졌지요. 더러운 흰색 터번 아래 이렇게 화려하게 장식된 얼굴을 생각해보세요. 검은 수염 아래 바로 흰 가슴 둘이 붕긋 솟아 있고, 드러난 팔과 발 역시 목처럼 빽빽한 털로 덮여 있습니다. 당신은 물론 이 여자가 매력적이라고 느끼지는 않을 겁니다. 이 여자가 젖가슴이 없다면, 그리고 찢어지는 듯한 날카로운 목소리로 노래하지 않는다면, 우리는 바로 앞에 서 있는 사람이 정말 여자인지 절대 확신할 수 없을 겁니다."

이런 진기한 여성에 열광하는 사람이라면 이제 100년 전으로 먼 여행을 감행했을 수도 있을 것이다. 이 여자는 레이디 에서로 숭배받았다(성경의 에서에서 따온 것으로 그는 붉은 사람이라는 뜻의 에돔으로 불리기도 했다). 그리고 미스 애니 존스 엘리엇이라고도 불렸다. 그녀는 1865년 버지니아에서 태어났다. 오래된 잡지에서 읽을 수 있듯이 그녀의 콧수염이나 길게 내려오는 턱수염은 털이 많이 난 남자의 수염에 조금도 뒤지지 않았다. 어쨌든 그녀는 절대 추하지 않았으며 심지어―놀랍게도!―약간의 교육도 받았다. 그럼에도 다음과 같은 사실들이 중요하다. "그녀의 손놀림은 매우 능숙했으며, 대단히 섬세한 수작업이나 뜨개질, 코 바느질을 아주 잘했다"(*La Science illustrée*, 1891년 5월 30일). 세계적으로 유명해진 이 여자는 1891년에도 집에 틀어박혀 있으면서 손으로 하는 일을 열심히 했다. 이런 잡지 기사는 이미 코체부가 (계속 가슴을 응시하면서) 선동했던 것보다는 사람들의 반응이 좀 더 진지해졌음을 증명해 주고 있다. 최근에 와서야 비로소 파리의 예술전시회인 「여성남성」 (Fémininmasculin)이 털이 난 여자의 가치를 강력하게 인정했다(F. Buisson과 P. Destanque의 1995년 카탈로그, 145-152). 수염이 남자의 생식능력의 상징인가? 오래된 이 물음은 이미 진부해진 지 오래이다.

육체의 털가죽

남성들이 몸 전체로 볼 때 여자들보다 털이 더 많이 난다는 것은 남성성을 완성시켜주는 사실로 여겨진다. 그런데도 우리는 평균적인 남자의 몸 어디나, 즉 예를 들면 배 위, 등, 심지어 엉덩이나 장딴지에는 털이 별로 나지 않는다고 가정한다. 여기에도 예외가 있다. 야생 인간과 야생 소년은 여러 전설이나 어린이책 혹은 분수대 상(스위스의 프리부에서도), 여관집 간판에서도 볼 수 있다. 그리고 은둔자인 오누르프리우스(시칠리아의 여러 장소에서, 특히 성 오노프리오로 여전히 존경받는 수테라에서)는 옷을 입을 필요가 없을 정도로 털이 무척 많이 난 것으로 알려져 있다. 최근의 가설극장에서는 털이 많은 그런 남자들이 세속화되어 사자인간으로 등장한다.

　물론 여기서도 여자들이 남자들처럼 그렇게 털이 많이 나지 않을 것이라는 가정은 잘못된 것이다. 알프스 지역의 민담에서는 '팽겐', 혹은 '팽켄' (feminae)이라고 불리던 야생녀들이 적지 않았다. 이들은 엄청나게 길게 늘어지는 젖가슴과 많은 털이 특징이었다. 아주 기이한 성녀이며, 그래도 과거에 널리 알려졌던 성녀인 큄머니스는 그 역사적 실존이 의심스럽긴 하지만 화려한 머리카락 옷으로 몸을 가린 것으로 묘사된다. 그리고 가끔은 이런저런 책에도 털이 많은 그런 여자들이 등장했다. 요하네스 찬은 1696년에 (*Specula physico-mathematico-historica*, 14) 어떤 사건에 관해 보고하고 있는데, 그 사건은 이미 그 전에 많은 불가사의한 이야기 모음집과 프랑스 왕인 앙리 2세, 프랑수아 2세, 샤를 9세, 앙리 3세의 외과의사였던 앙브로아즈 파레 (Ambroise Paré, 1509-1590)의 괴물이야기 모음집인 『외과학』(*WundtArtzney oder Artzneyspiegel*)에도 당연히 등장했다. "페트루스 메시아스는 그의 『여러 가지 다양한 읽을거리 모음집』(*Wald unterschiedlicher Lesestücken*) [스페인 궁정관리인 페드로 멕시아가 기술하여 여러 번 출간된 Silva de varia lección을 가리킨다] 7장에서 마르쿠스 다마세누스(Marcus Damascenus)에게 들은 다음과 같은 이야기를 신빙성 있게 전해준다. 피사 근처의, 그것도 페트라산타라는 곳에서 온몸이 털로 덮인 여자아이가 태어났다. 그 이유는 임신한 동안 그녀의 어머니가 침대 위에 걸려 있는, 털가죽을 두르고 있는 성 세례 요한의 사진을 너무 열심히 보았기 때문이라고 한다."

당시 사람들은 임신한 여자의 상상력과 욕망이 그런 이상한 아이를 낳게끔 영향을 미쳤다고 생각했다. 털이 덮인 여자아이의 탄생이 편찬 문학에 억지로 들어가 있는 것처럼 보일 수도 있지만, 여기서는 당시의 묘사나 혹은 의료기록이 그런 이상한 아이가 존재했다는 것에 대한 증거로 인용될 수 있다. 이른바 황제 루돌프 2세의 박물관이라 일컬어지는, 프라하 성에 있는 황제의 예술보고에는 기이한 동물들의 그림 외에도 털이 무척 많이 난 가족의 그림도 있다. 그 가족은 아버지인 고귀한 야생 인간 페트루스 곤잘루스 혹은 곤잘바, 그리고 그와 1563년 결혼했던, 몸에는 털이 나지 않은 네덜란드 부인, 완전히 털로 뒤덮인 두 아들과 두 딸로 구성되었다. 두 딸 중 한 명에 관해서는 1545년과 1584년에 이탈리아의 자연연구가인 울리세 알드로반디(Ulisse Aldrovandi)가 그의 『괴물 이야기』(Monstrorum historia)에서 기술하면서 "12살의 털이 난 여자아이"(Puella pilosa annorum doudecim)로 묘사했다(E. Irblich, 1996). 쥐세페 데 리베라(Jusepe de Ribera)는 1631년 긴 털로 뒤덮인, 그리고 남자처럼 잔인한 막달레나 벤투라가 자신의 어린 딸에게 젖을 먹이기 위해 오른쪽 가슴을 내미는 장면을(N. Laneyrei-Dagen/J. Diebold, L'Invention du corps, 173f.) 그림으로 그렸다. 근세 초기에도 털북숭이 가족이 있었던 것으로 보인다. 한 예로, 뢰벤의 의사인 페터 슈마허는 1656년 여름에 토마스 바르톨리누스 의사에게 편지를 보냈다(Epistolarum medicinalium... cinturia II, 83[1663, 667-670]). 편지에서 그는 네덜란드 대목장에서 볼 수 있는 "털이 많이 난 여자"에 관해 상세히 설명했다. 그녀는 금발이었으며, 긴 털이 나 있었다. 그리고 그녀 특유의 통통하고 아름다운 육체는 손가락 반 정도 길이의 털로 온통 뒤덮여 있었다.

오늘날 미용산업에서는 다수의 여성들이 야생녀에 속하며, 자신들이 털이 너무 많은 것에 대해 매우 상심하고 있다는 것을 엿볼 수 있다. 20세기 초 이후로, 특히 1차 세계대전 이후로 많은 여자들이 긴 머리를 잘라내고 사내 같은 머리를 함으로써 자신들의 해방된 위상을 과시하려고 했다. 오늘날 새로운 유행을 만드는 사람들은 연고와 몇 가지 기구의 도움으로 여성(젠더를 의미한다!)을 탈모라는 과격한 행위로 몰아간다. 21세기 여성들은 스스로 정말 현대적이기를 원한다면 가능한 한 털이 없는 것처럼 보여야 한다고 생각하는 듯하다. 모발제거제 역시 고루한 것이다. 파도바 출신의 가브리엘 팔로피오(Gabriele Falloppio)는 1616년에 중쇄를 거듭한 『비밀』(Secreten)에서 털로부터 인간을 해방시킬 수 있는 약제조제법을 제시한다. "박쥐 다섯 마리를 잡아 그것을 태워 재를 만들어라. 그리고 개미들로 하여금 이것을 분해시키게 해서 연고처럼 되면 그 부위에 발라라. 그러면 어떤 털도 나지 않을 것이다." 그런데 함부르크나 브레멘 여자들이 어디서 박쥐 다섯 마리를 구할 수 있단 말인가?

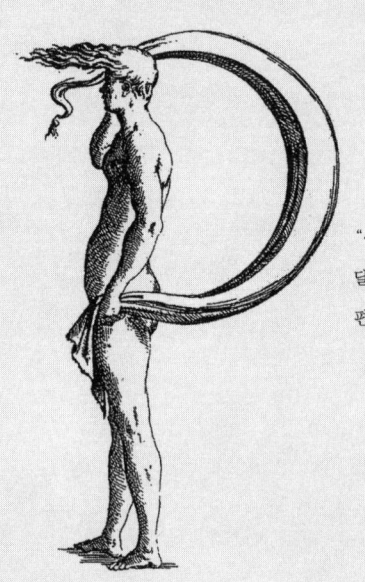

"…머리가 떨어지고 난 후에도 그의 육체는
달걀 하나를 먹을 수 있을 정도의 시간 동안 그냥 그대로 있다가 ·····················
편하게 몸을 돌리고 오른쪽 발을 왼쪽 발 위에 올려놓았다."

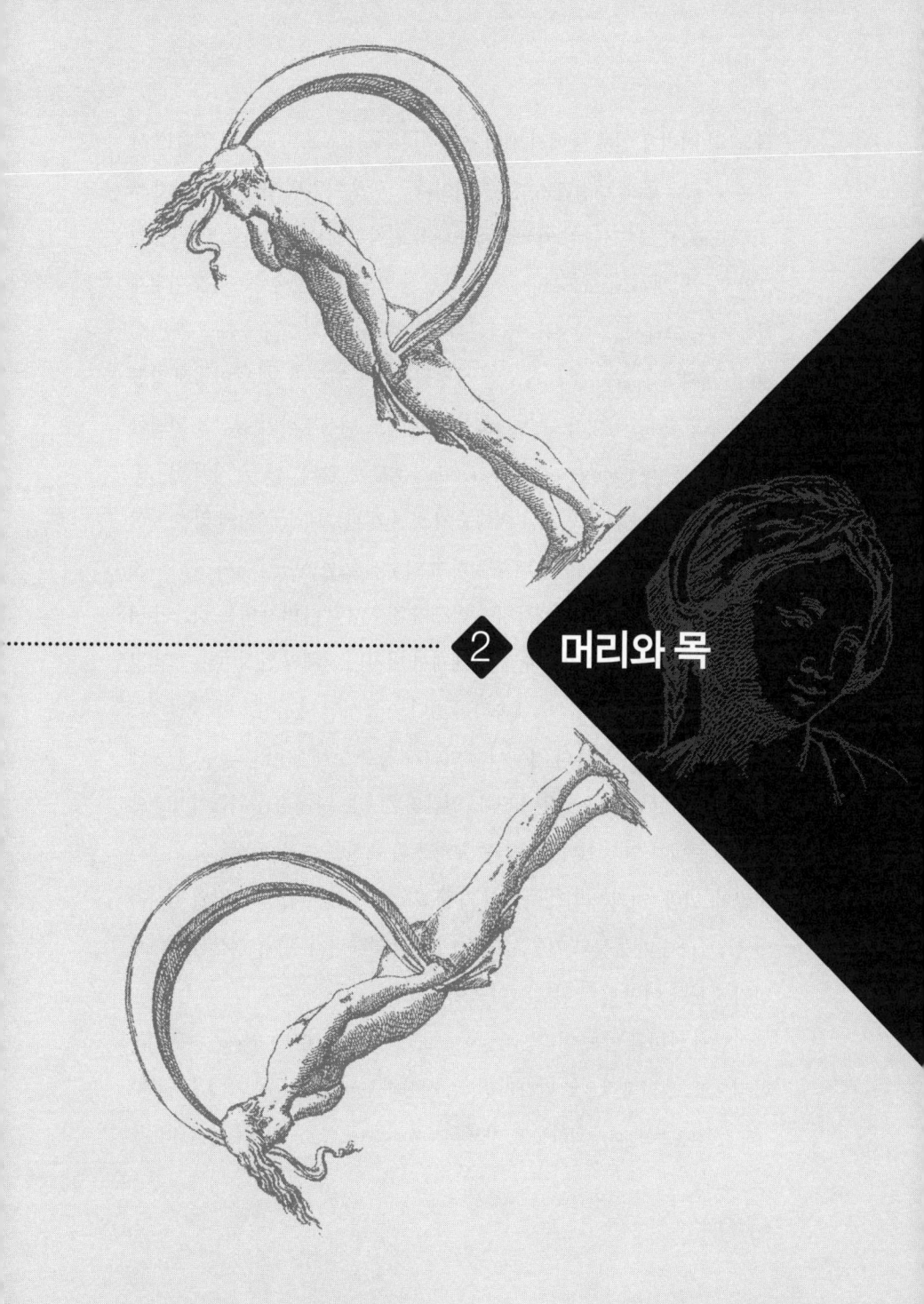

2 머리와 목

"인간의 머리가 인체 중에서 제일 높은 위치('principem locum')에 있다는 사실은 누구도 쉽게 부정할 수 없을 것이다." 학생이었던 유스투스 로렌츠 (Justus Lorenz)는 1673년 11월 8일 예나 대학 철학과에서 라틴어로 발표된, 인간의 머리덮개(De velamine capitis virili)에 관한 박사과정 학술토론회를 이렇게 시작했다. 그래서 그 학생은 머리에 대해 '성' (arx), '궁전' (palatium) 혹은 심지어 '성곽' (propugnaculum)과 같은 상징들을 사용했으며, 계속 이렇게 말한다. '멘스' (Mens) 왕비가 — 'Mens'는 라틴어로 여성명사인 정신을 의미한다 — 시녀들, 즉 'artes' (예술)와 'scientiae' (학문)과 함께 그곳을 지배한다고. 카를 필립 모리츠는 이탈리아 여행중에 로마의 파르네스 궁전에 있는 동상을 보면서(1788년 7월 24일) 좀 더 솔직하게 이렇게 표현했다. "어디든 동물의 세계에서는 몸통과 머리가 존재하지만 인간의 경우처럼 나머지 다른 것들이 머리와 눈을 암시하지는 않는다. 인간에게서 머리는 전체의 완성이다. 그리고 나머지 모든 것들은 머리에 예속되어 있다 — 동시에 나머지 모든 것들에는 위계질서가 있다. 동물의 경우에는 머리가 땅을 향해 있다. 그리고 몸통에 영양을 공급할 때에만 도움이 된다. 인간의 경우는 나머지 부위들이 머리에 복종할 준비가 되어 있다." 우리는 로렌츠의 표현을 좀 더 확장하고 현대화시킬 수 있다. 머리는 인간 육체의 가장 고귀한 부분이다. 교회 탑의 십자가와 장닭, 등대의 등불과 거울, 송전탑에 달린 안테나와 같다. 인간은 똑바로 걷기 때문에 이런 탑이 위로 높이 솟아 있다.

이렇게 찬미를 받는 머리는(독일어 'Haupt'의 어원은 라틴어의 'caput'이다) 비문학적으로, 생리학적으로 말하자면 뇌, 시상하부(이 호르몬은 자율신경계와 뇌하수체의 호르몬을 조절한다), 뇌하수체 자체(아주 효과적인 호르몬을 생산하는 작은 뇌하수체

선) 그리고 오감 중의 네 가지 감각기관, 즉 눈과 귀(시각과 청각), 코와 입(후각과 미각)과 함께 존재한다. 생리학자들의 주장에 따르면 머리는 결국 앞을 향하고 있는 얼굴과 함께 어쨌든 외부로 향하는 인간의 정신과 영혼, 즉 근본적으로 인간의 고귀하고 섬세하며 우아한 본성을 지니고 있다. 여기서 잊지 말아야 할 것이 한 가지 있는데, 머리가 공의 형태든, 달걀 형태든, 혹은 끝이 둥근 실린더의 형태든간에 기도의 입구가 여기서 시작된다는 사실이다. 그리고 여기서 모든 음식의 긴 소화과정이 시작된다. 그래서 머리는 육체의 최고점일 뿐 아니라 그것의 시작이며, 그것의 규범이기도 하다.

머리통이 큰 사람과 두개골 쪼개는 사람

머리는 특히 강력한 뼈, 즉 두개골(Cranium)로 뇌를 감싸고 있다. 뇌(Cerebrum)는 모든 육체 기능의 지휘본부이며, 우리의 모든 지식과 기억의 부드러운 저장고이며, 그것의 작업방식과 기능, 그리고 좌뇌와 우뇌(원래는 links-rechts인데 에른스트 얀들은 그것을 rinks-lechts라고 표현하기도 한다)의 연관관계에 관한 많은 것을 숨기고 있는 우리 활력의 미로이다. 뇌는 비밀 보유자이며 비밀 상인이다. 두개골의 크기나 뇌의 기능과 관련된 최초의 주요 연구자인 프란츠 요세프 갈(Franz Josef Gall, 티펜브론 1758- 몽후즈 1828)의 골상학적인 경계를 넘어서는 작업 이후로 뇌수의 나선형에 관한 지식이 엄청나게 많이 밝혀졌음에도 불구하고, 두개골은 정물화가들에게(프랑스어로 정물화가들은 'natures mortes', 즉 죽은 자연을 묘사하는 사람을 의미한다) '모멘토 모리'(죽음을 생각하다)의 의미로 자주 사용되었다. 정물화가들 중 많은 이들이 열린 두개골과 깨진 호두를 비교하는 데 동의했다(N. Laneyrie-Dagen/J. Diebold, *L'Invention du corps*, 199-208). 몇몇 지식인들은 햄릿을 연기하며, 그런 공허한 죽음을 연상시키는 두개골을 묘지에서 가져와 책상 위에 올려놓는 것을 세련된 일로 여겼다.

두개골은 로만어로는 'testa' 혹은 'tête'이며, 그것은 원래 토기, 통 혹은 오지항아리란 뜻이다. 빌란트의 게르만 전설에서 니둥 왕은 금속 세공사가 도망가지 못하도록 그의 발가락을 자른다. 그렇게 사로잡힌 세공사는(다른 사람들은 그를 탕이라고 부른다) 왕에게 아주 참혹한 복수를 한다. 그는 니둥 왕의 아들들을 죽이고 그들의 두개골로 화려한 술잔을 만든다.

일상생활에서 우리는 이런 두개골의 손상에 별로 신경 쓰지 않으며, 그 내용물이 정말 짚으로 만들어지기라도 한 것처럼 그것에 대해서도 전혀 걱정하지 않는다. 기껏해야 사고 위험이 있는 공사장이나 오토바이 주행을 하면서 헬멧을 쓸 뿐이다. 그런데 뇌진탕이나 심지어 뇌수술이라는 단어를 들으면 갑자기 경악한다. 두개골 파열, 뇌의 유출 등과 같은 말은 사망을 초래하지는 않는다 할지라도 마비 증상을 동반한 심각한 손상을 당한 후에나 진단받을 수 있다. 이미 근세 초기 의사들이 개별적인 뇌 기능의 의미에 관해서는 전혀 몰랐음에도 불구하고 그런 부상에 대해 상당한 치료기술을 확보하고 있었다는 사실은 잘 알려져 있다. 예를 들면 앙브로아즈 파레와 페터 우펜바흐(Peter Ufenbach)는 1601년에 그들의 『외과학』(*WundtArtzney oder Artzneyspiegel*, 431f.)에서 다음과 같은 사건에 관해 이야기하고 있다. "1538년, 내가 폴레마르히 몬타이아니 씨 댁에서 근무했을 때 그의 식구들 중 한 명을 치료해주었다. 그 사람은 다른 사람들과 함께 던지는 것을 연습하다가 오른쪽 머리를 심하게 다쳤는데, 개암나무 열매 반 크기의 뇌가 밖으로 빠져나와서 땅에 떨어졌다. 나는 그것을 치명적인 부상으로 판단했다." 그럼에도 파레는 처음에는 치료에 나설 생각을 하지 않았다. 동료 의사가 머리에서 나온 것은 뇌가 아니라 지방임에 틀림없다고 주장했기 때문이다. 명의인 파레는 물론 실수하지 않았다. 지방이라면 물 위에 떠야 하며 불 근처에서 녹아야 한다. 그런데 이 물질을 물통에 넣었더니 바닥에 가라앉았다. 그리고 뜨거운 판 위에서는 가죽처럼 쪼그라들었다. 그러니 의사 선생, 그것은 지방이 아니라 뇌입니다! 주위에 둘러서 있는 사람들이 파레 씨에게 "큰소리로 찬사를" 보냈다. 그리고 그것만이 아니다. 왜냐하면 "이 귀족은 치료를 받아 나았고, 파레가 그 곁에서 여생을 함께하지는 않았지만 다시금 건강을 회복했기 때문이다."

외과의사인 베르주라크 출신의 기욤 루아조는 『의학적 관찰』(31)에서 뇌가 손상된 사람에게 도움이 될 만한 것을 보고하고 있다(여기서 파레가 언급한 사건과의 작은 일치점을[던지는 것, 개암나무 열매] 주목하라!) "베르주라크 시에서 너댓 살쯤 된 여자아이가 도로에 앉아 있었다. 그 아이의 어머니는 마침 공을 던지던 중이었는데["aux quilles"], 너무 높이 던진 나머지 공이 그 여자아이를 맞혀 아이의 왼쪽 두정골(Os parietale)을 박살냈다. 동시에 그 벌어진 틈에서 뇌가 둥근 치즈처럼 개암나무 열매 크기로 흘러나왔다. 그러나 그 여자아이는 오래 살았으며 결혼도 세 번이나 했다. 그녀는 라 팔랭케 선장의 딸이었다." 그 여자의 이름이 밝혀지고 이야기의 배경이 가스코뉴 지방이기 때문에(그 지방 주민들은 허풍으로 유명하다) 우리는 이 보고의 사실성 여부를 별로 문제시하지 않는다.

악당의 타격 역시 머리를 노린다. 인간은 머리가 가장 부상당하기 쉽다.

법의학자들은 부검할 때 머리에 아주 끔찍한 손상을 당한 모습을 자주 보게 된다(W. Durwald, 1990). 주먹이나 도끼, 빗자루, 혹은 이스라엘 여자 야엘의 이야기에 나오는 것처럼 심지어 날카로운 말뚝 등을 머리에 맞으면 치명적이다. 야엘은 가나안 용병대장인 시스라를 자신의 장막으로 유혹해 들이고, 그가 잠들었을 때 망치로 "장막 안에 있던 못 하나를", 즉 장막 말뚝을 그의 관자놀이에 박으니 꿰뚫고 땅에 박혔다(사사기 4:21). 마찬가지로 용감한 예언자 드보라가 그것에 관해 기쁨에 겨워 노래를 한다(사사기 5:24-27). "그 꾸부러진 곳에 엎어져 죽었도다." 관자놀이 부상이 항상 그렇게 불행하게 끝나는 것은 아니다. 바젤의 의사인 펠릭스 플라터(Felix Platter, 1536-1614)는 그의 『일기』(Tagebuch) 1536-1567(56f.)에서 자기 여동생에게 일어난 불행에 관해 회상하고 있다. "밭을 가꾸던 어머니 막트가 실수로 끝이 날카로운 곡괭이로 누나 마르그레틀린의 머리를 쳤다. 죽은 줄 알고 그녀를 집으로 옮겨갔는데, 집에서 큰 비명소리가 들렸지만 나중에 아무 상처 없이 치료가 되었다." 그리고 아우구스부르크의 외과시의장인 요제프 슈미트(Joseph Schmidt)는 1656년에 그의 『외과술의 실례』(Spiegel der Wund-Artzney)(45)에서 이렇게 말했다. "스키베우스라는 이름의 그리스 사람이 포위당하면서 관자놀이에 화살을 맞고 터키 사람에게 붙잡혔는데 다 나았다. 그로부터 20년이 지난 여름에 그가 입을 찬 물로 가시려고 하던 중에 코 안에서 심하게 근질거리는 무엇인가를 발견했다. 마침내 철촉이 달린, 길이가 손가락 반쯤 되는 화살이 코에서 나왔지만 약간의 상처 흔적도 찾을 수 없었다. 자연적으로 치료가 된 것이다."

또한 머리는 온갖 타격을 너그럽게 참아낼 수 있는 것처럼 보인다. 그러나 자연이든, 수백 명의 머리 부상을 치료한 숙련된 아우구스부르크 외과의사든, 유감스럽게도 항상 그렇게 도움을 주었던 것은 아니다. 잠바티스타 바실레의 나폴리 동화인 「미르테 여인」(Myrtenfrau)(*Pentamerone*, I, 2)에서는 사나운 여자 7명이 그들의 남편을 유혹했던 아름다운 요정에게 달려든다. "그들은 곤봉으로 요정의 머리를 쳤다. 그리고는 요정의 몸을 여러 조각으로 나누어 각자 자기 몫을 가져갔다." 갖가지 머리 부상을 묘사하는 데도 게으르지 않았던 그림 형제는 예컨대 「사랑하는 롤란트」(Liebster Roland, KHM 56)에서 "진짜 마녀"를 밤중에 자기 딸이 자고 있는 침실로 기어들어가게 한다. "그리고 그녀는 도끼로 자기 딸의 머리를 내리쳤다." 머리가 형리에 의해 몸통과 분리되면, 인체 전체는 파멸한다 — 조종, 감독, 욕망도 사라진다. 소리, 빛, 공기도 없다. 즉 생명을 잃게 된다.

짜증나는 두통

앙브로아즈 파레와 페터 우펜바흐는 1601년 그들의 『외과학』(262)에서 이렇게 기술했다. 머리 전체는 대체로 63개의 뼈로 구성되어 있다. "그 중에 14개의 두개골, 14개의 안면골……, 32개의 이가 그 안에 포함되어 있다. 두개골에서 8개는 전두골, 후두골, 측두골 두개, 두정골[ossa perosa 혹은 lapidosa] 두개, 접형골[Basilrare]과 사골[os cribrosum]처럼 밖에 있다. 나머지 6개의 뼈는 내부에 있으며, 침골, 추골, 등골처럼 외부의 뼈에 둘러싸여 있다." 파레는 14개의 안면골에 대한 설명을 계속한다. 그는 "어리석은 동물들"의 경우 악골이 오른쪽 부분과 왼쪽 부분으로 나누어져 있지만 "인간에게서는 거의 구분이 되지 않으며, 두 부분이 구별되는 것을 지금까지 한 번도 본 적이 없다"고 강조했다. 턱 혹은 'mandibula'라 불리는 씹는 기능을 가진 이런 뼈는 약간 특이한 종류이다. 즉 윗턱뼈를 가리키는 단어인 'maxilla'(우월한 혹은 탁월한)는 탁월함을 암시한다. 키네가이로스 혹은 키나이가이로스라는 이름의 고대 영웅은 마라톤 전투에서 두 팔이 이미 잘린 상태에서 페르시아의 전함 한 척을 턱뼈로 물고 있었다고 한다. 그런 사실을 믿을 수는 없다고 해도 우리는 가끔 턱뼈로 엄청나게 무거운 짐을 붙들거나 지탱하는 서커스 단원들을 볼 수 있다.

우리가 두개골의 숫자를 안다고 할지라도 머리에 관해서는 아직 많은 것을 파악하지 못하고 있다. 『라루스 의학사전』(La rousse médical)과 그 밖의 의학사전에 머리라는 뜻의 'tête'라는 표제어는 실려 있지 않지만('머리'는 의학적으로 볼 때 거의 사용하지 않는 부정확한 개념이다. '두개골', '뇌', '얼굴' 그리고 이비인후 [Otorhinopharyngo] 부위가 차라리 사용 가능하다), 그것의 예민함이나 지각능력 탓에 머리를 자주 괴롭히는 두통에 대해서는 언급하고 있다. 오늘날 해열진통제의 대량생산으로 제약회사들의 수익을 올려주고 있는 이런 두통(의학명으로 'Caphaleen', 'Cephalalgien'이며, 이것은 머리라는 뜻의 그리스어 'cephalos'와 통증이란 의미의 'algia'가 합쳐진 것임)과 편두통('Migrane', 'Hemikranie'라고 하며, 반이라는 뜻의 'hemi'와 두개라는 뜻의 'kranion'이 합쳐진 것임)은 이미 오래전부터 의사들의 골머리를 썩여왔으며, 그들로 하여금 여러 가지 치료제를 개발하게 했다. 그래서 카탈루냐의 연금술사이며 천문학자, 의학자인 아르나우 폰 빌라노바 (Arnaldus Villanovanus, 1258-1312)는 1300년경 자신의 처방전인 『가난한 사람들의 보고』(Thesoro de pobres) — 이 책은 16세기에 중쇄를 거듭했다 — 74장에서 두통에 대해 다음과 같은 약제를 추천했다. "두통을 막기 위해 다음과 같은 약을 만듭니다. 식용식초와 장미식초, 혹은 식용식초와 제비꽃식초 섞은 것을 1대 1 비율로 섞으세요. 그리고 두통이 생기기 전에 그것을 아침마다 복용하세요. 이것은 효능이 좋아서 두통이 사라질 겁니다."

물론 두통이나 심지어 줄곧 지속되는 어지러움증은 그렇게 간단하게 치유할 수 없다. 특히 두개 안에 이물질이 들어 있을 경우에는 더 그렇다. "사부아 주의 주도인 샹베리의 외과의사 클로드 뒤포르(Claude Du Port)는 죽은 젊은 여자의 두개골을 열어보았다고 나에게 말해주었다. 그녀는 병을 앓는 동안 자주 발작을 일으켰으며, 심지어 가끔은 간질성 발작에 시달렸다고 한다. 그녀의 두개골을 열어본 그는 머리 속에서 두개 관내의 해면모양 골질의 모세관에서 피를 빨아 영양분을 섭취하려고 두개를 파먹고 있는 살아 있는 커다란 벌레를 발견했다" (G. Loyseau, *Observations*, 16).

머리 속에 벌레가 있다? 우리는 그 벌레들을 코에서 다시 만날 수 있으며, 두통 유발요인에 대한 또 다른 증거도 발견하게 된다. 두피나 뺨에서 기어나오는 벌레들에 관한 '현대적인 전설'의 주목할 만한 예는 뒤셀도르프 힐덴 출신의 베른 외과의사 빌헬름 파브리치우스의 『외과학적 관찰』(19)에서 찾아볼 수 있다. 힐덴의 쿨렌에 있는 그의 사촌이 오래도록 두통에 시달렸다. 두통은 처음에는 왼쪽 정수리에 있는 작은 혹에서 시작되는 듯했다. 얼마 후에 두통은 머리 전체로 퍼졌지만 왼쪽이 특별히 심했다. 고통스럽고 열이 나는 상태가 결국은 재채기로 이어졌다. 재채기를 하면서 사골에서 지독한 냄새가 나는 고름이 터져나왔다. 그리고 "고름과 함께 여기에 그려져 있는 것과 같은 크기와 모양의 벌레 한 마리가 기어나왔다. 그 후에 두통과 나머지 증상은 사라졌다. 그 종양은 나중에 약으로 [조제법이 첨부되었다. 거기에는 명반수와 태운 명반 외에 사슴뿔 재가 포함되었다] 치료되었다. 그 사내아이는 완전히 나았으며 오래 살았다" ─ 그리고 장 착종으로 이 세상을 떠났다. 그 사건의 증거로서 우리는 지금까지도 나무에 조각된, 털이 덮여 있으며, 열 개로 나누어져 있는 살진 벌레를 보유하고 있다 ─ 그 벌레의 길이는 34밀리미터나 된다!

참수

머리가 몸에서 잘려나간 개별품목으로 민중의 생각과 문학적 묘사에 자주 등장하는데, 우리는 그것을 오래된 처형방식, 즉 피의자의 머리를 날카로운 도구로 ─ 칼에서 기요틴까지 ─ 몸통에서 분리시키는 그런 처형방식과 육체를 두 부분으로 자르는 장면을 공개적으로 보여준 탓으로 돌려도 좋을 것이다. 참수는 ─ 모욕을 주는 벌이 아닌 경우 ─ 리하르트 반 뒬멘(Richard van Dülmen)이 1988년에 자신의 저서에서 보여주었듯이, 18세기 말까지 수천의 관중들이 모인 가운데 공개적인 의식으로서 거행되었다. 그것은 부분적으로 민속축제와 같은 것이었다. 뱅큇 하우스 앞에서 거행된 영국 왕 찰스 스튜어트(카를 1세)와 장관의 참수처럼 중요한 인물의 참수는 런던 사람들만 직접 보았던 것이 아니다. 유럽 대륙 사람들은 이 참수 장면을 네덜란드 저널리스트의 보고를 거쳐 슈트라스부르크의 페터 오브리(Peter Aubry)가 삽화를 그려넣은 전단을 통해 접할 수 있었다. 그 전단에서 우리는 단두대 위에서 한 형리가 잘린 왕의 머리를 공중에 높이 치켜드는 것을 볼 수 있다!

그런 처형은 간단하지 않을 뿐만 아니라 죄인의 편에서 볼 때 항상 운 좋게 성공하지는 않기 때문에 사형집행인은 가련한 죄인을 "한 칼에 삶에서 죽음으로 안내하는" 과제를 수행해야 한다. 즉 그는 죄인의 머리를 자르고 단번에 죄인을 두 조각 내며, 머리와 몸통 사이에 마차바퀴 하나가 자유로이 굴러갈 수 있을 정도로 분리시켜야 한다." 1562년과 1696년 사이에 프랑크푸르트에서 남자 92명과 여자 16명, 17세기 동안 뉘른베르크에서는 남자 122명과 여자 61명이 칼로 참수당했다. 대도시 주민들은 적어도 1년에 한 번 인간의 몸통에서 잘려나간 머리를 보거나 아니면 적어도 그것에 관한 이야기를 듣게 된다. 참수로 분리된 죄인의 생명 역시 항상 단번에 끝나지는 않는다. 기독교인 카스파르 골트부름(Caspar Goldwurm)은 1559년의『교회달력』(Kirchenkalender)에서 4월 23일자 밑에 1528년 처형된 신교도 순교자 자알펠덴의 게오르크 쉬러(Georg Schörer)에 관한 이야기를 적어놓았다. "그가 참수되어 머리가 떨어지고 난 후에도 그의 육체는 달걀 하나를 먹을 수 있을 정도의 시간 동안 그냥 그대로 있다가 편하게 몸을 돌리고 오른쪽 발을 왼쪽 발 위에 올려놓았다. 그것에 관해 모든 사람들, 당국조차도 경탄했으며, 시체를 태우지 않고 경건하게 묻어주었다."

그리고 끔찍한 인상을 주는 그런 이야기는 단순히 사실적인 것, 즉 머리의 분리 이후 생기는 육체의 경련에만 국한되지 않는다. 1564년 프랑스의 기이한 작가인 장 드 마르콩빌(Jean de Marconville)의 보고에 따르면, 1561년 11월 노르망디의 쎄(Sées)에서 이루어진 처형 때는 참수된 사람의 머리에서 불과 연기가 나왔다고 한다. 추리소설의 창시자 중의 한 사람인 프랑수아 로세(François Rosset)는 그의『비극적 이야기』(Histoires tragiques, 1614년에 처음 나온 이후로 적어도 40쇄가 넘게 발간되었다)에서 여성 궁내대신 앙크르(Eleonora Dori-Galigai, 로세의 작품에서는 'Dragontine')의 처형장면을 다음과 같이 상세히 묘사했다. 그녀는 남편 콘치노 콘치니 앙크르의 파산과 관련하여 상류층 사칭 행각과 마술로 고발되었다. "……일부 사람들이 뜨거운 조국애에 자극받아 육체로부터 분리된 그녀의 머리로 몰려들었다. 그리고 그 머리를 가지고 오랜 시간 'à la pelote'[즉 마치 공을 가지고 놀듯이] 놀았다. 한편 그녀의 몸통은 타고 있는 커다란 장작더미로 던져졌다." 틀림없이 오래된 텍스트, 성경과 성인전 등이 몸통에서 분리된 머리를 사람들이 그토록 친근하게 느끼게 만들었을 것이다. 우리는 수많은 그림에서 세례 요한의 머리를 보았으며 현재도 보고 있다. 헤로디아스(헤로데의 형수이면서 연인)의 딸인 춤 잘 추는 아름다운 살로메는 요한의 머리를 잘라 접시에 담아오게 했다. 그 예언자가 죄 많은 자신의 어머니를 도덕적으로 질책했기 때문이다. "그 머리를 소반에 얹어서 그 소녀에게 주니 그가 자기 어머니에게로 가져 가니라"(마태복음 14:11). 오스카 와일드의 비극 「살로메」(1893)가 끝날 무렵 요한의 머리는(연출자가 그것을 원한다면) 형리에 의해 은쟁반에 놓여 무대에 등장한다. 살로메는 그것의 머리를 잡고는(헤로데스는 그동안 자신의 얼굴을 외투로 가리고 헤로디아스는 웃으며 부채질을 한다. 나사렛 사람들이 무릎을 꿇고 부탁한다) 이렇게 말한다. "하, 요한, 당신은 내가 당신의 입에 키스하는 것을 참을 수 없겠지요? 자, 지금 나는 당신 입에 키스합니다. 내 이로 나는 당신의 입술을 깨물 겁니다. 마치 여자가 잘 익은 과일을 깨물 듯이 말이죠. 그래, 당신 입에 키스할 거예요, 요한. 내가 말했지요 ─ 내가 그렇게 말하지 않았나요? 그렇게 말했어요! 하! 그래서 나는 지금 당신 입에 입을 맞춥니다!" 무대 위에서 이런 사체성애적인 장면이 얼마나 자주 상연되는지 나는 알 수가 없다.

성스런 머리들! 특히 성인전 저자들은 경건한 머리의 참수를 상세히 묘사하는 데 지치지도 않는다. 파리의 주교인 디오니시우스(Saint Denis)는 도시의 북쪽에 있는 마지막 휴식처에서 팔에 자신의 머리를 들고 돌아다닌다. 이 성스런 순교자(그의 축일은 9월 9일이다)는 14인의 구난성인에 속하기 때문에(그는 분명 인후통에 도움이 될 것 같은데도 두통에 도움이 된다), 잘린 머리는 용감한 모든 가톨릭 신도들에게 이런 면에서 친숙한 광경이다. 취리히에서도 세 명의 성자, 즉 펠릭스와 레굴라, 그리고 엑수페란시오(9월 11일)는 자신들의 머리를 50보 떨어진 리마트 강을 지나 다음 언덕 위로 들고 간다. 성자들이 자신의 머리를 들고 가는 사례를 더 많이 찾아보고 싶다면 성자사전이나 상당수의 가톨릭 바로크식 제단에서 찾을 수 있을 것이다. 즉 알반, 피르민, 유스트, 플리시두스(맹세하는 사람은 오늘날도 여전히 그를 존경한다), 발레리안 혹은 빅토르(솔로투른과 제네바에 있다) 등등. 전체적으로 볼 때 잘린 머리를 들고 다녔던 성자는 대략 80명쯤 될 것이다. 전설 연구자들은 이것을 '두족류'(Kephalophoren)라는 적당한 개념으로 요약한다.

그럼에도 그것으로 충분하지 않다. 19세기의 성인전은 우리에게 더 상세한 참수장면을 전해준다. 바덴의 가톨릭 신도인 알반 슈톨츠(Alban Stolz, 1895, IV, 458)는 성 세실리아 전기(11월 22일)에서 "사형집행관은 목을 세 번 내리쳤는데도 머리가 완전히 잘리지 않았다. ……기독교인들은 그녀의 피를 수건과 스폰지로 닦았다. 세실리아는 지치지 않고 밀려오는 군중에게 가르침을 주고 믿음을 확고히 하는 데 열성을 다했다. 사흘 후 그녀는 기도하면서 자신의 고귀하고 성스러운 영혼을 살아 있는 하느님의 손에 맡겼다. 우르반

교황은 밤에 그녀의 영광에 가득 찬 육체를 묻어주었다." 성 카타리나(11월 25일) 역시 자부심을 지닌 채 참수되었다. "그리고 전설에 따르면 참수 때 피 대신 우유가 흘러나왔다고 한다"(IV, 481f.). 성 로만(11월 8일)의 전설에서는 로만이 자신의 믿음의 증표라고 선언했던 한 아이가 참수되었다. 이 사내아이는 고문을 당하고 피가 나도록 채찍질을 당했다. 로만과 그 아이의 어머니는 그것을 기쁨 속에서 쳐다보았다. 그리고 결국 "어머니가 그 아이를 데리고 갔으며, 형리가 그녀에게 아이를 요구하자 그녀는 울지도 않고 아이를 넘겨주었다. 그녀는 아이에게 마지막 입맞춤을 하고 몇 가지 시편 구절을 노래했다. 그리고 그녀는 아이의 피와 머리를 받기 위해 손과 앞치마를 펼쳤다"(IV, 413f.).

성스런 11월은 우리에게 네 번째 참수된 머리, 즉 에드문트(11월 20일)의 머리를 선사한다. 그는 제대로 "매질을 당하고", "나무에 묶이고", "아주 잔인하게 채찍질당하고", "찔리고" 화살에 맞는다(화살을 맞은 그는 "마치 고슴도치처럼 보였다"). 그리고 "살이 다 찢겨나간 반쯤 죽은 왕"이 기쁘게 쓰러지고 "사형집행인이 단 한 번에 그의 머리를 몸통에서 분리시켰다"(IV, 440f.). 용감한 독일 가톨릭 문화여! 우리가 11월에 참수된 성인들의 최종수치를 산출해본다면 이런 성인전에는―19세기 후반의 베스트셀러였다―참수된 성인이 50명쯤 된다.

주인공으로서의 머리

성인전은 본보기 문학이다. 그래서 머리들이 활기차게, 좀 심하게 말하자면 살아서 세속적인 유럽의 각종 텍스트에 등장한다. 그리고 머리가 잘린 사람들도 마치 머리가 없어도 머리가 있는 것처럼 그렇게 행동한다. 해적 클라우스 슈퇴르테베커(Klaus Störtebecker)의 전설에서 세계적으로 유명한, 자신의 머리를 들고 다니는 사람을 발견할 수 있다. 그는 참수된 이후에 동료 해적들이 동일한 벌을 받는 것을 막기 위해 동료들 곁을 지나간다. 모험으로 가득 찬 르네상스 산문인 루도비코 아리오스토(Ludovico Ariosto)의 『미친 올란도』(Orlando furioso, XV, 84-87)에서 나일 하구에 사는, 마술을 하는 도적 오릴로는 머리가 잘릴 경우에는 머리 없이도 돌아다닐 수 있었다. 그는 자신의 머리를 찾아서 다시 제자리에 올려놓는다. 일상에 지친 수많은 사람들은 하루 종일 휴식을 취하지 못한 머리를 밤에는 떼어서 옆에 놓았다가 숙면을 취한 뒤에 다시 얹어놓을 수 있기를 바란다.

18세기 후반과 19세기 초반의 공포소설에서는 잘려서 굴러가는 머리에 관한 호러와 테러의 상상력이 제대로 꽃을 피웠다. 예를 들면 처형장면과 법의 희생자에 열광하는 프랑스 사람 쥘 자냉(Jules Janin, 1804-1874)은 영국 고딕 소설의 이런 머리 부속품에 매료되었다. 그는 『죽은 당나귀와 단두대에 선 여인』(Ane Mort, 1829)에 실린 「참수된 자의 회상」(14장)의 주인공이 교수형을 당하기 직전(당연히 실패한다)의 마지막 순간을 이렇게 설명한다. "나는 떨지 않고 사다리 쪽으로 다가갔다. 나는 이미 완전히 포기한 상태였다. 그때 내 관을 쳐다보자 나는 두 걸음 물러서지 않을 수 없었다. 그 관은 내 몸 전체를 눕히기에는 충분하지 않았다. 나는 소리를 질렀다. 내 키에 맞는 관이 오지 않는다면 그 안으로 기어들어갈 수 없다고. 대위가 다가오는 것을 나는 단호한 눈빛으로 쳐다보았다. 그가 말했다. 이보게, 그대는 이 관이 그대의 시체가 들어갈 정도로 크다 하더라도 틀림없이 또 다른 불평을 할 걸세. 온 나라 사람들이 그대를 잘 알고 있기 때문에 우리는 자네가 죽은 후에 자네 머리를 잘라서 우리 성곽의 최고 높은 곳에 걸어놓기로 결정했네."

프랑스 혁명의 끔찍함은 그래서 문학적으로 오래도록 지속되었고, 유럽 전역으로 퍼져갔다. 결과적으로 독일 낭만주의자들도 루이스 캐롤(Lewis Carroll)의 『이상한 나라의 앨리스』(Alice's Adventures in Wonderland, 1865)에서는 헤르츠 왕비가 누군가 자신의 기분을 상하게 하면 분노에 사로잡혀 외쳤던 "머리를 들고 꺼져!"라는 구호와 함께 등장했다. 유명한 동화인 그림 형제의 「하얀 새」(Fitchers Vogel, KHM 46)에서는 일종의 악당이 거지로 변장해서 여자를 훔쳐다가 자신의 궁정에서 죽인다. 여자들이 금지된 방, 즉 피의 방으로 들어갔기 때문이다. "'너는 내가 하지 말라는데도 그 방에 들어갔어', 그가 말했다. '그렇다면 너는 내가 하지 말라는데도 다시 들어갈 것이다. 너의 생명은 끝이다.' 그는 여자를 내던지고 머리카락을 잡아 단두대 위에서 머리를 자른다. 그리고 난도질을 해서 피가 바닥으로 흘러내린다. 그런 다음 그 시체를 다른 시체들이 담겨 있는 욕조에 던진다." 결국 세 번째 신부는 "비웃는 듯 이가 드러난 해골"을 보석과 꽃으로 치장한다. 그리고 위에 쥘 자냉에서 이미 보았던 것처럼 그것을 "전시한다." 즉 젊은 여자는 "그것을 다락방 창문으로 가져다 얼굴이 밖을 향하도록 놓았다." 「향나무에 관하여」(Von dem Machandelboom, KHM 47)라는 동화에서 아이를 죽인 계모는 사과상자 안으로 굴러 들어간 아이의 머리를 다시 몸통에 맞춰놓고 수건으로 목을 감아 연결시킨다. 그러나 그 아이는 여동생에게 따귀를 맞는다. 그래서 "그 머리"가 다시 떨어지고, 잘게 잘린 육체와 함께 스튜 속으로 들어간다. 그런 끔찍한 장면에 대해 우리는 어떻게 말해야 하는가? 한 세대가 지나면 이런 잔인한 장면들은 더 이상 비더마이어 독자의 취향에 맞지 않는다. 프란츠 그릴파르처(Franz Grillparzer)가 1832년 10월 11일에 소설 『보리수나무 아래서』(Sous les Tilleuls)에서 당시 많은 주목을 받던 알퐁스 카르(Alphonse Karr, 1808-1890)에 관해 읽었을 때, 그는 책 내용이 "일관성이 없으며 지나치게 과장된 것"이라고 생각했다. 그리고 자신의 일기에 이렇게 기록했다. "죽어가는 사람이 소설의 주인공을 잡아서 내던지는 장면, 그리고 그로 인해 머리가 바닥에 부딪쳐 깨지는 장면은 정말이지 끔찍하다. 휴!" 다시 한 번 휴! 소리를 내지 않을 수 없다.

그럼에도 그림 형제가 사람 머리 사냥꾼에 대한 상상력을 지닌 유일한 독일 동화작가는 아니다. 빌헬름 하우프(Wilhelm Hauff)의 「잘린 손에 관한 이야기」(Geschichte von der abgehauenen Hand, 1826)에서 콘스탄티노플 출신의 의사 찰로이코스(Zaleukos)는 베네치아에서 알 수 없는 이방인으로부터 이상한 부탁을 받는다. 즉 방금 죽은 자기 여동생의 머리를 아버지에게 유품으로 보내야 하니 머리를 몸통에서 분리시켜 달라는 것이었다. 그림보다는 덜 조잡한 하우프의 본문을 직접 인용해보자. "나는 의사로서 항상 몸에 지니고 다니던 칼을 꺼냈다. 그리고 그 침대[그 시체]로 다가갔다. 시체에서는 머리만 보였다. 그런데 이 머리는 너무 아름다워서 뜻밖에도 진심에 어린 동정심이 나를 사로잡았다. 길게 땋은 검은 머리가 아래로 흘러내렸다. 얼굴은 창백했고, 눈은 감긴 상태였다. 나는 우선 의사들이 시체를 분해할 때 쓰는 방식으로 피부를 잘라냈다. 날카로운 칼을 대자마자 단번에 목이 잘렸다. 하지만 그 끔찍함이라니! 죽은 사람이 눈을 떴다가 다시 감았다. 그리고 깊은 한

숨을 쉬며 그녀는 그제서야 마지막 생명을 내뱉은 것처럼 보였다. 동시에 뜨거운 피가 절단부에서 솟구쳐 올랐다." 찰로이코스는 그 뒤에 이어지는 살해과정에서 자신의 손 하나를 잃어버린다. 그리고 이렇게 자신의 육체 일부를 절단함으로써 그는 직업을 이어갈 수 있는 기회를 얻었고, 나중에 콘스탄티노플에서 기이한 부탁을 했던 사람을 통해 커다란 부를 얻었다. 흥미진진한 이 추리소설은 결국 그 핵심 비밀을 밝히지 않은 채 끝난다.

하우프의 「난장이 코」(Zwerg Nase, 1827)에서 늙은 마녀는 시장에 나온 양배추(양배추를 가리키는 독일어 'Kappes', 'Kabis'는 라틴어 'caput', 'capites'에 속하는데, 이것은 '머리'라는 뜻이다)를 야콥에게 들려 자기 집으로 가져가서는 사람의 머리로 변신시킨다(노파가 그것들은 "정말이지 가볍지 않아, 가볍지 않다구"라고 말한다 — 실제로 인간의 머리는 6~8킬로그램 정도 나간다). 사내아이 야콥이 그 노파의 말을 곧이 들으려 하지 않자 "[그녀는] 바구니 덮개를 치우고는 머리털을 잡고 사람의 머리를 꺼냈다. 사내아이는 공포로 인해 정신을 잃었고, 이 모든 일이 어떻게 일어났는지 알 수가 없었다."

시장바구니에 담긴 사람의 머리 — 법관에게는 이것이 하나의 사례인가? 하우프는 분명 16~17세기 추리문학에서 전성기를 맞았던 어떤 법률적 사건을 염두에 두었을 것이다. 벨리(오늘날 프랑스 동부의 도시)의 주교인 피에르 카뮈(Pierre Camus)는 1630년 그의 『공포의 장면』(Spectacles d'horreur)에서 「세 개의 머리」(Les trois testes)라는 제목으로 "오셈부르크"에서 일어난 기이한 살인 사건에 관해 이야기한다. 한 노상강도가 함부르크와 뤼벡에서 여러 사람의 목을 잘랐다. 그는 오스나브뤼크의 정육점에서 소머리 세 개를 사서는 그것을 시장바구니에 넣었다. 그런데 거리에 있던 사람들은 이 바구니에서 사람의 머리가 삐죽 나와 있는 것을 보았다. 그 살인자는 "체포되었다." 그리고 그 머리가 오스나브뤼크, 뤼벡, 브레멘에서 살해당한 사람들의 머리임을 확인했다. 그 살인자는 고문을 당하자 자신의 살인행위를 고백했다. 그리고 그는 참수당했다. 그런데 그가 죽자마자 사람 머리가 소머리로 변했다. 이것과 비교할 수 있는 머리 변신과 머리 혼동의 사례는 16세기의 표본문학에서 자주 발견된다. 어느 여관주인이 돈 때문에 여관에 든 부자 손님을 살해했다. 나중에 그는 자신이 살던 도시에서 시장의 자격을 얻는다. 그러던 어느 날 그의 아내가 요리한 소머리를 내왔다. 그 소머리는 시장에게 그가 전에 죽였던 사람의 정수리로 보인다. 그는 바로 의회로 가서 자수를 한다.

굴러가는 머리들

특히 전설과 동화에서 자주 표현되는 대중적인 상상력은 이 세상에서 더 많은 머리가 굴러가게 하기 위해 매번 실제의 처형장면과 전설이라는 허구세계의 절단된 머리에 의존하고 있다. 게오르크 뷔히너(Georg Büchner)는 그의 「보이첵」(Woyzek)에서 보이첵이 덤불 속에서 안드레스와 함께 그루터기를 자를 때 잠시 그런 상상과 공포의 장면을 은연중에 드러낸다. "어이, 안드레스, 저기 풀 위에 있는 줄무늬 좀 봐. 밤만 되면 저기서 사람 머리가 굴러다녀. 한번은 어떤 친구가 그걸 집어들고 고슴도치라고 하더군. 사흘 밤낮 동안 관 속에 줄곧 그렇게 놓여 있었어. (소리를 낮추어) 안드레스, 비밀결사 단원들이 왔었나봐. 틀림없어, 비밀결사 단원들이야, 쉿, 조용히 해!"(Werke, ed. R. Lehmann, München 1974, 168)

"그것은" 프리메이슨 단원들이 없어도 독일 동화라는 수풀을 통해 자주 굴러간다(실제로 두개라는 것이 흔히 나무와 나무 가공과 관련하여 일컬어진다는 점이 돋보인다). 그림 형제의 「두려움을 알기 위해 찾아나선 사람에 관한 동화」(KHM 4)에서는 두 번째의 무서운 밤에 "아홉 구의 시체에서 나온 뼈와 두개골"을 가지고 볼링 놀이가 벌어진다. 세 번째 밤에는 여섯 사람이 시체가 든 관을 들고 온다. 그리고 거기에서 주인공이 해골을 올려놓고 볼링공으로 만드는 물레가 언급되고 있다. 이 동화 다음다음에 나오는 「충직한 요하네스」(Treuer Johannes)에서는 왕이 "자신의 칼을 꺼내서 [그의] 자녀들 머리를 자른다." 요하네스가 기적을 행하는 사람으로서 잘린 아이들의 머리를 "그들의 피로" 다시 붙일 수 있다니 다행이다! 이런 종류의 주목할 만한 사례들이 그림 형제에 의해 1812/15년 『어린이와 가정을 위한 동화집』(Kinder- und Hausmärchen)에 수록되었다. 그런 예는 하인츠 뢸레케(Heinz Rölleke)가 1975년 『보잘것없는 머리에 관한 동화』(Märchen von Fanfreluschens Haupte)라는 제목으로 발표한 원고에서도 발견된다. 이 동화는 다시 낭만주의, 그리고 고대 프랑스의 공포소설로 거슬러 올라간다. 여기서는 어느 기사가 마법사의 목을 자른다. 그리고 "그 머리가 도망간다. 기사 앞에서 이리저리 뛰다가 튀어오른다. 그가 머리를 향해 돌을 던지면 머리는 그것을 막아낸다. 그리고 오물을 깨끗하게 씻어낸다. 머리는 어느 강에 도달했다……. 거기서 머리는 수영을 해서 맞은편 강변에 닿는다. 머리는 이미 강에 이를 때까지 도로 위에 줄곧 커다란 핏자국을 남겼다. 그리고 이제 긴 핏물이 띠를 이루며 머리가 가는 길을 표시해놓았다. 그래서 기사는 자신의 살인행위가 쉽게 밝혀질 거라고 생각했다……. 그래서 그것을 가도록 놔두고 그는 되돌아왔다.

그러자 그 머리가 곧장 헤엄쳐 건너와서 팔딱팔딱 뛰면서, 튀어오르면서 그 기사를 뒤쫓아갔다." 결국 기사는 머리에 쫓기다 지쳐서 그 머리를 감싸안아야 했다. 그러자 머리는 그의 코를 물고 그에게 꼭 매달렸다.

어떤 독일 어린이가 그렇게 많은 그랑기뇰(19세기 말 프랑스 파리에서 유행한 살인이나 폭동 따위를 다룬 전율적인 연극 - 옮긴이)을 보고 난 후에도 잘린 머리를 보고 두려워하겠는가? 아마도 그 머리가 「충직한 요하네스」에서처럼 다시 몸통에 붙을 수 있지 않을까? 그런 마술은 민담에서 여러 번 이야기되고 있다 (Mot. E 783.1: *Head cut off and successfully replaced*). 특히 16~17세기에는 잘린 머리를 다시 몸통에 붙이는 것이 악마의 재주로 알려졌다. 독일에서는 아우구스틴 레르히하이머(Augustin Lerchheimer, *Christlich Errinnerung und Bedenken von Zauberei*, 1585)가 그랬고, 그 후에는 「요한 파우스트의 이야기」(Historia von D. Johann Fausten, 1587)에서 머리를 자르고 다시 붙일 수 있는 마술사에 관해 이야기하고 있다. 프랑스에서는 필립 달그리페(Le Picard)가 1579년 (독일에서는 다시 한스 빌헬름 키르히호프[Hans Wilhelm Kirchhof]가 그의 *Wendungmuth*에서) 그 주제를 희화화하고 있다. 도적의 공격을 받은 어떤 남자가 심한 추위 속에 잘린 머리를 못 하나로 다시 붙여놓았다. 그런데 집에서 콧물을 흘리던 그는 녹은 머리를 다시 옆에 떼어놓았고, 그것을 무의식적으로 난롯불에 던졌다. 그리고 자신이 알아차리지도 못한 채 죽었다.

잘린 머리를 다시 붙이는 것은 문제가 있다! 거꾸로 올려놓은 머리의 모티브(Mot. E 12.2; Mot. E 34)는 — 비교적 오래전 연구(S. Singer, 1940)에서는 이 모티브의 시초를 편협하게 "북부의 시가"로 보았다 — 이미 (이탈리아에서도 잘 알려진) 중세의 라틴어 표본문학에서(예컨대 *Compilatio singularis exemplorum*) 그 흔적을 찾을 수 있으며, 이탈리아 동화문학인(그것도 벌써 1550~53년에!) 잔프란체스코 스트라파롤라(Gianfrancesco Straparola, IV, 5)의 작품에서 처음으로 등장했다. 플라미니오는 죽음('la morte' = 죽음의 여신)을 찾기 위해 집을 나섰다가 마침내 깡마르고 추한 노파를 발견한다. 자신을 '라 비타'(삶)라 부르는 그 노파는 플라미니오의 머리통을 자르고는 그것에 연고를 발라 다시 올려놓을 참이었다 — 그러나 노파는 물론 머리를 거꾸로 올려놓았다. 이제 그 젊은이는 자신의 혐오스러운 등을 보자 완전히 넋이 나가서 노파에게 다시 한 번 머리를 잘라달라고, 그리고 머리를 원래 자리에 제대로 놓아달라고 부탁한다. 다시 회복된 그는 죽음과 공포를 충분히 알게 되었고, 죽음을 찾으려는 욕망에서 벗어나 집으로 돌아간다.

이런 노벨레는 다시 19세기 토스카나풍의 동화인 『두려움을 모르는 조반니노』(Giovannino ohne Furcht)(R. Schenda, *Märchen aus der Toskana*)에서 발견된다. 그리고 거기서도 실수를 한다. 그리고 두 번째 시도에서도 행복한 결말로 끝나지 않는다. "그때 가장 늙은 사기꾼이 말했다. '잘해봐, 잘! 그런데 장담하건대 네가 이런 수술을 너에게 두 번 다시 하지는 않을 거야.' — '아냐', '맞아.' 자, 결국 조반니노는 자신의 머리를 다시 올려놓으며, 사기꾼들은 같은 자리를 톱으로 다시 자른다. 그러나 그들이 머리를 얼굴이 앞을 향하게 붙이는 대신 실수인지 짓궂은 장난으로 그런 것인지 얼굴이 뒤로 가게 붙여놓아서 조반니노는 자기 엉덩이를 볼 수 있었다. 자신의 엉덩이를 보는 사람은 두려움 때문에 죽을 거라고들 말했다. 그래서 어떤 일에도 두려움을 갖지 않던 우리의 조반니노에게 이런 일이 일어났다. 그는 자신의 엉덩이를 보지 않을 수 없는 이상한 상황에 처하자 막대기처럼 뻣뻣해지더니 그만 바닥에 쓰러져 죽고 말았다. 그렇게 그는 이 세상에서의 모든 영웅적 행동을 끝마쳤다"(S. 165).

굴러가는 머리와 머리를 굴리는 사람에 관한 이야기들이 많지만 이런 특별한 장르에 관한 패러디는 '고급' 문학에서도 오래 버틸 수가 없다. 예를 들면 패러디는 1836년 찰스 디킨스의 『피크위크 클럽의 기록』(*Pickwick Papers*, 2장), 특히 징글 씨의 말도 안 되는 전보 이야기에서 발견된다. "그들이 당시에 마차 마당으로 들어가는 입구를 이루던 낮은 아치문 아래로 들어갈 때면 '머리, 머리, 너희들 머리 조심해라'고 달변의 외국 사람이 외쳤다. '끔찍한 곳이야 ― 위험한 건축방식이지 ― 최근 아이들 다섯 명 ― 어머니 ― 방금 샌드위치를 먹은 큰 키의 부인 ― 그들은 문의 아치를 생각하지 않아 ― 쾅 ― 탁 ― 아이들이 빙빙 돈다 ― 엄마의 머리가 잘린다 ― 샌드위치를 손에 든 채 ― 깨끗하게 집어넣을 입이 없다 ― 가족 전체의 머리가 사라졌다 ― 충격이야, 충격!'"

이제 공개적으로 참수하던 시대는 지나갔다(적어도 유럽의 위도상에서는 ― 그것이 사실이라면!). 굴러가는 머리에 관한 끔찍한 이야기를 서로 나누던 저녁 모임 역시 거의 사라졌다. 기껏해야 밀랍인형 캐비닛에서 아직도 머리 없는 형상들이 돌아다닐 뿐이다. 그럼에도 여전히 머리 없는 인간에 관해 아주 멋진 현대적인 전설이 발표된다. 두 가지 예를 드는 것으로 충분할 것이다. 한 가지는 어떤 사람이 얼마 전 어느 가족축제에서 독일에서 일어난 실화라며 나에게 이야기해주었다. 거기서 오토바이를 탄 사람이 트럭을 추월하려고 했다. 그 순간 적재함에 실린 아연판이 미끄러져서 오토바이 탄 사람의 머리를 절단했다. 그런데 이 사람은 머리가 없음에도 불구하고 추월과정을 조용히 완수했으며, 트럭 앞에 와서야 오토바이에서 떨어졌다고 한다. 그리고 두 번째 이야기는 현대적인 전설이 그렇듯이 이미 오래전에 국제적으로 알려져 여러 번, 예를 들면 이탈리아에서는 순전히 이탈리아적인 것으로(C. Bermani, *Il bambino è servito*, Bari, 1991, 172) 출판되었다. 그래서 우리는 이런 종류의 두 번째 이야기 역시(폴커 크니어림이 *Fabula* 26[1985] 234f.에서 알려주었다) 잘 창작된, 그렇기 때문에 널리 퍼진 공포 이야기라고 일컬어도 좋을 것이다. "한 부부가 '캐퍼'를 타고 핀란드의 황야를 지나간다. 저녁 무렵에 [그 남자는] 무엇인가를 더 정확하게 보기 위해서 차에서 내리려고 한다. 그리고 그 전에 여자친구에게 경고한다……. 자동차 문을 잠그고 자동차를 절대 떠나지 말라고. 그러고 나서 그는 황야로 사라진다……. 여자는 기다리다 조금씩 무서워지기 시작한다. 가끔 자동차 주위에서, 자동차 지붕에서 이상한 소음을 들을 수 있었다. 그 소리는 단순하게 두드리는 소리로 변했다. 다음 날 언제인지 구조를 위해 경찰이 나타났다. 경찰은 그 정신없는 여자에게 자동차 밖으로 나와서 절대 주위를 둘러보지 말라고 권했다. [그녀는] 주위를 둘러보고 경악했다. '캐퍼' 지붕 위에 야생의 산사람이 앉아 있었다. 남자친구의 잘린 머리를 손에 들고서. 그 여자의 남자친구가 쫓아간 사람은 도망친 정신병자로 밝혀졌다." 다른 변형 이야기에서는 그런 불행한 사건이 파키스탄에서 일어났는데 희생자는 남자가 아니라 동거하던 여자였다. "그가 돌아왔을 때 차의 문이 열려 있었고, 여자친구의 잘린 머리가 그에게로 굴러 떨어졌다."

"밤만 되면 저기서 사람 머리가 굴러 다녀"라고 보이첵은 안드레스에게 말했다. 머리는 그래서 오늘날에도 여전히 굴러간다.

머리의 캐리커처와 인상학적인 오류

인간의 얼굴에 대한 연구는 고대의 의사들에게 미학이나 정신적인 것의 흔적과는 아무 관계도 없었다. 얼굴은 손상되기 쉬운 그 특성과 함께 위협적인 문화로 들어가거나, 아니면 튀어나온다. 얼굴은 나이가 들어감에 따라 이런저런 외적 영향으로 인한 박피 흔적과 주름 흔적을 점점 더 많이 지닌다. 얼굴은 인간을 잘 이해하는 사람에게는 그 감추어진 문제를 드러내며, 손상을 입었을 경우에는 치료자에 의해 자연스럽게 정돈되어야 한다.

오래된 보고에 따르면, 많은 사람들의 얼굴에서 과거 늙은 모세의 경우처럼 뿔이 자라난다고 한다. 우리는 그 사실을 의심할 수 있다. 그럼에도 이런 머리 혹이 머리를 맞거나 부딪쳤을 때도 생긴다는 것을 부정할 수 없다. 우리는 어머니가 그런 혹을 어떻게 치료해주었는지 기억한다. 축복의 기도였든, 차가운 나이프 종이든, 아니면 두 가지를 다 사용했든―그 아픔은 빨리 지나갔다. 베르주라크 출신의 외과의사 루아조는 베르주라크의 '토끼 세 마리' 음식점 주인인 프랑수아 드 보르가르가 오랫동안 지니고 다닌 사과만 한 혹을 치료하면서 이상한 것을 발견했다. 그는 혹을 제거하면서 그것이 아테로마(두피 아래의 혹)나 스테아토마(지방 혹)가 아닐까 생각했다. "그러나 나는 그것이 단지 딱딱한 지방이라는 것을 확인했다"(G. Loyseau, *Observations*, 1617, 38). 그리고 아래턱의 탈구 역시 그토록 빠르게 치료될 수 있었다. "과도한 하품이나 웃음으로 인해 안의 턱뼈가 탈구되었을 때는 그 사람에게 슈바벤 만두 하나만 주면 된다. 그것이 그에게 가장 유익할 수 있도록." 아이제나흐의 물리학자인 크리스티안 프란츠 파울리니(Christian Frantz Paullini, 1643-1712)가 그의 재치 있는 『플라겔룸 잘루티스』(*Flagellum Salutis*, 49)

에서 추천했다. 그리고 그는 역시 몇몇 이야기를 알고 있었다. 예컨대 턱이 탈구된 사내아이를 획스터 출신의 목욕업자 헤닝 클라인슈미트가 "심하게 따귀를 때렸고" 그래서 "모든 것이 제대로" 돌아왔으며 치료한 사람은 "식비를 벌었다."

처음에는 그런 의학적인 관찰에서 지성을 나타내는 아름답고 높은 이마에 관해서도, 그리고 계속되는 기름진 식사 탓에 약간의 웃음거리가 되었을 살진 턱에 관해서도 언급되지 않았다. 그럼에도 얼굴 표정에서 인간의 특성을 유추하는 것은 예민한 스위스 신부인 요한 카스파 라바터(Johann Kaspar Lavater, 1775/78)만의 발견이 아니다. 이미 1530년경 볼로네즈 의사인 바르톨로메우스 코클리투스(Bartholomaus Coclitus, 혹은 Cocles)는 "관상학"에 관한 소책자를 썼으며, 그 안에서 우리는 "얼굴과 체격의 모든 형태와 몸짓에서 개개인의 특성, 머리카락, 피부, 눈 빛깔"을 어떻게 알 수 있는지를 보여주었다. 프랑수아 라블레의 『제3서』(Tiers Livre, 1546, XXV)에서 결혼을 갈망하지만 주저하기도 하는 주인공 파뉘르주가 "트리파"(독일의 학자인 트리테미우스와 아그리파 폰 네테스하임[Agrippa von Nettesheim, 1486-1535, 신성 로마 제국 황제 카를 5세의 궁정 비서관, 프랑스의 섭정 루이즈 드 사부아의 주치의, 가톨릭 교회를 격앙시킨 신학자, 스페인 및 이탈리아의 군납업자, 비학(祕學)의 대가, 철학자―옮긴이을 뒤섞어놓은 듯한 인물)에게 의뢰하고 그에게 조언을 구했을 때 독일인 예언자는 현명하게 얼굴에 대고 직접 조언해주었다. "당신은 사기꾼 정부(情夫), 그러니까 치욕적이며 불명예스러운 정부의 이마와 관상을 하고 있소." 이런 굴욕적인 인상분석과 불분명한 예언은 (그리고 트리파의 입에서 나온 다른 예언적인 지혜들은 더더욱) 물론 청혼자의 마음에 전혀 들지 않는다. 그래서 그는 장 수도사에게 간다. 그는 결혼생활에 대한 보다 낙관적인 예언을 그에게 들려준다.

　관상학적인([인간의] 성격을 암시하는) 묘사는 처음에는 캐리커처 — 특히 악한의 과장된 묘사에 사용되었다. 중세 후기의 끔찍한 고문관들이 그리스도에게 채찍질하는 그림을 보면 그런 사실을 확인할 수 있다. 나중에는 사육제 광대와 그 밖의 광대들 그리고 악당들의 특징을 묘사하는 데 사용되었다. 오스트리아의 요한 베어(Johann Beer, 1655-1700)는 1682년『정치적인 술책』(*Politischer Bratenwender*, ed. D. Gutzen, München 1984, 146f.)에서 이렇게 기술한다. "……나는 덴마크 물개처럼 짧은 코를 가지고 있다. 한쪽 눈으로 코끝을 볼 수 있으며 다른 한쪽 눈으로는 왼쪽 팔꿈치를 볼 수 있다. 내 윗입술은 아랫입술과 손가락 두 개 정도 벌어져 있다. 그리고 나는 마맛자국이 있어서 사람들이 내 얼굴에 맥주 한 잔을 부으면 전부 그 구멍 속에 들어갈 것처럼 보인다. 게다가 나의 두 콧구멍은 내 임명장을 쓸 때 사용했던 최고 법원의 필기구보다 더 크다. 그리고 나는 내 입을 수천 가지 방식으로 마치 마부의 가방처럼 사방으로 잡아당길 수 있다. 왼편으로는 두 개의 이가 마치 야생돼지처럼 튀어나왔고, 머리카락은 나를 본 적이 없는 사람들로 하여금 내가 가죽모자 대신 고슴도치 가죽을 얹은 거라고 쉽게 믿도록 만들었다." 이 얼간이는 어떤 때는 개 같고, 어떤 때는 돼지 같고, 어떤 때는 고슴도치 같다. 그리고 사팔뜨기에다 납작코를 가졌고 입은 비뚤어졌으며, 뻐드렁니에 뻣뻣한 머리카락을 지녔다. 베어가 잠바티스타 바실레의『펜타메론』(1632, Cunto I, 1)에 나오는 오르코의 인상을 그 모범으로 취했던 것처럼 보인다. 왜냐하면 거기에는 이렇게 적혀 있기 때문이다. "그의 머리는 인도의 호박보다 더 두꺼웠다. 이마에는 혹이 잔뜩 나 있고 눈썹은 서로 붙어 있다. 눈은 사팔뜨기이다. 그의 납작한 코는 마치 두 개의 수도꼭지처럼 보이는 콧구멍을 가지고 있으며, 입은 마치 압착기처럼 열려 있고, 그 사이로 두 개의 어금니가 튀어나와 있었다. 그리고 그 어금니는 발뼈에까지 닿았다." 그럼에도 불구하고 독자는 바실레의 오게르(동화에 나오는 사람 잡아먹는 귀신 — 옮긴이)와 베어의 더러운 녀석이 원래는 영리한 녀석이었음을 잘 알고 있다. 바로크 작가들은 이렇게 기괴하게 못생긴 얼굴을 가졌다고 해서 그 사람이 도덕적으로 타락한 사람이라고 추정하지는 않았기 때문이다. 오히려 그 반대였다. 그런 그로테스크하고 추한 과장은 1785년 사망한 프란츠 자버 메써슈미트(Franz Xaver Messerschmidt)의 유명한 "얼굴 표정 조각들" (특제본 몇 개가 빈의 벨베데레 박물관에 소장되어 있다)처럼 사랑스런 반대 유형으로 바뀐다. 우스꽝스럽게 왜곡된 그런 인간들을 우리는 친숙하게 느낄 수 있다. 유명한 루이스 캐롤의 『이상한 나라의 앨리스』에 나오는 '공작부인' 이라는 역겹고 추한 인물유형 역시 여자아이의 어깨에 아주 가깝게 내미는 뾰족한 턱을 지녔음에도 불구하고 악한 괴물이 아니라 도덕적인 괴물이다.

　요한 카스파르 라바터(1741-1801)는 그의 이성적인 동시대인들에게 캐리커처가 아니라 일상생활에서 만난 남자들의 얼굴 그림을 보여주며 그 얼굴에 설명을 붙였다. 얼굴의 형태와 정수리, 이마, 코, 입술, 턱의 형태가 몇몇 동시대인들의 섬세하고 고귀한 성격, 그리고 격하거나 부드러운 감정과 얼마나 밀접한 연관성을 가지는지를 보여주기 위해서였다. 독일 사람들은 그런 면에서 다른 나라 사람들보다 더 많이 발전했다. 라바타의 친구들, 특히 요한 볼프강 폰 괴테(1774년에는 그의 여행 친구이자 후원자였으며, 1775년 6월에는 취리히에 있던 그의 집을 방문했다)와 아름다운 정신의 세련된 감각을 지닌 요한 고트프리트 헤르더(Johann Gottfried Herder)는 고귀한 인간의 경연에서 첫 번째 위치를 차지해도 될 것이다.

라바터의 생각들은 — 라바터의 이론은 면밀하게 쥐어짜낸 것이 아니다 — 이미 그것이 출간될 시기에 심각한 비판을 받았다. 괴팅겐 대학 교수인 게오르크 크리스토프 리히텐베르크(Georg Christoph Lichtenberg)는 다음과 같은 견해를 가졌다. "지구에서 우리에게 가장 흥미로운 평면은 바로 인간의 얼굴이다"(그의 잠언집에는 그렇게 적혀 있다, F 88). 그럼에도 그는 1778년『괴팅겐 포켓용 달력』(Göttingischen Taschenkalender)에서 인간의 겉모습을 보고 거기서 영혼의 고귀함과 정신의 질에 관한 생각을 유추해내는 것을 비난했다. 그리고 육체는 장기뿐 아니라 "나머지 세계"와도 관련이 있음을, 즉 역동적인 공동체의 일부임을 강조했다. 얼굴은 "우리의 성향과 능력을 말해줄 뿐 아니라 숙명의 혹독한 충격, 기후, 질병, 영양 그리고 우리 자신의 악한 결정으로 일어난 것이 아니라 어떤 때는 우연히, 또 어떤 때는 의무 때문에 어쩔 수 없이 당하게 되는 수천 가지 불쾌한 일을 말해준다." 그리고 잘못된 얼굴 해석을 이성적으로 바로잡기 위해 리히텐베르크는 에세이「관상가에 반하는 관상학에 관하여」(Über Physiognomik wider die Physiognomen)에서 잘못된 경험들에 관해 이야기한다. "저자는 ……지금이 몇 시인지를 말하기 위하여 몇 년 동안 그를 잠에서 깨우고 화나게 했던 한밤의 파수꾼의 목소리를 듣고 그 사람의 얼굴을 그리려고 시도했다. 그 결과는 이렇다. 그의 목소리는 그[리혜텐베르크]의 마음속에 키가 크고, 말랐지만, 어쨌든 건강한 남자의 그림을 떠올리게 한다. 길게 내려간 코, 심하게 엉킨 머리, 씨를 뿌리는 듯이 느리고 장중한 걸음걸이. 그는 낮에 이 남자를 보겠다는 생각이 간절했고,

그런 기회를 가졌다. 본래의 모습과 그가 상상한 그림의 편차는 대단히 컸다. 아무것도 들어맞지 않았다."

독일 자전문학의 아름다운 영혼인 요한 하인리히 융 슈틸링(Johann Heinrich Jung-Stilling, 1740-1817)은 라바터에 반대하지 않고 아마도 이런 논의에 관해서는 전혀 알지 못한 채 자신의 『전기』(Lebensgeschichte, ed. G.A. Bernath. Darmstadt 1976, 226-228)에서 쇠넨탈 근처 도른펠트의 불어 선생님과 관련하여 관상학적인 '트롱프레이 스타일'(trompe-l'oeil, 실제의 것으로 착각할 정도로 세밀하게 묘사한 그림, '속임수 그림' 등으로 번역할 수 있다. 구도나 물체의 명암, 양감, 질감을 실물 그대로의 모습으로 재현하는 데 목적을 둔다 — 옮긴이)의 다른 예를 제공한다. 불어 선생님을 찾아간 그는 "아주 기이하고 독창적인 사람을 발견했다. 그 사람은 자신의 이름을 헤스펠트라고 했다. 어두운 방에 앉아 있던 그는 질 나쁜 카멜롯 천으로 된 더러운 잠옷을 걸친 채 같은 직물의 끈으로 묶은 모습이었다. 머리에는 귀마개가 달린 모자를 썼다. 그의 얼굴은 며칠 동안 무덤에 누워 있던 사람의 얼굴처럼 창백했다. 그리고 얼굴 폭과 비교해볼 때 얼굴이 너무 길었다. 이마는 아름다웠으나 칠흑처럼 검은 눈썹 아래로 두 개의 검고 가늘고 작은 눈이 머리카락 속 깊숙이 들어가 있었다. 코는 가늘고 길었으며, 입은 단정했다. 그러나 턱은 날카롭게 앞으로 튀어나왔다. ……슈틸링은 이런 기이한 얼굴을 보고 약간 놀랐다. 그러나 아무 내색도 하지 않았다." 어둡고 추한 모습은 이런 경우에 어울리지 않았다. 헤스펠트는 불어를 완벽하게 구사할 뿐 아니라 "라틴어 실력도 탁월했다." 그림과 춤, 물리, 화학도 잘 알고 있었다. 슈틸링이 언젠가 피아노를 연주했을 때 그는 처음에 이렇게 행동했다. "마치 그는 평생 피아노를 한 번도 만져본 적이 없는 것 같았다.

그러나 5분도 안 되어 그는 아주 탁월하게 즉흥곡을 연주하기 시작했다. 머리카락이 곤두설 정도였다. 점차 그는 감상적이며 부드러운 것으로, 거기서부터 열정적인 것으로, 이어서 냉정하고 평안한 것으로 도약했다. 우울한 작품을 연주하다가 이어서 쾌활하고 부드러운 아다지오, 알레그로, 마지막으로 그는 D장조의 경쾌한 미뉴에트로 연주를 끝냈다. 슈틸링은 그의 섬세한 연주방식에 거의 녹아버릴 지경이었다. 그리고 이 남자에 관해 무척 경탄했다." 그 얼마 전에 지저분한 헤스펠트는 의심스러운 인상에도 불구하고, 정통 의학의 모든 유머와 함께 성장한 정신적으로 풍요로우며, 아이디어가 풍부한 남자로서, 그리고 아주 기교적인 즉흥연주가로서의 자신을 증명했다.

우리는 관상학자들이 대중의 관심을 얼굴로부터 무엇인가를 알아낼 수 있게 하는 데 집중시키고 있다는 점을 잘 고려해야 한다. 19세기의 대중매체가 관상학자들의 방법과 리히텐베르크의 비판을 대중화시켰으며, 캐리커처로 과장하거나 조롱했고, 인간과 동물의 얼굴 변신에 관한 논의 전체를 부조리함으로까지 왜곡시켰다. 그럼에도 이런 그림들(그리고 생활필수품으로서 거울의 대중화)은 인간이 서로 얼굴을 주목하여 쳐다보고, 자신들이 어떻게 보이는지에 관해 신경 쓰게 만들었다. 라바터는 어쨌든 인간세계의 얼굴을 더 아름답게 만들었다.

얼굴에서 성급하게 성격을 추론해내는 이론과 관상학적 외모를 근거로 도덕적 판단을 하는 것은 물론 오늘날에는 거의 대부분의 지역에서 완전히 극복된 것으로 보인다. 얼굴의 윤곽을 전체의 육체 구조와, 그리고 다른 한편으로는 그것의 사회적 상황 연관성에서 분리시켜 실루엣(아니면 수배자 사진으로!)처럼 변화하지 않는 것으로 고정시키는 것은 별 의미가 없어 보이기 때문이다. 실제로 용감한 얼굴의 묘사는 살아 있는 전체의 일부로 이루어질 수 있다. 덕, 정신, 영혼에 관한 질문과는 전혀 별개로. 예를 들면 에르네스트 라비스는 1912년에 자신이 수줍음 많은 소년이었을 때 마을 축제에서 춤추는 여자아이들을 엿보던 일을 기억한다. "사내아이와 여자아이들은 광장에서 시장이 음악가들에게 사용하게 했던 마차 주위를 돌며 춤을 추었다. 여자들의 머리두건 위에서는 은 장미와 금 포도가 달린 장신구가 반짝였다. 그 중에서 특히 페르디낭드는 매력적인 여자였다. 그녀의 주근깨는 뺨의 솜털 사이로 살짝 뿌려져 있었고, 마치 신선한 풀 위로 보이는 태양 반점 같았다. 그리고 그녀의 작은 눈과 촉촉한 입술은 웃음을 띠고 있었다."

유감스럽게도 이른바 작가들에게 인상학적인 분위기, 즉 이미 자주 사용되었듯이 얼굴의 귀족과 영혼의 귀족, 게다가 더 고귀한 남성성을 동일시하지 않고 인간의 아름다움을 묘사하기는 쉬운 일이 아니었다. 발자크와 「30대 여인」(Femme de trente ans, 1831/34)의 1장을 예로 들어보자. 발자크는 거기에서 1813년 봄, 러시아 정벌이 시작되기 전에 나폴레옹 황제를 기념하기 위해 열린 화려한 퍼레이드 장면을 묘사하고 있다. 이 소설가는 그때 소설 여주인공의 눈을 통해 말에 탄 젊은 장교를 감탄의 눈으로 쳐다본다. "그때 그 젊은 여인은 화려한 군복차림의 연인에게 감탄하고 있었다. 아직 서른이 되지 않은 외교관 빅토르는 키가 크고 잘 다듬어진 몸매에 날렵했다. 그리고 그의 균형 잡힌 체격은 말을 끄는 데 특히 유용했다. 말의 우아하게 굽은 등은 그 앞에서 몸을 굽히는 것처럼 보였다. 그의 남성적인 갈색 얼굴은 형용할 수 없는 매력을 풍기고 있었는데, 그 매력은 그 젊은 얼굴이 지닌 완전한 균형에서 나왔다. 그의 이마는 넓고 높았다. 그의 열정적인 눈은 숱 많은 눈썹에 가린 채 긴 속눈썹으로 윤곽이 더욱 뚜렷해져, 마치 두 개의 검은 선 사이에 있는 두 개의 흰 타원형처럼 두드러져 보였다. 그의 코는 독수리 부리의 편안한 굴곡을 지니고 있었다. 그의 보랏빛 입술은 검은 구레나룻의 흔들림을 통해 더욱 두드러졌다. 강한 색채를 띤 그의 넓은 뺨은 갈색과 노란색이 조화롭게 뒤섞여 특유의 남성적인 힘을 드러내고 있었다. 용기백배한 그의 표정은 오늘날 예술가들이 프랑스 왕정의 영웅을 묘사할 때면 으레 찾게 되는 그런 얼굴 표정에 속했다.”

이런 관상학적으로 귀감이 되면서 명작이기도 한 발자크의 작품에 따르면, 우리는 적어도 늙은 라바터가 자신의 얼굴 해석법을 국수주의적인 목적에 남용하지 않은 것을 긍정적으로 평가할 수 있다. 물론 이념적인 목표를 위한 아름다운 얼굴의 찬미는 발자크에 따르면 여전히 수많은 작가와 화가들에게서 — 현대 사진작가에 이르기까지 — 실용화되고 있다. 그리고 오늘날에는 반대로 비열한 것으로 조명된 인간의 외모에서 관상학적인 반진실(半眞實)을 확인하면서 이렇게 주장하려고 시도한다. ‘그렇다. 저기 저 사람은 마치 범죄자처럼 보인다!’ 아니면 ‘그렇다. 그는 그럴 것임에 틀림없다!’ 그런 판단은 인간의 지식과 일치하지 않는다. 그럼에도 다양한 얼굴의 모습에서 진실로 더 많은 것과 결론적인 것, 마지막으로 긍정적인 것도 해독할 수 있을 것이다!

긴 목, 뻣뻣한 목

인간의 머리를 몸통과 연결시키는 실린더 형태의 육체 부위를 목이라 한다 (어원학적으로 라틴어 'collum'과 관련이 있으며, 이 단어의 어원은 '돌리다'라는 뜻이다). 우리는 목을 수평적인 위치뿐 아니라 수직적인 위치에서 머리와 몸통의 가장 중요한 송유관, 즉 혈관, 척추 안과 밖의 대단히 중요한 신경다발과 인대다발, 기관(Trachea)과 식도(Oesophagus) 등을 연결시키는 통로로 생각할 수 있다. 목은 여러 관들의 관이다. 외부에서 관찰할 때 목은 앞부분이 어떤 경우는 마르고 강인해 보이며, 어떤 경우는 매끄럽고 살이 찐 것처럼 보인다. 그리고 많은 남자들이 목 앞부분에 목젖을 가지고 있는데, 그것이 후두의 윗부분을 두드러지게 드러내준다 — 낙원의 에바가 거기에 죄의 열매인 사과의 일부를 남겨놓았다고 한다. 근육다발이 있는 목의 뒷부분은 머리의 무게를 지탱하고 목을 제한적으로 움직이게 만드는데, 우리는 그것을 목덜미라 부른다. 가느다란 목은 여자들에게 아름다움의 상징으로 여겨진다. 이와 비슷하게 짧은 '황소목'을 가진 남자들은 강하거나 잔인하거나 아니면 둘 다 해당된다. 성경에서 보면 이런 강한 목은 예속(굴종)의 멍에를 지닌다. 문화사적으로 볼 때 여자들은 가느다란 목으로 근육질의 남성보다 더 많은 짐을 지탱했던 것으로 보인다.

목은 여성과 남성에게 두루 통증의 원인이 된다. 그런 통증은 한편으로는 경추(빌헬름 파브리치우스는 그것을 '직업'이라고 부른다)와 목 근육, 다른 한편으로 더 앞쪽과 더 안쪽에 있는 호흡기관에서 기인한다. 목덜미를 치는 것은 다음과 같은 사건이 입증하듯이 치명적인 결과를 낳을 수 있다. 우리는 그 사건을 17세기 초의 반봉건주의적 전설에 편입시킬 수 있을 것이다. "1618년에 이런 일이 일어났다. 여기서 멀지 않은 베링겐 근처 마을에서 헬이라는 이름의 한 남자가, 굴렁쇠 막대기를 깎기 위해 나무를 자르던 가난한 농부를 붙잡았다. 헬이 나뭇가지로 자신의 뒷목을 때린 것에 대해 그는 화를 내지 않았다. 농부는 집으로 돌아가서 자기가 헬의 나무를 자르다가 붙잡혔지만, 그가 자신의 목에 나뭇가지 자국을 남겨놓았다고 아내에게 불평했다. 그는 밤에 목 부위의 통증을 느꼈고 머리가 아팠다. 그러나 가난해서 의사를 불러올 수 없었기 때문에 거기에 신경 쓰지 않았다. 그는 맞은 지 이레째 되던 날 사망했다. 그래서 헬은 나중에 묘지로 가야만 했다. 그리고 관리들과 함께 나와서 그의 아내와 타협을 해야 했다"(J. Schmidt, *Spiegel der Wund-Artzney* 49; "Balthasar Schmid"에게서 들은 이야기이다).

목의 통증은 가장 일상적인 미미한 통증에 속한다. 그것은 감기나 독감의 시초를 의미한다. "나는 며칠 전부터 기침과 함께 콧물이 흐르면서 상태가 안 좋았다. 그리고 오후에는 목이 붓기까지 했다. 나는 숨이 막힐 것 같았다. 그 고통은 자정까지 계속되어서 비상약이 필요할 정도였다. 밤새도록 잠을 한숨도 잘 수 없었다." 호프의 약사인 미하엘 발부르거는 1654년 10월 16일에 일기에 이렇게 적었다. 그 다음 해인 1655년 7월 27일에 그는 사위에 관해 이렇게 설명한다. "아이트만 미셸 크레치만은 몸이 몹시 불편했다. 콧물이 심하게 나고 목이 부어오르며 무척 아팠다. 그래서 의사인 야코비 판크라티 브루노니스의 조언대로 오른쪽 팔의 혈관을 따게 했다. 그런 비슷한 일을 나 역시 거의 매년 겪는다." 감기에 걸린 사람들은 대부분 그런 고통스러운 단어에서 위로를 받을 수 있을 것이다. 약사와 의사들은 이런 목의 통증과 그것의 '괴로움'을 치료하면서 어떻게 해야 하는지를 제대로 알지 못했다. 오늘날 역시 '어디서나 구할 수 있는 약들'을 복용하면 가장 효과적으로 고통을 완화시켜준다.

외부의 '목'은 이른바 악한 사람들에게서 생명을 앗아가는 그런 육체 부위이다. 카를 5세 황제의 『형법전』(*Peinliche Halsgerichtsordnung*)은 수백 년 동안 범죄자의 '머리와 목'이 문제시될 때, 목을 칼로 자를 것인가 아니면 교수형을 시킬 것인가를 결정하는 데 중요한 역할을 했다. 오늘날도 우리는 궁지에서 벗어났을 때 '올가미에서 목을 빼내다'라는 표현을 쓴다. '그의 목이 부러질 것이다!'는 원래 망하게 될 거라는 의미가 아니었다. 언젠가는 교수형을 당해서 굵은 밧줄 매듭에 경추가 부러질 것이라는 의미였다.

치명적이지만 가끔은 잘 치료되기도 하는 목 부상에 관해 특히 예전의 외과의사들은 끔찍한 경험들을 가지고 있었다. 그래서 우리는 경험이 많은 외과시의장인 요제프 슈미트의 『외과술의 실례』(71)에서 아우구스부르크에서 일어난 자살사건(아마도 살인이 아니었을까?)에 관해 읽게 된다. "1650년에 표백일을 하던 한 일꾼이 일터에서 밤에 조그만 주머니칼로 자신의 목을 뼈가 보일 정도까지 잘랐다. 다음 날 아침에 사람들이 놀라서 억지로 그의 손에서 칼을 빼냈다. 그는 이미 죽어 있었다." 그러나 그런 사건이 불상사로 끝나지 않은 경우도 있었다. "1631년에 스웨덴 사람이 처음으로 아우구스부르크에 왔을 때 오베하우젠에서는 농부들이 무기를 가지고 싸움을 했으며, 한 농부가 목에 총을 4발이나 맞았다. 그래서 목에 커다랗게 구멍이 난 그는 침을 삼킬 수도 말을 할 수도 없었다. 그러나 다행히도 내가 고쳐주었다."

결론적으로 여기서 오늘날 거의 주목을 받지 못하는 어떤 현상에 관해 이야기해야 한다. 그런 현상은 20세기 초에 여러 번 거론되었다. 그것은 바로

북유럽의 여행객들이 알프스 지역에 도착하면 알게 되는, 적지 않은 사람들에게서 나타나는 목 앞부분의 큰 혹인 갑상선종이다. "모든 지역에서 그런 갑상선종이 일반적으로 나타나는 것은 아니다. 독일에서는 대체로 티롤, 바이에른, 스위스 지역에서 나타났으며, 크기가 너무 커서 사람들이 놀랄 정도이다. 그래서 많은 사람들은 걱정과 고민을 하게 된다. 그것은 숨을 쉬는 기도를 막기도 하고[질식의 위험], 또 목 부위에서 큰 불편함를 주기 때문에 대부분 치료를 받아야 한다. 여성들은 그것의 추한 외관 때문에 제거하거나 아니면 더 커지지 않도록 막아야 한다"(J. J. Bräuner, *Thesaurus Sanitatis*, 1[1712], 951). 사람들은 그런 종양이 음식물을 통한 요오드의 섭취가 부족해서 커진다는 것을 아직 몰랐기 때문에 그것이 어떤 벌레로 가득 차 있을 거라고 생각했다. 크리스티안 프란츠 파울리니는 그런 경우를 수집하여 자신의 채찍이론에 맞게 폭력을 사용해서 그것을 해결했다. 어느 네덜란드 사람이 목에 달걀 크기의 갑상선종을 가지고 있었다. 이 사람이 싸움을 하다 목을 다쳤다. "그런데 그의 목에서 살아 있는 벌레들이 수없이 기어나왔다." 이런 경우도 있었다. "인접한 마을인 모스바흐에서 끔찍할 정도로 큰 갑상선을 가진 여자가 있었다. 그 여자가 한번은 높은 데로 올라가서 가축우리에 메뚜기를 떨어뜨리려 했다. 그런데 그녀는 잘못해서 우리 안(그녀에게는 다행한 일이었다) 쇠갈퀴 위로 떨어졌고, 쇠갈퀴가 그녀의 갑상선 여기저기에 구멍을 냈다. 그러자 거기서 끔찍한 물질과 함께 대부분 붉은색을 띠며 다리가 여럿 달린 벌레들이 수백 마리나 기어나왔다. 그 여자는 그 후에 완전히 나았다"(C. F. Paullini, *Flagellum Salutis*, 72). 그것은 머리 부위 어딘가에 있던 징그러운 벌레들이 피부 밖으로 기어나왔다는 사람들에 관한 "현대의 전설"을 상기시킨다.

사건 당시 현장 가까이에 있었던 시각장애인만이

살인범의 범행을 입증할 수 있었다. ……여러 사람과의 대질심문에서 ••••••••••••

범인의 목소리를 바로 알아차렸기 때문이다.

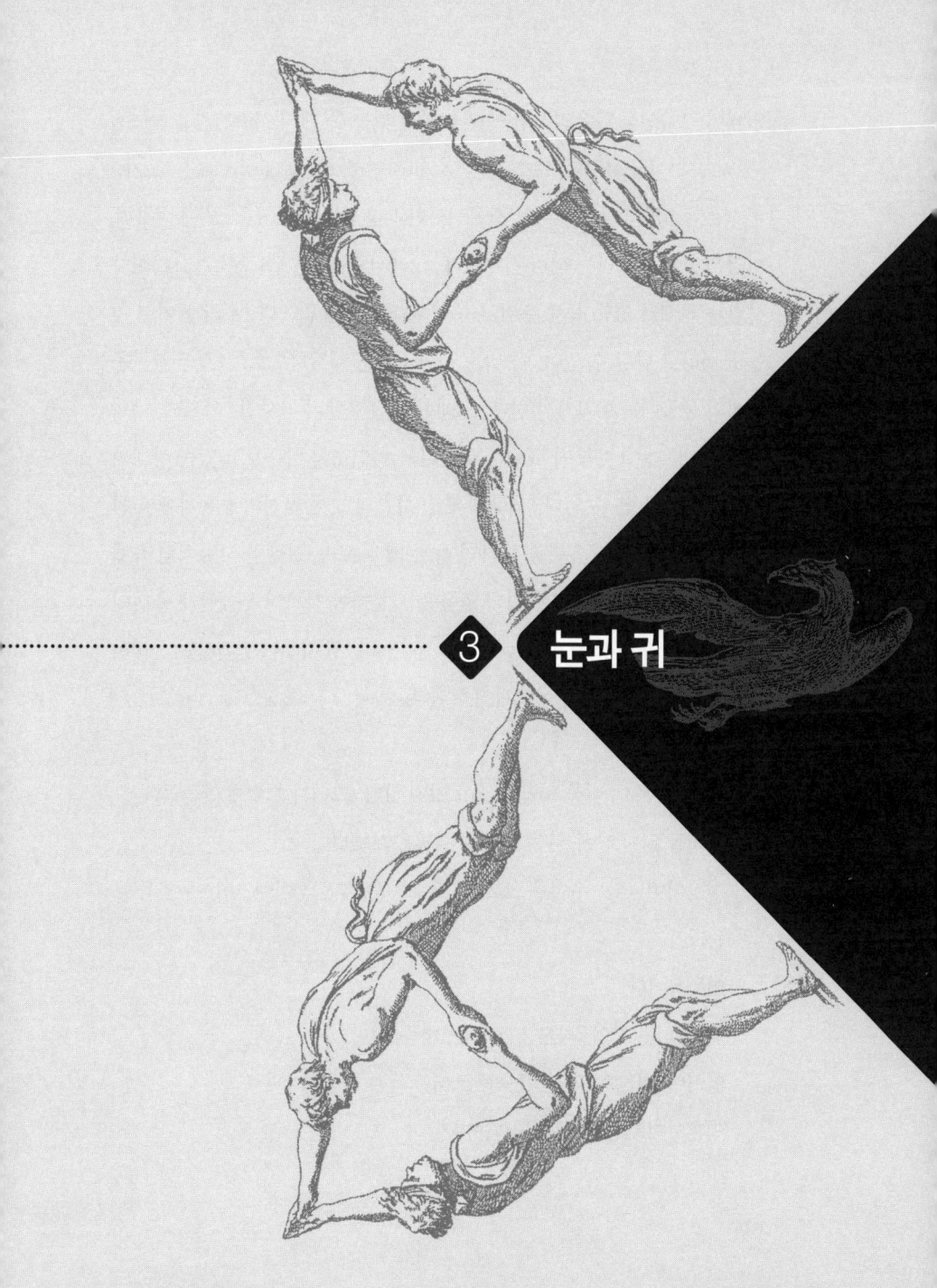

3 눈과 귀

일찍이 로마인들은 우리 머리에 자리잡고 있는 두 개의 시각기관을 눈(독일어로 Auglein)이라 불렀다. 축소형인 'oculus' 는 'atros', 'ferox' (음울하고 사납게 쳐다보면서)처럼 다른 단어와 결합해서만 사용되는 기근어 'ocs' 에 속하며, 이것은 짧고 추하다는 의미를 지닌다. 그래서 특히 빛(그리스어로 'augĕ')이나 사랑과 관계가 있는 육체 부위와는 전혀 어울리지 않는다. 우리는 이런 것을 눈이라고 말할 수 있다. 즉 작고 사랑스러운 시각창으로, 그것의 어두운 중심인 동공에는 여자가 비친다. 오래된 독일 유행가 가사인 "아가씨, 나의 눈동자여!" 가 그것을 잘 표현하고 있다 ― 연인조차 마주보고 있는 상대의 작은 거울상을 볼 수 없다. 사랑에 빠진 사람의 눈이 자신의 눈동자에 비친 것을 보는 대신 어두움만을 본다면 물론 더 나쁘다. 불행한 사랑처럼 육체 전체를 그렇게 망가뜨리는 것이 없음을 시칠리아 작가인 몬레알레 출신의 안토니오 베네치아노(Antonio Veneziano)는 1580년경 자신이 숭배하던 클레리아를 위해 쓴 8행시에서 이렇게 표현했다(*Ottave*, ed. A. Rigoli, Torino 1967, 61).

"나에게는 더 이상 희망이 남아 있지 않다. 그녀가 그렇게 만들었다.

그녀를 잃기 전에, 나는 조용히 세월을 보냈다.

심장이여, 너는 무엇을 느끼는가? 고통뿐이다. 눈이여, 너는 무엇을 보는가?

어두움이다.

귀여, 너는 무엇을 듣는가? 울음, 슬픔, 비탄.

입이여, 너는 무엇을 먹는가? 쓰디쓴 독과 죽음뿐이다.

영혼이여 너는 무엇을 느끼는가?

고통. 숨결이여 너는? 고통스런 고난.

심장, 눈, 귀, 입, 영혼, 숨결, 너희들은 어떻게 이런 고통을 느끼며

계속 살아갈 수 있는지 말해보라!"

사랑은 육체의 느낌과 육체 부위에, 심장뿐 아니라 앞에 있는 부분들, 즉 감각기관인 눈과 귀에도 영향을 미친다. 옥스퍼드 토머스 교회의 성직자인 로버트 버튼(Robert Burton, 1577-1640)은 『멜랑콜리의 해부학』(*Anatomie der Melancholie*, 1621)에서 눈이 남성과 여성의 관계에서 아주 특별한 역할을 하는 것으로 묘사했다(*Anatomy*, part 3, sect. 2, mem. 2, subs. 2). 즉 눈은 사랑이라는 새를 잡는 사람과 낚시바늘, 시금석과 시험관, 플래시이며 섬광이라는 것이다 ― 이에 관해서는 나중에 이야기하자!

대개 시각기관과 청각기관은 서로 밀접하게 연관되어 관찰된다. 그리고 이 두 가지 능력 중 어떤 것이 더 중요한가 하는 질문, 예컨대 시각과 청력의 상실 중 어떤 것이 더 슬퍼할 일인가 하는 질문들은 오래전부터 제기된 것이다. 우리가 눈을 능동적인 것으로, 그에 비해 귀는 수동적인 감각기관으로 볼 필요가 있을까? 앞에서 언급했던 야콥 그림(Jacob Grimm)은 1860년 『나이에 관한 이야기』(*Rede über das Alter*)에서 눈은 주인이며 귀는 종이라고 말했다. 왜냐하면 "눈은 자기가 원하는 곳을 둘러보고, 귀는 자기에게 들려오는 것을 받아들이기 때문이다." 눈의 시력은 귀의 청력보다 훨씬 더 멀리까지 미친다(친애하는 그림 선생! 맑은 날씨를 전제하자면 그렇다). 그리고 망원경은 눈을 위해 존재하지 귀를 위한 것이 아니다. 귀는 예속되어 있다고 말할 수 있으며, 귀는 복종한다. 그러나 눈은 감시기관이며 심지어 하느님의 감독관이기

도 하다. 다른 한편 하느님의 말씀이 귀를 거치지 않는다면 어떻게 우리에게 들려오겠는가? 확실한 사실은 아름다운 예술을 관찰하기 위해서는 눈이 필수적이라는 점이다. 그러나 한편으로 귀머거리가 그것을 들을 수 없다면 음악이 무슨 소용이 있는가? 하느님을 인식하기 위해 우리에게는 우선 귀가 필요하다. 하느님을 보는 것은 낙원에 가서야 우리에게 허락된다. 그렇다면 실제로 눈과 귀의 수직관계를 수용해야 하는가? 이런 감각기관들을 우선은 공평하게 관찰해보자.

뼈로 된 구멍 안에서 서로 다른 사선근육과 직선근육을 통해 움직이는 밝은 안구는 실제로 놀라운 작품이다. 그것의 구조와 기관들은 고정되어 있으며, 어두운 이관(耳管)의 그것보다 더 분명하게 밝힐 수 있다. 내부에 있는 교질의 수정체는 뒤로는 세밀한(대략 0.4밀리미터로 얇은) 망막(Retina), 즉 일종의 투영판으로 덮여 있으며, 눈의 흰자위, 흔히 말하는 눈의 공막(Sklerotika, 그것은 Harte이다)으로 둘러싸여 있다. 공막은 눈의 앞쪽으로 열린 구멍, 즉 아몬드 형태의 내다보는 구멍을 향해 딱딱하기보다는 부드러운 각막(Cornea)을 보호한다. 각막은 수분층 및 수정체와 함께 이중의 렌즈를 형성하며, 렌즈는 원근조절을 통해 보는 임무에 적응할 수 있다. 빛은 홍체(Iris)에 둘러싸인 검은 동공을 통해 이런 렌즈 광학으로 침투해서 계속 수정체를 통과해 들어가며, 상의 인상들을 뒤의 망막에 던진다. 망막은 거꾸로 받은 신호들을 시신경을 거쳐 뇌의 후두판에 있는 특정한 지점으로 계속 보낸다. 오른쪽 눈과 왼쪽 눈의 연합작용을 통해 몇몇 조준한(눈으로 들어온) 사물의 거리와 형태의 상이 뇌에 생긴다.

보는 것과 인식하는 것은 복잡한 교육과정의 결과이다. 다른 육체 부위들과 — 공간을 파악하는 다리, 팔, 손과 손가락 — 감각기관, 귀와 촉감이 그런 과정에 도움을 준다. 신경과 전문의인 올리버 색스(Oliver Sacks)는 자신의 아주 인상적인 보고서에서(*To See and Not See*), 유아시절 이후로 시각장애인이 되었지만 양 눈에 백내장 수술을 하고 다시 보게 된 쉰 살의 버질에 관해 보고하고 있다. 그가 지각한 것은 처음에는 빛, 움직임, 색의 혼란스런 혼합물에 불과했다. 그는 장차 다른 육체기관과 다른 사람의 도움으로 정확한 윤곽을 파악하고, 거리를 재고, 사물의 이름을 붙이고, 정확하게 말하면 고양이와 개를 구분하는 것을 배워야만 한다. 짧게 말하자면 보이는 대로 보는 법을 배우는 것이다 — 아니면 단지 우리가 보았다고 생각하는 대로. 왜냐하면 버질이 본 현실은 바로 우리의 현실인 실제 세계였기 때문이다. 우리가 보고 있는 사물이 우리가 그렇게 여기고 그렇게 불렀던 바로 그 사물임을 우리는 어떻게 확신하는가?

사회적인 동의만이 우리가 본 사물의 어떤 정체성과 지속성을 보증해준다. 예를 들어 맹인들의 세계에서는 (올리버 색스의 "역설적 이야기"(paradoxical tale)를 계속 더 발전시켜 나간다면) 백과사전이 전혀 다르게 기술되었을 것이다. 동일한 물체가 다른 사람에 의해 매번 전혀 다르게 인지될 수 있다. 보들레르(Charles Baudelaire, 1821-1867)는 19세기 중반에 「가난한 자의 눈」(Les yeux des pauvres)이라는 제목으로 편지형태의 산문시를 썼다. 이 시에서 그는 상대방 여자에게 "내가 왜 오늘 당신을 증오하는지", 그리고 그 이유를 설명하기 위해 당시 파리의 한 카페(백금 장식이 달린)에서 일어난 일을 이야기한다. 거리에서 보면 허름한 남자와 그의 두 자녀가 이 카페를 경탄의 눈으로 부러운 듯 쳐다보고 있다. 이 카페에 여자친구와 함께 앉아 있는 작가는 한편으로 이 공간 내에서 자기 나름의 시선을 가지고 있으며, 다른 한편으로 도로에 있는 가난한 사람들의 눈에서도 긍정적인 인상을 받고 있다. 그리고 제3의 관점, 즉 젊은 여자의 관점이 존재한다. "나는 이들 가족의 눈길에 감동을 받았을 뿐 아니라, 우리의 갈증을 축이고도 남을 정도로 큰 유리잔이 약간 부끄러웠지요. 나는 내 눈길을 사랑하는 당신에게로 돌렸지요. 당신이 내 눈에서 내 생각을 알 수 있도록 하기 위해서요. 나는 당신의 매우 아름답고 정신을 잃을 정도로 부드러운 눈, 당신의 초록색 눈동자에 빠져 있었어요……, 그런데 당신이 나에게 말했어요. '나는 저기 있는 저 사람들과 문짝처럼 크게 뜨고 있는 저들의 눈길을 참을 수가 없군요. 당신이 지배인에게 이야기해서 저들을 쫓아버릴 수는 없나요?' 나의 천사여, 서로를 이해한다는 것이 그토록 어렵군요. 그리고 서로 사랑하는 사람들조차 자신들의 생각을 거의 전할 수가 없군요."

눈이 보배라는 속담은 결국 받아들이기 나름이다. 우리는 눈을 아주 세심하고 주의 깊게, 서로 다른 관점에서, 그리고 여러 가지 비판적인 시각에서 관찰해야 한다.

눈의 기적

인간의 어떤 감각기관 중 눈처럼 그렇게 열광적인 시선을 받거나, 문학적으로 찬미되는 감각기관은 없다. 뱀 요정인 멜루지네의 거의 모든 아들들이 눈에 결함을 안고 있었는데 — 우리안은 붉고 푸른 눈을 가졌고, 바이트는 다른 사람보다 눈이 더 높이 달려 있었으며, 라인홀트는 이마 위에 눈이 한 개만 있고, 그에 비해 호리블이라는 이름의 여덟째 아들은 머리에 세 개의 끔찍한 구멍이 뚫려 있었다—, 그들은 어쨌든 악마로 특징지어진다. 왜냐하면 원칙적으로 하느님에 의해 창조된 눈들은 하느님과 동일한 형상을 취하기에 아름답고 밝으며 균형을 이룬 채 세계무대에서 벌어지는 희극을 즐기기 위해 얼굴이라는 극장의 특별석에 자리잡고 있다.

17세기의 설교가이며 신부인 에티엔 비네(Etienne Binet)는 자신의 『자연의 기적에 관한 에세이』(Essay des Merveilles de la Nature, Rouen 162) 중 인간에 관한 장에서 눈을 "자연의 진정한 기적", "영혼의 거울", "태양의 관문" 혹은 "영혼의 창"이라 불렀다. 즉 사람들은 이 거울 속에서 인간의 사랑, 증오, 분노와 격분, 동정과 복수, 기쁨과 슬픔을 본다는 것이다. 비네가 이렇게 찬미했던 눈에 관한 의학적 묘사에는 매번 물, 유리, 크리스탈이라는 상징이 등장한다. 근세 초기의 의사들 역시 인간의 눈을 문학화하면서 시적인 이미지를 사용한다.

1686년 7월 15일에 요하네스 폰 무랄트는 의술을 행하거나 아니면 의학적 이론을 갈망하는 남자 49명으로 이루어진 취리히의 외과의사 동업조합에서 발표했던 자신의 24번째 강의(Anatomisches Collegium, 394-405)를 "존경하는 신사 여러분"이라는 말로 시작했다. 그리고 위대한 하느님에 의해 아주 지혜롭게 창조된 세계가 다시 대단히 작은 규모로 나타난다는 미시우주, 그리고 인간에 대한 찬미로 강연을 이어갔다. 그러므로 인간의 뇌는 하늘과 같다. 신경은 빛, 폐에 있는 공기는 대기, 혈관은 수로, 위와 장은 지구의 동굴, 월경은 밀물과 썰물, 자궁은 수확을 할 수 있는 대지, 남성의 정자는 비와 이슬에 해당된다 등등. 그러나 눈은 무랄트에 따르면 커다란 천광의 모사이며 반영이다. "눈에는 타고난 빛과 투명함이 있다. 눈이 품고 있는 습기와 [안구의] 표면은 빛을 발한다. 왜냐하면 인체 내의 정령 혹은 영체는 그것들이 공기와 함께 폐를 통해 가슴으로 들어가면서 모든 지체들에 어느 정도 전달되지만, 그럼에도 불구하고 그것들은 대부분 눈으로 들어간다. 그래서 이른바 최초의 투명함, 혹은 과거의 투명함이 그 자체로 발산된다. 왜냐하면 그것들은 대리석처럼 반짝이는 뇌의 물질을 통해 모든 액체(체액)의 차용된 색으로부터 벗어나고, 정화되고, 거울처럼 맑고 투명해지기 때문이다." 이런 묘사에서는 ─ 이 묘사가 명료한지도 문제이다 ─ 불과 색, 빛과 시야 등과 같은 단어군에서 나온 어휘들이 반복된다. 이 강의의 다른 대목에서는 횃불, 창, 크리스탈, 무지개 등의 단어들이 나온다. 눈은 태양이며, 동시에 달이자 별이기도 하며, 이것들처럼 높은 위치에 있다. "그것들은 모든 다른 감각기관들 위에, 두개골의 강하고 고귀한 구멍 속에 자리잡고 있다. 그럼으로써 그것들은 파수꾼으로서 외적인 사고에 대비할 수 있을 것이다."

위를 향해 자리잡고 있는 것, 모든 것을 지배하는 것, 오감 중에서 가장 높은 것, 미래를 내다보는 것. 눈의 상징과 은유는 이상할 정도로 훌륭하고 여러모로 강조되고 있으며, 의학적 담론보다는 아름다운 예술에서 더더욱 그러할 것이다. 고트프리트 켈러(Gottfried Keller)는 죽음과 가까운 「저녁노래」(Abendlied)에서 눈의 영상세계와 빛의 은유를 그리고 거시우주와 미시우주의 대치를 채택했다.

"눈이여, 나의 사랑스런 작은 창이여,

너희들은 나에게 이미 오랫동안 고운 빛을 주고 있다.
친근하게 영상이 들어오도록 하라.
언젠가 너희들도 어두워지리니!

피곤한 눈꺼풀이 언젠가 닫히고,
너희들이 꺼지고 나면, 가련한 영혼은 휴식을 취하리라.
영혼은 더듬더듬 방랑의 신발을 벗고,
어두운 관 속에 몸을 눕히리라.

내면을 들여다보는 두 개의 작은 별처럼,
아직도 작은 불꽃 두 개가 희미하게 타고 있음을 영혼은 본다.
나비의 날개바람에 그것마저
흔들리다 꺼지고 말 때까지.

나는 아직도 저녁 들판을 헤맨다,
지는 해를 벗 삼아.
마셔라, 눈이여, 속눈썹이 지니고 있는 것을,
황금빛으로 가득한 이 세계로부터!"

눈은 인간이 가장 귀중하게 여기는 보석에 속한다. 화장에 열광하는 사람
들은 잡지를 보면 알 수 있듯이 특히 안구 주위와 눈썹에 대부분의 시간을
할애한다. 그럼에도 인간의 안구는 항상 그렇게 완벽해서, 언제 어디서든

분명하고 정확하게 볼 수 있는 것은 아니다. 매끈한 렌즈로 만들어진 기구들이 근세 초기 이후로 인간의 부족한 시력을 보충해주기 위해 등장했다. 망원경(요하네스 케플러가 1611년에 발명)은 거대한 넓은 세계로 방향을 잡았고, 현미경(영국의 로버트 후크[Robert Hooke]가 1664년에, 네덜란드의 안토니 반 레벤후크 [Antoni van Leeuwenhoek]가 1695년경에 제작)은 미시세계와 관련하여 사람들이 혁명적인 개혁이라고 말할 수 있을 정도로 새로운 차원을 열었다. 그리고 크리스탈 베릴(Kristall Beryll)의 이름을 따서 브릴레(Brille)라 불렸던 단순한 안경의 등장은 인류에게 훨씬 포괄적인 의미를 지니게 되었다. 물론 이런 시각적인 보조수단은 오래도록 사람들의 조롱거리가 되었다. 계몽주의자인 몽테스키외 남작조차도 『페르시아인의 편지』(Lettre LXXVIII)에서 당시의 안경 착용자들을 비웃고 있다. "안경은 그것을 착용한 사람이 학문을 하고 심오한 독서에 빠져 있으며 그로 인해 시력이 나빠졌다는 사실을 과시적으로 보여준다. 즉 안경으로 장식하거나 부담을 주는 모든 코는 학자의 코로 여겨도 좋다."

순간, 눈의 활동, 사랑의 불꽃

의사들과 똑같이 작가나 철학자들도 눈을 관찰할 것이다. 보는 것은 일상의 영역에서 눈의 가장 중요한 기능이다. 그리고 언어는 보는 것에 관해 말하기 위해 특유의 다양한 가능성을 가지고 그것을 표현한다. 영국 사람들은 '보다' 라는 뜻으로 'look' 이라는 단어를 사용할 수 있지만, 정확하게 똑바로 쳐다보는 것은 'gaze' 라고 표현한다. 그들은 입을 벌리고 응시하는 것에는 'gape'를, 시선에 놀라움이 좀 더 포함되어 있는 경우에는 'stare'를 사용한다. 프랑스 사람들은 'vue' (시력, 개관 혹은 관점) 외에도 'regard'를, 그리고 서둘러 훑어보는 시선에는 'coup d'oeil'을 사용한다. 독일 사람들은 보는 것을 표현하는 데 막힘이 없다. 그들은 sehen, schauen, lugen, gucken, blicken, blitzen, blinzeln, plinkern, äugen, ögeln, betrachten, beobachten, spähen, spitzeln, spicken, kieken, glotzen, glubschen, gaffen, starren, stieren, strahlen, lauern, luren, schielen, machen luckilucki, 아마도 독일인이 아니라면 여기서 놀라지 않을 수 없을 것이다.

우리가 보는 것과 관찰하는 것의 또 다른 언어영역을 파악한다면 우리 시선의 의미는 더욱 명확하게 드러날 것이다. 우리는 항상 본연의 선견지명이 있는 견해나 근시안적인 견해(Ansichten)를 지니고 있으며, 점점 더 우울해지는 전망(Aussichten)과 함께 아주 가끔은 좋은 분별력(Einsicht)을 지니고 있다. 많은 관점에서 우리는 우리의 생각(Anschauungen)을 매일 바꿔야만 하며, 항상 조심(Vorsicht)해야 한다. 그리고 아주 가끔은 분별없는 사람들(Uneinsichtige), 특히 통찰력(Durchblick)을 전혀 지니지 않은 사람들을 관대히 봐주어야 한다. 우리가 이 세상과 술래잡기를 하지 않으려면, 그리고 우리의 체면이 알지 못하는 사이에 구겨지는 경우를 보지 않으려면 매번 일을 하면서 모든 것이 잘되어 가는지를 살펴봐야 한다. 누가 삐딱해 보이고 싶겠는가? 사람들은 너무 일찍 얼이 빠져 바라본다―그리고 이런 어리석은 언어놀이는 계속될 수 있다. 우리는 차라리 안토니오 베네치아노가 자신의 감각적인 시에서 언급했던 그 주제로 돌아가는 것이 좋겠다.

인간관계라는 영역에서도 눈이 아주 지배적인 역할을 하는가? 이미 고대의 라틴 문학은 첫눈에 사랑을 알아보았다. 그리고 중세 후기의 음유시인들과 연애시인들은 연인의 눈에 뜨거운 시선을 던지게 한다. 그것이 연인의 가슴 깊이 뚫고 들어가도록. 그럼에도 신부 암브로시우스(Ambrosius)는 이렇게 경고했다. (남자의) 눈빛 — (여자의) 가슴 속에 있는 죄. 인류의 타락은 빠르게 일어났다(R. H. Cline, 1971/72).

중세 후기와 근세 초기의 경건주의자나 도덕주의자들은 결과적으로 여자의 눈을 쳐다보는 것을 두려워했다. 그리고 경건한 여자들에게 갖가지 예를 들어 남자들을 유혹하지 않거나 스스로 죄 많은 사랑의 그물에 걸리지 않도록 자신들의 눈을 보호해야 한다고 조언했다. 휘감는 사랑의 불꽃이나 사랑하는 사람의 마음을 알기 위해 보내는 남자들의 훔쳐보는 시선을 막으려고, 단지 서로 눈길이 부딪치는 것을 막으려고, 여자들은 수줍어하며 눈꺼풀을 내리깔거나 얼굴을 가리는 수밖에 다른 도리가 없었다. 이런 조언들은 자주 반복되는, 수줍어하는 수녀에 관한 예화에서 그 정점을 이룬다. 그 수녀는 자신의 아름다운 눈에 끌려 자신을 사랑하게 된 군주에게 스스로 눈을 빼서 보냈다(AaTh 706b 참조). 그리고(예컨대 비트리[Jacques de Vitry]는 13세기에 이렇게 묘사했다) "그녀는 육체적인 눈은 잃었지만, 자신의 영혼을 구원했다"("perditis oculis carnalibus, spirituales oculos servavit"). 젊은 엘리아스 카네티는 1933년에 슈트라스부르크의 어느 여류 조각가를 보았을 때, 그 여자 안나 말러(Anna Mahler)의 강렬한 눈길에 완전히 압도당함을 느꼈다. "내가 화실로 사용되는 그녀의 유리 집에 들어섰을 때, 그녀는 갑작스런 충격에 몸을 돌리면서 내 얼굴을 쳐다보았다. 나는 그녀의 시선에 완전히 사로잡혔다. 그 순간부터 그녀의 눈은 나를 놓아주지 않았다. 그것은 갑작스런 기습이 아니었다. 그것은 바로 놀라움이었다. 내가 지니지 못한, 소진되지 않는 그 무엇이었다. 그녀는 눈으로 이루어져 있다. 그 밖에 내가 그녀에게서 본 것은 환상이다. 사람들은 그것을 그 자리에서 느꼈다. 그러나 누가 그것을 감히 말로 표현할 힘과 통찰력을 지닐 수 있을까? 사람들은 그토록 엄청난 것, 즉 눈이 그 주인인 인간보다 더 광활하다는 것을 어떻게 감지할 수 있겠는가! 눈의 심연에는 사람들이 지금까지 상상했던 공간이 있다. 그리고 그것을 위한 공간이 거기서 제공되기 때문에 모든 것이 표현된다."

카네티는 그리고 나서 계속 눈의 포획물을 "포획물에 갈기갈기 찢는" 눈에 관해 이야기한다. 즉 "참을 수 없는 시선의 고정"에 관해 기술하면서 페르세우스가 쳐다보지 않고도 머리를 잘랐던 고르고 메두사의 석화된 눈에 대해서도, 단순히 보는 것만으로 희생물을 마비시키는 끔찍한 뱀에 관해서도 언급하지 않고 있다. 그럼에도 "그로 하여금 그 안에 잠기게 강요하는" (E. Canetti, *Augenspiel*, Frankfurt/M. 1988, 72f.), 안나의 "바다" 같은 눈의 끝없는 심연을 생각하면, 그는 자신이 "신화"에 관해 이야기하고 있으며, 자신의 "공포"와 "압도당함"을 또 다른 시선과 관련된 신화로 고양시키고 있음을 잘 알고 있다.

또한 눈은 수많은, 그러나 덜 강렬한 연애시의 대상이다. 그리고 시인들은 이런 반짝이는 눈을 좋은 시력이나 바다 같은 심오함 때문에 찬미하는 것이 아니라 눈이 사랑의 빛을 보내고 사랑의 불을 붙일 줄 알기 때문에 찬미한다.

"그녀의 눈은 불꽃으로 가득 차 있다. 어떤 불꽃인가? 석류석 광선인가?

아니다! 그것은 공기를 통해서도 반짝이며,

그녀의 눈에서 나의 눈까지 이어지는 빛이다.

그것도 아니다! 그녀가 뽐내곤 하던,

그녀가 사랑의 세금을 현금으로 지불하곤 하던 화살이다.

화살도 아니다! 그녀가 그것으로 다른 불을 붙일 수 있게

노력하는 태양이다."

그렇게 바로크 시인 필립 폰 체젠(Philipp von Zesen, 1619-1689)은 그의 전원소설인 『아드리아 해의 장밋빛 붉은 입』(*Adriatische Rosemund*, 1645)에서 다시 광물학과 기상학을 연구한다. "그의 연인의 눈이" 어떤 다른 멋진 육체와도 비교할 수 없다는 결론에 도달하기 위해서.

대중 문학의 경우에 연인의 이런 눈에서 중요한 것은 오히려 색깔이다. "파란 눈, 가장 아름다운 장식,/ 거의 모든 동물은 갈색 눈을 가졌다" 라고 이른바 민요가사에는 그렇게 적혀 있다. 물론 파란 눈에 대한 선호는 순수한 취향의 문제이다. 왜냐하면 널리 퍼져나간 슈나더휘펄(요들이 덧붙여지기도 하는 짧은 민요 — 옮긴이)에는 이렇게 적혀 있기 때문이다.

"여인이여, 울타리로 가라,

네 눈을 보여줘라,

너의 눈이 어떤지,

검은색인지 갈색인지 볼 수 있도록."

눈과 눈길은 항상 사랑에 빠지게 하며 그것에 반응한다. 역사가인 에르네스트 라비스는 그의 『회상』(1912)에서 술자리에서 부르는 노래에 관해 이야기한다. 'Ce n'est pas ta dot, ma belle comtesse.' 그 내용은 대략 이렇다. "나는 너의 독이 필요하지 않다. 독이 무슨 소용이 있겠는가?/ 내가 원하는 것은 너의 돈도 아니다. 너의 아름다운 눈을 원한다!" 그러고 나서 그는 가수에 관해 보고한다. "그러면서 그는 사랑에 빠져 자신의 아내를 쳐다보았다. 아내도 마찬가지로 그를 사랑하게 되었고, 아름다웠다. 그리고 그 자리에 있던 사람들은 애정이 넘치는 분위기에 사로잡혔으며, 부드러운 찬사를 보냈다." 얼마나 목가적인 순간인가! 그럼에도 유감스럽게도 그렇게 찬미된 눈은 바로 인간의 슬픔이 동정을 갈구하면서 표출되는 바로 그 장소이기도 하다.

눈물의 강, 울음의 끝

"오늘 아침 일찍 나는 대부인 아브라함 미헬른을 방문하려 했다. 아래층에 도착하자 흐느낌과 울음소리가 크게 들려왔고, 존경하는 미헬른 씨가 방금 사망했다는 말을 들었다. 7시와 8시 사이에 돌아가셨다고 한다." 그것은 약사 미하엘 발부르거가 1654년 11월 23일 그의 『하우스부흐』(Hausbuch)에 기록하고 있다. 사랑하는 사람을 잃어버린 슬픔으로 운 것이다. 그의 죽음은 가족과 친척으로 이루어진 사회적 그물망에 구멍을 뚫었다. 이런 상처를 치유하기 위해 부담을 덜어주는 공동의 연습과 집회가 필요했다. 여기에 우선 순수한 울음이 속했다. 슬픔(Trauer)은 대부분의 경우 개인적으로 느끼며, 쓰라린 눈물(영어로 'tears')로 적셔진다. "통곡"(Heulen)은 순수하게 제의적 성격을 띠며 눈물을 흘리지 않는다(영어로 'drain', 배수하다). 대부분의 사회에서 남겨진 사람들이 이런 목적을 위하여 직업적으로 곡을 하는 여자들을 고용한다. 그들이 울부짖으며 부르는 노랫말은 고인의 명성을 높이며, 그것은 가족들의 비통함을 함께 느끼자는 공개적인 요구로 확장된다.

여자들이 울 때 남자들은 '조용한 눈물'을 손 뒤에 숨기거나, 아니면 눈물이 눈물샘에서부터 눈물주머니(눈 밑이 아니라 안각 속에 있다)와 눈물관을 거쳐 코로 흘러내린 다음 깨끗하게 손수건에 숨긴다. 이른바 '연약한 성'이라 불리는 여성에 관해 우리는 매번 그들이 순수한 눈물을 쏟아낼 준비가 되어 있다고 말한다. 잠바티스타 바실레의 틀소설인 『펜타메론』에서 절대 웃지 않는 공주 조자(Zoza)는 단지를 눈물로 채우라는 벌을 받는다. 그러면 그녀는 행운의 왕자를 깨어나게 할 수 있다. 그리고 이런 방식으로 조자에게 저주를 내려 비웃음을 산 노파는 "인간의 두 눈으로는 그렇게 커다란 통의 절반을 채울 정도로 눈물을 많이 흘린다는 것은 애초에 불가능하다"고 생각한다. "로마에서 눈물의 샘으로 변신한 요정 에게리아가 아닌 한은 말이다." 그럼에도 조자 공주는 오비드의 『변신이야기』에 나온 그 이야기에 전혀 신경 쓰지 않고 단지를 눈물로 채우기 시작한다. "[캄포로톤도에 도착해서] 그녀는 시내로 들어가기 전에 분수대에 있는 대리석 비석을 보았다. 그 분수대는 수정 같은 눈물을 흘렸다. 왜냐하면 자신이 포르피르 감옥에 갇혀 있는 것을 보았기 때문이다. 그녀는 갈고리에서 단지를 꺼내 자신의 다리 사이에 놓고 분수와 함께 〈여자 이중인간〉(Die Doppelgängerinnen)을 공연하기 시작했다. 그러면서 그녀는 머리를 단지 주둥이에서 떼지 않았다. 이틀이 조금 안 되는 시간 동안 거의 단지 주둥이까지 채웠다. 이제 손가락 두 마디 정도만을 마저 채우면 되었다. 그런데 공주는 힘든 노동으로 지친 탓에 그만 자신도 모르게 잠이 들어버렸다. 공주는 몇 시간쯤 잠에 빠져 있었다." 그러자 알려져 있다시피 교활한 여자 흑인노예가 나타났다. 그녀는 단지를 약간의 악어눈물로 채웠고, 그때 깨어난 타데오 왕자를 뻔뻔스럽게도 가슴에 안았다. 그럼으로써 이 동화의 원래 갈등이 비로소 시작된다. 눈물단지와 여자의 눈물이 동화문학에서 지속되고 있다는 사실을 특히 루트비히 베히슈타인(Ludwig Bechstein)의 「눈물 단지」(Tränenkrüglein, AaTh 769)에 관한 이야기나 그림 형제의 「수의」(Das Totenhemdchen, KHM 109)에서 확인할 수 있다. 그림 동화의 「수의」에서는 죽은 아이가 (항상 젖은 수의를 입은 채) 어머니에게 눈물을 그렇게 많이 흘리지 말라고 당부한다.

남자들의 눈물이 항상 조롱의 대상이 되었던 것은 아니다. 선한 고위 성직자이며 부르고뉴의 젊은 제후의 사부였던 프랑수아 페늘롱(François Fénelon, 1651-1715)은 위대한 오디세이의 아들이며 도덕군자인 『텔레마크』(Télémaque, 1699)에서 텔레마크로 하여금 기꺼이 그리고 용감하게 울게 했다. 텔레마크는 (1권에서) 사람들이 아버지의 영웅적 행위를 칭송하는 것을 들었을 때 '눈물(larmes, 라틴어로 lacrimae)'이 뺨으로 흘러내렸다(그 눈물이 그의 아름다움에 새로운 광채를 부여했다). 그는 (3권 마지막에서) 용감한 친구인 나르발에게 아무 말도 하지 않고 작별의 눈물을 흘린다. 그리고 (4권에서) 그의 선생인 멘토르가 사망하는 불길한 꿈을 꾸고는 다시금 흐느낀다. "이런 생각이 나로 하여금 눈물바다를 이루게 했다. 사람들은 내가 왜 우는지를 묻는다. 나는 대답했다. 이것보다 더 많은 눈물이 고향을 다시 본다는 희망도 없이 이 세상을 방황하는 불행한 이방인에게 어울린다고." 그리고 (6권에서) 크레타를 떠나면서, 그리고 선한 아리스토데모스와 작별하면서 "서로에게 감사하면서 우리는 눈물을 억제할 수가 없었다."

근세 초기의 남자라면 부모에 대한 사랑, 향수, 이별의 아픔, 감사의 감정에서 눈물을 심하게 흘린다고 해도 부끄러워할 필요가 없었다. 작가와 사상가들은 게다가 함께 흘리는 눈물의 모티브를 좋아한다. 즉 아내가 운다면 남편 역시 눈물을 흘려도 좋다. 남편은 유약해서 눈물을 흘리는 게 아니라 연약한 피조물에 대한 사랑스런 동정심에서 눈물을 흘리기 때문이다. 르사주(Lesage)의 악한 소설의 주인공 질 블라스(Gil Blas)는 젊은 부인 도나 멘시아가 자신을 도적의 소굴에서 구해준 사람에게 자신의 파란만장한 삶에 관해 (XI장) 이야기했을 때 그녀는 (깨달음을 얻고) 눈물을 터뜨렸다. "나는 세네카(고대 비극작가)의 취향처럼 말로 그녀를 위로하려 하지 않았다. 나는 기꺼이 그녀가 한숨을 쉬게 놔두었다. 그리고 나도 함께 울었다."

고대문학에서도 자주 남성의 눈물을 만날 수 있을 것이다. 그러나 근세에는 남성의 눈물에 경탄하는 사람들이 점점 줄어든다.

"눈물을 엄하게 금하는 남자는
영웅으로 보일 수 있을 것이다.
그럼에도 눈물이 내면에서 원하고 나오려 한다면,
신은 그에게 허락한다―울 수 있도록."

그래서 괴테는 그의 『크세니엔』 (Zahmen Xenien)에서 그렇게 보았다. 그럼에도 괴테는 신이 왜 순수한 독일 남자에게 몇 방울의 눈물을 한 번이라도 흘리게 하려고 노력해야 하는지 우리에게 말해주지 않고 있다. 명백한 것은 우정과 감상주의를 숭배하던 시간은 지나갔고, 남자에게 예외의 순간에만 각성의 눈물을 허용하는 영웅주의의 시대가 도래했다는 것이다. 두 세대 후에 남성들로 하여금 약간의 눈물을 흘리게 하는 것은 특히 애국주의적 감정이었다. 빅토르 위고는 1870년 11월 13일 파리의 군사 퍼레이드에서(그 전쟁은 이미 졌다. 그러나 파리는 아직 점령되지 않았다. 위고는 이렇게 언급했다. "승리는 프로이센 것이고, 영광은 프랑스의 몫이다.") 군대가 프랑스 국가인 〈라 마르세예즈〉와 출정의 노래("프랑스 사람은 프랑스를 위해 살아야 한다 — 프랑스를 위해 죽을 수도 있어야 한다!")를 부르는 소리를 들었다. 그리고 자신의 일기에 이렇게 썼다. "나는 귀를 기울였으며, 눈물이 나왔다. 그렇다. 일어나라, 너희 용감한 자들이여! 나는 너희들이 가는 곳으로 간다"(V. Hugo, *Choses vues*, 1870-1885. Paris 1972, 87).

남성의 눈물을 몰아내려는 경향은 국제적인 살육의 시대, 즉 이른바 "승리" 이후에 더 엄격한 형태를 취했다. 1차 세계대전과 2차 세계대전의 군인들은 기껏해야 남몰래, 숨어서 부끄러워하며 울었다. 수백만의 전쟁미망인들과 영웅의 어머니들은 더욱 많이 울었다. 수십 년에 걸쳐 파란 눈의 독일 젊은이조차("양철처럼 냉정한") 울어서는 안 됐다. 물론 그들을 웃게 할 무엇인가가 있었다고 주장할 수는 없지만 말이다.

위기와 부상

성경 외전에 따른 것이기는 하지만 선한 토비트에 관한 오래된 성경 이야기, 즉 토비트는 따뜻한 참새 똥 때문에 눈이 멀었지만 아들 토비아가 생선 쓸개즙으로 치료해주어 나았다(톱기, 새로운 취리히 성경 2장 9-10절 그리고 10장 11-13절)는 것은 이미 고대에 아주 다양한 동물 배설물이 눈과 관련하여 피해를 주기도 하고 치료도 해주었다는 사실을 우리에게 알려준다. 성경의 사례는 근세 초기에도 눈병을 동물 배설물로 치료하려고 시도했던 그런 의학자들에게 자극이 되었다. 똥과 오줌으로 치료하는 『배설물 약전』(Dreck-Apotheke, 38f.)의 강력한 옹호자였던 크리스티안 프란츠 파울리니는 눈병을 "암소 배설물"로 치료하려고 시도했던 니더팔츠 출신의 한 여목사에 관해 이렇게 설명했다. "왜냐하면 오래 지속되는 심각한 눈의 통증 때문에 거의 시력을 잃게 되고 사방에서 의사들에게 시달림을 당했기 때문에 그녀는 마침내 방금 싼 소 배설물을 가져다가 수건으로 싸서 눈 위에 갖다댔다. 그러자 바로 심한 열이 사라졌다. 그녀는 그것을 여러 번 시도하여 완전히 나았다. 이런 소문은 이웃에게로 퍼졌으며, 이 여목사의 진통제는 사방에서 명성을 얻으며 애용되었다."

배설물 치료법을 주장하는 사람들 중에는 검은 암소의 배설물이 붉은색 암소의 그것보다 더 치유력이 강한가 하는 질문과 관련하여 갖가지 다른 의견들을 내놓았다. 소 배설물로 죽을 끓일 경우 첨가물로 대개는 식초와 소금이 추천되었다. 소 배설물 대신 어린 사내아이나 여자아이의 방금 싼 오줌도 사용되었다. "슐라뎀의 다비트 플레케너는 아침저녁으로 3살짜리 아들의 눈을 8살짜리 다른 아들의 오줌으로 씻어주었으며, 그런 자가치료법이 효과를 보았다고 한다. 그는 다른 약도 함께 사용했다"(앞의 책, 41).

폭행이나 사고를 당해 한쪽 눈이나 혹은 양쪽 눈을 다 잃어버리는 것에 관해서 과거에는(오늘날보다 더 많은) 수많은 끔찍한 이야기들이 오갔다. 세 가지 예 ㅡ 오늘날의 관점에서 보면 각각의 예들은 그 부조리함 때문에 부각된다 ㅡ 로 충분하다. 시기심이 많거나 욕심이 많은 형제나 이웃과 관련된 사례는 오래된 것이다. 형제나 이웃 중에서 뻔뻔스러운 녀석은 자신의 한쪽 눈이 찔려서 실명하기를 원했다. 그것은 상대방이 양쪽 눈을 다 잃도록 하기 위해서였다(AaTh 1331). 그 이야기는 고대의 예를 떠올리게 하는데, 이것 역시 끔찍해 보이지만 그럼에도 더 나은 도덕성을 내포하고 있다. 찰레우코스 왕은 당시의 법 때문에, 범행을 저지른 자기 아들에게 양쪽 눈을 다 빼라는 판결을 내리지 않을 수 없었다. 그러나 왕은 아들이 다만 한쪽 눈이라도 가질 수 있도록 하기 위해서 자신의 한쪽 눈을 희생한다(Tubach, Nr. 1944). 에델은 남편을 다시 돌아오게 하기 위해 일부러 자신의 눈을 찌른 어느 부인에 관해 이야기한다. 남편인 기사는 시합에서 한쪽 눈을 잃어 외눈박이가 되었고, 그런 자신의 모습이 부끄러워서 아내에게 돌아가지 않으려 했기 때문이다(Mot. T 215.4).

눈은 남자들끼리의 거친 싸움에서도 제일 위험한 육체 부위였다. 잠바티스타 바실레는 『나폴리의 뮤즈』(Neapolitanische Musen)의 첫 번째 목가에서 카드놀이를 하는 사람으로 하여금 상대방에게 이렇게 말하게 한다. "Te caccio n'uecchio e po' nce piscio dintro", 즉 네 눈알을 빼내고 그 안에 오줌을 싸겠다! 육체를 훼손하겠다고 협박하는 사람이 바로 파울리니의 치료법을 적용하게 했을까? 요제프 슈미트는 1656년에 전쟁과 관련된 더욱 심각한 눈 부상과 예상 외의 치유에 관해 이렇게 말한다(Spiegel der Wund-Artzney, 64). "1648년 5월 19일에 나는 엘자스 출신 한스 렌츠 폰 추첸하우젠이라는 이름의 군인을 치료해주었다. 그는 란프티시 정부, 즉 황제 군대의 군인으로 킬만 대령의 지휘를 받고 있었다. 머스킷 총탄이 그의 턱에서부터 이마로 얼굴을 관통했고, 손가락 한 마디 정도의 두개골이 사라졌다. 두개골 없이 뇌가 그대로 드러난 채, 고름이 흥건했다. 또 다른 총탄은 입을 관통해서 이도 두 개나 빠졌다. 참으로 끔찍해 보였다. 처음에는 별 희망이 없었지만, 그래도 다행히 치유되었다."

그런 치료 사례는 실로 기적적인 것이다. 왜냐하면 눈을 잃어버리는 경우도 자주 있기 때문이다. 사람들은 끔찍한 유머로 눈의 상실에 대한 공포를 극복할 수 있었다. 인간은 모두 그런 사고에 관해, 그리고 체벌로서 눈을 찔리는 것에 관해 이미 들어서 알고 있기 때문이다. 그래서 스스로 두빌(Le Sieur d' Ouville)이라고 칭하는 18세기 초의 해학극 수집가는, 공놀이를 하다가 눈을 심하게 다쳐 외과의사에게 시력을 잃어버리지 않겠느냐며 걱정스레 물어보았던 한 남자에 관해 이야기한다. "걱정하지 마세요", 외과의가 말했다. "당신 눈을 내 손에 들고 있거든요"(*Les contes du Sieur d' Ouville*. Amsterdam 1732, II, 80).

18세기 이후에 백내장으로 시력을 반쯤 혹은 완전히 잃어버린 사람들의 경우에는 그것을 치료할 수 있게 되었다. 말하자면 '경직된' 흐려진 렌즈를 눈에서 완전히 제거하고, 강한 안경 렌즈로 대체하는 것이었다. 가난하고 경건한 환경에서 자란 요한 하인리히 융 슈틸링이 슈트라스부르크의 의대생이었을 당시 그는 괴테와 친구 사이였다. 그는 가톨릭 사제인 몰리토르(Molitor) 신부에게(여기서도 성직자가 의사이다!) 의술 지도를 받았으며, 처음에는 앨버스펠트에서, 나중에는 하이델베르크와 마부르크에서, 그리고 그가 머무는 곳이면 어디서나 안과의사로서 큰 명성을 얻었다. 융의 『전기』(ed. G. A. Benrath, Darmstadt 1976)에는 성공적인 수술과 만족해하는 환자에 관한 언급이 많이 발견된다. 융이 스위스를 여행하던 시절의 이런 대목이 그런 예이다(S. 541). "슈틸링은 부활절 화요일까지 샤프하우젠에 머물렀다. 그는 몇 번의 성공적인 눈 수술을 마쳤다. 그 중에 특별히 주목할 만한 사건이 있었다. 알토르퍼 교수의 아들로 장님으로 태어난 15살의 소년은 부활절 월요일 아침에 많은 사람들이 보는 가운데 수술을 받았다. 백내장을 제거한 오른쪽 눈으로 비로소 빛이 들어갔을 때 그는 벌떡 일어나서 외쳤다. 나는 신을 보았다! 이로써 그 자리에 있던 모든 사람들은 눈물을 흘렸다." 물론 주위사람들은 슈틸링의 행동에 다른 반응을 보일 수도 있었다(S. 455). "다름슈타트에서 슈틸링은 여러 사람을 수술했다. 거기에서 그는 한 남자를 만났다. 그는 신에게 영광을 돌리기 위해 맹인으로 남기를 원했던 유일한 안과 환자였다. 그에게 슈틸링의 도착 소식을 알리면서 신의 도움으로 다시 시력을 얻을 수 있게 되었다고 말하자, 그는 아주 냉정하게 답했다. 신은 나에게 이런 십자가를 안겼으니, 신에게 영광을 돌리기 위해 나는 이 십자가를 지니고 살겠다!" "이 얼마나 잘못된 생각인가!" 그 의사가 말했다. 융 슈틸링은 신의 의지에 관한 이런 관념이야말로(우리는 그것을 오늘날 많은 종파에서 재발견할 수 있다. 그들은 질병을 오로지 신의 손에만 맡긴다) 도가 지나친 것이라고 생각했다. 그리고 그는 스스로 구원자이며 치료자(그리스어로 'Sotér', 라틴어로 'Salvator')인 하느님의 은혜가 치료하는 그의 의료행위에 함께했다고 확신했다.

맹인 예지자

눈에 관한 담론에서 시력을 거부당한 많은 사람들에 관해 언급하지 않고는 빛과 사랑, 마음과 치료에 관한 이야기가 되지 않는다. "그들은 또 서서 기다리면서 하느님에게 봉사한다"고 존 밀턴(John Milton)은 그의 소네트 「눈이 멀고서」(On his Blindness, 1655년경)를 끝맺었다. 그는 시각장애인의 평온함을 휴식 없이 육지와 바다로 서둘러 돌아다니는 수천 명의 번잡스러움과 대비시켰다. 많은 사람들이 시각장애인들을 "빛을 거부당한" 부류로 기꺼이 상상한다(밀턴처럼). 더구나 그들이 "가벼운 고난"을 인내심을 가지고 참아내며, "이런 광활한 암흑의 세계에서" 아무 행동도 하지 않고 구석에 쪼그리고 앉아 있다고 생각한다. 그럼에도 그것은 장점이 되기도 한다. 밀턴의 생각은 우리가 문학이나 현실에서 발견할 수 있는 능동적이며 성공적인 수많은 시각장애인들의 예를 통해 반증되었다. 엥가딘(스위스인 강의 계곡지대)의 속담은 이렇다. "맹인은 이렇게 말한다. '아, 내가 볼 수 있다면 얼마나 좋을까!' — 그러나 속담은 반쯤만 진실일 경우가 많다. 우리는 그 문장에 시각장애인들이 다른 네 가지 감각기관, 특히 청각과 촉각(그리고 우리가 추리소설에서 만나듯이 후각 역시)에서 이른바 눈이 보이는 사람들보다 더 많은 통찰력을 가졌다는 문장을 대치시킬 수 있다. 몇몇 시각장애인들은 오늘날도 고위직에서 일하고 있다. 예컨대 영국 노동당 정부의 교육부장관인 데이비드 블런킷(David Blunkett)은 맹인안내견의 도움을 받지만, 교육 시스템에 대한 개혁을 시도했다(『슈피겔』, 1997년 5월). 그렇지 않다면 그것은 위로의 말에 불과한가?

맹인에 대한 위로는 독자적인 문학장르로 여길 수 있을 정도이다. 맹인에 대한 위로는 많은 사람들이 시력 없이도 사회의 성실한 지체로 일할 수 있으며, 내면을 향한 시선이야말로 시력을 지닌 사람들이 갖지 못한 높은 통찰력과 지혜를 맹인들에게 부여한다는 것을 알려주는 데 있다. 샤프하우젠 출신의 루돌프 후버(Rudolf Huber)는 "학술적 재능과 예술적 재능이 있는 시각장애인"을 수많은 사례를 들어 칭송했던 유일한 이야기 수집가가 아니었다(*Florilegium historicum*, Schaffhausen 1665, 60-68). 예를 들어 베를린의 빌헬름 파브리치우스는 자신의 『해부학의 탁월함』(*Fürtrefflichkeit der Anatomy*, 92-94)에서 이렇게 설명한다. "제후국 뷔르텐베르크에 무척 아름다운 오르겔이 교회에 전시되었는데, 그것은 일곱 살에 시력을 잃어버린 어떤 사람이 제작한 것이다. 그는 대단히 섬세하고 완벽한 다른 감각도 지니고 있었다. 이 오르겔 옆에는 이것을 제작한 거장의 초상화와 함께 다음과 같은 비문도 붙어 있다. '이 오르겔은 콘라트 쇼트가 제작했다. 그는 하느님으로부터 은혜를 받았다……. 도미니 1604년에. 그때 그의 나이 마흔넷이었다." 그 의사는 계속 이야기한다. 그의 시대에 도르베르크 수도원에 스위스 리게르츠/글레레셔 출신의 36살 난 하인리히 바우만이 살았다. 어린 시절에 그는 천연두로 실명을 했다. 파브리치우스는 1624년에 그를 보기 위해 이 수도원으로 왔으며, "새장이나 바구니"를 보고 경탄했다. 그것들은 "아주 깔끔하고 아름답게 만들어져서 어떤 목수도 그보다 더 잘 만들 수는 없을 것 같았다."

우리는 시각장애인을 수작업 분야보다는 길거리나 시장의 이야기꾼과 가수로서 더 많이 발견하게 된다. 그러나 맹인 예지자인 트레시아와 가수 호머의 후손들인, 눈이 보이지는 않지만 기억력이 뛰어난 이야기꾼을 칭송하기 위한 이야기들은 이미 다른 곳으로도 퍼져나갔다(R. Schenda, *Von Mund zu*

Ohr, 131-138). 조지 셰어링(George Shearing) 이후로 적지 않은 시각장애인 음악가들이 ― 피아니스트와 기타리스트 ― 수백만의 청중을 (그들의 귀를 거쳐) 열광시킬 수 있었다는 사실을 여기에서 추가로 언급해야 할 것이다. 손가락은 눈이 없어도 대가가 될 수 있기 때문이다. 물론 그들이 그렇게 하기 위해서는 악기가 필요하다.

귀지와 귀의 장식

눈과 시각장애인들을 이렇게 기분 좋게 관찰하고 난 다음 귀를 위해 그런 찬미의 노래를 부르기는 쉽지 않다. 의사 크리스토프 비르중(Christoph Wirsung)과 그의 책 발행인인 페터 우펜바흐는 1605년에 이렇게 말했다(*Ein Newes Artzney-Buch*, 1619, Bl. 39v). 귀는 "영원히 훌륭하고 필요한 기관이다. 자연이 귀를 목소리와 다른 울림을 받아 모으며 판단하기 위한 도구로 지정했다. 귀는 사람에게 두 개인 것처럼 동물에게도 두 개이다. 그것은 머리의 양쪽에 하나씩 달려 있으며 항상 열려 있다. 우리는 자면서도 깨어 있을 때처럼 청각이 필요하기 때문이다." 언제나 깨어 있는 귀에 대한 이런 칭송은 유럽 문학에서 아주 오래된 탐정 이야기 중 하나를 상기시킨다. 그 이야기는 프랑스 법학자인 에티엔 파스키에(Etienne Pasquier, 1529-1615)로 소급해 올라가며, 17세기의 수많은 기이한 이야기 모음집에서 발견할 수 있다. 이야기의 내용은 이렇다. 아르장퇴유 지역에서 어느 하인이 주인인 루카 출신의 상인을 살해한다. 누구도 이 범행 장면을 보지 못했다. 그럼에도 한 시각장애인이 우연히 그 범행의 증인이 되었다. 처음에 검찰 당국은 어떻게 이 사건을 풀어나가야 할지 전혀 감을 잡지 못하고 있었다. 그런데 사건 당시 현장 가까이에 있었던 시각장애인만이 살인범의 범행을 입증할 수 있었다. 왜냐하면 그는 여러 사람과의 대질심문에서 범인의 목소리를 바로 알아차렸기 때문이다. 복종적인 귀는 이처럼 훌륭한 일을 해낼 수 있다.

"귀"(Auris)는 성경에 자주 사용되는 단어 중의 하나이다. 이 단어는 대략 80번 정도 나온다. 대부분 "내 말에 귀를 기울여라" 혹은 "귀를 열어라"와 같은 표현으로 사용된다. 그런 표현들은 귀 기울여 듣는 것, 주목하는 것, 사랑스런 관심 등을 의미한다. 중세에 귀가 발까지 닿는다는 파노티(Panotii) 족은 먼 변방 나라의 기적에 속했다. 그래서 오늘날에도 우리는 누군가가 하는 말에 기꺼이 귀를 기울인다는 뜻의 표현("Ich bin ganz Ohr.")을 농담투로 던지곤 한다. 귀는 우선 음성적 신호를 받아들이는 능력의 상징이다. 다른 사람의 말을 듣는 사람은 자신이 혼자가 아니라 남들과 생각을 나눌 수는 없다 할지라도 적어도 누군가와 접촉하고 있다는 사실만은 알고 있다.

육체 이야기에서는 물론 외면상의 귀가 중요하다. 즉 연골과 근육으로 이루어져 있으며, 주름이 지고 구멍이 뚫린 나팔모양의 귓바퀴, 구부러진 가장자리, 그리고 소음으로 인해 고막이 터질 것 같으면 외이도 앞에서 소리를 막을 수 있는 돌기와 다양한 귀걸이를 다는 데 사용되는 귓불이 있다.

남성과 여성의 이런 장신구는 이미 『출애굽기』에 나와 있다. 뻔뻔스런 이스라엘 민족으로부터 신의 형상을 만들라고 강요받아 무조건 금송아지를 만들려고 하는 아론은 이렇게 외친다. "너희의 아내와 자녀의 귀에서 금 고리를 빼어 내게로 가져오라"(출애굽기 32:2). 당시 얼마나 많은 귀걸이들이 손상되었는지는 알 수 없으며, 장신구를 빼앗긴 여자들은 나중에 모세의 손에서 자신들의 귀걸이가 가루로 변해 물에 뿌려진 것을 마시는 걸로도 위로할 수 없었다(출애굽기 32:20). 겉으로 드러난 귀의 주요목적은 남성의 귀걸이가 점점 증가하긴 하지만 그럼에도 어디까지나 장신구를 달기 위한 것이 아니라 휴대폰의 압박을 버텨내기 위한 것이다. 심지어 카페나 공원 의자 혹은 열차 객실에서도 마치 자신들이 말을 할 수 있다는 것을 세상 사람들에게 확신시키겠다는 듯이 그런 의사소통 기구를(그것은 귀에 전자파를 불어넣어 "뇌에서 열파"를 불러일으킬 수도 있다. 『슈피겔』, 1997년 5월 12일자 참조) 귀에 갖다대고, 거기에 말을 하는 것을 포기할 수 없는 사람들이 점점 늘어나고 있다.

귀의 통증과 귀의 해학

신약에서는 심하게 부상당한 귀에 관해 다시 한 번 언급하고 있다. 복음주의자인 마태(26:51), 마가(14:47), 누가(22:50), 요한(18:10)은 하나같이 예수가 사로잡혔을 때 그의 사도 중 한 명이 칼을 빼서 대제사장 하인의 귀를 잘랐다는 이야기를 보고하고 있다. 요한은 그 이상을 알고 있었다. 즉 그렇게 한 사람이 바로 시몬 베드로이며, 부상당한 하인 이름은 말고였다. 누가는 게다가 작은 기적에 관해 이야기한다. 즉 예수는 그 하인에게 잘려나간 귀를 다시 붙여주었다. "그리고 그것을 낫게 해주었다."

스위스 아인지델른 출신의 테오프라스트 폰 호엔하임(Theophrast von Hohenheim, 1493-1541), 즉 의사이자 자연철학자로 스스로 파라켈수스(자신이 1세기경 로마의 유명한 의사인 켈수스보다 훨씬 더 위대하다고 생각했기 때문에 '켈수스 이상' 또는 '켈수스를 뛰어넘는'이라는 뜻의 '파라켈수스'라는 이름을 사용함 — 옮긴이)라고 칭했던 그는 자신의 『외과학』(Wund- und Artzney Buch, S. II)에서 근대 의사(16세기 초)의 역할을 요약해서 설명하기 위해 실패한 귀 기적의 예를 인용하고 있는데, 거기에는 이런 성경적 배경의 영향이 없지 않다. "나는 프리울리에서 누군가의 귀가 잘려나간 것을 보았다. 이발사가 그것을 가져다 석수의 접합제, 아교 등으로 다시 붙였다. 그는 칭찬과 기적의 찬사를 들었다. 그러나 다음날 고름이 흘러나와서 귀가 다시 떨어졌다." 이런 이야기를 읽고는 그것을 자신의 귀 치료술과 비교했던 아우구스부르크 사람 요제프 슈미트는 그에 대해 이렇게 언급했다. "그 사람은 아마 숙련된 이발사였을 것이다. 그리고 오늘날에도 숙련된 이발사들은 여전히 많다." 그에 따르면 이미 저질 이발사들이 아닌 의사들은 예수의 기적을 모방할 수 있다고 자랑해서는 안 된다. 왜냐하면 자연의 "연고"(현대적으로 말하자면, 혈소판의 도움으로 이루어지는 피의 응고능력, 림프구로 하는 림프의 정화기능)를 치료를 위해 도입하면서 자연을 도와주는 일이 필요하기 때문이다. 그 시대의 외과학 수준으로는 접합할 수 없는 그런 지체(다른 예로 파라켈수스는 잘린 코나 손가락을 들고 있다)를 다시 붙이려 해서는 절대 안 된다. 의사는 자기 자신과 환자에게 솔직해야 한다!

귓바퀴의 절단은 근세 초기에는 혹독한 체벌에 속했다. 1530/32년의 카를 황제 5세의 『형법전』에는 죽음에 이르지 않는 형벌 중에 "귀 절단"이 있다. 특히 도둑질에 대해서는 이런 방식으로 치욕의 흔적을 지속적으로 유지해야 했다. 대중의 기억은 혹독한 따귀처럼 그런 원초적인 이야기와 귀 이야기를 오래도록 보존하면서 이런 종류의 새로운 이야기를 지어낸다. 그것이 동화든, 전설이든, 해학극이든, 자전적 문학이든간에 말이다. 잠바티스타 바실레의 아름다운 「비올라」(Viola, II, 3)에 관한 동화에서 숙모에게 바느질을 배워야 하는 여자아이는 이러저런 도구를 가져오기 위해 여러 번 지하실로 심부름을 간다. 지하실에는 사랑에 빠진 왕자가 숨어 있어서 그녀에게 키스하고 싶어한다(그리고 그 이상도)는 것을 숙모도 알고 있었다. 비올라는 세 번이나 자신에게 던져진 덫에서 빠져나왔다. 숙모가 지하실에 가서 가위를 가져오라는 심부름을 시키자 결국 그녀는 숙모에게 화를 내면서 숙모의 귀를 잘라버린다. " '이게 당신이 포주 노릇을 한 대가예요!' 라고 그녀는 소리친다. '어떤 일이든 대가를 치러야지요! 명예도 잃고, 귀까지 잘리다니! 내가 당신의 코를 자르지 않는 것은 당신이 자신의 치욕에 대한 악취를 맡을 수 있도록 하기 위해서지요. 포주, 여자 사냥꾼, 암탉거래자, 어린이 모독자!' 그리고 나서 그녀는 아버지가 있는 집으로 서둘러 돌아오고, 귀가 잘린 숙모를 분노한 왕자와 함께 남겨둔다."

'유쾌한 모임'(E. Moser-Rath)의 참가자들은 귀의 상실에 대한 공포를 항상 재미있지는 않았던 한담으로 몰아내려고 시도한다. 언젠가는 성경에 나오는 말고의 숙명이나 체포된 소매치기의 숙명을 비켜갈 수 없을 거라는 공포는 분명히 많은 사람들의 뇌리에 남아 있다. 데 페리어(Bonaventure Des Periers, 1500-1544)의 노벨레 「재미있는 이야기와 즐거운 한담」(Les nouvelles recreations, 1558, Nr. 56)에서는 어느 귀족이 교회에서 자신의 물건을 훔친 "소매치기" (coupeur de bourses)의 귀를 자르고는 몰래 떼어간 금 단추를 가져오면 귓바퀴를 돌려주겠다고 조롱하듯 제안한다. 앞에서 언급한 두빌(d' Ouville, Les contes. Amsterdam 1732, II, 306f.)은 귀를 자르는 징벌 이야기를 계속 이어가며 우스꽝스럽게 끝맺는다. 어느 노르망디 사람이 파리에서 소매치기한 벌로 귀가 잘린 사람으로부터 경고의 말을 듣는데, 도시에서는 귀를 조심해야 한다는 것이었다. 그런데 이 파리 여행객은 포부르 생트 오노레 거리에서 장사꾼이 승아를 사라고 외치는 소리를 듣는다. "Ah, ma belle oseille 아, 마 벨 오제유", 그런데 그 여행객은 "오제유"를 귀라는 뜻의 "오레유 oreille"로 잘못 알아들었다. 그래서 그는 사람들이 자신의 귀를 탐낸다고 여기고는 서둘러 노르망디로 돌아갔다.

우스꽝스러운 오해에서 나온 이런 이야기들은 다시 그림 형제의 동화 「영리한 그레텔」(Kluge Gretel, KHM 77)을 떠올리게 한다. 구운 닭고기(Les deux perdrix)에 관한 프랑스 전래해학의 변형인 이 동화는 겁 많은 손님에 관한 이야기이다. 그는 여관주인이 칼을 가는 소리를 듣고서, 여기서는 "당신의 두 귀를 자르는 것 외에 다른 생각을 하지 않는다"는 요리사의 말을 믿는다. 그래서 그는 곧장 거기서 도망친다. 그리고 구운 닭고기 두 마리를 이미 먹어치운 영리한 요리사는 손님이 그것을 훔쳐갔다며 사라진 저녁식사에 대해 변명한다. 주인은 손님을 쫓아가면서 외친다. "하나만! 하나만!" 그는 제발 한 마리라도 남겨놓고 가라고 소리친 것이었다. 그러나 손님은 귀 한 개만 달라는 거라고 생각한다. 실제로 앞에서 밝힌 대로 귀를 다시 제자리에 붙이는 것은 그렇게 간단한 일이 아닐 것이다.

독일 바로크 문학에서 널리 퍼진 한 풍자골계에서는 어떤 도둑에 관해 이야기한다. 그는 귀를 자르라는 판결을 받지만 처음부터 귓바퀴가 없었기 때문에 그 벌은 절대 집행될 수가 없었다. 엘프리데 모저 라트(Elfriede Moser-Rath)가 펴낸 1663년의 「부르거 루스트」(Burger-Lust, *Lustige Gesellschaft*, Stuttgart 1984, 381)에는 이야기가 이렇게 진행된다(텍스트를 현대적 표현으로 고침, R.C.). "어떤 죄인에게 그의 두 귀를 자르라는 판결이 내려졌다. 그가 형장에 왔을 때

형리는 긴 머리 아래서 열심히 귀를 찾았지만 귀를 찾을 수 없었다. 그래서 아주 불쾌해져서 욕을 퍼부었다. 그러자 죄인은 불만스럽게 말했다. 너희 같은 뻔뻔스러운 놈들이 자르게 할 귀는 가지고 있지 않지!" 다른 버전에 의하면 도둑이 이렇게 말했다고 한다. 형리의 저주는 아무 소용이 없다. 그는 결국 매달 새로운 귀가 자라나게 할 수는 없으니까.

그 시대에 이런 이야기를 듣는 사람들이 보여준 어중간한 웃음 뒤에는 그런 모욕적이며 고통스런 육체의 징벌에 관한 두려움, 혹은 많은 사람들이 살아가면서 맞아본 경험이 있는 아픈 따귀를 생각하며 갖는 더 나쁜 귀의 숙명에 대한 두려움이 숨겨져 있다. 그래서 (물론 반쯤만) 잘린 귀와 이어지는 귀의 치료에 대한 기억은 프랑수아 르네 드 샤토브리앙(François René de Chateaubriand, 1768-1848)의 『죽음 저편의 기억들』(Mémoires d'Outre-Tombe, I, 1973[Livre de Poche, 1327], 74)에 나온다. 그는 생 말로에서 어린시절을 보낸 거친 소년이었다. 견습선원들과 싸움질을 하던 중 "돌에 심하게 맞았다. 나의 왼쪽 귀가 반쯤 잘려나가서 어깨에 매달려 있었다." 이렇게 귀를 다친 경우에는 피가 나는 것이나 통증이 문제가 아니라 부모에 대한 두려움이 문제이다. 실제로 그렇다. 아버지는 침묵하고 어머니는 비명을 지른다. 붕대를 감고 난 후에는 이 어린 영웅에게 상당한 욕이 퍼부어진다. 그리고 사내아이의 이렇게 손상된 귀가(많은 여자아이의 경우도 그렇다) 거친 손가락에 잡혀서 고통을 받는 일이 얼마나 자주 있는가? 막심 고리키(Maxim Gorki)는 1902년 그의 소설 『세 남자』(Drei Menschen, tr. H. Burck, München 1977, 68)에서 그런 귀 고문의 예를 들려준다. "'기다려, 이 고집 센 녀석아!' 사장이 위협했다. 고객이 나가자 그는 일자를 불러들였다. 두툼하고 딱딱한 손가락으로 그의 귀를 잡고 이리저리 비틀었다. 그러면서 중얼거렸다. '사람들이 너를 찾으라고 했어, 너를. 너를 찾으라고 했단 말이야.' 일자는 두 손을 사장의 불룩한 배에 갖다대고 뒤로 강하게 밀쳤다. 그리고 그의 손가락에서 귀를 빼냈다. 고통이 온몸을 훑고 지나갔다. 그는 큰소리로 화를 내면서 외쳤다. '왜 내 귀를 잡아당깁니까! 그 돈은 미하일 이그나티치가 가지고 있는데.'"

귀의 기적

귓바퀴는 그런 극적인 사건이 없어도 자연의 기적의 산물이다. 빌헬름 파브리치우스는 그것을 『해부학의 탁월함』(121)에서 적절한 표현으로 소개하고 있다. "귀의 가장 바깥 부분은 뼈로 된 것도 아니고 살로만 된 것도 아니고 그 중간이다. 그것은 귀가 이쪽저쪽으로 구부러질 수 있도록 연골로 만들어졌다. 귀가 뼈로 되어 있다면 작은 사고에도 쉽게 부러질 것이다. 그러나 살로만 되어 있다면 똑바로 유지될 수 없어서 본래의 임무를 수행할 수 없을 것이며…… 계속 아래로 처져서 너덜너덜해질 것이다."

우리가 귓바퀴에 부여하는 의미는 물론 청각이라는 중요한 감각과 가장 긴밀히 연관되어 있다. 귓바퀴는(Auricula) 주지하다시피 음파를 외이도(Meatus acusticus externus)를 거쳐 귀 내부에서 진동하는 고막(Membrana tympani)까지 끌고간다. 고막 뒤에는 내이의 비밀에 싸인 작은 뼈들이 숨어 있다. 망치뼈(Malleus), 침골(Incus), 등자뼈(Stapes). 이것들은 음의 신호를 두 번째 진동하는 고막을 거쳐 달팽이관 속의 액체로 그리고 거기서부터 뇌 속에 있는 청신경(Nervus cochlearis)으로 계속 전달한다.

'내 이'(Auris interna)의 해부학이 토마스 바르톨리누스(*Epistolarum medicinalium... centuria* I, 63 [1663, 255-263])같은 의사들에게 이미 알려졌음에도 불구하고 이런 구조와 과정은 대단히 복잡하다. 아마도 그것들은 우리의 선조들에게 계속 알려지지 않은 상태로 남아 있었을 것이다. 선조들은 새끼 손가락의 길고 날카로운 손톱으로 귀지를 파냈을 것이다. 그리고 그들은 귀가 인후와 어떻게든 연결되어 있을 거라고 생각했다. 듣기 싫은 말은 한쪽 귀로 들어가서 다른 쪽 귀로 나온다. 17세기 중반에 떠벌이 장사꾼들은 그런 무심함을 이용했다. 호프의 약사인 미하엘 발부르거는 그의 『하우스부흐』(1, 1988, 169f.)에서 이렇게 이야기한다. 1654년 바이센슈타트에 "떠벌이꾼"이 한 명 등장했다. 그는 "완두콩을 자신의 귀에 넣어서 입으로 다시 뱉어냈다. 그것은 물론 자연스러운 행위가 아니었다. 다른 녀석이 그것을 따라하려고 했다. 그 아이는 [나의 관리인인] 호거의 여섯 살 난 아들이었다. 그 아이는 완두콩을 집어넣었는데 그만 귀 속에 박혀버렸다." 당시에 좋은 조언에는 돈이 많이 들었다. 약사는 그것을 처음에는 재채기 유발제로, 다음에는 반창고로 빼내려고 시도했다. 그리고 마침내 근심어린 아버지에게 작은 "집게", 즉 핀셋을 주었다. 나중에라도 그 녀석의 귀에서 완두콩을 꺼낼 수 있도록 하기 위해서였다.

그리고 마지막으로 귀는 눈의 데자뷰, 즉 이미 본 것에 대한 기억력 같은 능력을 가지고 있다. 냄새 기억에 관해서는—마르셀 프루스트의 '마들렌'의 냄새에서—여러 번 기술되었다. 그러나 소리 기억에 관해서는 거의 읽을 수가 없다. 그럼에도 소리와 관련하여 대단한 기억력을 보여주는 자서전이 있다. 바로 19세기 중반 피카르디에서 쓴 라비스의 『회상』이다. 1911년 그가 아직 자서전을 쓰고 있을 무렵도 소몰이의 호른소리, 시간마다 삼종기도를 알리는 티에라슈 마을의 종소리가 귀에 들리는 듯했다. "써레질 소리, 논밭 고르는 기계의 딸가닥 소리" 심지어 "말이 강의 얕은 곳을 건너면서 내는 말발굽 소리" 도 들리는 듯했다. 다른 사람들의 귀는 대부분 시골의 일상적인 소음보다 오히려 잔인한 전쟁 기간에 나는 소리를 더 기억한다. 그리고 경고 사이렌 소리에는 폭탄 공격이 예고되는 것처럼 그렇게 기겁을 한다.

어떤 사람들은 과거에 나누었거나 아니면 현재도 나누고 있는 사랑의 속삭임을 기억하면서 슬며시 웃음을 짓게 된다. 귀 역시 눈처럼 에로틱한 부차적인 의미에서 자유롭지 못하기 때문이다. 어떤 사람들은 양쪽 귀 위까지 사랑에 빠진다, 즉 홀딱 반했다는 뜻이다. 몰리에르(Molière, 1622-1673)의 『아내들을 위한 학교』(L'Ecole des femmes, 1662, 1막, 1장)에 등장하는 순진한 아그네스는 그녀의 후견인인 아르놀프가 우리에게 이야기해주듯이 귀의 기능에 대해 특별한 생각을 가지고 있다.

"다시 한 번 상상해보게나!
저번에는 어디서도 보기 힘든 천진한 모습으로
몹시도 난처해하면서 묻더라구.
여자들이 아기를 귀를 통해 얻는 게 아니냐고 말이야!"

그리고 기꺼이 여자를 얻고 싶어하는 라블레의 파뉘르주는 『팡타그뤼엘』(Le Tiers Luvre, 1546, VII) 3권에서 팡타그뤼엘에게 이렇게 말한다. "내 마음이 흔들리고 있어요(직역하면 내 귀에 벼룩이 있다는 표현임 ─ 옮긴이). 결혼하고 싶습니다." 그러고 나서 그는 그 유명한 바지 앞트임, '브라게트'(braguette, 코드피스라고도 하며, 15~16세기 남자 바지 앞의 가랭이 윗부분에 붙인 역삼각형의 고간(股間)주머니를 말함 ─ 옮긴이)에 들어 있는 성적인 욕망에 관해 이야기한다. 음악은 귀에 즐거움을 줄 수 있다. 은밀하게 속삭이며 교묘하게 끼워넣는 단어는 귀의 최음제이다.

장애와 쇠약

난청일 경우나 귀가 전혀 안 들리는 경우에 귀 내부를 수술하는 것은 근세 초기에는 거의 불가능했다. 청각이 나아진 기이한 경우에 관해 파라켈수스는 그의 『외과학』에서 이야기했다. "나는 뭔가를 잘 듣지 못하는 농부를 만났다. 오래도록 집에만 틀어박혀 지내던 그가 한번은 이발소에서 싸움을 벌이는 바람에 귀가 제법 잘려나갔다. 그런데 잘린 그 귀가 더 잘 들렸다. 그 때부터 그에게는 부족한 것이 없었다."

옛날 책에서 자주 시각장애인에 대해 언급했다면 그것은 틀림없이 그런 장애로 빚어지는 사회적 문제 때문이다. 사회는 청각장애인들을 별로 걱정할 필요가 없다. 잘 듣는 사람과 잘 보는 사람들이 시각장애인이나 청각장애인들에게서 느끼는 양심의 가책은 일련의 풍자이야기에서 탈출구를 발견한다. 그리고 그런 이야기에서 귀가 잘 들리지 않는 사람이나 벙어리들은 이른바 다른 불구자들보다 상황이 더 낫지 않았다. 그런 싸구려 풍자골계를 언급하는 대신 ─ 고야나 베토벤과 같은 귀머거리 예술가들의 업적을 제외하려 한다면 — 여기서는 아돌프 무슈크(Adolf Muschg)가 1982년 『육체와 생명』(Leib und Leben)에서 귀도 안 들리고 말도 못 하는 늙은 여자에게 바친 아름다운 소설을 생각해보자. 이 이야기의 서술자가 구입하려고 했던 아주 오래된 농가 옆에 말도 못하고 들을 수도 없는 한 노파가 칩거하고 있었다. 그는 이 여자에게 처음에는 불쾌감과 함께 접촉의 두려움을 느꼈다. 그러나 그는 이 여자와 생각을 나누는 법을 배웠다. 그리고 이 여자가 자기 옆집에 사람이 들어오는 것을 알고 기뻐한다는 걸 알았다. "그 노파는 더 이상 자기 생각을 표현하려 하지 않았고, 공허한 단어와 문장을 만들려고 하지 않았다. 그녀는 두려움 없이 반복해서 이야기했다. 그리고 앞뒤로 몸을 흔들었다. 나 역시 그런 이상한 맹세에 강하게 동의했다. 우리는 어느 한쪽에 의해 중단될 수 있는 단어가 존재하지 않는 그런 언어를 획득했다. ……그리고 나는 그녀의 집으로 갔다. 나는 그녀의 두 손을 꼭 잡았다. 그리고 콧물이 내 손등에 떨어졌을 때도 붙잡고 놓지 않았다." 그러나 서술자가 그 집으로 이주하려고 가을에 다시 돌아왔을 때 그 노파는 이미 사라지고 없었다. 친척들이 그녀를 양로원으로 보냈던 것이다. 그리고 그녀의 존재에 대한 기억도 마찬가지로 제거되었다. "이 자리에 있던 작은 철제 화덕을 조카인지 누구인지가 여기서 멀지 않은 폭포 밑에 던져버렸다." 낡은 난로, 녹이 슨 쇠붙이, 망각의 물결. 우리는 이런 상징을 신화와 동화의 세계에서 알고 있다. 그러나 무슈크는 장애인과 노인들의 현실적인 제약을 드러내는 그런 이야기를 하고 있다. 그것은 인간의 육체에 가해지는 물리적 폭력에 대한 보고만큼 대단히 끔찍하다. 그러나 언젠가는 감각기관의 장애인들에게 더 많은 관심이 주어질 수 있으리라는 희망의 여지는 남겨두고 있다.

입술과의 접촉은 우정의 인사나 사랑의 인사로 여겨진다.

작별할 때의 입맞춤은 이런 긍정적인 관계의 지속을 보증하는 표시이다. ●●●●●●●●●●●●●●●●●●●●●●●●●●●●●●

에로틱한 접촉은 부드럽거나 혹은 격렬한 키스와 함께 시작된다.

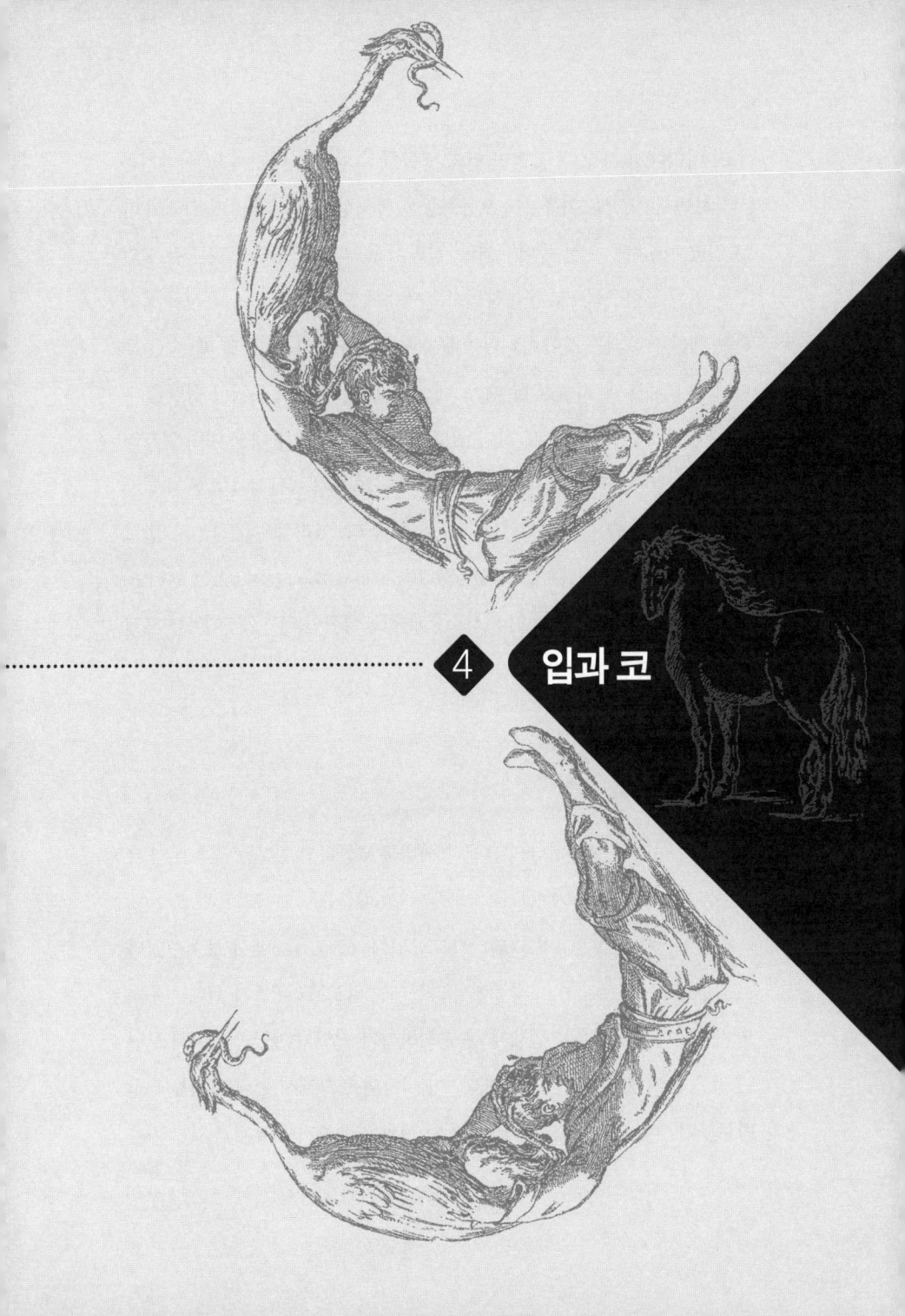

우리 머리에서 가장 큰 구멍인 입의 생물학적 의미는 여기서 입 이야기를 시작하면서 이 장을 처음부터 포동포동한 볼처럼 부풀리지 않기 위해서 바로 입술, 이, 혀를 위한 특별구역과, 평판이 좋지 않은 술집의 뒷문 같은 인후를 위한 특별구역으로 구분하면서 분명하게 드러난다. 입은 음식을 섭취하는 데만 사용되는 것이 아니다. 입은 우리가 떠들거나 침묵할 때, 숨을 들이쉬거나 내쉴 때, 하품을 할 때, 노래하고 웃을 때, 미소 짓거나 입맛을 다실 때 사용하는 도구이기도 하다. 입은 무척 다양하게 흉내를 내며 일그러뜨리거나 씰룩거리고 꽉 다물기도 한다. 15~16세기 이탈리아 혹은 네덜란드의 화가들은 슬퍼하는 여인들, 고문하는 형리, 어리석은 구경꾼의 입 모양을 묘사할 수 있는 기회를 잘 활용했다(N. Laneyrie-Dagen/J. Diebold, *L'Invention du corps*, 66-78). 입은 음성적인 의사소통과 비음성적인 의사소통이라는 오케스트라의 주요 악기인 것이다.

입의 겉과 속

입이라는 이런 구멍이 하나의 온전한 세계를 포함하고 있다는 것은 이미 프랑수아 라블레(고대의 환상적인 이야기 작가 루키안Lukian von Samosata, 120-180, 그리스의 풍자가의 맥을 잇고 있다)가 그의 『가르강튀아』(*Gargantua*)에서 보여주었다(*Pantagruel*, Livre II, XXXII). 이 작품에서 라블레는 알코프리바스가 원래는 우리의 세계보다 더 오래된 '신세계'를 순회하다가 거인 주인공의 입에서 보았던 것을 우리에게 알려주려고 했다. 이 여행객은 그래서 군대 전체를 소낙비로부터 막아줄 수 있는 팡타그뤼엘의 혀와 양배추가 경작되고 있는 비옥

한 토지를 거쳐 두 개의 중요한 도시인 라링엔과 파링엔으로 향한다. 그 도시에서는 "썩은 냄새가 나는 비위생적인 물"이 흘러나오고, 그렇기 때문에 페스트가 창궐했을 때처럼 마지막 날에는 226만 16명의 사람들이 죽었다. 그것은 단지 팡타그뤼엘이 마늘을 먹는 강한 사람이었기 때문이다. 그의 어금니 지역에서 여행객은 알프스의 낙원과 같은 그런 것을 발견했다. 거기서부터 그는 뒤쪽의 인후 지역으로 내려간다. 거기 사람들은 잠을 많이 자고 오래 쉰다. 그것은 한편으로는 어디에도 존재하지 않는 낙원의 정경처럼 기이해 보인다. 한편 그 지역은 일과 휴식, 평안과 감염, 태양과 비, 전쟁과 평화가 교차되는 구세계의 바로 이 순간이다. 즉 우리에게는 가르강튀아의 입이 필요한 것이 아니라 이미 우리가 알고 있는 것(여행객들은 모두 그것을 찾는다)을 재발견하고 다시 밝혀내기 위해 외국으로 가는 저렴한 티켓이 필요하다.

말과 침묵

입은 문화사에서 생물학적인 의미만 갖는 것이 아니다. 입은 인간의 말의 상징으로 여겨지기 때문에 — 'lingua'는 혀 및 언어를 의미한다 — 종교적인 텍스트에서 대체로 초월적인 다른 세계를 암시하게 된다. 예컨대 성경에서 입은 말의 도구이다. "의인의 입은 생명의 샘이라도 악인의 입은 독을 머금었느니라"(잠언 10:11). 그렇게 칭송되는 의인의 입은 "말 못 하는 자와 모든 고독한 자"(잠언 31:8)를 위해 말을 해야 한다. 그래서 입은 사회적 책임을 지닌다. 현명한 솔로몬은 한편으로 그것을 충분히 강조했다. 미련한 자의 입은 어리석은 것을 말하며 영리한 사람이 미련한 자를 절구에 넣고 공이로

찢지는 않는다 하더라도(잠언 27:22) 바보의 등에 채찍질을 해야 한다는 것을. 왜냐하면 "미련한 자는 교만하여 입으로 매를 자청하고 지혜로운 자의 입술은 자기를 보전하느니라" (잠언 14:3), "미련한 자의 입술은 다툼을 일으키고 그의 입은 매를 자청하느니라" (잠언 18:6) 등으로 성경은 말하기 때문이다.

교육학적으로 노련한 17세기 초의 종교 교사인 게오르크 포글러(Georg Vogler)는 그의 『선별된 사례로 보는 교리문답서』(Catechismus im auserlesenen Exempeln, Würzburg 1625)에서 입을 영혼의 사절이라고 칭했다. 즉 입은 인간의 생각과 정서를 귀에 들리게 표현한다. 포클러는 "입술"과 치아를 마치 자기검열처럼 원하지 않은 그리고 생각지 않은 말을 막아줄 수 있는 울타리로서 상징적으로 보았다. 혀로 말을 거를 수 있다. 그 후에 말을 이라는 빗을 천천히 통과하게 하며 연약한 입술로 더욱 부드럽게 만들 수 있다. 우리가 오늘날 '정치적 발언' 이라고 부르는 정치적 화술은 그에 따르면 이미 수백 년 전부터 존재해온 것들이다.

입은 이미 성경시대부터 욕을 가장 많이 먹고, 비난당하며, 제어당하고, 길들여진 기관이다. 또한 입은 뻔뻔스럽고 나쁜 평판을 듣는다는 점에서 인간의 육체에 있는 다른 몇몇 구멍과도 비슷하다. 언어는 여자든 남자든 상대방에게 말을 끝내라고, 혹은 혀를 제대로 놀리라고 요구하는 갖가지 표현의 가능성을 제공한다. 즉 'Halt's Maul', 'ferme-la [gueule]!', 'shut up!' 등은 아주 일상적인 표현이다. 예컨대 누군가 말재간이 좋다면 그는 기꺼이 다른 사람의 낯짝을 때릴 준비가 되어 있다. 하인츠 퀴퍼(Heinz Küpper)의 사전에는 많은 다른 변형들이 수록되어 있다. 그것들은 예를 들면 슈바벤 사투리의 입에 대한 동의어처럼 그렇게 우습게 들리지 않는다. 1839년에 태어난 리스의 방언작가 고트프리트 야콥(Gottfried Jakob)은 이런 현상에 대해 적절한 4행시를 지었다. 그는 이 4행시를 1893년 「대답」(Entgegnung)에 옮겨적었다(in: *Allerloi*, 1960, 23).

문명사가 진행되면서 여러 번 순화된 '민중의 입'은 '주둥이'란 단어로 동물적이며, 상스럽고, 별로 유약하지 않은 여자형제를 가지게 된다. 이런 뻔뻔스럽고 자유로운 표현방식과 생각하는 바를 거리낌 없이 내뱉는 권리는 매번 도덕주의자들과 교육학자들에 의해 비난받아야만 했다. 하품을 하면서 말하는 것(가끔 하품은 전염성이 있다), 입을 벌리고 멍하니 바라보는 것, 어리석은 수다로 사람들 입에 오르내리는 것, 줄곧 다른 사람의 말에 맞장구를 치거나 아니면 그들의 말을 무례하게 가로막는 것, 나아가 입을 먼지구덩이에 집어넣는 것은 별 도움이 되지 않는다. 우리는 입으로도 절대 많은 사람을 만족시킬 수 없다.

입술과 사랑

반면에 찬미받는 연인들의 입도 존재한다. 여기서 입은 칭송받아야 한다.

> "작은 입, 정말 달콤한 입술
> 그것은 끊임없이 '키스해줘요, 키스해줘요'라고 속삭인다.
> 선한 요정이 행복의 선물을 풍성하게 감추어놓은
> 돼지저금통의 틈 사이에서."

1633년 잠바티스타 바실레는 『나폴리의 뮤즈』의 다섯 번째 목가에서 이렇게 찬미했다. 그리고 10년 후 독일에서 필립 폰 체젠(Philipp von Zesen)은 그의 소설 『아드리아해의 장밋빛 입술』에서 미인의 입을 이렇게 칭송했다.

"그것은 장밋빛 입술이다! 장미라니!
장미는 바람에 흔들릴 때면 창백해진다. 입술은 더욱 아름다워진다.
나의 사랑하는 숨결이 그의 숨결에 도달할 때,
그리고 사랑하는 입술의 장미 계곡에서 길을 헤매고 있을 때.
루비, 그것은 어떤가? 루비는 차라리 더 부드러워져야 한다.
루비는 너무 창백하고, 너무 혈색이 없으며, 그런 힘을 가지고 있지 않다."

산호 역시 사랑스런 입술과 비교의 대상이 되지 못한다. 입술은 "루비, 장미 그리고 산호보다 더 따뜻하다" – 입술이 가장 따뜻하다!

도톰하든 그렇지 않든, 외부로 드러난 입술은 인간의 사랑할 만한 얼굴 특징과 에로틱한 매력을 가장 두드러지게 보여준다. 이런 의미를 강조하기 위해 적지 않은 여성들이, 심지어 일부 남성들마저도 입술에 강렬한 색의 립스틱을 덧바른다. 거꾸로 100년 전에는 알반 슈톨츠(Alban Stolz)가 그의 『전설 혹은 그리스도교의 천국』(Legende oder Der christliche Sternhimmel, IV, 1895, 441)에서 성 에드문트의 삶을 설명하면서 죄를 짓는 입술의 쾌락에 관해 경고했다. "수녀원에서는 모든 수녀들이 수녀원장의 권고에 따라 코와 윗입술을 잘랐다. 끔찍한 군대에 혐오스러운 것처럼 보여서 그것을 통해 더 나쁜 일을 막기 위해서였다." 입술의 색은 붉고 매력적이며, 고대의 미의 이상에 따르면 하얀 피부, 검은 머리와 대조를 이룬다.

그림같이 아름다운 것만이 이런 입술의 유일한 장점이 아니다. 입술을 둥글게 하고 혀 모양을 특별하게 하면 폐에서 나온 공기의 도움으로 음악적인 소리가 나올 수 있다. 인간은 멜로디를 휘파람으로 불 수 있다. (교육을 많이 받지 못한) 남자는 관계를 만들기 위해 아름다운 여자 뒤에 대고 휘파람을 분다. 여자들은 이런 나쁜 습관을 따라해서는 안 된다. 왜냐하면 (배우와는 반대로) 노골적으로 표현하는 민중의 언어는 이렇게 말하기 때문이다. "휘파람을 부는 처녀와 우는 암탉/ 우리는 그것들의 목을 비틀어야 한다."

나를 위한 키스, 당신을 위한 키스

입술과의 접촉은 우정의 인사나 사랑의 인사로 여겨진다. 작별할 때의 입맞춤은 이런 긍정적인 관계의 지속을 보증하는 표시이다. 에로틱한 접촉은 부드럽거나 혹은 격렬한 키스와 함께 시작된다. 그리고 '첫 키스'는 자전적 문학의 전형적인 주제이다. 브레겐처발트 출신의 농부이며 민중작가인 프란츠 미하엘 펠더(Franz Michael Felder, 1839-1869) 역시 한 사건에 관해 이야기하고 있는데(Aus meinem Leben[1868], Salzburg/Wien, 1985, 247), 그에게 이 사건은 고독, 상실감, 자살에 관한 생각, 압박감, 행복감과 유대감 같은 모티브와 연결되어 있다. "나는 여자친구에게 이야기했다. 나는 당시 [염소 치는 사람이었을 때] 안개 속에서 몸이 젖은 채 바위 위에 앉아 있었으며, 여러 가지 생각 중에서 가장 사랑스러운 생각은 내가 어떤 순간에도 나의 삶과 죽음의 주인이 될 거라는 것이었다. 여자친구는 놀라서 나를 꽉 붙잡았다. 나는 그녀의 맑은 눈을 들여다보았다. 아무 말 없이 우리는 바위의 가장 높은 곳에서 서로 껴안은 채로 서 있었다. ……황량한 가을의 안개 낀 날에 첫 키스의 행복감을 느끼리라고는 전혀 생각하지 못했다." 시인들은 매번 그런 애정 어린 만남을 붙잡아둬야 한다는 강박관념을 느꼈다. 슈바벤의 서정시인이며 작가인 에두아르트 뫼리케(Eduard Mörike, 1804-1875)는 예컨대 키스에 열광하는 작가였으며, 시 「만족할 줄 모르는 사랑」(Nimmersatte Liebe)에서 이렇게 쓰고 있다.

"사랑, 사랑은 끝이 없고
새롭고 놀라운 욕망이네.
우리는 오늘 키스했을 때
서로의 입술이 상할 정도로 열렬히 입맞추었지.
소녀는 죽기 전의 어린 양처럼
아주 평안해 보였네.
그러나 그녀의 눈빛은 애원했다네. "더 깨물어주세요!
아픔이 크면 클수록 더 만족스러우니까요.""

입술에 관해 이야기할 때면 실제로 키스의 연상작용이 부각된다.

"키스해줘, 키스해줘,
그것은 죄가 아니야.

나는 엄마에게 배웠어.

어린아이였을 때.”

오토 홀츠압펠(Otto Holzapfel)이 전해준 바이에른의 슈나더휘펄(구애의 내용을
담은 즉흥적인 알프스 요들송. 대개 4행임) 혹은 사랑의 노래이다. 그렇게 본다면 사
전에서 일반적으로 ‘입의 접촉’이라고 산문적으로 설명되어 있는 키스는
입술이나 혀와 함께하는 애정신호의 일반적이고 일상적인 교환으로 보인
다. 한편으로 여러 민족들의 민요에는 죽음을 불러오는 동화 주인공들의 위
험한 키스도 존재한다. 또한 엉덩이나 다른 당나귀에 대한 키스는 제프리
초서(Geoffrey Chaucer, 1340-1400경)의 『캔터베리 이야기』(Canterbury Tales, Vers
3732-3738)에 나오는 「방앗간 주인의 이야기」(Miller's Tale) 이후로 수많은 풍자
골계집에서 줄곧 조롱 대상이 되었다.

“압살론은 탐욕스럽게 입술을 닦기 시작했다.

밤은 칠흑같이 어두웠다.

앨리슨은 창밖으로 엉덩이를 내밀었다.

압살론은 행운을 잡기라도 한 듯,

그것이 무엇인지 확인해보지도 않고

벌거벗은 엉덩이에 멋지게 입을 맞추었다.

그러고는 갑자기 펄쩍 뛰며 뒤로 물러섰다.

무언가 잘못되었다고 생각한 것이다.”

모든 나라와 모든 시대의 사랑의 서정시는 특별히 관능적인 것으로 받아들여지며, 오래도록 지속되는 황홀한 입맞춤에 관해 아낌없이 표현하고 있다. 그래서 바로크 작가인 파울 플레밍(Paul Flemming, 1609-1640)은 "어떻게 자신이 키스받기를 원하는지"를 스스로 묻는 질문에서 이렇게 기술한다.

"입술 위를 제외하곤 어느 곳도 아니라네,
거기서 마음의 심연으로 가라앉는다네,
너무 자유롭지도 않게, 너무 강압적이지도 않게
더구나 너무 게으른 혀로 해서도 안 된다네.

(중략)

너무 딱딱하지도 않고, 너무 부드럽지도 않게.
어떤 때는 동시에, 어떤 때는 따로따로.
너무 느리지도 않고 너무 빠르지도 않게.
장소의 차이가 있을 뿐이네.

반쯤은 깨물고, 반쯤은 가볍게 키스하고,
반쯤은 입술을 적신다네.
시간의 차이만 있을 뿐이네,
어떤 때는 단 둘이 있을 때, 어떤 때는 사람들이 있는 곳에서."

"사람들이 있는 곳에서"의 키스, 즉 제삼자가 있는 곳에서의 키스는 그렇게 간단하지 않다. 그것을 지기스문트 폰 라데키(Sigismund von Radecky, 1891-1970)는 공개적인 키스에 관한 에세이에서 보여주었다. 1997년 6월 20일자 스페인『엘파이스』(El Pais) 지에 따르면, 시칠리아 몬레알레의 시의회는 1997년 초에도 공개적인 키스를 금지하며 그것을 위반할 경우 20만 리라의 벌금을 물리겠다고 결정했다. 그러자 젊은이들은 유명한 대성당 앞에 모여서 포옹하며 키스하는 키스 데모를 벌였다. 1996년 9월 27일자 프랑스『리베라시옹』(La Liberation) 지의 '오늘의 이야기' 난에는 미국 동부 렉싱턴에 사는 여섯 살짜리 남자아이 조너선 프리베트가 학교에서 같은 나이의 여자아이 뺨에 키스했으며, 결국 "성추행" 혐의로 24시간 동안 정숙한 교실에서 쫓겨났다고 적혀 있다. 프랑스 사람들은 그런 소식을 대하면 매우 즐거워한다. 왜냐하면 그들에게 뺨에 하는 세 번의 키스는 친지들 사이에서는 어디서건 상냥한 인사로 받아들여지며, 그것은 카페에 모인 친구들 사이에서도 좋은 태도로 여겨지기 때문이다.

그러나 키스는 모든 나라에서 학교의 일상적인 의식의 일부가 아니며, 주말장에 내놓는 물건도 아니고, 바리에테쇼의 순서도 아니다. 키스가 에로틱한 행위라서 검열을 두려워하는 것처럼, 천 번 이상의 키스(혀까지 함께하는 키스만이 아니라)가 숨겨진 채 "교환된다." 프랑스 작가인 빅토르 위고(1802-1885)처럼 누군가 자신의 일기에 키스에 관해 써야 한다면(Choses vues, 1870-1885, Paris 1972, 189, 196f., 204, 224-228) 키스라는 말보다는 약자를 사용하거나 아니면 외국어를 사용했다. 위고의 일기에 보면 여자 이름이 나오고(가능하다면 1주일에 두 번) 그 다음에 "Osc."라고 적혀 있는데, 이것은 의문의 여지없이 라틴어 'oscula', 즉 "짧은 입맞춤"과 관계가 있다. 또한 트리어 출신의 프랑스 여자인 필립 앙드레 부인과(1871년 8월 14일, 위고는 69살이었다) 밤중에 작별을 한 대목에는 이렇게 적혀 있다. "Osc. mano. boca. pié" — '키스, [스페인어로] 손, 입, 발.' 1주일 후에 다시 다음과 같은 약자가 나온다. "M.me Ph. A. Osc. … Boca. Pié, Mano." 이 부인이 여행을 떠났기 때문에 위고는 9월에 마리아라는 여자(Marie Mercier, 가로의 미망인, 남편은 코뮌과 관련되어 총살되었다)에게 서 위로를 찾았다. 그리고 그녀를 뜨겁게 만들었다(아니다. 오늘날의 개념으로 보 면 그것은 도에 지나친 게 아니다). 그 젊은 부인은 그러면서 독일어로 "n."였다. 즉 'nackt' 그녀는 벌거벗었다. 그리고 늙은 위고는 그녀의 온몸에 키스를 했다. "tosos los dias y a toda hora", 즉 매일 그리고 어느 때든. 사랑의 증 거에 대한 보상을 위고는 "Sec." 라고 적었다 — 즉 물질적 지원이란 뜻이다. 그에게는 돈이 부족하지 않았다. 그는 빈틈없는 남자였다.

입술의 활동영역은 인사와 키스로 절대 소진되지 않는다.

"저기 저 입술은 두 송이 작은 장미꽃,
갓 피어난 사랑스런 장미꽃이라네.
하지만 추하고 더러운 말이 그 사이로
음험하게 새어나올 때도 많다네.
그래서 이 조그만 입은
아름다운 장미 덩굴과 같다네.
거기 어두운 덩굴 사이에서
독을 품은 뱀들이 교활하게 쉿 소리를 내고 있기 때문이라네."

하인리히 하이네는 그의 「후회에 관한 짧은 노래」(Liedchen von der Reue, in: Buch der Lieder)에서 "사랑스런 여자"의 입술이 지독한 악의를 숨긴 "만개한 반짝이는" 유혹임을 우리에게 보여주고 있다. 이 입술이 불타는 듯한 키스를 선사할 수도 있으며, 나쁜 말을 내뱉고, 잘못된 것을 속삭이고, 거짓말을 하며 속일 수도 있다. 남자들은 자주 허풍을 떤다(직역하면 '큰 입술에 모험을 건다'라는 뜻이다). 그러면서 한편으로 많은 사람들의 입술에 매달린다. 즉 다른 사람들의 말을 즐겨 듣는다. 느슨하게 아래로 처진 입술은 경멸투로 동물의 입술로 지칭되기도 한다. 음식을 잘 먹으며 열심히 이를 닦는 식도락가는 식사 후에 아래로 처진 기름진 입술을 탐욕스럽게 핥는다.

이에는 이로

"작지만 매우 딱딱한, 위아래 턱의 잇몸에 붙어 있는 것을 우리는 이[Dens, Dentes]라고 부른다. 이는 음식물을 물어서 부수고 갈기 위해 있는 것이다." 『실용의학 백과사전』(Universal-Lexicon der practischen Medizin, 4, 1837, 608)에는 32 개의 작은 저작기관이 이렇게 정의되어 있다. 3월혁명 기간(1815년에서 1848년 3월혁명까지)에 나온 이 탁월한 참고서는(이 사전의 표제어는 라틴어로 기술되어 있다) 대단히 상세하게 기술되어 있으며 통증과 관련된 부분이 많다. 거기에서 "위생적인 부분이나 다이어트와 관련된 부분"(S. 608-618)이 중요한 역할을 하고 있다. 특히 매일 칫솔을 사용할 것과 석탄, 그을음, 표본으로 만든 산호, 하얀 생선뼈를 갈아 만든 치약을 가끔 사용하도록 권장한다.

아이들의 이에 관해서 이 사전은 'dentitio'라는 제목으로 특별하게 언급하고 있다. 우유처럼 하얀 치아는 관습이나 풍습에서 적지 않은 역할을 한다. 부분적으로 치아는 지난 날의 성유물처럼 숭배의 대상이 된다(A. B. Rooth, 1982). 19세기 민속학자인 티롤 출신의 이그나츠 빈첸츠 칭걸레(Ignaz Vinzenz Zingerle)는 최후 심판의 날에(혹은 지옥에서 이를 갈기 위해?) 다시 찾을 수 있도록 하려고 빠진 이를 묘지에 묻었다고 보고한다.

1870년 7월 25일 빅토르 위고는 자신의 일기에(Choses vues, 1870-1885. Paris 1972, 69) 이렇게 적고 있다. "장아들 샤를의 아홉 달 된 딸에게서 첫 번째 이가 나서 유모(마리에트, 31살)에게 상처를 입혔다. 5 frs." 이 사건은 바로 1주일 전에 일어난 독불전쟁의 부상자를 위해 옷을 기부한 기억과 함께 적혀 있다. 알자스에서는 군인들이 어리석은 전쟁으로 죽는다. 여기 건지 섬(영국 해협의 채널 제도에서 두 번째로 큰 섬 - 옮긴이)에서는 아이에게 젖니가 났다. 그래서 아이는 젖니로 유모의 가슴을 물었다. 인간의 삶에서 중요한 사건은 이 젖니이다. 아니면 아이가 처음으로 말하는 단어인데, 8월 10일에는 "파파"라고 말했다. 위고는 이날 심었던 너도밤나무처럼 장이 그렇게 전쟁을 이겨내고, 자신의 완벽함을 선언한 교황보다 더 오래 살리라는 것을 확신했다. 위대한 사건 - 작은 사건. 무엇이 중요한가?

기적 위에 기적을!

치아와 관련해서는 그것의 특성, 숫자, 형태와 색깔이 문제시된다. 슐레지엔 바이거스도르프 출신의 크리스토프 뮐러라는 사내아이는 - 그 시대의 많은 작가들이 그렇게 주장한다! - 1593년 혹은 1595년에 우유처럼 하얀 이 대신 금색의 어금니가 났다. 금색 어금니에 관한 기사를 작성하느라 1굴 덴 이상의 잉크가 낭비되었다. 결국 크리스토프 룸바움이라는 의사가 그 속 임수를(어금니를 몇 개의 금박으로 장식한 것이다) 밝혀냈다.

이미 언급했던 뤼지냥 가의 시모(始母), 즉 멜뤼진 요정(프랑스 중서부 푸아투 지방의 마을인 뤼지냥의 전설에 나오는 여성으로, 토요일이면 하반신이 뱀의 몸으로 변한다고 한 다―옮긴이)의 아들들은 큰 명성을 얻었다. 한 아들은 '큰 이를 가진 조프루 아'(Geoffroy à la Grand Dent)라고 불렸다. 그리고 쿠드레트(Coudrette, 1401년 이후 로)의 산문소설에 이렇게 적혀 있다. "그는 입에 이가 한 개밖에 없었다. 그 리고 기이하게도 밖으로 튀어나왔다"―영원한 분노의 이빨이다. 조프루아 는 자기 동생인 프로문트가 수도사가 됐다는 이유만으로 수도원장과 수도 사 100명과 함께 그 수도원을 태워버렸다. 다른 사람들은 어쨌든 쇠 이빨을 가지고 있었으며 그들은 그 이빨로 불꽃을 일으킬 수 있었다고 토마스 바르 톨리누스가 그의 『해부학 이야기』(Historiae anatomicae, centuria II, 24, 1654, 210)에 서 보고한다. 그리고 그런 이야기가 적어도 20세기의 스코틀랜드 민요에는 계속 이어지고 있다(S. Hobbs/D. Cornwell, 1988).

남자들은 여성의 이는 약하다고 생각한다. "여성의 이는 남성의 이보다 일반적으로 더 하얗고 약하고 부드럽고 예민하고 작다." 1837년의 『사전』 (IV, 609)에는 이렇게 적혀 있다. 누렇고 하얀 이, 여성들의 무서운 모습과 이 상적인 모습을 발레리우스 마르티알리스(Valerius Martialis)는 이미 시로 풍자 했다. "타이스는 검은 이를 가지고 있다. 라에카니아는 눈처럼 하얀 이를 가지고 있다. 왜? / 그녀는 하얀 이를 새로 샀기 때문이고, 반면 타이스는 본 래의 것을 지니고 있기 때문이다."

로마의 여성들에게는 분명 이런 마법의 처방전이 없었을 것이다. "이를 하얗게 하기 위해 너는 강수 2온스와 강한 흰색 식초 1온스(대략 31그램)를 섞고 거기에 반 온스의 기린혈을 동일한 양으로 나누어 한 방울씩 첨가하라. 그러고 나서 잇몸을 건드리지 말고 그것을 이에 문지르면 된다." 예컨대 1300년 이후로 그런 처방전이 있었음을 우리는 카탈루냐 의사인 아르날트 폰 빌라노바(Arnald von Villanova)를 통해 알고 있다. 그리고 그것을 16세기에 여러 번 출간된 『가난한 자의 보물』(Thesoro de pobres) 72장에서 읽을 수 있다. 이런 처방전이 입증하듯이, 하얀 치아에 대한 소망을 이미 중세 후기 하층계급들도 가지고 있었다. 그러므로 일반적으로 전파된 치아위생에 관해서는 아직 언급할 단계가 아니다. 19세기까지는 대체로 중년의 나이에 저작기관을 잃어버린다. 후작부인인 오를레앙의 엘리자베스 샤를로테('마담', '리젤로테')는 1695년 2월 3일에 베르사이유에서 숙모에게 보낸 편지에서, 소피 폰 하노버(Sophie von Hannover, 1630-1714)는 얼굴이[시력이] 망가질 나이가 아직 되지 않았다고 썼다. "치아를 잘 보존하는 것이 정말 중요한 일이군요. 마탄테 폰 마우비송은 이가 아직 남아 있지만 많이 닳았어요. 그래도 그녀의 이는 내 이보다는 낫더군요."(L. v. Ranke, *Französische Geschichte*… Bd. 6: *Briefe der Herzogin von Orléans*. Leibzig 1877, 118).

이런 상황을 고려한다면 요한 하인리히 페스탈로치(Johann Heinrich Pestalozzi)가 나이 예순에 이가 하나밖에 남지 않았다는 이야기를 듣는다고 해도 전혀 놀랄 일이 아니다. 우리는 현대인들의 깨끗하게 닦은, 눈처럼 하얗고 반짝이는 저작기관만으로도 아무 문제가 없다고 생각해서는 안 된다. 우리는 가끔 유명한 스타의 입에 관한 놀라운 소식을 들을 수 있다. "곤혹스럽게도 라스베이거스의 발리 호텔에서 콘서트가 열리는 동안 폴 앵카의 입에서 틀니가 날아갔다. 그 스타는 더 이상 노래를 부를 수 없었다. 그는 치과의사인 프레데릭 글라스만이 부실하게 처치한 바람에 1,400만 실링을 잃어버렸다며 그를 비난했다"(Neue Kronen-Zeitung, 1996년 11월 7일). 그래서 치아는 분명 씹기 위한 것일 뿐 아니라 노래를 부르기 위해서도 필요하다.

가슴 아픈 것, 고통스러운 것

치아가 일상적인 동물성 식품이나 식물성 식품을 잘게 부수는 기관으로만 사용되는 것은 아니다. 인간에게는 자주 원초적인 야성, 늑대의 본성이나 사자의 본성이 나타난다. 어떤 사람은 미친 듯이 ─ 가끔은 싸움의 형태로 ─ 다른 사람의 손이나 코를 문다. 더 심하면 이렇게까지 된다. "포트웨인의 한 술집에서 싸움이 벌어져, 32살 난 남자가 상대방의 귀를 물어뜯어 삼켜버렸다. 경찰이 바에 도착했을 때 스티븐 서튼은 여전히 귀를 씹고 있었다. 그는 귀를 뱉어내기를 거부했으며 단번에 삼켜버렸다고 경찰이 보고했다. 그 남자는 법정에 서야 했다 ─ 경찰은 '식인'과 관련된 소송사건을 법전에서 찾아보았지만 찾을 수가 없었다"(Züricher Oberländer, 1995년 12월 9일).

이 세상에는 기적을 행하는 사람이 부족하기 때문에, 이 세상에서 다른 녀석에게 뜯어먹힌 자신의 귀 연골을 다시 보기 위해서는 저 세상에서 육체의 통합적 부활을 기대하는 수밖에 없었다. 신문들은 가끔은 인육을 먹는 것이 법의 허점을 이기는 것처럼 보인다며 그런 기사들을 경쟁적으로 실었다.

그럼에도 치아에 관해 언급하면서 우리는 아주 심각한 현상, 즉 치통을 빼놓을 수 없다. 각각 16명씩 자리잡고 있는 입이라는 의회의 위층과 아래층에서는 강하면서도 예민하고 신경질적인 간부들이 일을 하고 있다. 그들은 삐걱거리는 — 가끔은 불만족스러워서 거부하기도 하는 — 마이크를 든 연사들이다. 그래서 개인적인 이빨 집회에서 그런 외치는 소리들을 불쾌하게, 가끔은 심지어 고통스럽게 느끼지 않을 남자나 여자는 (더군다나 아기는) 없다. 노르망디 출신의 기발한 이야기꾼인 피카르(Philippe le Picard)는 1579년 (*La Nouvelle Fabrique*, No. 34) 프랑스에서 'dent canine', 즉 개 이빨이라고 불리는 사랑니의 통증을 과장했다. 석궁사수가 그녀를 도와주려고 한다. 그녀의 이에 끈을 묶고는 석궁에 달아 쏜다. 그런데 이만 빠져서 멀리 날아가는 게 아니라 그 여자 통째로 날아가서는 물고기가 있는 연못에 떨어진다. 치통 역시 공중으로 날아갔다.

치통으로 인한 끔찍하고 고통스런 상황을 극적으로 묘사한 과거의 대중적인 잡지들과 최근의 캐리커처는 수없이 많다(E. Heinrich, 1963). 오늘날 치과의 고객들은 치과의사들의 숙련된 손놀림 덕분에 실제로 그다지 무서워할 필요가 없는데도 그렇다. 과거에 특히 집게로 무장한 이 빼는 사람이 공개적으로 행한 수술에서 환자들은 무척 고통스러웠다. 구난 성인인 아폴로니아, 치아 순교자(그녀의 축일은 2월 9일이다)로 그런 고통을 위해 존재하는 그녀 역시 항상 도움이 되지는 못한다. 그래서 우리는 치통을 잃는 기독교인들이 고통을 완화시키려고 온갖 수단을 다 동원했음을 상상할 수 있다. 예를 들어 이런 일이 있었다. "코펜하겐 왕궁학교에 재직중인 존경하는 선생님 에라스무스 빈딩이 하루 종일 참을 수 없는 치통을 잃았다. 그 어떤 것으로도 통증을 완화시켜주지 못했다. 그래서 그는 한밤중에 홀로 일어나 발밑에 쿠션을 놓고 탁자에서 뛰어내렸다. 그렇게 해서 그 고통을, 심지어 그 고통의 원인을 몰아내고 다시 누웠다. 그리고 다시는 고통을 느끼지 않았다.” 이런 이야기를 우리는 아이제나흐 출신 의사인 파울리니의 글(*Flagellum Salutis*, 45)에서 읽을 수 있다. 그것이 숙명에 의한 것이건, 영주에 의한 것이건, 교육학자에 의한 것이건, 혹은 의학도에 의한 것이건, 모든 종류의 폭력을 적극 인정했던 파울리니는 “베저 강가”의 술 취한 사냥꾼에 관해 이야기한다. 그는 치통으로 고생하는 아내에게 술병을 던져서 “뺨에 상당한 부상”을 입혔고, “그래서 많은 양의 붉은 피가 흘러내렸으며, 그녀의 고통은 바로 완화되었다.”

피에르 장 드몽쇼(Pierre Jean Du Monchaux)의 글에서(*Medicinische Anekdoten*, II, Nr. 145) 읽을 수 있듯이, 일부 환자들은 폭력을 사용하지 않고 고통을 완화시키려고 노력했다. “어느 군인이 치통을 심하게 앓았다. 거의 미칠 지경이었다. 그의 통증은 어떤 신기한 약제로도 전혀 완화시킬 수가 없었다. 그는 이에 아편을 넣었다. 그러나 역시 아무 도움이 되지 않았다. 마침내 어떤 행운이 그의 통증을 가라앉혔다. 사람들이 음료를 차가운 눈 속에 넣어두었는데 그가 실수로 약간의 눈을 입에 넣게 되었다. 그랬더니 치통이 순식간에 완화되는 것을 느꼈다. 그래서 그는 반복하여 이런 수단을 썼다. ……그럼으로써 그는 짧은 시간 안에 모든 고통으로부터 해방될 수 있었다.”

치통이나 그 밖의 통증에 시달리는 환자들이 실제로 신뢰감을 가지고 의사 앞에 앉는 순간 바로 통증이 완화되고 사라진 듯한 느낌을 받는다는 것은 잘 알려진 사실이다. 그들이 진료실을 찾은 게 순간적으로 부끄러워질 정도로 말이다. 이런 현상 역시 이런저런 이야기에서 확인할 수 있는데, 여기서 다시 한 번 파울리니와 그의 『배설물 약전』(65)을 인용하고 싶다. "내가 언젠가 여행중에 튀링겐 도시를 지날 때 음식점에 있던 안나 하넨코르빈이라는 이름의 여자가 심한 치통을 앓고 있었다. 어떤 기사가 방금 싼 말똥을 거친 아마포에 넣어 문질러주었다. 그녀는 구역질을 하면서 바로 토하기 시작했다. 그러더니 코에서 반 시간쯤 피가 흘러나왔다. 모든 통증이 사라졌다. 언젠가 17살짜리 소녀가 아프다며 나를 불렀다. 나는 알약(동물의 배설물로 만든 것임을 추측할 수 있을 것이다)을 만들어서 치아의 구멍에 집어넣으라고 했다. 그녀는 그것을 보자마자 끔찍한 마비증상과 함께 온몸을 떨기 시작했다. 그리고 그 순간 모든 고통이 사라졌다." 파울리니는 여기서 물론 상상력의 효과를 — 처음에는 구역질, 그 다음에는 마비 — 묘사했을 뿐 아니라 제대로만 처치할 경우 통증이 사라질 수 있음에도 불구하고 여성들이 이런 고통을 그냥 참아내는 것을 비웃고 있다.

위험한 혀와 위험에 처한 혀

아랫니에 둘러싸인 혀는 여러 가지 탁월한 특징들을 지니고 있다. 구개(입천장) 근육과 턱 근육, 석필 모양의 골기(骨起) 근육, 혀뿌리 근육 등에 의해 지지되는 힘과 유동성이 그것이다. 또한 다양한 돌기(파도 모양의 돌기와 잎 모양의 돌기, 그리고 선 모양의 돌기와 버섯 모양의 돌기) 같은 것이 돋아 있으며, 나아가 혀를 촉감이나 미각의 차이(단맛, 신맛, 짠맛, 쓴맛)를 구별하는 도구로 만들어주는, 차별화된 표면구조를 가지고 있다. 특히 혀는 언어를 만드는 음의 형성(음성)

에 중요한 협조기능을 한다. 17세기 의사인 요한 폰 베버비크(Johann von Beverwyck)는 그 상황을 이렇게 묘사한다. "인간은 여러 동물들 중에서 펼치고 말 수 있는 가장 완벽한 혀를 가지고 있다. 왜냐하면 혀가 두 가지 용도로 사용되어야 하기 때문이다. 즉 인간 특유의 말하기를 위한 것과, 다른 동물들과 마찬가지로 맛을 보기 위한 것이다. 혀는 부드럽고 수세미 같은 근육으로 이루어져 있으며, 얇은 조직으로 덮여 있다. 입천장 역시 그런 얇은 조직을 가지고 있으며, 혀와 함께 맛을 느낀다(*Allgemeine Artzney*. Frankfurt/M. 1674, Ⅱ. 251)".

숨겨진 미뢰(味蕾)와 함께 혀 표면의 섬세한 구조에 대해서는 아직 그다지 알려지지 않다. 그러나 '혀' 라는 의미의 독일어 'Zunge'는 프랑스어 'langue' 처럼 실제로 이중의 의미를 지닌다. 그 단어는 느끼고, 만지고, 맛을 느끼고, 심지어 냄새에도 관여하는 구강의 주요기관을 지칭한다. 또한 혀는 언어기관이기도 하며 성대, 치아, 입술, 입천장과 함께 소리를 내는 데 영향을 미친다. 그럼에도 혀는 말을 하는 데 사용되고 자주 침묵이 웅변보다 더 귀중한 것으로 평가받기 때문에, 이 기관은 아무래도 부담스러운 것으로 여겨진다. 더구나 맛있고 즐거운 것을 추구한다는 이유로 자칫 방탕한 기관으로 여겨진다. 흔히 수다를 떠는 사람들은 뱀과 비교되는데, 그것은 물론 혀를 날름거리는 것을 통해 부각된다(V. Roloff, 1973, 40f.). 말을 너무 많이 하는 사람들은 혀를 그만 놀리라는 핀잔을 듣기 일쑤고, 어리석은 말을 떠드는 대신 혀를 깨물으라는 충고마저 듣는다. 근세 초기의 도덕적인 논문은 '정신적으로 혀를 연마하는 사람' 을 소개하는데, 거기서는 명예가 실추된 사람과 모욕당한 사람의 언어기관을 7개의 유용한 돌로 "갈고, 닦고, 청소하도록" 권장한다.

그리고 여기서 다시 인간 육체의 고통스런 손상, 특히 혀의 손상에 관해 언급할 필요가 있다. 예수 그리스도의 "비밀스런 고통" 의 하나는 아마도 이것이었을 것이다. 즉 형리가 그의 혀에 가시를 찔렀던 것이다. 이미 앞에서 여러 번 언급했던, 모든 성자와 모든 잔인함의 숭배자인 알반 슈톨츠는 성 로만(11월 18일. *Legende*, IV. 1895, 415)의 삶에 관해 이렇게 기술했다. "아스클레피아데스는 ……성 로만의 혀를 자르라고 명령했다. 왜냐하면 로만이 그를 모욕하는 연설을 했기 때문이다. ……그 도시에는 크리스트라는 사람이 있었는데, 외과의사였으며 그때 마침 수술도구를 가지고 있었다……. 법관은 ……순교자의 혀를, 그것도 뿌리까지 자르라고 그에게 명령했다. 불행한 크리스트는 이런 끔찍한 명령에 마지못해 따랐다. 성자는 기꺼이 혀를 내밀었고, 형을 집행하는 동안 절대 입을 다물지 않으려고 했다. 그 외과의사는 성자의 혀를 버리지 않고 성유물로 보존했다."

혀의 징벌은 근세 초기까지도 실시되었다. 1530/32년 카를 5세 황제의 『형법전』(ed. H. Zoepfl, 1842)은 죽음까지 가지 않는 육체의 징벌을 다루면서 (CXCVIII, S. 253) "혀의 절단" 에 대해 이렇게 묘사하고 있다. "[그 판결은 이렇다. 피의자에게] 공개적으로 칼을 씌우고, 혀를 절단하고, 게다가 당국의 허락을 받아 나라 밖으로 추방해야 한다." 명백히 혀를 절단하는 징벌을 통해 비방자들이나 달갑지 않은 증인의 입을 다물게 할 수 있었다. 어떤 남자는 법정에서 진술하지 않으려고 스스로 혀를 잘랐다(M. Abele von Lilienberg, *Ander Theil selzamer Gericht-Händel*, 1705, 165[Casus 72]). 중세의 사례수집가인 캐사리우스 폰 하이스터바흐(Caesarius von Heisterbach)는 거꾸로 이교도의 알비파(반교황을 표방

하여 반역한 12~13세기 그리스도교의 한 교파 ― 옮긴이)가 한 신부의 혀를 잘랐는데, 성모 마리아가 그에게 새로운 혀를 넣어주었다고 이야기한다(*Dialogus miraculorum* VII, 23). 몇몇 초기 기독교 시대의 순교자들은 자신들의 신앙을 입증하기 위해 어쨌든 혀 없이도 말을 할 수 있었다(Gregor, *Dialogi*, III, Kap. 32). 성 요하네스 네포묵(Johannes Nepomuk)은 왕비의 고해 비밀을 실토하는 대신 기꺼이 고문을 받고 몰다우 강에 던져졌다. 1719년 그의 무덤을 열었을 때, 사람들은 그의 혀가 그대로 보존되어 있는 것을 발견했다. 네포묵은 어쨌든 살아 있는 혀가 죽음을 넘어서도 설교의 중요함을 증거하고 있는 다른 성스런 설교자들과 함께 이런 특징을 공유한다.

혀의 마비, 혀의 부종

우리의 혀는 또 다른 위험에 노출되어 있다. 인간은 혀 근육이 부어서 말을 못할 수도 있다. 이런 질병에는 질식의 느낌이 동반된다. 요제프 슈미트는 『외과술의 실례』에서 30년 전쟁 당시의 체험에 관해 이렇게 기술한다. "1641년 4월 27일 볼프 크리스토펜 씨로부터 왕진 요청을 받았다. 그는 ……뇌르틀링겐에서 3시간 거리에 있는 주둔지의 한 마을에 누워 있었다. 입에서 높은 열이 났으며, 혀가 부어올랐다. 마치 커다란 고기 조각을 물고 있는 것처럼 보였다. 그는 말을 할 수도 없고, 침을 삼킬 수도 없었다. 나는 그에게 따뜻한 물로 입을 자주 헹구라고 처방했다. 그러자 혀의 부종이 마침내 터지면서 아주 나쁜 냄새가 났다. 그리고는 곧 나았다."

다른 예도 있다. 열이 난 몸을 차가운 물로 식히도록 하기 위해(1601년 로잔에서 여러 명의 학생이 무더위를 피하려다 결국 익사한 일도 있었다) 파브리치우스는 『외과학적 관찰』(in: *Opera omnia* 72)에서 자신의 소년시절 기억을 이렇게 적었다. "12살 무렵 몹시 더운 여름날에 나는 부적절하게도 찬 강물에 수영하러 뛰어들었다. 그리고 바로 갑자기 혀가 마비되는 걸 느꼈다. 그 후유증은 몇 년이나 더 지속되었다." 그런 혀의 마비에 관한 이야기를 우리는 가톨릭 쪽의 기적문학에서 자주 읽게 된다. 그런 경우는 대체로 이중적 의미를 지닌다. 신은 죄를 지은 자들이 삶 속에서 회개하도록 감동을 주기 위해서 그들에게 말을 못 하는 벌을 내리신다. 그러나 그들이 더 순수하게 하느님의 전지전능함을 예고할 수 있도록 다시 말을 할 수 있게 한다. 그래서 예컨대 16세기 스페인 리오하의 어느 기적을 담은 책에는 이런 내용이 들어 있다. 카타리나라는 여자가 밭에서 수확을 하는데 천둥번개가 치며 비가 오자 그만 혀가 마비되었다. 그러나 그 지역의 교회에 가서 속죄하자 다시 말을 할 수 있게 되었다(L. M. Calvo Salgado, 1988, 7장). 하인리히 하이네는 공포로 인해 혀가 마비되는 모티브를 자신의 「돈 라미로」(Don Ramiro, in: *Buch der Lieder*)에서 사용한다. 그 작품에서 도나 클라라는 애인이 아닌 다른 사람과 결혼하게 된다. 애인인 돈 라미로는 돈 페르난도에 의해 제거되었다. 그러나 돈 라미로는 마지막 춤에 나타났다가 그림자처럼 사라진다. 도나 클라라가 기절상태에서 깨어나자 페르난도가 물었다.

"'말해봐요, 왜 당신 뺨이 그렇게 창백한 거요?
눈빛은 또 왜 그렇게 어둡고?'
'그런데 라미로는요?' 클라라가 더듬거렸다.

그리고 공포로 인해 그녀의 혀가 굳어버렸다."

그렇다면 도나 클라라는 혀가 다시 풀리도록 하기 위해 어떤 성자에게 기도해야 하는가? 이 문제는 그냥 놔두고, 혀의 기능을 보완할 수 있는 입 안의 두 번째 미각기관으로 가보자.

감칠맛과 입맛을 돋우는 음식

"입의 천장인 구개는 뼈에 근육이 덮여 있으며 음식을 맛보는 혀를 도와준다" — 이렇게 네덜란드 의사 요한 폰 베버비크(1594-1647)는 그의 『보편의학』(*Allgemeinen Artzney*, Frankfurt/M. 1674, II, 255)에서 입에 관해 묘사했다. 구개가 맛있는 음식을 맛보기 위해 존재한다는 단순한 확인은 주지하다시피 19세기 초에 섬세한 미적 감각에 관한 이론으로 확대되었다.

미각의 위대한 전문가인 브리야 사바랭(Jean-Anthelme Brillat-Savarin, 1755-1826)은 1826년 『맛의 생리학』(*Physiologie du gout*)의 두 번째 명상에서 그 개념을 약간 자세하게 밝히고 있다. "미각은 육체를 미각의 내용[les corps sapides]과 결부시키는 감각 중 하나이다. 그것들을 알고 즐기기 위해 우리는 특별한 기관을 가지고 있다. ……미각은 두 가지의 기본 기능을 가진 것으로 보인다. 1) 미각은 우리가 활동을 통해 입게 되는 지속적인 손실을 보충할 수 있도록 한다. 2) 미각은 자연이 제공하는 여러 물질들 가운데 우리가 음식으로 적합한 것을 선택할 수 있도록 도와준다." 혀를 잃게 될 경우에는 구개의 미각기관과 인후의 벽만 남는다. 게다가 미각기관은 후각기관과 긴밀하게 공동작업을 하며 함께 작용한다. 그래서 브리야 사바랭은 하던 이야기를 계속할 수 있다. 그리고 즐겁고 상세하게, 정확한 것은 아니지만, 암스테르담의 가련한 녀석에 관해서도 이야기할 수 있다. 언젠가 알제리 사람들이 도망가려 했다고 해서 그 벌로 그들의 혀를 잘랐다(그리고 한 변호사는 이런 육체의 징벌을 십자군전쟁을 통해 유럽에 도입된 아프리카의 산물이라고 여겼다). "나는 그에게 물었다. 음식을 먹으면서 어떤 맛(saveur)을 느끼냐고. 그리고 사람들이 그에게 행했던 끔찍한 수술 후에도 미각이 살아남았느냐고. 그는 대답했다(서면상으로. 왜냐하면 그는 '약간의 교육을 받았기' 때문이다). 그러나 그는 미각을 잘 유지하고 있었다. 그는 강한 맛이 나지 않게 요리된 모든 음식의 맛을 느낄 수 있었다. 그래도 강한 신맛과 쓴맛은 그에게 참을 수 없는 고통을 불러일으켰다."

인후와 삼키기 곤란한 증세

과거 알제리 노예들의 삼키기 곤란한 증세 때문에 우리는 입의 뒤쪽 부분에 관심을 가지게 되었다. 라블레의 말로 하자면 파링겐과 라링겐이라는 소도시이고, 의학적으로 말하면 '파링크스'(Pharynx), 즉 입과 식도 사이에 존재하는 위쪽 기도의 한 단면인 인두와 '라링크스'(Larynx), 즉 호흡기 안에 자리잡고 있는 연골의 발성기관인 후두이다. 인두를 의미하는 독일어 '라헨 Rachen'은 까악까악거리거나 골골거리다를 연상시키는 의성어일 수 있다. 인두를 가리키는 또 다른 단어인 '슐른트 Schlund'는 당연히 음식물을(가끔은 다른 물질도) 삼키는 것('Ver-Schlingen', 혹은 'Schlucken')과 관계가 있다. 낯선 물질이 식도(Oesophagus) 대신 기도로 들어가면 기도의 섬모가 심하게 저항한다. 이런 물질이 폐에 들어가면 안 되기 때문에 그것은 어쨌든 위로 밀어올려진다. 그렇다고 식도에 들어오는 모든 것을 삼키지는 않는다. "뱉어라! 동전을 삼킨 아이에게 아버지가 말했다." 그것은 찰스 디킨스의 『피크위크 클럽의 기록』(1836)에 나오는 사무엘 웰러의 유명한 어록 중의 하나이다. 우리는 그것을 '웰러리즘' 이라 부르기로 한다.

입 안 가득 들어 있는 음식을 이동 가능한 조각(Bolus)으로 잘게 부수어 영양분으로 만들기 위해서는 이, 혀, 침샘(Glandulae)이 공동작업을 한다. 혀는 음식물을 입천장(Palátum)을 향해 밀어올린다. 그러면 입천장은 코의 비후강 위를 차단하고 조금씩 앞으로 후두 쪽으로 후두개 연골(Epiglottis)을 향해 밀어낸다. 후두개 연골은 기도의 입구 앞에서 보호하고 있어서 기도로 넘어가는 것을 막는다. 이제 식도가 벽근육(Peristaltik)을 파도 모양으로 수축함으로써 음식물을 계속 아래로 위장으로 옮겨가는 데 참여한다. 음식을 먹고 물을 마시는 것은 그래서 낙하운동이 아니다. 우리가 머리로 서는 예술가라면 아래에서 위로 음식물을 삼킬 수 있을 것이다.

또한 인간은 식도를 막을 수 있는 모든 것에 관심이 있다. 의학적인 이야기 모음집에는 온갖 기이한 식사습관이 언급되어 있다. 앙투안 미조(Antoine Mizauld, 1500(?)-1578)는 요한 랑이라는 독일사람의 책에서("Epistolae medicinal, epistola 38") 그런 이야기를 읽고는 자신의 『인상적인 사건들』(Memorabilium... centruioe novem [Bl. 74=No. VI, 1)에 기록했다. 1539년 아이히슈타트에서 울리히 노이제서라는 이름의 농부가 끔찍한 고통으로 인해 죽었다. 의사들이 그의 시체를 해부했을 때 그 안에서("res mira & prodigiosa" — 아주 기이한 물건이다!) 둥글고 긴 나무와 쇠로 만든 칼 네 자루, 그리고 역시 쇠로 만든 도구 두 개를 발견했다. 요제프 슈미트는 1656년 위 손상에 관한 장에서 이렇게 이야기했다. 아우구스부르크의 동판화가이며 그의 동서인 게오르크 바움가르트너가 1두카텐짜리 동전을 삼켰다. "그것은 [의도하지는 않았지만] 아래로 내려가서, 사흘째 되던 날 그의 환자용 변기에서 다시 발견되었다."

16~17세기의 팸플릿 자료와 신문 자료에 보면 칼을 삼킨 사람이 여럿 거명되고 있다. 가장 유명한 것은 동프로이센 사람인 안드레아스 그뤼하이데였다. 이 사건은 이미 1635년 의사인 게오르크 로트 폰 쾨니히스베르크(Georg Loth von Königsberg)가 기술한 바 있으며, 그의 이복동생인 다니엘 베커가 안드레아스를 다시 해부했다(Historische Beschreibung.... Königsberg 1643). 베커는 우선 머리빗, 나무, 석탄, 유리, 못, 바늘, 고깃덩이, 뱀, 개구리, 도마뱀, 심지어 개의 꼬리, 공, 소총 화약, 뼈 등을 토한 사람들의 사례를 인용했다. 그 의사의 기록에 따르면 그의 동료들 중 많은 이들이 악마가 마술을 부려서 이들로 하여금 이런 물건들을 몸 속에 집어넣었다고 생각했다는 것이다(fol D3v). "사탄은 강력한 힘과 계략을 갖추었으며, 직접 혹은 그의 도구를 통해 많은 나쁜 것을 인간의 육체 속으로 집어넣을 수 있다고 결론짓는다." 베커는 물론 그 경우 우울한 상상력이 문제가 될 거라는 설명을 빼놓지 않았다. 그는 우리 합리주의자들에게 명백한 생각들, 즉 이 사람들이 앞에 언급했던 물건들을 실제로 삼켰거나 아니면 그로 인해 광란에 빠질 수도 있다는 생각— 왜냐하면 토하는 것은 다른 사람에게 쉽게 전염되기 때문이다 — 까지 이르지는 못했다.

물론 이런 삼키는 모험의 많은 것들이 우울한 '상상'에 근거하고 있을 거라는 베커의 가정을 완전히 부정할 수는 없다. 토마스 바르톨리누스는 1654년에 그의 『진기한 해부학 이야기』(*Historiae anatomicae rariores*, I, 79: *Melancholicorum figmenta*)에서 그런 경우에 관해 보고하고 있다. 그 중에서 어떤 남자는 못을 삼켰다는 망상 탓에 오랫동안 고민하다가 한 의사가 그런 물건을 그의 'vomitorium', 즉 타구(가래나 침을 뱉는 그릇)에 몰래 집어넣고 나서야 안심했다는 이야기가 있다. 그리멜스하우젠(Grimmelshausen) 역시 1668년에 그의 소설 주인공인 심플리치우스(*Simplicissimus*, II, 13)의 입을 통해 그런 과대망상을 앓는 사람에 관해 이야기한다. 즉 그는 자신이 닭이나 혹은 심지어 어떤 단지일 거라고 상상하고 그에 맞게 바보처럼 행동한다. 우리는 그런 상상을 당시의 의학 자료에서 만날 수 있다. "말, 고삐, 그 밖의 다른 물건을 몸 속에 지니고 있다고 상상하는 사람을 그는 그런 방식으로 도와주었다. 그 의사는 하제를 처방하고는 동일한 물건을 환자용 변기에 갖다놓았다. 그래서 그 사람이 자신의 몸에서 그런 것이 나왔다고 믿게 되었다." 그리멜스하우젠이 고대의 진기한 이야기 모음집에서 알게 된 그 이야기는―항문에 관련된 이야기를 좋아하는 요소 덕분에―놀랄 만한 전승력을 지닌다. 뉘른베르크(나중에는 뇌르틀링)의 의사인 프리드리히 빌헬름 폰 호벤(Friedrich Wilhelm von Hoven, 1759-1838)은 자신의 『전기』(*Biographie*, 1840, 120f.)에서 루트비히스부르크의 루빈스카 백작부인의 말상대를 해주는 젊은 여성인 폰 켈러 양에 관해 보고하고 있다. 그녀는 못을 삼켰다는 상상을 했는데, 어쨌든 호벤이 말하는 낯선 물질이 "사라지지 않았다"는 것을 그녀에게 보여줄 수 없는 한, 그런 "망상"에서 벗어날 수가 없었다. 비교적 오래된 이야기에 따르면 호벤은 말을 못 하는 하녀에게 명령했다. "다음 날 아침에 하녀가 변기에서 발견한 못을 그 아가씨에게 보여주라고. 물론 그녀의 공포는 사라졌고, 나는 치료에 성공한 대가로 백작부인으로부터 사례금으로 8두카텐을 받았다." 박식함은 언젠가는 보상받을 것이다!

그러나 못을 삼키는 것 역시 그 나름의 전통이 아니었을까? 앞에서 언급된 아우구스부르크 외과의사인 요제프 슈미트는 자신의 경험과 의학 자료에서 몇 가지 도움이 될 만한 경우를 알고 있었다(*Spiegel der Wund-Artzney*, 101-103). 토마스 바르톨리누스는 그보다 약간 후에 자신의 의학 편지(*Epistolarum medicinalium... centuria* III, 60 [1667, 238-244)])에서 베르겐 출신의 14살짜리 사내아이의 경우를 묘사하고 있다. 그 아이는 끔찍한 경련을 일으키고 몸을 비틀면서 작은 뼈, 가시, 작은 못, 쇠로 만든 작은 공, S.M.P.D.의 글자를 새긴 나무조각들을 토해냈다. 노르웨이 사람들은 당시에 아마 이런 것을 마술로 보여주고 싶어했을 것이다.

스위스의 어떤 젊은 여성의 경우에는 다른 사례와는 비교가 되지 않을 정도로 못이 많이 나왔다. 스위스에서 마지막으로 벌어진 마녀심판에서, 즉 1782년 글라루스에서 안나 푈디라는 이름의 하녀에게 불합리한 사형 판결을 내렸던 이 심판에서, 글라루스의 의사이며 추밀고문관인 요한 야콥 추디의 딸인 아네 미겔리라는 여자아이는 그 하녀가 마녀임을 입증하는 결정적인 역할을 했다. 여러 개의 '구펜', 즉 못을 토해냈던 그 아이는 하녀 푈디가 마법을 사용해 그녀의 위에 못을 집어넣었다고 주장했다. 동시대의 의학 문헌을 살펴보면 당시 용감한 아이들은 주목을 끌기 위해서건 아니면 증오하는 사람을 다치게 하려는 의도에서건간에 못을 삼키거나 토해내는 이런 속임수를 썼다는 사실이 드러난다. "어린이 사고 이야기"를 무척 선호했던

1800년경의 교육학적 자료는 못을 삼키는 사례를 경고-사고-징벌이라는 구도에 따라(희생자가 놀라서 죽는 경우가 적지 않았다!) 구성하고 있으며, 그것은 명백히 두려움을 불러일으키는 효과가 있었다.

칼이나 못을 삼키는 사람에 관한 선정적인 이야기들은 전염성을 가지고 있을 뿐 아니라 자극적인 내용과 효과를 지속적으로 고양시키는 경향이 있다. 그래서 1896년 프랑스의 주간지인 『정치와 문학 잡지』(*Les Annales politiques et littéraires*)에는 돌을 삼키는 사람에 관한 기사가 실렸다. 그 기사에서는 우선 당시에 잘 알려진, 오데사 병원에 있는 얄타 출신의 여자에 관해 이야기하고 있는데, 그녀는 무려 37가지 물건을 삼켰다고 한다. 그 중에는 포크, 커피 스푼, 유리 조각, 단추와 열쇠도 있었다. 어쨌든 사람들이 이런 물건들을 그녀의 위장 저 아래에서 꺼냈다고 한다. 그 기사에는 또 이렇게 적혀 있다. "피크 씨는 새로이 프라하의 독일 의사 모임에 19살 된 청년 한 명을 소개시켰다. 그는 갖가지 물건들을 가지고 사람들 앞에 등장했다. 그는 우선 톱밥 한 줌, 도자기 조각, 유리 조각, 석탄, 유황, 벽돌 조각, 가죽, 성냥을 삼켰고, 언젠가는 알콜과 등유를 끼얹고 불을 붙인 톱 판지를 삼킨 적도 있었다. 그는 사람들로부터 미친 듯한 환호를 받았다. 가련한 실직자들이여!" 이 사람의 성공은 물론 오래 지속되지 않았다. 피크 씨는 병원으로 실려온 그 사람을 감자 퓌레로 치료했다. 그것은 삼킨 물건의 강도를 약화시키고, 손상된 위벽을 고쳐주었다. 『정치와 문학 잡지』는 외국이나 프랑스에서 허용되어서는 안 될 그런 위험하고 어리석은 짓들을 경고했다.

코의 기적, 기적의 코

기이한 형상의 코(라틴어 'nasus' 는 남성명사이다! 그러나 스페인어 'la nairz' 는 여성명사이다). 기껏해야 귓바퀴 정도가 그 별난 모습과 회화적 능력에서 코를 능가할 수 있을 것이다. 우리는 코를 얼굴의 돌출창이라고 부른다. 왜냐하면 그것이 외부를 향해 튀어나와 있거나, 아니면 대체로 새의 부리처럼 앞으로 튀어나와 있기 때문이다. 바로크 화가인 르브룅(Charles Le Brun)은 그런 새의 부리를 가진 인간을 자주 그리곤 했다. 코는 얼굴이라는 부엌의 배출구이거나, 혹은 성급한 사람의 경우는 맞바람을 가르는 것이다. 위턱와 윗입술 위로 튀어나와 있으며, 피부, 연골, 두개의 코뼈로 이루어져 있는 코의 바깥 부분은 간단하고 별로 위험하지 않은 구조이다. 그러나 그 안쪽의 구멍으로 들어가면 섬뜩해진다. 돌기와 변덕스러운 뼈들의 결합(입천장 뼈, 사골, 설상골), 근육과 비강으로 가는 통로가 있으며, 피를 곧잘 흘린다. 섬모를 지닌 점막은 호흡할 때 공기를 따뜻하게 하고 정화시킨다. 그리고 습기 찬 내피와 함께 보통 로츠(Mucus)라고 불리는 액체를 분리시킨다. 이 피부에는 냄새 수용체가 있으며, 뇌로 냄새신호를 보낸다. 코가 이런 구멍들과 연결되어 있다는 것 등을 깊이 있게 알려면 이비인후과에 관한 전문지식이 필요하다. 이탈리아에서는 그런 전문가를 농담조로 '오토리노 Otorino' 라고 부른다. 이비인후과를 가리키는 라틴어 명칭이다. 'Oto/rhino/laringo/logie.'

그럼에도 독일 민족은 코와 관련된 격언에서 이 후각기관의 외적인 면에만 국한시킨다. 사람들이 코를 높이 들고 다닌다거나('콧대가 높다, 거만하다' 는 뜻임) 아니면 자신의 코를 앞으로 내민다('경연대회에서 입상하다' 라는 뜻임)는 식으로 흔히 표현된다. 어떤 사람들은 좋은 코를 가지고 있거나('눈치가 빠르다')

모든 것에 코를 처박는다('사사건건 참견하고 다닌다'는 뜻임). 또한 이웃에게 자신의 코나 잡으라고 충고하고, 모든 것에 진저리를 낸다(voll Nase haben). 그것은 아마도 그들이 꾸중을 들었거나 아니면 악당이 그들의 코를 잡고 돌아다녔기('속이다')때문일 것이다. 일상적인 대화에서 사람들은 남들의 기이한 코에 관해 이야기하는 것을 즐긴다. 파리의 술집 탁자에서 구리오(Jean Marie Gourio)는 다음과 같은 대화의 단편들을 기록했다(Brèves de comptoir, 3, 1994, 85). "그의 콧날은 전에는 오똑했다. 그런데 지금은 코 위에 프랑스식 공놀이 공을 얹어도 될 정도이다." 혹은 "그 사람은 플라스틱으로 만든 가짜 코를 달고 있다. 수술을 했다. 어쨌든 콧구멍은 플라스틱으로 만들어진 것이다."[옆에 앉은 사람의 질문] "계속 플라스틱 냄새가 나지 않을까요?"

그래서 이런저런 문학작품에서도 코에 관한 이야기들이 많이 나온다. 유아시절과 청년시절에 읽게 되는 책들 중에서 몇 가지 이야기는 우리에게 오래전부터 친숙하다.

1. 그림 형제의 『어린이와 가정을 위한 동화집』초고(ed. Freidrich Panzer, 2권 [1913]. Wiesbaden/Berlin o.J., 453-457)의 「긴 코」. 그 이야기에는 퇴역한 군인 세 명이 나온다. 영리한 공주가 그들에게 마법의 선물 세 개를 — 외투, 주머니, 호른 — 빼앗은 탓에 그들은 다시 구걸하러 가야만 한다. 그들 중 한 사람이 가는 도중에 사과를 먹는다. 그런데 그의 코가 길어진다. "점점 길어지더니 더 이상 일어설 수 없을 정도로 길어진다. 그리고 숲 밖으로 60마일나 더 자라났다. 그의 동료들은 세상을 돌아다니면서 그를 찾았다. 왜냐하면 그가 사람들 사이에 있는 것이 더 나았기 때문이다. 그러나 그를 발견할 수가 없었다. 그러다가 갑자기 한 사람이 어떤 부드러운 것에 부딪쳤다. '아! 이게

뭐지?' 라고 생각하는 순간에 그것이 움직였다. 코였다. 그들은 말했다. 저 코를 따라가보자. 코를 따라가다가 마침내 숲에서 코가 길어진 그들의 동료를 만났다. 그는 거기 누워서 움직일 수도 일어날 수도 없었다. 그래서 동료들은 막대기를 찾아와 코를 막대기 주위에 감았다. 그리고 막대기를 높이 쳐들려고 했다. 그것은 들고 가기에는 너무 무거웠다. 그들은 숲에서 당나귀 한 마리를 발견했다. 그래서 그 사람을 당나귀 위에 태운 채, 긴 코는 두 개의 지팡이 위에 올려놓고 당나귀를 끌고 갔다. 그들은 길모퉁이를 돌자마자 휴식을 취해야만 했다." 그들은 거기에서 자신들을 구해줄 배나무를 발견했다. 배를 먹으니 긴 코가 다시 줄어들었다. 동료들은 우연히 발견한 마법의 과일로 가루를 만들어서, 자신들에게 사기를 친 공주를 제대로 벌할 수 있었다. 앞에서도 보았듯이 시칠리아 사람들은 이런 해학동화를 거대한 코라는 기이한 요소로 설명하는 게 아니라 종양으로 설명한다. 왜냐하면 이런 종양이 남방 나라 사람들에게는 독일 사람들의 코보다 훨씬 재미있기 때문이다. 물론 코에는 머리의 다른 융기(돌기)처럼 에로틱한 부차적 의미가 결부되어 있다.

2. 슈바벤 사람 빌헬름 하우프의 동화(1827)에 나오는 동일한 제목의 난장이의 코. 그 코는 구두수선공 아들인 야콥의 코로, 야콥은 채소장수인 어머니의 일을 도와주다가 팔려고 진열해놓은 향내 나는 채소 속에 코를 깊이 집어넣은 추한 노파에게 뻔뻔스럽고 욕심 많은 여자라고 비난한다. 그러자 욕을 먹은 그 노파는 다음과 같이 말한다. "이 녀석아, 이 코가 마음에 들지 않느냐? 길고 아름다운 내 코가 마음에 들지 않으면, 너도 이런 코를 하나 가져야 할 걸! 얼굴 한가운데에 붙어 턱까지 내려오게 말이다." 마법의 수

프를 먹게 된 야콥은 노파가 말했던 그런 코를 가지고 되었고, 결국 짧은 목이 완전히 붙어버렸다. 7년 후에 야콥이 노파에게서 풀려나 집으로 돌아왔을 때 사람들이 이렇게 외쳤다. "어, 저 이상한 난장이 좀 봐! 저 난장이가 어디서 왔지? 어, 코가 정말 긴데! 어떻게 머리가 어깨 위에 꽂혀 있지? 그리고 저 시꺼멓고 못생긴 손 좀 봐!" 그런 형용사로 가련한 야콥은 "추한 괴물"이 되어버렸다.

3. 카를 마이(Karl May)의 서부 환상소설에 나오는 우스꽝스러운 인물인 작센 출신의 일명 매라고 불리는 서부 사나이 샘 호킨스의 코. 이 사람은 소설의 훌륭한 소도구이다. 그것에 관해서는 예컨대 『기름왕자』(Ölprinz, 1893/94)에 이렇게 적혀 있다. "[호킨스는] 뚱뚱하고 키가 작은 사람이었다. 슬프게 내려앉은 모자의 창 아래로…… 헝클어진 검은 머리카락 사이에 코가 튀어나와 있었다. 정말이지 거의 경악할 지경으로, 어떤 해시계에도 그림자를 던져줄 막대기로 사용될 수 있을 것이다. 게다가 구레나룻이 많이 자라 있어서 사치스럽게 장식된 코만 제외한다면 얼굴 부위 중에서는 작고 영리한 두 눈만 보였다."

그렇게 문학작품에서 묘사되는 코의 예를― 한스 작스(Hans Sachs), 하인리히 조케(Heinrich Zschokke), 니콜라이 고골(Nicolai Gogol)이 묘사한 것 같은 코나 혹은 심하게 긴 피노키오의 나무 코 등등― 계속 열거할 수 있다. 그럼에도 웃는 철학자인 카를 율리우스 베버(Karl Julius Weber), 코를 사랑하는 미하엘 슐테(Michael Schulte), 문화학자 우츠 예글레(Utz Jeggle)와 같은 성실한 수집가들이 이미 그런 코 이야기들을 모은 바 있다. 여기서 우리는 몇 가지 의학적으로 문제가 있는 코를 다룰 것이다.

코는 대체로 부러지거나 물리거나 아니면 심지어 잘릴 위험도 있다. 그래서 30년 전쟁 당시 노련한 장군이었던 요제프 슈미트는 『외과술의 실례』(67f.)에서 이렇게 이야기한다. "1648년 아우구스부르크의 주둔지에 자리잡은 클레멘트 기병부대 소속으로 코를 다친 한 기병에게 나는 붕대를 감아주었다. 그는 에버메르겐 출신으로, 맥주양조자인 마테우스 아이젤른 옆에 누워 있었다. 다른 기병에게 얻어맞아 코를 크게 다쳐서 그의 코는 간신히 매달려 있었다. 그러나 잘 치료되었다. 그럼에도 나는 밀랍을 덮은 깃대로 작은 관을 만들어서 그의 콧구멍에 밀어넣었다. 치료와 호흡을 돕기 위해서."

신문에서 쓸데없이 인생의 극적인 실화를 찾는 토마스 베른하르트(Thomas Bernhard)처럼 우리 역시 시시한 기사를 숭배하는 사람이라면 요즘도 1주일 내내 코를 물었다는 사건을 발견할 수 있을 것이다. 1996년 8월 24일자 이탈리아 『라 스탐파』(La Stampa) 지에 실린 위대한 체조선수 이야기처럼 말이다. "파도바. 알제리 방랑자인 아벨 무니르가 체포되었다고 한다. 이탈리아 경찰이 그에게 수갑을 채우려 했을 때, 그는 경찰의 코 일부를 물어뜯어 삼켜버렸다. 디에고 토렌테라는 이름의 그 경찰은 바로 병원으로 옮겨졌다. 거기서 그는 성형외과 수술을 받았다. 그의 상태는 그다지 심각하지 않다고 한다." 이것은 실제로 국수주의적인 피해자학(Viktimologie)의 좋은 예이다. 어쨌든 과연 이 범인은 경찰의 코를 잘 소화시켰을까? 외국인들은 여기서도 궁지에 몰렸다.

그리고 항상 코를 즐겨 먹는 사람만 있는 것은 아니다. 펠릭스 플라터(Felix Platter)의 『일기』에 나오는 과거의 회상도 우습게 들린다. 그는 (1546년경) 바젤에서 아직 소년시절에 겨울에는 눈싸움을 즐겼으며, 한번은 그런 놀이를 하다가 친구들에게 몰래 눈덩이를 던지기 위해 숨었다. 그런데 나무 계단을 올라가다 그 눈덩이를 맞은 사람은 함께 놀던 친구가 아니라 엄한 아버지였다. "처음에는 그의 코만 보였다. 나는 친구들 중 한 명일 거라고 여기며 코를 겨냥해서 눈덩이를 던졌다. 코에서 피가 나기 시작했다. 아버지가 말했다. 이 녀석, 빨리 올라와. 아버지는 나를 때리려 했지만 나는 얼른 도망갔다"(S. 90f.). 요제프 슈미트의 책에서 보았던 것처럼 그런 사건이나 그보다 나쁜 사고에 효과적인 치료방법을 늙은 의사들은 이미 알고 있었다. 빌헬름 파브리치우스는 그의 관찰에서 이렇게 설명했다(Wundt-Arztney, 1293). 1590년 제네바 사람들과 대적해 싸운 사보이 전쟁 당시에 수잔나라는 이름의 용감한 여자가 있었는데, 그녀는 사나운 군인들로부터 공격을 받았다. 결국 자신의 처녀성을 지키긴 했지만 군인들은 그녀의 코를 잘랐다. "2년 후 그녀는 로잔으로 갔다. 거기에는 요한 그리포니우스라는 아주 영리하고 유능한 외과의사가 살고 있었다. 그는 코를 치료해서 다시 제대로 자리잡게 해주겠다고 그녀에게 제안했고, 역시 만족할 만한 성공을 거두었다. 코의 부족한 부분을 채워주었던 것인데, 사람들은 그녀의 코를 보고 그것이 인공적으로 만들어진 것임을 거의 알아차리지 못했다."

코피, 코벌레

코는 ― 유감스럽게도 ― 짓궂은 주먹질의 표적이 되기도 한다. 그리고 우리는 연약하고 두려움이 많은 어린 시절에 이런 협박 노래를 즐겨 불렀다.

"그렇게 한 녀석의

주둥이를 패주겠다.

그런 녀석의 코를 패주겠다

코피가 나도록!"

　물론 우리의 후각기관은 혈관이 무척 예민해서 자칫 붉은 피의 배수구가 되기도 한다. 집안의 어머니들은 이런 위급상황에 대처할 수 있는 여러 가지 약제와 지혈제에 관해 알고 있다. 과거의 의사들은 심지어 모험적인 약제까지 사용했다. 1575년 이른바 젝스투스 플라토니쿠스의 글에는 "염소의 머리털을 태워서 식초에 개어 바르면 코피가 멈춘다"고 적혀 있다. 미조는 오히려 900가지 유용한 것들의 모음집에서 다음과 같은 처방전을 준비하고 있다(*Memorabilium… centuria novem…*, Bl. 32=Nr. III, 14). "콧구멍에서 피가 흐르면 그것을 바로 멈추게 할 수 있다. 코에서 나는 그 피로 이마 위에 다음과 같은 단어를 쓰면 된다. 'Consummatum est' [다 이루었다!]. 이것은 많은 사람들에 의해 검증된 것이다 'Res multis probata']." 여기서는 마술적인 것이 종교적인 것과 뒤섞인다. 대단히 신성모독적인 방식으로. 십자가에서 예수가 했던 말이 코피를 그치게 하는 데 오용되고 있다.

　빌헬름 파브리치우스는 그보다 나이가 많은 의사인 파라켈수스를 모욕하기 위해 코피에 관한 몇 가지 끔찍한 사례를 활용한다. 파라켈수스는 구체적으로 '지혈'을 생각하기 전에 우선 심한 출혈의 주요 원인인 분노, 탐욕, 흥분을 없애야 한다고 주장했다. 파브리치우스는 그건 말도 안 되는 소리라고 말한다. 심하게 '피를 흘리는' 환자에게 그의 삶의 방식을 두고 도덕적인 설교를 하려 한다면 그 환자는 출혈로 인해 갑자기 죽을 수도 있기 때문이다. 그리고 이런 반박과 관련하여 그는 귀족 출신의 군인인 아담 폰 리츠코에게 일어났던 "코피의 슬픈 사례"(*Wund-Artzney*, 613f.)를 들려준다. 어리석은 이발사가 피를 멈추게 하기 위해 하필이면 뜨거운 욕탕에 앉혀놓고 그의 피부를 울혈시켜 피를 뽑았다. 그럼에도 피는 점점 더 많이 흘렀다. 파브리치우스가 불려갔을 때는 이미 너무 늦은 상태였다. "나는 피를 멈추게 할 수 있었지만, 그는 24시간 동안 너무 많은 양의 피를 흘려버렸다. 그는 이날 밤 조용히 성스럽게 잠이 들었다."

침묵을 지키고 있는 대화 상대자를 빗대서 하는 말인 "코에서 벌레를 끌어내야 한다"는 관용어는 잘 알려져 있다. 이런 치료를 상징적으로만 이해할 수 있는가? 우리는 현대의 전설 한 가지를 떠올릴 수 있을 것이다. 동양에서 여행하다 고향으로 돌아간 — 아마도 외국에서 코 스프레이를 사용한 것 같다 — 여자 여행객의 코에서 벌레 한 마리가 기어 나왔다고 한다. 그러나 이 이야기는 이미 오래된 것이다. 토마스 바르톨리누스는 (centuria II, 74 [1663, 640-642]; *De verme ex naribus*) 그가 1656년 고토르프 출신의 요한 랑게로트 박사에게서 받았던 편지로 알게 된, 디트마르셴의 어느 농부 아내가 오랫동안 심한 두통을 앓은 것에 관해 보고하고 있다. 그런 고통을 더 이상 참을 수 없게 된 그녀는 그 지방에서 유명한 노이키르헤의 목사에게 가서 도움을 요청했다. 목사는 그녀에게 재채기 유발제를 맡게 했다. 그러자 그녀는 머리를 심하게 흔들지 않을 수 없었고, 그러더니 코에서 손가락 길이의 벌레가 나왔다. 두통은 곧바로 사라졌다. 믿을 수 있는가?

빌헬름 파브리치우스는 그의 『외과학적 관찰』에서 한번은 상세하게 그리고 나중에는 약간 다르게 어떤 이야기를(*Opera omnia*, 382f.) 설명한다. 즉 힐텐에서 두통을 앓고 있던 어느 사내아이의 경우를 기억하는데, 그 아이의 코에서도 벌레 한 마리가 기어 나왔다. 그리고 그 아이는 두통에서 해방되었다. 그 이야기가 진실임을 입증하기 위해 그 의사는 등에 털이 나고 7개의 작은 발과 잘 형성된 작은 머리가 있는, 동그랗게 말린 벌레의 그림을 첨부했다.

인간의 창조자인 신은 다음 번의 세계창조에서는(가능할 것인가?) 인간의 머리 구조, 특히 구멍이 많은 코의 구조에서 틀림없이 몇 가지를 단순화시키고 생략할 수도 있을 것이다. 그렇다고 해서 아름다운 신세계의 의사와 환자들이 하느님을 덜 존경하지는 않을 것이다.

콧물이 흐르는 코

프리드리히 폰 쉴러(Friedrich von Schiller, 1759-1805)는 남성으로서의 자부심이 강하게 드러나는 시 「남성의 품위」(Männsewürde)에서 이렇게 읊고 있다. "알콜은 사라지고/ 점액성 물질이 남는다." 독일어 관용구 수집가이며 교사인 게오르크 뷔히만(Georg Büchmann)은 그것이 알콜의 증류와 관계가 있다고 말한다. 그러나 여기에서 의학적 연상작용이 문제가 되었을 수 있다. 쉴러는 아마도 1781/82년 겨울에 코감기가 걸렸을 것이다. 많은 양의 그로그주(럼주에 뜨거운 설탕물을 탄 것) 혹은 에틸알콜 가공주를 마셨다. 그리고 아침에 일어났을 때 시인의 코에서는 여전히 콧물이 흘렀다. 뷔히만 시대(1864)에는 쉴러가 코를 풀고 구토하는 것을 감히 상상할 수 없었을 뿐이다. 그러면 그것은 어떤 점액질이었을까? "인간에게서 나오는 콧물은 겨울에 증가한다. 왜냐하면 그것은 체액 중에서 가장 차가운 것으로 겨울과 밀접한 관계가 있기 때문이다. 콧물이 차갑다는 증거는 이렇다. 즉 콧물, 침, 피를 만지면 콧물이 가장 차갑게 느껴지기 때문이다. 그것에서 점성이 느껴지지 않는가? 가래 다음으로 그것을 제거하기 위해 큰 노력이 필요하다." 이렇게 늙은 히포크라테스는 그의 『인간의 본성에 관하여』(Über die Natur des Menschen, Müri, W: Der Arzt im Altertum, 195)에서 가르치고 있다. 그의 관찰 중의 일부는 오늘날에도 여전히 통용된다. 우리 인생의 겨울 역시 인생의 여름보다 더 질척질척하다. 그리고 이런 점액질 성분을 기도나 콧구멍에서 몰아내기 위해서는 힘이 필요하다. 점액은 고대의 체액 병리학에서 혈액과 황색 담즙, 흑색 담즙과 함께 네 가지 기본 체액에 속한다. 그리고 그것은 인간 기질의 네 가지 성향을 규정한다. 점액질의 사람은(불같이 건조한 다혈질자, 공기처럼 따뜻하고 습기가 있는 담즙질자, 흙의 냉정하고 건조한 우울질자와는 반대로) 러시아 작가 이반 곤차로프(Ivan A. Gontscharow)의 『오블로모프』(Oblomov, 1859)의 주인공과 같이 물처럼 서늘하고(심하게 말하자면 점액질이다), 수동적이며, 느리고, 게으르다. 오늘날 우리는 그런 사람을 가리켜 완전한 무관심형이라고 할 것이다.

16세기에 몇몇 의사들, 예를 들면 헬무트(1577-1644) 같은 의사들은 콧물이 "네 가지 체액 중의 하나가 아니라면 적어도 뇌의 소화에서 나오는 오물"(Aufgang der Artzney-Kunst, 793)일 것이라고 생각했다. 그는 콧물이 어떻게 나오게 되었는지에 대해 이렇게 기술한다. "나는 가벼운 코감기에 자주 걸리곤 한다. 왜냐하면 내 머리는 많은 증류로 인해 아주 허약해졌으며, 심지어 다른 지체와는 비교할 수 없을 정도로 약해졌기 때문이다. 내가 걸린 코감기는 이런 것이다. 길을 잘못 들어 헤매고 있는 면역력(custos errans)이 해면질 뼈(os ethmeides 혹은 spongiosum, 사골) 주위나 그 안에 자리잡고 있는 것이다. 나는 코감기가 걸렸다 싶으면 그날 저녁에 검은 미나리아재비과 약초로 만든 재채기 유발제 가루약, 그리고 같은 양의 설탕을 흡입하면 다음 날 아침이면 대체로 나았다. 오래된 콧물감기에 이런 약을 쓴다면 그것은 그렇게 쉽게 사라지지 않을 것이다. ……처음에는 콧물이 소금을 탄 물처럼 코를 지나 목으로도 흘러내린다. ……이런 이상한 콧물을 참아내기 힘든 목은 그래서 목 옆의 부위와 함께 열을 가하기 시작하여 점차 붉어지면서 부어오른다. 그래서 콧물이 진득진득해지고 누레진다." 그런 콧물이 흘러내리는 것은 카타르(Chtarrhus, 흘러내린 것)라 불린다. 쾨니히스베르크의 요한 야콥 보이트(Johann Jacob Woyt, 1671-1709)는 1737년 자신의 『보고(寶庫)』(Schatz-Kammer, 177)에서 설명한다. 이런 '차가운' 액체는 "처음에는 게으름을 가져다주고 머리의 통증을 가중시킨다. 허리 부위에 땀이 나게 한다. 게다가 특히 저녁때면 열이 나고, 발이 붓거나 통증을 느끼게 된다."

흐르는 콧물을 수건으로 깨끗이 닦지 않는 것은 이미 옛날부터 무례한 것으로 여겨졌다. 그리고 모든 종류의 교과서들은 불결한 사람들을 교육시키는 뜻에서 우스꽝스러운 예를 인용한다. 우리는 1728년 헬비히의 『똑똑하고 유쾌한 의사』(180)에서 다음과 같은 사례를 발견할 수 있다. 피로필레라는 사람이 포도주에 몹시 취해서 제대로 서 있을 수가 없었다. "유대인 구레나룻을 한 선한 사람이 코를 풀었다. 그런데 약간의 콧물이 구레나룻에 매달려 있었고, 술에 취한 그는 그것을 알아차리지 못했다. 그래서 그것이 포도주에 빠지는 것을 원하지 않았던 필란데[그와 함께 포도주를 단지째로 마셨던]

가 정중하게 말했다. '피로필레 씨, 당신 구레나룻에 작은 깃털이 하나 붙어 있는데요.' 그러자 손으로 털어버리면서 그것이 훨씬 더러운 것임을 알게 된 피로필레는 진지한 얼굴로 필란더에게 이렇게 말했다. '당신 코 위에 있는 쓰레기가 작은 깃털이고, 이건 콧물이야, 이 눈먼 악마 같은 인간아!'" 술주정뱅이에 관한 농담을 듣고 웃는 것은 허용되겠지만("필란더가 무엇 때문에 그렇게 웃음을 터뜨렸는지"는 다음 텍스트에 나와 있다), 그럼에도 이 이야기의 메시지는 명확하다. 콧물은 구레나룻에 속하는 것이 아니고, 얼굴에 속하는 것도 아니다. 예의 바른 사람들은 그것을 손수건에 숨겨놓는다. 여기서 사람들은 연인들에 관한 유명한 노래에 슈바벤 방언으로 기꺼이 다음과 같은 소절을 덧붙인다.

"손수건에 코를 풀라고
어머니가 지독하게도 가르치셨다.
'이 녀석아, 너는 예절도 모르냐
코에 콧물을 달고 있게!'"

이것은 단순히 유쾌한 것일 뿐 아니라 초기 문명화 물결의 가장 중요한 위생규칙 중의 하나를 우리에게 가르치려는 세련된 규율 훈련 노래이기도 하다. '손수건을 가져와야 한다, 조금 서둘러서!' 이런 연관성에서 갈리시아의 수수께끼도 언급할 수 있다. '부자가 항상 가지고 다니는 것은 무엇일까? 그리고 가난한 사람이 항상 던져버리는 것은 무엇일까?' 자, 그것은 무엇일까?

좋든 싫든: 후각과 미각

의사 비르중과 우펜바흐가 1619년에(*Ein Newes Artzney-Buch*, Bl. 36r) 기술하기를, 코가 높은 데 자리잡고 있는 것은 신선한 공기를 들이마셔 위쪽에서부터 심장과 폐를 거쳐 아래까지 온몸에 필요한 것을 공급할 수 있도록 하기 위함이라고 했다. "코는 그렇게 하기 위해 다음과 같은 힘을 가진다. 즉 음식의 냄새를 판단하는 것이다. 그리고 코는 입 가까이, 입 위에 위치해 있다. 모든 사랑스러운 것과 추한 것, 유용한 것과 치명적인 것을 입처럼 받아들이고 동시에 판단하도록 하기 위해서다. 그래서 코는 얼굴 한가운데 있으며, 장식용이 아니라 두 눈 사이에서 눈을 보호하기 위한 격막으로 존재한다." 의사들은 특히 코의 일상적인 과제는 거리의 잡냄새와 맛있는 케이크 냄새를 구별하는 데 있다고 생각한다. 근세 초기에 좋은 냄새와 나쁜 냄새는 항상 도덕적으로 부차적인 의미만 지닌 것이 아니었다. 경이로운 '성스러움의 냄새'는 오래전에 사망한, 성인으로 여겨진 시체에서 자주 맡을 수 있었다.

거꾸로 죄를 지은 사람들은 지속적인 악취로 구별된다. 그리고 경건한 사람들이 엄숙하게 맹세하는 모든 것에 그들은 질색한다. 뮌헨의 막시밀리안 영주 1세의 궁정비서이며, 삽화가 많이 들어가 있는 교육서와 훈계서의 저자인 애기디우스 알베르티누스(Aegidius Albertinus, 1560-1620)는 죄악에 관한 논문인 『악마의 왕국과 영혼의 탄식』(*Lucifers Königreich und Seelengejaidt*, ed. R. v. Lilienvron, o. J., 282, 텍스트를 현대화함)에서 이렇게 비난한다. "게다가 [순수함의] 냄새는 인간을 매우 편안하게 해준다. 왜냐하면 그것은 인간을 강하게 하며 힘을 북돋아주기 때문이다. 그러나 이 냄새는 뱀에게 해가 되고 뱀을 죽인다. 그래서 마찬가지로 진실은 정숙하지 못한 사람에게는 해가 되지만, 정숙한 사람에게는 편안하다. 우리가 정숙하지 못한 사람에게 순수함과 순결함의 냄새에 관해 많이 이야기한다면, 그리고 그들에게 부도덕한 짓을 하지말아야 한다고 말한다면 다음과 같은 일이 일어날 것이다. 즉 '정숙하지 못한 사람들에게 그런 이야기를 하는 것은 그들을 불쾌하게 할 뿐이다.' 왜냐하면 그들은 돼지와 뱀처럼 순수함의 냄새보다는 탐욕스러움의 배설물 속에 있기를 더 좋아하기 때문이다."

바로크 작가들은 20세기 초의 크리스티안 모르겐슈테른(Christian Morgenstern, 1871-1914)이 자신의「종려나무 물결」(Palmström)-노래(1910)에서 '냄새의 파이프 오르간'으로, 그리고 '방향물'로 다시금 보여주었던 그런 다양함을 지니지는 않았던 것으로 보인다.

"종려나무 물결이 냄새의 파이프 오르간을 만들고
그것으로 코르프의 미나리아재비과 약초 소네트를 연주한다.
소네트는 알프스 약초 셋잇단음표로 시작한다.
그리고 아카시아 아리아로 즐긴다.
그런데 스케르초에서 예기치 않게,
튤립과 유칼립투스 사이에서
세 개의 유명한 미나리아재비과 약초 부분이 이어진다.
이 소네트의 제목은 거기서 따왔다."

그리고 그 소네트는 파이프 오르간 연주자에게는 아주 당황스런 결과를 초래한다. 그런 사실이 작곡가들에게는 그들의 "안전한 책상"에서 전혀 방해가 되지 않았던 것으로 보인다. 마치 예술가가ㅡ물리학자처럼ㅡ그 창작의 결과에는 아무런 책임이 없는 것처럼 말이다. 모르겐슈테른의 방향물은 돈을 낸 향기방의 손님들에게 좋은 냄새를 공급해준다. "그리고 동시에 간판 위에는 냄새와 잘 들어맞는 그림이 나온다."

바로 현대의 패스트푸드를 먹어치우는 장소에는 그런 그림들과 빠르게 제공되는 음식으로 가득 찬 종이접시의 선전 그림들이 넘쳐난다. 영원한 예언적 운율이다! 음료산업 역시 훌륭하게 반짝이는 광고에서 포도주의 향을 맡고 맛을 느낄 수 있음을 우리에게 보여준다. 예를 들면 아직 따지 않은, 왕의 문장으로 장식된 병목 위로 큼지막한 코르크 따개의 뾰족한 끝이 보인다. 그리고 나선형 따개 위에는 딸기와 브롬베리, 딸기가 꽂혀 있다. 거기에 붙은 광고문구는 이렇다. "앙주 산 포도주에서는 특별히 햇과일 냄새가 난다"(*L'Evénement du jeudi*, 1997년 4월 10/16일). 모르겐슈테른의 표현법은 교활한 요리사에 관한 아주 오래된 풍자골계를 연상시킨다. 그는 자신의 요리 냄새를 맡는 것만으로도 손님에게 돈을 요구했다. 그러자 냄새를 맡은 영리한 사람은 그에게 올바른 교훈을 가르쳐준다. 그는 요리사를 위해 그의 주머니에 있는 동전을 짤랑거렸으니, 그 역시 돈 짤랑거리는 소리로 이미 돈을 지불한 거라고 말했다.

작가들은 사람이 음식 냄새를 맡는 것만으로도 영양분을 섭취할 수 있다는 식으로 여러 번 장난을 쳤다. 발자크의 「고리오 영감」(*Père Goriot*, 1834. *Une pension bourgeoise*, 1부)에 등장하는 오노레는 마담 보퀴에의 빵 냄새를 맡고 조롱투로 말한다. "그들은 시간이 가면서 점점 더 절약을 하는군. 요리 냄새를 맡는 것으로 배가 불러지는 방법을 찾을 정도로 말이야." 파리의 클로샤가 자주 자신의 식품 가게에서 "청어꼬치, 절인 양배추, 문에 달아놓은 훈제 햄, 거대한 호밀 빵, 기름에 절인 청어"의 냄새를 맡고 배가 부르도록 강요받았다는 것을 장 폴 클레베르(Jean-Paul Clebert)는 1952년에 쓴『색다른 파리』(*Paris insolite*, 문고판 1972, 91)에서 바로 후각적인 방식으로 보여주었다.

유년시절의 여러 가지 냄새에 대한 기억은 평생토록 남아 있다. 아담 베른트(Adam Bernd)는 그의『자서전』(*Eigene Lebens-Beschreibung*, ed. V. Hoffmann, 1973, 155)에서 영혼이 어떻게 "그토록 많은 수천 가지 특성과 인상"을 기억할 수 있는지에 관해 ― 그 중에는 "강한 냄새가 나거나 악취를 풍기는 물건"도 있다 ― 그리고 그런 기억들이 심지어 죽음을 넘어서도 유지될 수 있는지에 관해 생각했다. 낙원에는 좋은 냄새만 존재하는가? 마르셀 프루스트의 기억 소설을 아는 사람들 사이에서 마들렌 과자 냄새의 예는 아주 잘 알려져 있다. 그리고 카를 필립 모리츠 역시 1785년 자신의『안톤 라이저』(ed. J. Jahn, 1977, 60)에서 이런 종류의 보다 소시민적인 예를 보여준다. "이 무렵 [모자장수의 집] 벽의 검은 판자에 그려진 오관의 색이 완전히 바래서 니스 칠을 새로 한 적이 있었다. 벽에서 몇 주 동안 니스 냄새가 가시지 않았다. 안톤은 이후 우연히 니스 냄새를 맡을 때마다 자신도 모르게 당시의 [견습시절의] 불쾌했던 기억들이 떠올랐다. 반대로 당시 자신의 처지와 비교될 만한 어떤 불쾌한 상황에 놓이게 되면 마치 니스 냄새가 나는 것만 같았다."

냄새에 관한 기억은 더 복잡할 수 있으며, 게다가 연상의 고리를 형성할 수도 있다. 1918년에 태어난 프랑스의 낭만주의자 모리스 드뤼옹(Maurice Druon)은 그의 서사시 3부작에서 1차 세계대전과 2차 세계대전 사이에 벌어진 어느 가족의 몰락에 관해 이야기한다(*La Fin des Hommes*, II. *La chute des corps*, 1969, Kap. 1/5). 출세한 지방 정치가인 시몬 라숌은 낡은 농장에 살고 있는 가난한 어머니 집으로 돌아가 부엌에 들어선다. "어두운 공간에서 시몬은 포도주와 요구르트, 그리고 개숫물이 뒤섞인 냄새에 사로잡혔다. 그것은 이미 그의 유년시절 전체를 아우르고 있었다. 그는 어머니가 지니고 있는, 더구나 모든 것을 관통하는 냄새를 맡을 수 있었다. 각종 기구나 요리 재료, 음식, 그리고 기억들. 전에 그의 아버지가 풍기곤 했던 코를 찌르는 듯한 땀 냄새만이 사라지고 없었다." 보토 슈트라우스(Botho Strauß)는 자신의 소설 『헌사』(*Die Widmung*, 1977, 108)에서 전혀 다른 기억의 부속물들을 하나의 장면으로 제시하고 있다. "나는 조금이라도 신선한 공기를 맛보기 위해 하나의 송풍기를 냉풍으로 사용했다. 송풍기 노즐에 그녀의 머리카락 하나가 매달려 있었다. 그 머리카락은 이미 반쯤 세었다. 머리카락 냄새는 죽음의 이미지를 불러일으켰다. [성 잔다르크처럼] 화형장 위의 한나, 마녀추방, 그리고 중세 후기의 진보적 여성상이었던 마녀를 다룬 미슐레의 책에 대한 기억. 거기서부터 다시 H. 로 등등. 작은 매력은 오래전에 사라졌다. 나는 더 이상 아무 냄새도 맡을 수 없었지만, 그 기억은 기억이 미처 날뛸 수 있는 논리를 지녔다."

냄새들은 실제로 마치 그것이 가스 형태의 의사약(외형이나 맛이 진짜 알약 같지만 효험이 없다─옮긴이) 알약처럼 긍정적인 느낌을 강하게 유발할 수도 있고, 음식이나 음료가 입에 닿기도 전에 갖가지 부담스런 육체의 반응을 불러올 수도 있다. 기욤 루아조는 1617년에 후각의 예민함과 관련된 다음과 같은 사건을 설명했다(*Observation*, 123). "페리그에 신부님이라고 불린 한 성직자가 살고 있었다. 그는 육체의 통증이 오면 하제를 가져오게 했다. 우리가 물에 그 하제를 녹이면, 그는 오직 냄새만 맡았다. 그러면서 그는 약을 복용한 것과 같은 좋은 효과를 얻었다."

적어도 이번에는 가스코뉴 출신의 의사가 허풍을 떤다는 의심은 받지 않는다. 왜냐하면 얀 밥티스타 반 헬몬트(Jan Baptista van Helmont, 1577-1644) 역시 "두통, 공포, 골절, 기침, 어지러움 등"과 같은 (오늘날 '알레르기 반응'이라고 불리는) 증상들을 냄새를 통해 고칠 수 있다고 확신했기 때문이다. 그래서 루아조는 반대로 이러저런 통증을 특정한 향유의 좋은 냄새로 치유할 수 있다고 생각했다(*Aufgang der Artzney-Kunst*, 155/22). "어떤 사람이 배가 너무 아파서 거의 죽을 뻔했던 것을 기억한다. 그는 식사 후 4시간 동안 소리를 지르며 울고 몸을 뒤틀었다. 그는 마치 탁자에 붙어서 그 부위에 강한 압박을 받고 있는 것처럼 보였다. ……그 부위는 잘못 자리잡은 갈비뼈가 위장을 찌를 수 있는 바로 그 지점이었다. 그러다가 좋은 냄새가 나는 조그만 고약 덕분에 짧은 시간 안에 바로 치유되는 것을 나는 보았다."

제약산업은 그 후로 좋은 냄새가 나는 화학약품으로 우리를 속일 수 있다는 걸 잘 알고 있다.

인간이라는 소우주를 천체의 대우주와 연관시키려면

심장의 위치는 육체의 중심으로 더 많이 밀려간다. 왜냐하면 ⋯⋯⋯⋯

심장은 오랜 우주의 중심, 즉 태양과 비교될 수 있기 때문이다.

5 심장과 신장

대체로 심장(독일어로 'Herz'는 라틴어 'cor' 및 그리스어에서 유래한 'kard-'와 밀접한 관련이 있다)과 신장(ren, renes)은 둥글게 모인 생명의 힘이 존재하는 부위를 의미한다. 그럼에도 의학교육을 받지 않은 일반사람들은 18세기까지(심지어 오늘날까지도) 심장과 특히 신장의 위치가 어디인지, 그리고 육체라는 회사에서 고위간부라고 할 수 있는 이 기관들이 어떤 과제를 맡고 있는지를 정확하게 알지 못한다. 프랑스 사람들이 'mal au cœur', 혹은 'le cœur barbouillé', 즉 가슴 통증이나 '엉망이 된 심장'을 가지고 있다고 말하곤 하는데, 실제로 그들은 복통을 앓고 있다. 구역질이 나고 구토를 하게 되면 프랑스 사람들은 'ecœurés', 즉 심장이 제거되었다는 의미의 말을 한다. 근심거리가 있을 때 프랑스 사람들은 'le cœur gros'를 가졌다(즉 심장이 부었다)고 한다. 독일어와 프랑스어에서 심장은 어떤 때는 분노와 용기를 포괄하기도 하지만 거기에는 사랑과 애정도 들어 있다. 그리고 슬픈 이야기들은 우리의 심장 속으로 파고들거나(위장을 때리거나) 심지어 심장을 눌러서 막히게도 한다.

'튼튼한 신장'(reins solides)을 가진 기업은 자본과 영향력이 있다. 이보다 더 강한 기업은 경쟁사를 물리치려면 그 기업의 신장을 파괴해야('casser les reins') 할 것이다. 프랑스 사람들이 'éreintés'(신장이 없는 것처럼)라고 느낄 경우, 그들은 매우 피곤하고 허리가 아프며, 'une épée dans les reins', 즉 신장 속에 칼이 들어 있음을 감지한다. 이탈리아 사람들 역시 독일 사람들이 '허리' 혹은 일반적으로 '등'이라고 지칭하는 그 부위에 'reni'라는 단어를 사용한다. 그리고 스페인 사람들도 이와 비슷하게 '신장의 고통'(dolores de riñones)을 느낀다. 여기서 우리는 통증이 심장보다 더 심하게, 더 자주 나타나는 그런 부위를 알게 된다. 그것은 전략적, 정치적으로 솔직하게 말하자면 예민한 부위이다.

　그리스도교의 하느님은 이런 기관에 특별히 주목하고 있다. 시편 7장 9절에서 우리는 다음과 같은 대목을 읽을 수 있다. "악인의 악을 끊고 의인을 세우소서. 의로우신 하느님이 사람의 마음과 양심을 감찰하시나이다"(여기서 마음과 양심은 심장과 신장이다 — 옮긴이). 예레미야 17장 10절에는 이렇게 적혀 있다. "나 여호와는 심장을 살피며 폐부(신장을 가리킴)를 시험하고 각각 그의 행위와 그의 행실대로 보응하나니." 이것은 하느님이 자신을 모독한 사람들의 육체 중 이런 결정적인 부위를, 그것이 앞에 있든 뒤에 있든, 고통으로 치겠다는 것을 의미하는 게 아닌가? 어쨌든 하느님이 왜 바로 이런 기관을 그토록 중요하게 여기는지 조사해볼 필요가 있다. 그러면 우선 심장부터 살펴보자. 작은 우회로를 거쳐서.

근육질

신문 광고에서는 "이제는 아름답고 단단한 근육"을 약속한다. "수백만의 남자들이 멋진 몸, 여자들이 동경하는 슈퍼 바디를 원한다. 당신은 무스쿨라가 명로 그렇게 될 수 있다! 무스쿨라에는 근육을 만드는 물질인 L 카르니틴이 들어 있다. 그것으로 당신은 단기간 내에 근육을 엄청난 크기로 키울 수 있다. 당신은 멋져 보이고 해변과 해수욕장에서 인기를 얻을 것이다. 자, 이제 약국에서 무스쿨라를 구입하시라. 그런 강력한 파워는 약국에서 사야 한다. 처방전이 없어도 된다." 레오나르도 다빈치의 해부학적 그림, 특히 남성의 팔다리 근육에 관한 다빈치의 연구(여성의 경우에는 그 육체 내부에 더 관심을 보인다)를 관찰한 이성적인 사람이라면 그런 광고가 지치고 타락한 남성시대의 산물임을 잘 알고 있다. 강력한 '근육'(musculi)을 15세기에는 거의 모든 평범한 남자가 다 지니고 있었다. 대부분의 남자들이 근육을 사용하는 육체적 활동을 해야 했기 때문이다 ― 오늘날 텔레비전과 잡지에서 계속 선전하는 헬스 도구 없이도. 솔직히 말하면 야외에서 자전거를 타는 편이 훨씬 더 효과가 있는데 굳이 이런저런 헬스 기구까지 필요하겠는가?

요한 야콥 보이트는 우리에게 근육의 기능뿐 아니라 육체의 다양한 부위에 대해 설명한다(*Schatz-Kammer*, 600). "모든 근육은 전체적으로 볼 때 세 부분으로 나뉜다. 머리, Caput, 그것은 근육이 수축하는 부분이다. 꼬리, Caudam, 이 부분은 움직여야 한다. 그리고 배, Ventrem, 그것은 양 끝 사이에 존재하는 가장 성실한 부분이다." 그리고 의사들은 수백 가지 서로 다른 근육 뭉치를 구분하면서 그 밖의 문학적 상상력을 동원한다. 보이트는 특히 턱의 날개 근육(Ausculus alaris), 눈에 달려 있는 사랑에 빠진 근육(Musculi amatorii), 등에 있는 엉덩이를 끼적거리는 근육(Musculi aniscalptor), 마찬가지로 눈에 있는 술 근육(M. bibitorius), 엉덩이에 붙어 있는 수도사 두건 형태의 근육(M. cucullaris)이나 마개 근육(M. obturatores) 등등을 들먹인다. 거기에는 무척 다양하며 통통 튀는 인간 근육의 세계가 열려 있다. 보이트 박사는 물론 심장 근육이라고 이름붙이지는 않았다.

힘자랑을 하는 남자와 여자들이 팔, 다리, 가슴, 등에 있는 근육만 과시하려 하는 것은 매우 기이한 일이다. 그런 겉으로 드러나는 근육은 우리로 하여금 아주 귀중한, 대략 주먹 크기의 근육이 폐 사이의 가슴골 내부에 자리잡고 있다는 사실을 거의 잊어버리게 한다. 그 근육은 외부로 드러나지 않으며 특별한 경우에만 자신의 존재를 알린다. 스스로 소박하고 단순하게 'Cor'라고 칭하는 그 근육은 우리의 어떤 다른 힘의 중심점보다 훨씬 더 중요하다.

심장이 뛰는 곳

심장은 인체의 중심에 자리잡고 있는 배꼽처럼 그렇게 위치가 정확하고 분명하지 않다. 심장은 인체 내부에 있지만 그렇다고 왼쪽 가슴에서 느낄 수 있는 심장박동으로 추측할 수 있듯이 흉부의 왼쪽에 있는 것도 아니다. 흉부의 중앙에서 약간 왼쪽으로 치우쳐 있다. 그것을 의사들은 이미 오래전부터 알고 있었다. 영국의 의사이며 물리학자, 철학자인 토머스 브라운(Thomas Browne, 1605-1682)은 이런 사실을 그의 저서 『질병과 관련한 잘못된 이론들』(*Pseudodoxia epidemica*)의 심장에 관한 특별한 장에서(*Of the heart*, 295) 기술했다. "이렇게 잘못 생각하는 이유는 맥박이나 심장박동을 왼쪽 편에서 더 강하게 감지할 수 있기 때문이다. 그에 대한 이유는 심장의 위치에서 찾을 것이 아니라 거기서부터 활력(피)이 순환되기 시작하는 왼쪽 심장판막의 위치와 피를 밖으로 내보내는 대동맥의 위치에서 찾아야 한다. 말하자면 이 두 가지가 왼편에 자리잡고 있다. 이런 이유에서 습기 찬 심장덮개는 왼쪽 가슴에 고정되어 있다. 그래서 다섯 번째 갈비뼈 아래의 손상은 그 부상이 왼쪽으로 더 가까이 가면 갈수록 치명적일 수 있다. 그리고 화가가 상처를 약간 왼쪽으로 옮긴다면 우리의 예수 그리스도를 찌른 군인들의 창은 정확하게 묘사되어 있다고 볼 수 있다."

물론 인간이라는 소우주를 천체의 대우주와 연관시키려면 심장의 위치는 육체의 중심으로 더 많이 밀려간다. 왜냐하면 심장은 오랜 우주의 중심, 즉 태양과 비교될 수 있기 때문이다. 빌헬름 파브리치우스는 소우주와 대우주를 이렇게 상세히 비교하고 있다(Fürtrefflichkeit der Anatomy, 150f.). "태양은 지속적이고 영속적으로 운동하고 있으며, 뜨는 것에서부터 지는 것까지 줄곧 운행중이다. 그리고 모든 사물의 창조자가 멈추라고 할 때까지 계속 그렇게 유지될 것이다. 그래서 심장은 소우주[미크로코스모스], 즉 인간의 태양이다. 아리스토텔레스가 증명한 대로 그것은 인간에게 움직이고 살아 있는 첫 번째 것이며 마지막 것이기도 하다. ……태양이 천공에 있음에도 불구하고 그 빛을 지구 전체에 보내는 것과 마찬가지로 인간의 심장 역시 가슴 속에 있음에도 그것의 전파와 빛, 즉 활력을 동맥을 통해 육체 전체로 내보낸다. 그리고 아무리 작은 지체라도 심장은 그 활력과 자연스런 온기를 필요에 따라 보낼 수 있다. 다리의 골수까지도." 그리고 베른의 시의인 파브리치우스는 그의 환자들의 "사례" 한 가지를 설명한다. 페터링겐(오늘날의 스위스 파이엔)의 한 젊은이가 정강이뼈에 상처를 입어 염증이 생겼다. 파브리치우스는 염증이 생긴, 동전 반 크기의 뼛조각을 추출해야만 했다. "그리고 수많은 작은 뼛조각을 나와 내 아내[자주 조수로 일했던 파브리치우스의 아내]가 끄집어냈다." 그러면서 정강이뼈의 골수에서 "심장동맥의 움직임을 순간적으로 볼 수 있었다." 젊은이의 손상된 뼈와 상처는 심장의 "활력" 덕분에 곧 나았다. 결과적으로 고루한 이런 격언은 불합리하다. "심장에 태양을 품어라!"—우리의 중앙방열기는 이미 우리 육체의 태양이다!

"심장동맥의 움직임"과 함께 파브리치우스는 비록 한 가지 현상을 제대로 파악하지는 못했지만 감지하기는 했다. 그것은 심장근육의 '시스톨 Systolen'(압박을 가하는 수축)과 '디아스톨 Diastol'(이완)을 통해 이루어지는 온몸으로의 피의 순환이다. 붉은색의 체액이 모든 혈관(Vasa sanguinis)으로 가는 움직임을 추적하고, 그런 길에서 이루어지는 소순환과 대순환을 구별하는 방법을 가르쳐준 사람은 바로 영국의 해부학자이며 외과의사인 윌리엄 하비(William Harvey, 1578-1657)였다. 대순환, 그것은 산소를 풍부하게 함유한 피가 왼쪽 심장에서부터('Atrium'(심방) 그리고 'Ventrikel'(심실)과 함께) 대동맥을 거쳐 머리와 배를 포함한 지체까지 간 다음, 이산화탄소를 잔뜩 지닌 채 두 개의 대정맥을 거쳐 중앙 혈액 펌프의 오른쪽 구멍(다시 심방과 심실)으로 돌아가는 것을 말한다. 소순환은 오른쪽 심장에서 공급받는 폐의 혈액순환과 거기서 이루어지는, 정맥의 피에서 나온 이산화탄소와 방금 들이마신 산소의 교환을 말한다. 소순환으로 인해 신선해진 피는 선홍색이 되며, 왼쪽 심실로 돌아오고 난 후에 다시 대순환으로 투입될 수 있다. 다양한 판막 시스템은 피의 흐름이 그때그때마다 요구되는 방향으로 흘러갈 수 있도록 작용한다. 내부에는 심장내막이 있고, 외부로는 심장외막으로 둘러싸인 심장 자체는 심장의 관상혈관을 통해 피를 공급받는다.

모든 펌프 과정이 살아 있는 인간에게서 반복된다. 인간의 맥박은 분당 70회 정도 된다. 시간당 4,200번, 그리고 하루에 약 10만 번이다. 그것은 정말 반복적인 작업이라고 할 수 있다. 그리고 이런 작업은 한 인간의 일생에서 365(1년의 일수)에 75(평균수명)를 곱한 숫자만큼 이루어진다. 건강한 사람은 평생 약 27.5억 번의 심장박동을 할 것으로 추측된다.

과거의 해부학자들은 분명 해부대 위에 놓여 있는(대부분 처형된 사람들의 기관이었다) 심장 내부를 정확하게 분석하고픈 생각이 별로 없었던 것으로 보인다. 그들은 몇몇 심장외벽에서 이상한 특성들을 이따금 발견했다. 쎙리스 출신의 프랑스 위그노파 이민자이며 제네바의 개혁 성직자, 사례수집가인 시몽 굴라르(Simon Goulart, 1543-1628)는 그의 『경탄할 만한 이야기의 보고』 (*Thrésor d'histoires qdmirables et mémorables*, 1. Genf 1610, 108-113)에서 그 이전 작가들, 특히 프라이부르크의 의사인 요하네스 셍크를 모방하여 심장에 털이 났다는 몇몇 사람들에 관해 보고하고 있다. 그들의 심장은 어쨌든 털이 난 것처럼, 혹은 털가죽처럼 보였다. 그런 심장의 소유자는 평생 용감함, 방탕(무절제), 혹은 폭력에서 남들보다 뛰어났을 것이다. 몇몇 의사들은 개복한 심장에서 연골, 혹은 작은 뼛조각을 발견하기도 했다. 예컨대 1547년 파리에서 어느 서기의 가슴에서 발견되었다는 육두구 열매 크기의 돌에 관해서는 더 이상 언급할 필요가 없다. 그리고 굴라르에 의하면 벌레가 가끔은 사람의 사망원인일 수도 있다고 한다. "피렌체 사람이 토스카나 대공의 궁전에서 떠돌이 흥행주의 재미난 이야기를 듣다가 갑자기 심장마비로 죽은 것은 오래전 일이 아니다. 주위에 있던 사람들과 그의 친구들은 크게 놀랐다. 그리고 그 사건을 해명하기 위해 그의 시신을 해부하도록 했다. 해부학자들은 그의 사망원인이 심장의 외벽(taye, Pericard)에서 살아 돌아다니는 벌레 때문이었다는 사실만 확인할 수 있었다."

심장과 경건한 영혼의 소유자

18세기 후반까지만 해도 의사들은 심근경색이나 약화된 심장근육, 협심증,

그리고 혈액 펌프의 잘못된 반응에 관해서 모르고 있었다. 심장병은 당연히 언제 어디서나 발병했다. 또한 19세기의 많은 사람들에게 심장과 관련된 질환이 있었음을 과거의 성지순례 예배당에 있는 밀랍이나 아연으로 모형을 만든 봉납 심장이 입증하고 있다. 바센 교구의 르 카뮈 몬시뇰(Monsignore Le Camus)은 1673년 주교 관구인 그레노블 교구를 순방하던 중에 이렇게 말했다. "성 바르톨로메우스 축일에 7년의 면죄부가 유지된다. 사람들의 말에 따르면 이날 열병의 기적 같은 치료가 이루어질 것이라고 한다. 그의 그림 앞에는 밀랍으로 만든 수많은 심장이 걸려 있다"(Le Monde alpin et rhodanien 5[1977] 81). 그러나 가톨릭 교회에서 찾아볼 수 있고, 오늘날까지도 일부 보존되어 있는 이런 종류의 다양한 봉헌예물은 틀림없이 육체적인 심장질환과는 다른 것을 암시한다. 신학적 전통에 따르면 심장은 우리의 경건한 영혼의 본거지이다. 그리고 특별히 가톨릭 신자들은 그런 봉헌예물로 자신들의 영혼 역시 성자와 하느님에게 헌신하기를 원한다. 그런 의식들은 14~15세기 이후로 전래되는 예수의 심장에 대한 숭배와 관련이 있다. 그런 경우 그것은 하느님의 아들의 육체 기관 일부가 아니라 상징적으로 그의 가장 내적인 존재 그리고 그의 종교적 의미(신인[神人], 희생, 인류의 구원)를 반영한다.

중세 후기에 시작되어 근세 초기를 거쳐 우리 시대까지 이어지는 후광에 둘러싸인 예수의 심장신화와, 그에 연결되어 후광에 둘러싸인 마리아의 심장 경배(심장숭배라고까지 말할 수 있다)는 가톨릭의 유럽 문화사에서 상당히 큰 영역을 차지하며, 수많은 그림들에서 표현되고 있다. 심장숭배는 수도회 연합체, 더 강하게는 수녀회 연합체의 설립을 통해(그것들은 프랑스에서 18세기 후반에 억압받던 예수회에서 파생되어 나왔다) 새로운 동인을 얻게 된다. 그들은 스스로를 희생하며 타오르는 사랑의 상징으로 예수 그리스도 심장숭배에 헌신했다. 이런 예수 심장의 축일은 성령강림절 이후 셋째 금요일이다. 그리고 누구나 파리 몽마르트르(순교자 산!) 언덕에 자리잡은 사크레쾨르 대성당을 알고 있다(1910년에 완공). 후광에 둘러싸인 예수의 심장은 인기 있는 숭배서적, 경건한(그리고 키치 취향인 경우가 많은) 그림과 작은 기도서로도 신앙심이 돈독한 대중에게 소개되었다. 당연히 매년 나오는 후광에 싸인 예수의 심장 달력도 존재했다. 그리고 이탈리아에서는 여자아이들이 100년 전에도 수예 수업에서 예수의 심장을 수로 놓아야 했다. 무척 성스럽고 경건한 심장의 모형들은 항상 어디서나 존재한다.

그러면 다시 주제로 돌아가보자! 그리스도인의 심장 역시 그런 선교를 통해 순수한 예수의 심장(아니면 마리아의 심장)을 모방하도록 요구되고 교육받았다. 예를 들면 1775년 팔레르모의 베네딕토 수녀회를 위해 이그나치오 카피치(Ignazio Capizzi)라는 신부가 작성하고 19개의 동판화가 삽입된 『신적인 은혜의 작품』(Lavoro della Divina Grazia)이라는 제목의 기도서를 보면 그런 사실을 알 수 있다. 여기서 'Repuerescentia'의 의미에서, 즉 (예수) 어린 시절의 경건함으로 회귀한다는 의미에서 인간의 심장(마음)을 위해 노력하는 것은 바로 어린 예수 그 자체이다(아기 예수 신화는 장 마리 부비에르 드 라 모트 귀용[Jean Marie Bouvier de la Mothe Guyon, 1648-1717]의 몽상적인 활동 이후로 전성기를 맞이한다). 즉 경건한 그리스도인의 심장은 '아이 예수'를 통해 그림과 말로 구원받는다. 처음에는 세상, 육체, 악마(mondo, carne, demonio)로부터 벗어난다. 빛나는 수도복(abitino)을 입은 아이 예수는 심장의 나무문을 세차게 두드린다. 그리고 거기에서 나는 끔찍한 냄새(orrida puzza)에 놀란다. 아이 예수는 집안에 있는 괴물과 쓰레기를 찾아내고, 심실을 깨끗이 청소하고 그것을 손수 그의 성전으로 만든다. 죄지은 자의 영혼을 사해주고, 그의 보좌를 만들며, 새로 깨끗하게 단장한 심장 공간을 예수 고난의 상징물(Arma Christi)과 네 개의 마지막 사물에 대한 그림, 즉 죽음, 최후의 심판, 지옥과 낙원에 대한 그림으로 장식한다. 그리고 이어서 8가지 행복(beatitudini)을 가르쳐주고 외부에서 불이 붙은 화살을 심장을 향해 쏘아 맞추어서 심장에 사랑의 불을 붙인다. 그런 다음 밖에서 천둥번개가 치는 동안 아이 예수는 따뜻한 집에서 조용히 잠이 든다. 그리고 심장을 강화시키고, 심장이 신의 뜻에 합당함에 기뻐하며, 결국 심장에 행복의 관을 씌운다. 이른바 8가지 행복(마태복음 5:3-11)에는 마음(심장)이 청결한 것 외에 심령이 가난한 것 역시 속한다.

그 현상은 가톨릭의 경건의 역사라는 관점에서 보면 여기서 보는 것보다는 덜 이상하다. 그리스도교의 비유 세계에도 이와 비슷한 비유들(그리스도가 마음이라는 경작지를 경작한다. 잡초를 뽑고 치료 효과가 있는 약초를 뿌린다)이 잘 알려져 있다. "내가 그들에게 한 마음을 주고 그 속에 새 영을 주며 그 몸에서 돌 같은 마음을 제거하고 살처럼 부드러운 마음을 주어." 에스겔 11장 19절(그리고 36장 26절)의 이 말씀은 적당한 명상자료를 만들도록 교리문답 교사의 상상력을 자극한다. 다양한 심장의 비유(단어로)와 심장의 상징(단어와 형상으로)은 바로크 시대에 전성기를 누린다.

예를 들면 도덕적 견해를 고수하는 이야기들이 많이 나오는 군주의 귀감서를 저술한 인기작가였던 예수회의 니콜라스 카우신(Nicolas Caussin, 1583-1651)은 『경건한 궁정생활』(La Cour saincte ou institution chrestienne des grands..., 4. Lyon 1649, 216)에서 심장을 삶이라는 바다 위를 떠다니는 배로 묘사했다. 프루덴티아, 즉 영리함이 그 배를 조종해서 열정의 폭풍을 헤치고 나간다. 그러나 처음에는 많은 악에 의해 난파를 당한다. 그러다 마침내 배는 영혼의 평안에서 안전한 항구를 찾는다. 바이에른의 궁정 도덕주의자인 알베르티누스는 그의 『뇌의 연마공』(ed. L. S. Larsen, 1977, 344f.)에서 '작은 마음이 높은 산의 맨 꼭대기에 서 있다'(이것은 삶의 정신이나 신에 대한 사랑은 많은 노력과 궁핍함으로만 얻을 수 있음을 의미한다)라는 상징적인 표현을 인용하고는, 그의 수많은 사례 이야기 중에서 이렇게 이야기한다. 악마는 경건한 은둔자에게 천사의 형상으로 나타나서는 그가 성스러워질 수 있는 과제를 다음과 같이 제시한다. 우선 그는 자신의 죄 때문에 세 가지를 희생해야 한다. "즉 새로운 달, 태양의 순환, 그리고 바퀴의 네 번째 부분. 네가 이 세 가지를 가져와서 하느님께 바칠 수 있다면 너는 성스러워질 것이다." 은둔자에게 이런 종교적인 수수께끼나 그림 수수께끼를 풀게 하고, 그에게 용기를 주기 위해 진짜 천사와 왔었다고 해도 상관없다. "왜냐하면 새로운 달은 철자 C를 의미하고, 태양의 순환은 철자 O, 그리고 바퀴의 네 번째 부분은 철자 R을 의미한다. 이 세 가지 철자를 한데 모으면 그것은 'Cor', 즉 심장, 마음이 된다. 마음이 하느님에게 완전히 희생한다면 우리는 분명히 성스러워진다."

경건한 이야기들은 인기가 있다. 예컨대 부패한 성자의 시체에서 발견하게 되는 온전한 심장에 관한 이야기. 화형으로 죽임을 당한 후에도 타지 않고 남아서 성유물로 발견된 순교자의 심장에 관한 이야기. 혹은 순수한 사랑 때문에 상징적으로뿐 아니라 육체적으로도 심장이 터진 어린 예수 숭배자들에 관한 이야기. 예컨대 14살짜리 여자아이에게 그런 일이 일어났다. 어린 예수가 제단에 있는 마리아의 팔에서 내려와 다가오자 그 여자아이는 너무 감격하여 죽었다. "그런데 ……그녀의 육체를 해부했을 때 사람들은 그녀의 심장이 터진 것을 발견했다. 심장의 중간에는 금으로 글자가 적혀 있었다. ……오 나의 예수, 나는 당신을 사랑해요. 당신이 나의 주이고 구주이기 때문이지요"(Dominicus Wenz, *Lehrreiches Exempelbuch*, 4. 1793, Nr. I., 6 — 요하네스 헤롤트에게 들음). 그리고 신자들이 성 차이라 다 몬테팔코(Chiara da Montefalco)의 시체를 호기심 반, 기적을 바라는 마음 반으로 해부했을 때 그녀의 심장에서 실제로 예수 그리스도의 십자가와 고난의 상징물들을 발견하게 되었다(P. Camporesi, *La carne impassibile*, 1983, 12-14).

심장숭배는 종교개혁 이후로 구교와 신교 양쪽에서 글과 그림으로 퍼져 갔다. 독일에서는 『신의 성전 혹은 사탄의 일터로서의 인간의 마음』(*Das Herz des Menschen als Tempel Gottes oder Werkstatt des Satans*), 프랑스에서는 『죄인의 거울』(*Le Miroir du pécheur*)이라는 제목을 지닌 것이 인기가 있었다. 그림을 그리고 텍스트를 쓰는 사람은 한편으로는 낙원의 친구들을 의로운 사람의 심장에 묶을 수 있었다. 반면 죄인의 심장의 늪 속에는 쾌락의 쓰레기가 쌓여갔다 — 신자들은 그 모든 것을 즐겁게 바라보았다. 특히 경건한 분야의 전단 문학을 약간 살펴보면 이런 전통적인 교리문답식 모티브가 죄인의 죽음이나 의로운 자의 죽음에 관한 모티브와 항상 중복되어 나타나는 것을 여전히 발견할 수 있다.

확실한 것은 계몽주의 시대 이후로 세속화의 물결이 심장의 종교적 의미에 관한 것과 기적적인 이야기에 관한 것들 중 많은 것을 몰아냈다. 그러나 근세에는 오래전 그림 중에서 많은 것들이 세속화된 연관성 속에서 다시 등장한다. 심장은 최고로 극적인 삶의 무대였으며 현재도 그렇다. 그리고 단지 "운율 때문"(C. Morgenstern)만이 아니라 가장 격렬한 통증의 전쟁터이다. 다르게 말하자면 세속적인 사랑 문학은 고대의 종교적 문학에서 심장 이미지 중 많은 것을 차용했다.

심장과 고통

독일 문학에서 ─ 괴테와 특히 하인리히 하이네에서 ─ 기쁨(Lust)과 가슴(Brust) 외에도 심장(Herz[en])이 고통(Schmerz[en])과 각운이 맞는다면 그것은 독일어가 지니는 어쩔 수 없는 각운의 부족 탓이다. 프랑스 사람들은 게다가 'cœur'와 'douleur'의 각운을 맞출 수 있지만 그렇게 하는 경우는 드물다. 폴 베를렌(Paul Verlaine)은 그 대신 'langueur'를 선택하고(Il pleure dans mon cœur. 그리고 Chanson d'automne), 자신의 '열망'으로 이 일을 더 감상적으로 만든다. 다른 작가들은 'Sauveur'(구세주: 라마르틴), 'peur'(두려움: 메테를링크) 혹은 'odeur'(향기: 드 노아유)과 함께 'soeur'(여동생), 'meurt'(죽다), 그리고 'eur'(라틴어의 -or)라는 어미를 가진 다른 수많은 단어를 사용할 수 있다. 독일 사람들에게는 'Herz'와 각운을 맞출 수 있는 단어가 'März'(3월, 첫사랑을 표현하기에 좋다), 'Nerz'(밍크, 약간 뻔뻔스럽다), 'Scherz'(농담, 진지한 문학에는 별로 어울리지 않는다)밖에 없다. 괴테는 'Kerzchen'(작은 초)과 'Herzchen'(애인, *Stirbt der Fuchs, so gilt der Balg*)과도 운율을 맞추었다. 그래서 앞에 언급했던 각운이 맞는 단어를 사용해서 심장은 매번 사랑의 고통을 느끼는 장소로 묘사된다.

"내 마음에서 모든 환희,

모든 고통(Schmerz)을 느낀다,

마치 아기의 영혼이

달콤한 엄마의 젖가슴(Mutterherz)을 갈구하듯."

(C. Brentano, *Hast du nicht mein Gluck gesehen?*)

혹은 심지어

"그래, 그대의 달콤한 사랑,

그것이 나의 고통(Schmerz)을 위로해준다.

그래, 그대의 달콤한 사랑,

그것이 나의 마음(Herz)을 진정시켜준다."

(E. M. Arndt, *Abendlied*)

그럼에도 진실을 밝히기 위해 노발리스가 그의 「죽은 자의 노래」(Lied der Toten)에서 'Schmerz'를 포기하고 'Herz'에 간단하게 'Herz'로 운율을 맞추었다는 것을 언급하지 않을 수 없다.

"사랑이 비로소 우리에게 삶이 되었고,

원소들처럼 내면 깊숙이

밀려오는 존재의 물결을 우리는 뒤섞는다.

끓어오르는 마음과 마음(Herz)을.

그 물결은 탐욕스럽게 서로 갈라진다,
원소들의 투쟁, 그것은
사랑의 절정을 이룬 삶이요,
마음 자신의 마음(Herz)이기 때문에."

유명한 운율이 없어도 마음은 슬프고 씁쓸한 감정을 느끼는 장소이다.

"나의 마음이 틀림없이 실수를 했다.
그것은 아주 확실하다.
나의 보물을 보자마자
나의 마음에 틈이 생겼다."

인기 있었던 한 오스트리아 노래의 가사는 이렇게 되어 있다. 그리고 우리는 예수를 숭배한 나머지 심장이 터진 여자아이의 이야기를 기억하고 있다. 사랑하는 사람의 열쇠를 통해서만 열리는, 자물쇠로 잠긴 마음에 대한 이야기도 마찬가지로 널리 알려져 있다.

"나의 마음은 작다,
그리고 그 옆에 자물쇠가 달려 있다
그리고 한 녀석만이
그것을 열 열쇠를 가지고 있다."

어린 예수는 카드의 하트 잭을 의미하는 것일까? 문예학자들은 물론 이런 마음의 열쇠라는 민속적인 이미지가(홀츠압펠이 전해준 크슈탄츨[종종 외설적인 내용을 담은 대중적인 4행시, 혹은 풍자적인 노래 ― 옮긴이]) 매우 오래된 것임을 잘 알고 있으며, 그래서 그들은 작자가 밝혀지지 않은 유명한 중고 독일어로 된 사랑의 노래를 인용한다. 그 시는 '신비주의적'으로도 이해될 수 있다.

"너는 내 것이고 나는 너의 것이다
너는 틀림없이 나의 것이 될 것이다.
너는 나의 마음속에
갇혀 있다.
그 열쇠를 잃어버렸다.
너는 항상 그 안에 있어야 한다."

그렇게 진실한 사랑이 더욱 고양될 수 있는가? 그렇다. 사랑하는 사람의 심장은 결국 육체에서 빠져나와(앞에 언급했던 성스런 시체에 대한 평가는 그 경우 모범을 제시한다) 이전에 소유자였던 사람의 죽음을 넘어서까지 사랑의 대상이 될 수 있다. 그렇다. 그것은 심지어 요리로 사용될 수도 있다. 이미 『트리스탄 로만』(Tristanroman, 1170년경)에 인용된 구이룬(Guirun)의 고프랑스어 '라이'(서사시)가 보여주듯이 질투심 많은 백작은 아내의 연인인 구이룬을 살해하고 그의 심장을 먹으라고 그녀에게 준다.

심장을 먹는 것에 관하여

이런 오싹한 소재(Mot. Q 478 1: *The Eaten Heart*)는 고대 프랑스 문학과 고대 프로방스 문학에서 그리고 보카치오의 『데카메론』에서도 자주 등장한다. 『기스몬다와 구이스카르도』(*Ghismonda und Guiscardo* IV, I) 노벨레에서 탄크레디는 딸이 사랑하던 구이스카르도의 심장을 금 접시에 담아 딸에게 보낸다. 그녀는 그 심장에 키스를 하고 자신의 눈물로 그것을 적신다. 그러고는 심장에 독약을 부어서 그걸 마시고, 침대에 누워서 "죽은 연인의 심장을 자신의 심장에 갖다 대고 아무 말 없이 죽음을 기다린다." 굴리엘모 로실리오네이야기에서(*Decamerone* IV, 9) 연인인 과르다스타뇨의 심장인지도 모른 채 그것을 먹고 나서 나중에 진실을 알게 된 여자가 창밖으로 떨어져서 죽는다. 결국 그 주제는 18세기에 추리소설의 소재로 변질된다. 프랑스의 유리 도제인 자크-루이 메네트라(Jacques-Louis Ménétra)는 그의 『회상록』(*Journal de ma vie*, ed. D. Roche, 1982, 109)에서 이렇게 이야기한다. "두하멜의 이 괴물[1763년 사형선고를 받은 살인재은 자신의 애첩을 살해하고 그녀의 심장을 구워먹는 잔인함을 지녔다. 그리고 조사관에게 심문을 받으며 이렇게 말하는 대담함까지 보였다. "나리, 나리께서 그것을 한 번이라도 드셔보았다면 절대 그 정도로 만족하지 못했을 겁니다!"

그런 비극적 사랑(그리고 간통) 이야기에 모범이 되는 것은 높은 평가를 받았던, 고대 프랑스어의 서사소설인 13/14세기의 『쿠시 사령관과 파엘 부인』(*Kastellan von Coucy und der Dame von Fayel*)이다. 루트비히 울란트(Ludwig Uhland)도 이런 소재를 소름끼칠 만큼 아름다운 발라드로 개작했다. 그 발라드에서는 요새 사령관이 십자군 원정에서 치명적인 부상을 당해서 그 심장을 프랑스에 있는 연인에게 보낸다.

"너는 내 말을 듣는가, 성실한 종자(기사의 종자)여?
이 심장이 이제 뛰기를 멈춘다면
파엘 부인에게
그것을 전해야 한다!
봉헌된 차가운 땅속에
고귀한 육체가 묻힐 것이다.
심장, 피곤한 심장만은
아직 휴식을 취해서는 안 된다."

죽은 심장은 파엘의 기사에 의해 압수된다. 그는 그 심장을 성으로 가져
가서 요리하게 한다.

"그 후에 꽃으로 화려하게 장식해서
사람들은 그것을 금 쟁반 위에 올려놓았다.
파엘의 기사가
식사시간에 부인과 함께 식탁에 앉았다.
그는 그 심장을 미인하게 우아하게 건네준다,
사랑에 빠진 농담을 하면서[1]
'내가 항상 추격해왔던 것
그 심장은 당신 것이라오.'"

이제 파엘 부인은 심장을 먹는다. 그리고 그것이 자신의 마지막 음식이될 거라고 맹세한다. 그녀의 단식투쟁은 그녀를 죽은 연인에게, 영원한 심판의 세계로 데려다준다. 울란트는 이렇게 끝을 맺는다. "이 모든 일이 일어났다/ 작가의 심장과 함께."

세계문학에서 이런 소재를 그렇게 애용하는 것에 놀랄 필요는 없다. 유럽의 동화 역시 심장을 먹는 것에 관한 기억을 다루고 있다. 스위스 여자로 메시나의 동화수집가인 라우라 곤첸바흐(Laura Gonzenbach)는 한 보증인의 입을통해 다음과 같이 이야기한다(*Sicilianische Märchen*, 2, Leipzig 1870, 165-170). 두 명이 사냥꾼이 숲속의 오두막, 불타고 있는 난롯불 아래에서 "커다랗고 아름다운 심장"을 발견했다. 거기에서는 놀라운(전설에서 유명한 '성스러움의 냄새' 처럼) 향기가 났다. 사냥꾼들은 그것을 가지고 여관으로 갔다. 여관 주인의 어린 딸이 심장을 방으로 가져갔다. "어느 날 그것을 다시 쳐다본 그녀는 그것을 먹고 싶은 강한 충동에 사로잡혔다. 그래서 그것을 먹었다. 오래지 않아 그녀는 임신이 되었다. 그 사실을 알아차린 그녀의 아버지는 화를 버럭내며 그녀를 때려죽이려 했다. …… '아 아버지', 그 여자아이가 울었다. '나는 잘못을 저지르지 않았어요.' 그러나 아버지는 그녀의 말을 믿으려하지 않았고, 그녀를 매일 때리고 구박했다." 그때 선한 요정 같은 경건한대모가 존재하는 것도 괜찮다. 밤에는 그녀에게 두 번이나 '성 오니리아'(오네이로스는 그리스의 꿈의 신이다)라는 이름을 말하면서 꿈의 성자가 나타난다. 그는 자신이 그 심장의 주인이라며, 자신이 임신시키지 않았다면 아직 처녀였을 여관집 딸의 육체에서 그가 다시 태어날 거라고 말한다. 이제 여관 주인의 모든 방해와 분노에도 불구하고 아름다운 사내아이가 세상에 태어난다.

그 아이는 하늘로 가기 전에 심술궂은 할아버지에게 여러 가지 암울한 예언을 한다. 그리고 여관 주인이 살인 혐의로 고발당하자, 그 아이는 살해당한 사람을 깨어나게 해서 그로 하여금 여관집 주인의 무죄를 입증하도록 하기 위해 하늘에서부터 집으로 돌아온다. 결과는 이렇다. "그의 어머니와 할아버지, 할머니는 성스런 삶을 살았고 가난한 자들에게 많은 자선을 베풀었다. 그리고 그들이 죽었을 때 그들 역시 하늘로 올라갔다." 많은 동화들이 그렇게 학식이 있으며 교리를 연구하는, 특히 심장에 열광하는 성직자의 설교 사례임이 밝혀진다.

여기서는 신장이 문제다

신장은(Ren, 복수는 Renes) "붉은색 부위"라고 요한 야콥 보이트가 1737년 그의 『보고』에서 설명했다. "허리 위의 간과 비장 아래 양쪽에 있으며, 하얀 부분이 피와 분리된다"(S. 793). 오른쪽 신장은 왼쪽 신장보다 더 아래 자리잡고 있다고 되어 있다. 그리고 우리는 신장의 형태를 콩의 형태와 비교할 수 있다. 그것의 임무는 "선병질(腺病質)적 물질"의 필터 기능을 통해 소금물을 피와 분리하고 그것을 "소변의 경로"를 거쳐 방광으로(그리고 나서 계속 요도 [Urethra]로) 이끌어가는 것이다. 혈액 세정의 아주 예민한 과정, 부족한 신장의 활동을 보완해주는 투석이라는 개념을 보이트는 아직 모르고 있었다. 그 개념은 20세기에 와서야 물리화학에서 전이되었다. 소변 전체(요소, 요산, 크레아틴과 같은 단백질대사의 섬유질뿐 아니라)는 신장에 의해 혈액에서 걸러진다는 개념은 바로크의 네덜란드 의사인 얀 밥티스타 반 헬몬트에 의해 알려졌다.

그는 그 증거로 다음과 같은 사례를 인용했다(*Aufgang der Artzney-Kunst*, 463). "우리 도시에 진넨에서 온 한 신부가 있었는데, 그는 죽기 전에 17일 동안 마시지도 않고 먹지도 않았다. 그런데도 그는 매일 일정한 양의 소변을 보았다. 다만 그 양이 점점 줄어들면서 붉어졌다. 내가 판단하건대 신장에는 피를 오줌으로 변화시키는 힘이 있음에 틀림없다. ……피에서 빠르게 그리고 자주 관절의 활액(Synovia, sive glarealis aqua)이 만들어지듯이."

17세기에는 혈청, 림프, 관절액과 같은 다양한 체액과 온몸의 수분 조정에 관해 대단히 부정확한 생각이 지배하고 있었음을 알 수 있다. 당시 의사들의 과제는 체액, 나아가 그 기능에 대한 분석에 있었던 것이 아니라 특별히 신장과 관련하여 역시 부담스럽고 고통스런 결석의 존재(Renum calculi)와 원인, 성질 그리고 그것의 제거에 있었다. 고대의 의학서들은 다양하게 참고할 수 있는 일화들을 담고 있으며 재주에 관해 언급하고 있는데, 의사들은 그때마다 자화자찬을 한다. 빌헬름 파브리치우스가 언젠가 결석 분야에서 실패한 일에 관해 기술하면서(*Wund-Arztney*, 731) 그는 귀족 처녀에 관해 자신에게 알려준 추바이브리켄의 주치의인 루카스 유스투스(Lucas Justus)의 말을 인용한다. 그 환자는 예컨대 30살에 열병으로 큰 쇼크를 받았다. 그래서 월경이 중지됐다. 시간에 감에 따라 그녀는 등에서도 통증을 느꼈다. "월경이 중지된 지 16년 후에 앞에 말한 통증이 마침내 죽음에 이를 정도로 점점 더 심해졌다. 그 시체를 해부해본 결과, 척추가 S자로 휘어 있음을 우리는 확인했다. 그리고 여기에 그려진 것과 같은 색과 크기의 돌 두 개를 왼쪽 신장에서 발견했다. 자연이 어떻게 장난치는지를 보라."

척추의 휨은 아무래도 사망원인이 되지 못한다. 결석의 존재를 그 시의는 인식하지 못했다. 그 통증을 척추 탓으로만 돌렸는데, 그것은 잘못된 진단이다. 그 여자가 너무 일찍 죽은 것에 대한 안타까움은 이런(643번째) "관찰"에서 유스투스에 의해서도 파브리치우스에 의해서도 표현되지 않았다―그 시대의 많은 의사들이 어떻게 생각하고 느꼈는지를 알 수 있다.

오늘날 신장에 대한 관심은 다시 다른 문제, 즉 신장 투석으로 밀려났다. "망명신청자를 위한 신장은 없다"는 문구의 광고가 1995년 9월 2일자 『취리히 타게스차이퉁』지에 실렸다. 반세기 전만 해도 이런 것은 거의 이해할 수 없었다. 당시에는 일을 찾는 외국인에 대한 인종주의적인 차별 분위기가 없었다. 기증된 장기의 분배와 관련된 논의도 없었다. 당시 사람들은 이 신문을 넘기면서 아마도 욕심 많은 음식점 주인이 가난한 외국인노동자에게 비싼 신장을 제공하지 않으려 한다고 추측했을 것이다. '신장'은 오늘날 맛있는 음식을 연상시키지도 않으며, 우리가 오토바이를 타면서 시원하게 느끼는 어떤 육체 부위도 연상시키지 않는다. 악행에 반응하여 내면 깊숙이 고통을 느끼는 중심을 연상시키는 것도 아니다. 신장은 극찬을 받으며 다루어지는, 모든 인간이 사용할 수 있는 대체기관이 절대 아니며, 국제적인 육체―'부품창고 Ersatzteilager'(A. Kimbrell, 1994)에서 특별한 가치를 지니고 있다.

신장의 가격은 얼마인가? 1995년 11월 5일자 『차이트』지에 따르면, 뤼네부르크의 자동차 판매업자가 뭄바이(봄베이)에서 신장을 3만 5,000달러에 구입했다고 한다. 그러나 이 사람은 보험혜택을 받지 못했다―독일 벌금법의 제298조는 장기의 자유로운 거래를 차단하고 있다. 동남아시아나 라틴아메리카에서는 신장의 가격이 이식수술을 포함해서 2만 5,000마르크에서

10만 마르크라고 한다. 제공자는 대략 거래가치의 2퍼센트 정도를 받는다. 어린이 역시 예외일 수 없는 그런 착취의 현장에서 윤리나 도덕은 거의 찾아볼 수 없다.

요도, 방해물

양쪽의 신장에서 나오는 단백질 분해 배설물과 다양한 염기가 축적된 이 액체는 'Urina'(여성명사이다!)라 불리며, 민속어원학적으로 '(aqua) aurina', '리쾨르'와 관련이 있는 이 액체는 위에 있는 두 개의 수뇨관(Ureteres, 지름이 10센티미터쯤 되고 길이는 25~30센티미터쯤 된다)을 거쳐 우선은 방광(Vesica urinaria)이라는 집합장, 즉 표피질과 근육질로 된 배 모양의 자루로 내려간다. 방광은 요도를 거쳐 여성의 경우는 질을 통해, 남성의 경우는 페니스를 통해 오줌을 배출시킨다. 수분 축적과 배출의 원리는 아주 단순해 보인다. 그럼에도 이런 소변 체계가 질병에 감염되기 쉽다는 것은 누구나 잘 알고 있다.

프랑스 왕인 앙리 14세의 주치의이며 외과의인 기욤 루아조는 수분배출 문제로 어려움을 겪는 고위관리들에게 도움을 줄 수 있었다는 데 대해 큰 자부심을 가졌다. 그는 그러한 일을 1617년 보르도에서 출간된 의학적 관찰 사례 모음집(Observations, 1-9)에서 상세히 보고하고 있다. 1598년 앙리 14세가 프랑슈콩테 지방을 여행하는 동안 그의 요도(Parastatae, 이것은 당시 독일에서 '원조자, 조력자' 혹은 '위에 달린 작은 고환'이라 불렸다) 가까이에서 혹을 발견했다. 7~8년 전에 걸린 임질로 생긴 그것이 소변을 볼 때마다 심한 통증을 유발했다. 언제부터인가는 도뇨관을 사용해도 소용이 없었다. 그래서 루아조는 왕에게 수술을 제안했다. 수술은 6월에 이루어졌는데, 그때 의사는 자신이 베르주라크에서 조제한 약과, 그 부위에 약을 투여하는 데 필요한 가는 관 모양의 (역시 자신이 발명한) 도구를 사용했다. 그 비밀스런 약을 신선한 버터에 녹여서 매일 저녁 "왕에게 오줌을 누게 한 다음" 그 혹에 붙였다. 그리고 아침이면 "(분명히 소작된) 부위에 차갑게 한 주사를 놓고, 그러면서 다시 금속 투관이나 "bougie", 즉 탄력성 있는 도관, 혹은 동 존데(소식자, 카테에터)를 집어넣었는데, 동 존데는 "내가 만든 연고나 순수한 수은을 문질러 발라서 사용했다." 45살의 왕은 건강하고 통증을 잘 참아내는 환자였음에 틀림없다. "왕좌에서 물러난 왕은[앙리 14세는 1610년 라바이야크 침입의 희생자가 되었다] 5주 후에 다행히도 치유가 되었다. 물론 치료과정에서는 계속 열이 나면서 두 번이나 경련을 일으켰음을 의사는 시인한다.

방광과 요도는 성병의 감염뿐 아니라 특히 남성의 경우 몇몇 질병에 부담스런 전염성을 지니고 있다. "[아래] 요도의 길이는 성별에 따라 다르다. 남성의 경우는 8~9센티미터, 여성의 경우는 3~4센티미터쯤 되며 폭은 약간 넓다. 그리고 쉽게 넓힐 수 있다. 그래서 결석이 거기서부터 더 쉽게 내려갈 수 있다."

요한 야콥 보이트(*Schatz-Kammer*, 980)가 언급했던 방광결석은 그 처치가 어렵고 고통스러워서 과거에는 환자들이(거기에는 마르틴 루터도 속했다! P. Assion, 1971 참조) 무척 힘들어했다. 빌헬름 파브리치우스는 '돌 제거' 문제에("공포와 통증" 그리고 다시금 "통증과 공포"!) 관해 「방광수술」(Lithotomia vesicae)이라는 제목의 글에서 길게 설명하고 있다. 그리고 이렇게 판단했다. "돌은" 환자에게만 나쁜 것이 아니며, "외과의에게도 그 돌을 제거하는 일만큼 어려운 수술도 달리 없을 것이다"(S. 920).

프랑스 왕 루이 13세의 정식 외과의, 안과의이며 '결석 제거의' 이기도 한 프랑수아 테브냉(François Thévenin, 1656)은 『외과의적 수술의 실제』(*Traktat von den chirurgischen Eingriffen*, Euvres, ed. G. Parthon. Paris 1669, 48~49장)에서 성인에게 는 "커다란 기구"(존데, '제거기'와 '확장기'로 시술하며 이 기구들은 페니스를 거쳐 회음 부[Perineum]를 절개해서 방광 안으로 밀어넣을 수 있다)로, 16살까지의 어린이에게는 "작은 기구"로 하는 투석제거 기술을 묘사했다(s. 66). "결석이 요도 입구로 내려오도록 하기 위해 환자로 하여금 우선 몇 번 높이 뛰어오르게 한다. 그 러고 나서 의자에 앉은 채 그들의 손을 허벅지 아래로 꽉 붙잡고 있는 건장 한 남자의 무릎 위에 아이를 올려놓는다. 방광이 좀 더 쉽게 수축할 수 있도 록 'algalie'[아라비아어. 구멍 존데]를 사용해서 소변을 비워낸다. 의사는 손톱 을 깎고 검지나 중지를 장미오일로 적신 다음 손가락을 그들의 '엉덩이 podex'[원본에는 그렇게 되어 있다]에 삽입하고 공기가 빠지기를 기다렸다가 배 를 지혈용 솜으로 누른다. 납작하게 누르기 위해서다. 그러면 아래로 눌린 돌을 [방광 밖에서] 손가락으로 잡는다. 그리고 나서 그 자리를 [Perineum을 통해!] 커다란 기구를 사용할 때처럼 절개한다. 그때 직장을 절단하지 않도록 주의 해야 한다. 돌을 발견했다면 갈고리를 사용해서 꺼낸다. 그런 다음 수술 부 위에 붕대를 감는다."

뒤몽쇼(Du Monchaux) 박사는 그의 『의학적 일화』(*Medicinischen Anecdoten*, II, Nr. 173)에서 얀손 폰 도르트라는 이름의 30살 난 암스테르담 출신 수공업자 에 관해 이야기한다. 1651년 4월 5일에 그는 참을 수 없는 결석 통증에 시달 렸다. 그래서 동료의 도움을 받아 스스로 자기 몸을 절개하고 운 좋게도 4온

236

스(125그램)짜리 돌을 제거했다. 뒤몽쇼 박사는 그런 돌을 가끔은 몇몇 사이비 의사들이 잘 알지도 못한 채 잘못 치료하고 있음을 지적한다. "노르망디 출신의 한 귀족이 소변을 볼 때마다 어려움을 겪었으며, …… 또한 그때마다 구역질을 했다. 그는 고인이 된 [기욤] 라미(Lamy)에게 조언을 구하기 위해 일부러 파리로 갔다. 이 의사는 모든 증상을 들어보고는 요도에 암이 있다고 생각했다. 그리고 유명한 [왕궁의] 외과의인 [장] 메리[Mery, 1645-1722]도 같은 생각이었다. 그들은 암이 있는 부위에서 이 관을 절개해야 한다고 말했다. ……숙련된 이 두 의사는 수술을 하다 매우 놀랐다. 왜냐하면 그들은 요도에서 암이나 약간의 이상도 발견하지 못했으며, 모든 것이 그야말로 건강한 상태였기 때문이다. 그러나 그 환자가 수술 후 5~6일 지나서 사망하자 라미 의사는 하체를 해부하게 했는데, [결국] 신장에서 [문제가] 드러났다. 신장 안에서 상당한 크기의 돌들을 발견했을 뿐 아니라 거기서 흘러나오는 농으로 인해 방혈대야가 넘칠 정도였다.

매일 보는 소변

방광에서 소변이 흘러나오게 하는 것보다 더 일상적인(그것도 매일 여러 번씩!) 일은 아무것도 없다. 오줌 줄기가 강하건 약하건, 젊은이이건 늙은이이건 상관없다(R. Aman, in: Maledicta 12[1996] 147). 그리고 그 모든 것이 대변을 볼 때보다는 훨씬 자유롭다. 몇 가지 터부가 없지는 않으며, 적어도 반쯤은 분리된 장소(우리는 파리의 도로에 설치된 짙은 녹색의 남자용 공중화장실을 기억한다. 여자들은 의도적인 용변을 보려면 더 은폐된 장소를 찾아야 한다)에서 볼일을 보는데, 그것은 생리학적인 합병증과도 관련이 있다.

많은 사람들이 — 나이가 많든 적든 — 요도의 염증, 요산염석의 퇴적, 요도의 협착 혹은 요폐(Ischurie, 그리스어로 'iskhein', 멈추다)와 관련된 통증에 시달리고 있다. 토마스 바르톨리누스는 1662년 다니엘 파이피우스라는 나이 든 환자가 14일 동안 지속된 요로 막힘으로 사망하자, 이런 연관성에서 4일, 5일, 7일, 11일, 심지어 12일까지 지속되는 요폐 사례의 명단을 인용했다 (*Epistolarum medicinalium... centuria* VI, 21[1667, 91-96]). 바르톨리누스에 따르면 솅크(Johann Georg Schenck) 박사는 18일간의 요폐에 관해, 피소(Carolus Piso)는 심지어 19일간의 요폐에 관해 보고하고 있다. 그리고 "폰세카는 그의 Cons. Med. 2권, 96에서 6개월간 지속된 요폐(suppressam urinam)의 사례를 확인했다. 게다가 과거 의사들의 그런 통계에서 흔히 보이듯이, 코펜하겐 출신의 이 의사는 자신의 신기록 목록을 루푸스 에페시우스의 주장을 근거로 무려 12년간이나 소변을 보지 않고 생명을 유지한 경우까지 포괄하고 있다.

고대 이후로 의사들은 흔히 말하는 소변검사를 통해 요도의 질병이나 일반적인 내부 장기의 질병을 알아낼 수 있는지 밝히려고 시도했다. 그래서 의사라는 신분의 상징은 오래된 여러 그림에서 보이는, 의사들이 눈앞에 들고 있는 소변 글라스로 나타난다. 환자들은 의사들에게 그에 상응하는 기대를 걸거나 소변검사에 따른 진단과 조언에 따라 의사를 판단한다.

펠릭스 플라터는 1563년 아버지와 함께 고향인 발리스로 여행하다가 한번은 친척집에 묵게 되었다. "아침 일찍 많은 여자들이 뚜껑 없는 통에 물을 받아가지고 찾아왔다. 나는 그것을 검사해서 그들에게 어떤 문제가 있는지를 말해주어야 했다"(*Tagebuch*, 1976, 414). 그것이 무슨 의미인가? 젊은 여자들은 씻을 물을 가져온 것이 아니라 자신들의 오줌을 가져와 그에게 소변검사를 부탁하며 자신들의 건강상태가 어떤지를 듣기 원했던 것이다.

오늘날 소변검사는 원심분리기와 여러 가지로 규격화된 화학반응 테스터의 도움으로 빠르고 확실하게 이루어진다. 소변검사는 20세기 이전에는 그렇게 쉽게 습득할 수 있는 기술이 아니었다. '다루다'라는 단어 자체가 이런 소변검사에는 들어맞지 않는다. 의학자는 소변 통을 손에 쥐고 있어야 하며, 분석을 위해서는 그의 눈 역시 필요하다. 그는 소변의 상태, 양, 색깔, 그리고 거기에 들어 있는 성분을 관찰한다. 색깔도 노란색으로만 지칭되는 게 아니라 pellucida, turbida, flava, citrina, pallida, albicans, rubicunda, crocea, nigra 혹은 sanguinea(대체로 맑다, 흐리다, 노랗다, 레몬색이다. 창백하다, 뿌옇다, 붉은 빛이 돈다, 선홍색이다, 검다 혹은 피가 섞였다) 등으로 세분된다. 소변을 검사하는 사람은 작은 수포, 안개, 구름, 혹은 흰색 원(corona)과 유리바닥의 침전물도 관찰한다. 물론 작은 알맹이, 모래, 핏방울, 고름, 싹, 점액질 등도 관찰한다. 후각의 투입은 부적절한 것으로 여겨진다. 그리고 "어떤 떠벌이 장수는 심지어 소변의 맛을 보기까지 한다. 그러나 나는 사양한다. 식사시간을 위하여!" — 이렇게 1728년 우리의 히아트로필루스 헬비히는 말한다(*Kluger und lustiger Medicus*, 59-62).

물론 모든 인간이 소변을 마시는 것에 대한 혐오감을 가지고 있지는 않다. 여기서는 어디까지나 오늘날에도 소변요법의 추종자들이 권하듯이 치료 목적으로 소변을 마시는 걸 의미한다. 소변을 그렇게 이용하는 것은 주지하다시피 크리스티안 프란츠 파울리니와 그의 『유익한 배설물 약전』(*Heilsame Dreck-Apotheke*)으로 거슬러 올라간다. 그리고 그런 책을 읽고 나면 자신의 소변을 입으로 섭취하는 것을 좀처럼 납득할 수는 없지만 적어도 더 이상 혐오스럽지는 않다. 뒤몽쇼 박사는 어쨌든 그의 『의학적 일화』(II, Nr. 187)에서 프란츠 1세의 장관인 앙투안 뒤프라(1463-1535)는 감옥에서 나오기 위해 다음과 같은 속임수를 썼다. "그는 요폐로 고통받고 있고 있는 것처럼 행동하고선 자신의 소변을 다 마셨다고 고백했다." 파울리니는 또 우물을 파다가 매몰되었지만 나무판 덕분에 7일씩이나 버틴 사람에 관해 보고하고 있다. "그의 유일한 청량제는 소변이었다. 그것으로 그는 원기를 회복하고 놀랍게도 밖으로 살아나올 수 있었다"(Dreck-Apotheke, 113). 어떤 경우에도 소변은, 특히 어린 사내아이와 여자아이의 소변은 하급 의료계층 사이에서 많은 것을 약속하는 치료수단으로 도입되었다(S. 42). "알렉산더 페데몬타누스는 그것을 모든 안과질환(말하자면 붉고 짓무르는 눈)에 필수불가결한 수단으로 여겼다. 그는 순결한 처녀(그런데 이들이 지금은 어디 있는가?)의 소변을 와인과 섞어서 새 유리 단지에 담았다. 그리고 거기에 [약간의] 루타(운향과 식물)와 잘게 자른 펜헬 뿌리를 첨가해서 함께 끓인 다음 그것을 이상이 있는 눈 위에 올려놓았다." 그런데 어디서 그렇게 많은 펜헬 뿌리와 루타를 구할 수 있단 말인가? 현대의 소변요법에서는 아무것도 섞지 않은 순수한 소변을 추천한다. 『슈피겔』지는 그것을 "중세로의 회귀"(1997년 5월 19일)라고 지적한다. 그리고 의심쩍은 듯 고개를 젓는다. "그녀가 주장한 바에 따르면 자신의 소변은 도움이 된다. 마시든 혹은 적시든간에. 특히 관절통, 알레르기, 천식, 중이염, 인후염 등에 도움이 된다. 독자들은 그녀의 말을 믿는다. 그녀의 책은 몇 달 사이에 25만 부 넘게 팔렸다." 그 잡지의 관계자들은 대체의학을 제대로 이해하지 못하고 있다. 관절통, 알레르기, 천식을 앓고 있는 그토록 많은 환자들이 왜 정통 의료 시스템에서 그런 어려움을 겪고 있는지를 한번 생각해보라!

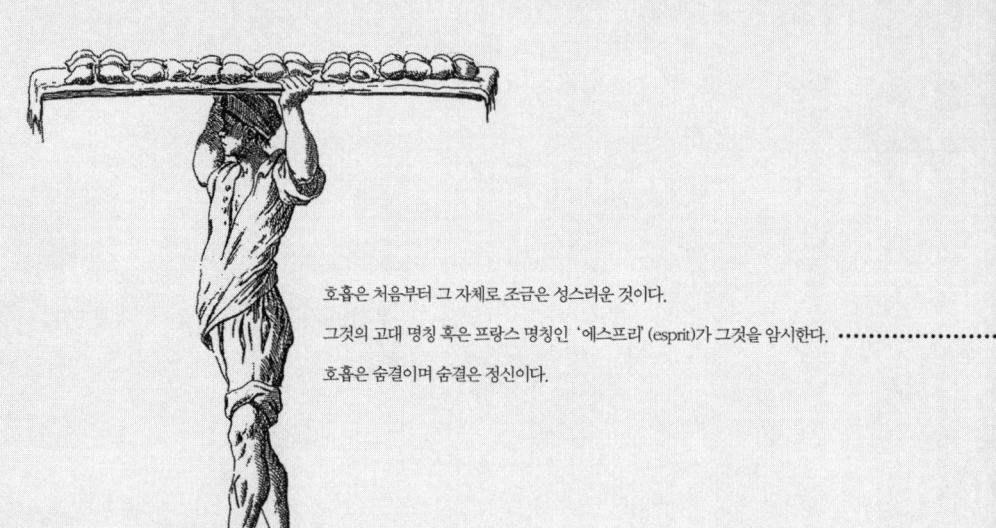

호흡은 처음부터 그 자체로 조금은 성스러운 것이다.
그것의 고대 명칭 혹은 프랑스 명칭인 '에스프리'(esprit)가 그것을 암시한다.
호흡은 숨결이며 숨결은 정신이다.

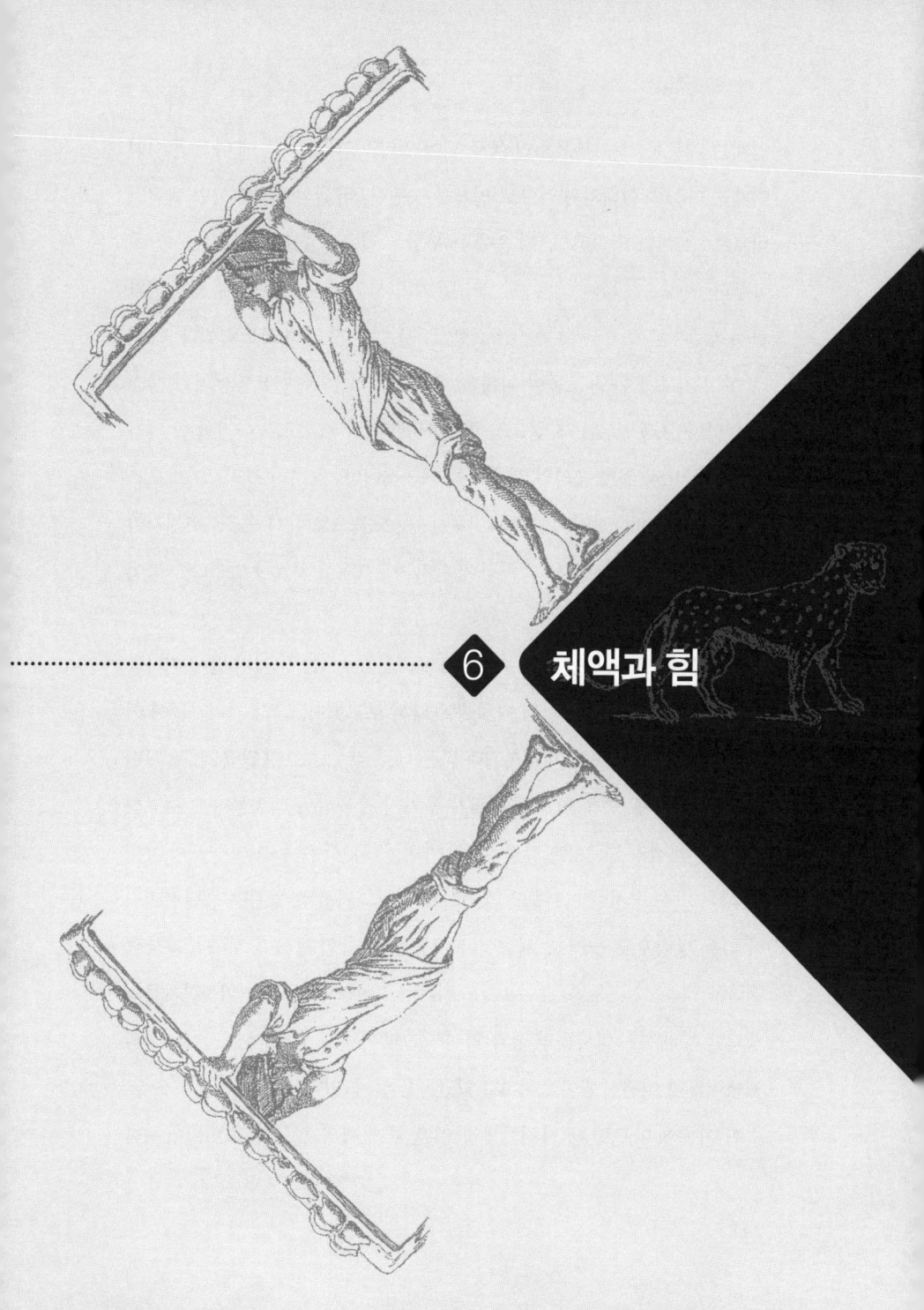

6 체액과 힘

인체는 대부분 그 기본요소인 물로 되어 있다. 고대의 사상에 따르면 이런 액체는 다양한 형태와 방식으로 인체를 누빈다. 바젤의 외과의사인 펠릭스 비르츠(Felix Wirtz)는 1590년에 손에 큰 부상을 입은 "성실한 마트로나"를 치료했다(*Wundarztney-Buch*, 475-479). 불려온 이발사와 의사들은 몇 달 동안 피와 관절액(그들은 거기서 이것을 발견했다고 믿었다)을 멈추게 하려고 노력했다. 그러나 이런 치료가 아무 도움이 되지 않자 비르츠가 등장해서 그 여자가 생리를 얼마나 오래 안 했는지 묻고는 곧 알아챘다. 즉 월경으로 나가야 할 피가 손의 부상으로 위로 올라와 배출되었다는 것이다. 월경이 크리스마스로즈 (미나리아재빗과 식물) 좌약(자궁을 통해 사용된다)의 도움으로 다시 순조로워지자마자 상처의 피는 멈추었다. 그 덕분에 환자는 "제대로 치료를 받았다." 특이한 경우인가? 절대 아니다!

아이제나흐의 의사인 요한 슈토르흐(Johann Storch)는 18세기 말에 여자들의 안과 밖의 아주 다른 여러 액체에 관해서 보고했다. 그리고 여자들이 어떤 때는 액체가 너무 많이 흐르거나 다른 데로 잘못 흐르지 않을지, 또 어떤 때는 몇몇 액체, 특히 월경의 액체가 뭉치지 않을까 두려워한다고 보고했다. 그런 액체의 불균형은 발작, 부종, 마비, 경화, 특히 두려움, 공포의 상태로 이어진다. 당시에 의사들은 정확하게 규명되지 않은 흐름을 중단시키거나 다른 방향으로 돌리고, 체증이나 소용돌이, 막힘 등을 방지하려고 노력했다(B. Duden, *Geschichte unter der Haut*, 145-162). 여기서 우리는 여성환자들의 생각을 통해서 — 의사들의 생각 역시 — 그때까지도 고대 의사 갈레누스의 체액이론이 여전히 받아들여지고 있었음을 알 수 있다.

이 이론에 따르면 네 가지 '체액'이 줄곧 인체의 건강과 고통을 규정한다. 이런 체액에 관해 여기서는 개별적으로 다룰 것이다.

체액, 영혼의 장소

대략 4~5리터의 피[Sanguis]는 담홍색 혹은 암적색의 찐득찐득한 체액으로서 심장근육에서부터 끊임없이 새로 밀려나와 아주 예민한 조직까지 인체 구석구석을 돌아다닌다. 이 액체의 기본은 대체로 혈청과 혈액 섬유소인 피브린이 뒤섞인 노란색의 묽은 혈장(Plasma)으로 되어 있다. 플라스마는 특히 헤모글로빈으로 이루어진 적혈구(Erythrozyten)와 백혈구(Leucozyten)(이것들은 그리스어로 '붉은 용기'와 '흰색 용기')에 붙어서 돌아다닌다. 450만에서 500만 개에 이르는 적혈구는 1입방 밀리미터에 이른다. 한두 개의 백혈구가 약 1,000개의 적혈구에 해당된다. 피는 산소 가스와 이산화탄소, 영양분(각종 당분, 지방, 아미노산, 미네랄, 비타민)과 박테리아, 기생충, 바이러스에 대한 면역체를 운반한다. 피의 주요 과제는 이중의 순환을 통해 영향을 미치는 가스 교환, 여러 육체기관들에 대한 영양 공급, 그리고 간과 신장 요도 시스템을 거치는 산업쓰레기의 제거이다.

혈액에 대해서는 이렇게 간단히 설명하는 것만으로도 충분하다. 그러나 우리의 피에는 수많은 문화적, 정서적 의미가 내포되어 있음을 '피를 흘리다', '마지막 핏방울까지 변호하다', '피땀을 흘리다'와 같은 관용어들이 보여준다. 프랑스의 전사들은 (순수하게 사전적이고 이론적으로 말하자면) 마을을 'en feu et en sang', 불과 피 속에 집어넣을 수 있다. 즉 완전히 파괴한다는 뜻이다. 그리고 그들은 'donner leur sang pour la patrie', 즉 자신들의 피를 조국을 위해 흘린다(『프티 라루스 사전』(Petit Larousse) 1976년판에는 이렇게 적혀 있지만, 1995년판에는 이런 표현이 없다!). 물론 전쟁에서는 애국적인 것, 영웅적인 것, 그리고 삶과 죽음이 중요하다. 평화의 시대에는 어려운 가운데서도 '조용히 피를 유지'해야 한다(흥분하지 말아야 한다는 뜻). 협박은 '지독하게 진지할' 수 있으며, 협박받은 사람은 '동맥의 피가 얼어붙는다. 부당함은 '나쁜 피를 만든다.' 우리가 그런 것을 파악하지 못하면 '그 사람의 가슴에서 피가 난다.' 그리고 심하게 흥분한 경우에는 '피가 머리끝까지 솟구치고', '피를 본다'(흥분한 나머지 '눈이 뒤집힌다'는 뜻). 반면에 다른 많은 사람들이 '피를 보지 않는다.' 이런 식의 표현들로 무척 다양한, 가끔은 공포에 가득 찬 감정의 상태가 극적으로 기술된다. 저주의 말 역시 많은 피를 포함할 수 있으며, 그것을 통해 특별한 중요성을 획득한다. 영국 사람들이 제대로 욕을 할 경우에는 'bloody'라는 단어가 빠지지 않는다. 바이에른 사람들은 'Bluat'라는 음절로 그들의 저주를 강화한다. 그것은 기독교적으로 구세주나 마리아의 삶의 십자가 영역에서 차용된 것이다. '그대의 피'(sangue di Dio)는 대단히 경건한 어휘이다.

"육체의 생명은 피 속에 있다"고 성경의 레위기(17:11)와 신명기(12:23)는 더욱 명확하게 설명하고 있다. "다만 크게 삼가서 그 피는 먹지 말라. 피는 그 생명인즉 네가 그 생명을 고기와 함께 먹지 못하리니." 아벨의 피는 형 카인에 의해 살해당하고 나서 형의 살해행위를 하늘에 알린다(창세기 4:10). 죽은 희생자는 더 이상 이야기할 수 없지만 '들것 시험'에서는 그의 피가 자신을 위해 변호하고 살인에 대한 증거를 댄다. 예를 들어 1503년에 아내를 살해한 베른의 한스 슈피스의 경우에는 장례 때 시체에서 피가 흘러나오는 바람에 그의 살인행각이 드러났다. 연대기 저자인 발레리우스 안스헬름 뤼트(Valerius Anshelm Rüd, 1475-1547)는 그에 대해 이런 해설을 덧붙였다. "사람들이 말한 대로 살인은 절대 숨겨지지 않는다. 아벨의 피가 땅에서부터 하느님에게 외치기 때문에 절대 숨겨질 수 없다."

악마와 결탁한 사람들은 악마에게 피와 함께 영혼을 판다. 다른 중요한 사건에서도 피가 흐르면서 영혼도 점차 사라진다. 긍정적으로 말하자면, 피의 흔적이 발견되는 곳에는 맥박이 뛰는 삶과 살아 있는 영혼이 있다고 예측할 수 있다. 유럽의 많은 민담에서, 그리고 18세기의 공포소설에서도 식물이나 뼈 혹은 돌에서 흐르는 피는 악행을 증명한다. 토스카나의 동화 「어두운 구름」(R. Schenda, *Märchen aus der Toskana*)에서 한 어부는 처음으로 그물에 걸린 살진 물고기를 살려준다. 그런데 다시 잡힌 그 물고기가 이렇게 말한다. "나는 내가 죽어야 한다는 것을 잘 알고 있다. 그러니 나를 쳐서 죽이고 조각조각 내다오. 반은 왕에게 바치고 한 조각은 네 아내에게, 한 조각은 암캐에게, 한 조각은 암말에게 주어야 한다(그러면 셋 다 잉태를 하게 될 것이다). 가시는 부엌의 발코니에 묶어야 한다. 너는 아들을 얻게 될 것이며, 아들에게 무슨 일이 일어나면 이 가시가 피를 흘리게 될 것이다." 그리고 실제로 첫째 아들이 모험여행을 하던 중에 악한 요정 때문에 큰 위험에 빠지게 된다. "다음 날 아침 아버지와 형제들은 부엌이 피로 넘치는 것을 발견했다. 그것은 생선뼈에서 떨어진 것이었다. 그 아이에게 무슨 일이 일어난 것이 틀림없다고 그들은 말했다. 그리고 동생이 말 한 마리와 개 한 마리를 데리고 그를 찾아나섰다"(131f., 137f.). 그런데 그 동생이 암울한 구름의 악한 여자 때문에 똑같은 불행을 당하자, 생선뼈가 다시 피를 흘렸다. 결국 그 주인공들은 막내동생에 의해 구조되었다.

시칠리아의 동화인 「아름다운 여자아이」에서도 생선의 피는 주인공이 생명이 위태로울 정도로 큰 부상을 입었음을 전해준다(Pitre/Schenda/Senn, *Märchen aus Sizilien*, 282f.). "돌아갈 시간이 되었을 때 젊은 왕자는 창문을 그대로 통과해서 유리 조각이 온 살에 박혔다. 그는 피를 흘리며 궁전으로 돌아왔다. 왕이 왕자를 보았을 때 왕자는 손을 머리 위로 합장하고 있었다. '아들아, 도대체 어쩌다 이렇게 된 것이냐?' 그는 호소문을 발표하게 했다. 젊은 왕자를 다시 건강하게 만들어주는 사람은 큰 보수를 받을 것이라고. 식사시간이 되어 왕자 내외의 식탁에 생선이 올랐다. 아내가 생선을 자르려하자 생선에서 피가 흘러나왔다. 그녀는 놀라서 시녀들을(그들은 요정이었다) 불러 이 피가 무엇을 의미하느냐고 물었다. 시녀들은 그녀에게 어떻게 된 사연인지를 설명했다. 그녀는 눈물을 흘리며 의사로 변장했다. 그러고는 약초를 달여서 왕궁 창문 밑에 놓아두었다."

피는 살아서 영혼처럼 육체보다 더 오래 영향을 미친다. 특히 이 피가 속해 있는 인간 육체 외부에 오래 남아 있다. 살해당한 사람의 핏방울이나 살해당한 아이의 핏방울은 좀처럼 지워지지 않거나 씻기지 않는다. 유럽의 동화에서 한 사람의 피 몇 방울이면 다른 사람을 보호하기에 충분하다. 고대의 영웅전설에서도 살해당한 적으로부터 힘을 얻으려고 그들의 피를 마시기 때문에 결국은 더 많은 피를 흘리게 된다. 드라큘라 같은 흡혈귀 신화에서뿐 아니라 악마들도 스스로 존재하기 위해 인간의 피를 필요로 한다. 특히 예수 그리스도의 살과 피는, 그것이 실제이건 상징적인 형태이건, 그리스도교의 성찬식에서 성체의 형태로 혹은 빵과 포도주의 형태로 그들의 정신적 강화를 위해 먹는다.

치료하는 피

그리스도('구세주' 혹은 '구제자')의 피가 우리를 구원하고, 강화시키고, 치료하기 때문에 결론은 확실하다. 즉 축복을 받은 피나 봉헌된 피는 건강하게 해주는 힘을 지니고 있다. 오늘날에도 수많은 치료사들이 마술적인 차원에서 환자의 몸에 핏방울을 바르는 경우가 있는데, 그들은 (무의식적인 경우도 자주 있지만) 혈액 치료 역사의 오랜 전통 위에서 그렇게 한 것이다.

수많은 가톨릭 성지순례를 보자. 귀한 보석으로 장식된 성수 담는 병이나 성체 현시대에 담긴 오래된 피의 성유물을 보거나 아니면 섬세하게 보존된 천 조각의 바랜 핏자국을 보는 것만으로도 모든 질환에 영향을 미쳤다. 이른바 그리스도의 진짜 핏방울이라는 것 몇 가지만 예를 들어보자. 17세기 베네치아 사람들은 그들의 마르쿠스 교회에서 성 목요일(부활절 전의 목요일)과 승천하기 전날 저녁 니고데모가 만든 '바루티'의 십자가에서 흘러나왔다는 핏방울이 들어 있는 작은 병을 숭배했다. 한편 카푸친회 수도사들은 심지어 진짜 그리스도의 핏방울을 보유하고 있다고 주장하면서 '나사로 주일'에는 그것을 드러내놓고 자랑하기까지 한다(L. Baldacchini, *Bibliografia delle stampe popolari religiose*, 1980, Nr. 17, 218). 또한 토리노에서 숭배하는 그리스도의 수의나 여러 도시에서 보관하고 있는 'Volto Santo'(성스런 용모) 혹은 'Vera Icon'(진실한 그림), 즉 베로니카의 땀 닦는 수건 등도 그런 예이다. 이런 성유물들은 예수 그리스도의 피의 흔적을 포함하고 있다. 이탈리아 볼세나의 유명한 성찬식에 속하는 그리스도의 피의 기적은 언급할 만하다. 1263년에 '화체설'(빵과 포도주가 그리스도의 살과 피로 실체화한다는 설)을 의심하는 신부가 있었는데, 그가 성찬식을 할 때 제대 위의 성체에서 핏방울이 떨어졌다(LMA 2, 388)고 한다. 노르트바덴의 발뒤른에서도 이와 비슷한 일이 일어났다. 거기서는 그리스도의 피가 성찬식의 잔을 들고 가는 손수건에서 발견되었다(W. Brückner in LMA 2, 292f.). 매년 축일이 되면 작은 병에서 흘러내리는 나폴리의 성 야누아리우스(San Gennaro)의 피도 잊어서는 안 된다. 간단하게 말하자면 성스런 피는 치료의 힘을 지니고 있다. 그리고 그것이 치료능력을 지니게 하려면 축복의 기도나 경건한 생각만으로 충분하다.

특히 중세 사람들은 처녀의 피나 순결한 아이들의 피는 나병에 특효가 있다고 여겼다. 물론 나병에 걸린 사람에게 일종의 피의 목욕(고대 신화가 그 선례를 보여준다)을 시켜주기 위해서는 상당한 양의 순수한 피가 필요하다. 11세기 이후로 널리 퍼진 전설에 따르면, 아멜리우스라는 사람이 나병에 걸린 친구인 아미쿠스를 낫게 하기 위해 자신의 두 아들을 죽였다고 한다(AaTh 516 C). 아버지의 희생행위(살인을 그렇게 말해도 좋다면)의 대가로 신은 아이들을 다시 살려주었으며 아이들의 어머니는 아이들이 붉은 사과를 가지고 노는 것을 즐거운 마음으로 쳐다보았다. 하르트만 폰 아우에(Hartmann von Aue, 1200(?))의 『가련한 하인리히』(Armer Heinrich)에서 순결한 시골처녀가 나병을 앓는 기사를 구하기 위해 자신의 피를 희생하려고 한다. 그러나 기사인 하인리히는 그 제안을 관대하게 거절한다. 그리고 다시 하늘은 그러한 선행을 치료로써 보상해준다.

동화편찬자인 쿠르트 랑케(Kurt Ranke, 1908-1985)도 보여주듯이, 그런 이야기들은 근세 초기에도 존재했다. 그리고 19세기 동화작가들은 이런 홍미로운 소재를 절대 그냥 놔두지 않았다. 그래서 우리는 그림 형제의 「충성스런 요하네스」에서 읽을 수 있다(KHM 6. 도와주는 여자는 아마도 도로테아 피맨[Dorothea Viehmann]일 것이다). "그 자신이 가장 사랑하는 자녀들을 스스로 죽여야 한다는 소리를 들었을 때 왕은 놀랐다. 그럼에도 그는 위대한 충성심과 충성스런 요하네스가 그를 위해 죽었다는 것을 생각했다. 그래서 칼을 빼서 자신의 손으로 아이들의 머리를 베었다. 자녀들의 피로 그 돌을 적셨을 때 생명이 다시 돌아왔다. 그리고 충성스런 요하네스는 다시 건강하게 그의 앞에 서 있었다." 그럼에도 두려워하지 마라 — 사랑하는 자녀들 역시(그들은 어쨌든 사내아이였다!) 다시 머리를 얻고 생명을 얻었다.

시칠리아 동화, 즉 가톨릭 동화인 「갈리지엔의 성 야곱 이야기」(Die Geschichte von San Jupicu alla Lizia)에서 라우라 곤첸바흐(1870, Nr. 90) 역시 순례여행을 함께했던 형제를 살리기 위해 어린아이(여기서는 여자아이라는 것을 쉽게 알 수 있다!)를 데려와야 했다. "왕자는 스스로 사랑하는 어린 딸을 직접 죽여야 한다는 이야기를 듣고는 물론 놀랐지만 이렇게 대답했다. '나는 내 친구를 찬미하며, 그를 나의 형제처럼 대했소. 그리고 다른 수단이 없다면 나는 내 아이를 희생물로 바칠 거요.' 저녁이 되었을 때 그들은 그 어린아이를 데려와 동맥을 잘랐다. 그리고 그 피를 환자의 상처에 문질렀다. 그러자 그는 곧 심한 나병에서 나았다. 그 어린아이는 완전히 창백해지고 지쳐서 마치 죽은 것처럼 보였다." 이제 산티아고(성 야곱)가 물론 그 아이를 다시 살려주고, 그럼으로써 유아살해는 두 번째로 정당화된다. 라우라 곤첸바흐 동화 55번, 「펠레디코와 에포마타의 이야기」에서는(여기서는 사내아이다!) 희생자의 구원이 전혀 다르게 일어난다. 그 동화에서 요정들은 펠레디코(페데리코) 왕자가 18살이 되면 죽을 거라고 예언했다. 숙명의 요정들은 물론 이 젊은 남자가 자신의 피로 터키 왕을 나병에서 구하도록 정해놓았다. 그러나 그 일이 — 야곱의 순례여행자 대신 '이방인'에게 — 실제로 일어났을까? 아름다운 이 방인 공주인 에포마타는 젊은 남자를 악한 마녀의 마술에서 구해주고, 사랑 하는 연인이 모든 모험을 통과하고 결국 나병에 걸린 자를 치료한다는 피의 희생 전체를 망각하게 만든다.

그런 치료 역사의 문화특수적인 몇몇 세부사항들에 관한 조롱을 제쳐둔 다면, 매우 진지한 핵심요소가 명확하게 드러난다. 인류의 재앙, 즉 나병이 나 레프라라고 불린 전염병의 잔인함이다. 오늘날에도 천만 명 이상의 인간 이, 어쨌든 기독교인보다 더 많은 '이방인'이 고통받고 있는 재앙이다.

독성이 있는 피? 생리의 신화

"달마다 주기적으로 일어나는 정화, 여성의 꽃이라고도 일컬어지는 월경은 건강한 여자라면 누구나 가임기에는 피할 수 없는 상황이다. 월경의 물질은 완전한 죄의 피(Massa Sanguinis)거나 흘러나오는 혈액이다. 그것에 관해 노인 들은 제멋대로 상상해서 그런 피가 전염성이 있으며 독이 있다고 여긴다. 하지만 그것은 전혀 근거가 없는 말이다. 여성에게서 그런 정화작용이 시작 되는 시기는 보통 14살 무렵이다. 그것은 곧 여성이 생식능력을 갖게 되는 시기이며, 아이를 낳을 수 있게 되는 시기이다. 그리고 그런 월경이 일단 시 작되면 그것은 나름의 질서를 지키며 4주마다 반복된다. 그러나 몇몇 사람이 말하듯이 달빛에 따라 시작되는 것은 아니다." 의사이자 역사서술자인 요한 야콥 브로이너(Johann Jacob Bräuner, 18세기 상반기에 프랑크푸르트에서 활동했다)는 『건강에 관한 백과사전』(Thesaurus Sanitatis, 233f.)에서 특히 남자들에게 — 그것이 아무 소용이 없는 질투심에서 나온 것이든 아니면 호기심에서 나온 것이든, 애정이나 거부감에서 나온 것이든 — 매력 있거나 거부감이 들게 만드는 주제에 관해 이렇게 기술했다. 여성이 지니는 이런 특별함은 대체로 차분한 관찰이나 사실에 대한 논의, 그리고 그것을 넘어 형성된 의견에 관한 논의에 사용되는 것이 아니라 여자들을 멸시하는 데 동원된다. 크리스티안 프란츠 파울리니는 다른 남자들처럼 이런 태도의 원인을 성경에서 찾는다(Flagellum Salutis, 93f.). "누구든지 월경중의 여인과 동침하여 그의 하체를 범하면 남자는 그 여인의 근원을 드러냈고 여인은 자기의 근원을 드러내었음인즉 둘 다 백성 중에서 끊어지리라"(레위기 20:18). 구약성서의 아라메아어 번역본 『타르굼 요나타니스』(Targum Jonathanis)는 그것을 fontem sanguinis immunditiei, 즉 불결한 피의 근원이라고 칭했다. 그런 근원을 드러내는 것은 바로 월경중인 여자와 몸을 섞는 것이다. 이런 약점[멘식은 복음주의자인 마가[마가복음 5장 34절, 피를 흘리는 여성의 치료에서]에 의해 'flagellum', 즉 70인역 성경[셉투아진타, 현존하는 구약성서의 그리스어 번역본 중 가장 오래된 번역본을 가리킴 — 옮긴이]이 제시했듯이 고통이라 불린다. 그것이 여성이 자주 견디어내야 하는 큰 고통일 뿐 아니라 하느님이 그들로 하여금 군것질[낙원에서의 에바의 사과]을 기억하게 하고, 채찍질[flagellum]하는 것처럼 그런 고통을 통해 속죄로 인도하려 하기 때문이다." 예수로부터 고침 받은 여성의 "고통"(그것은 그의 허락 없이 일어났다. 그녀는 단순히 그의 옷을 만졌다. 그때서야 예수는 "힘"이 자신에게서 나갔다는 것을 감지했다)은 물론 월경이 아니라 12년 동안 지속된 출혈이었다. 다른 동료들은 치료기적의 그런 세부사항까지는 접근하지 못하고 다음과 같은 표제어에만 관심을 가진다. 즉 유동상태(여자들은 건조하고 뜨거운 남성과는 반대로 습하고 차갑다), 순수하지 못함, 노고, 약점, 무위, 잦은 군것질, 징벌 — 이런 개념들은 월경과 관련되고, 다시 근세 초의 의학 논문에서 히스테리와 관련하여 매번 등장한다.

앙브로아제 파레와 페터 우펜바흐의 책에서는(1601년) 다음과 같은 대목을 읽을 수 있다(*WundtArtzney oder Artzneyspiegel*, 1029f.). "여성들은 일반적으로 차가운 복합체이고 또 성격도 차갑기 때문에 녹는 것도 조금 약하고 더디다. 대개 여성들은 너무 다양한 음식을 즐기고, 게다가 대량으로 섭취한다. 왜냐하면 그들은 나중에 녹을 수 있기 때문이다. 그래서 필연적으로 여분의 습기와 상당량의 쓰레기가 나온다. 자연은 이렇게 유도한다. 즉 여성들은 어떤 특별한 육체적 운동을 [집 밖에서] 하지 않기 때문에 동일한 것[오물]을 ……자궁의 동맥을 통해 배출하는 힘의 도움으로 일정한 시기에 육체 밖으로 내보낸다." 그런 불필요하고 순수하지 못한 액체의 제거는 긍정적인 효과를 가져올 수 있다. "이런 흐름이 없다면 어떤 아이도 엄마의 몸 안에서 형성되거나 착상되고 자랄 수 없을 것이다. 그것은 매달 월경을 치르는 또 다른 원인이며 영원한 목적이기 때문이다." 더 많은 피를 지닌다는 것이 남성에 비해 장점이 될 수 있다는 생각을 여자들 스스로 갖지 않도록 하기 위해 이 외과의사는 다음과 같이 표현한다. 남성들은 피가 더 적긴 하지만 그 대신 "탁월한 질과 특성"을 지닌다. 그것은 "훨씬 완전하고 독특하게 분리되어 있으"며 "그 자체로 훨씬 더 많은 양의 영을" 소유하고 있다. 그래서 남성의 소화는 훨씬 더 잘 된다. 짧게 말해서 "남성의 피 0.2파운드"는 여성의 피 2파운드보다 더 좋고 더 강하다.

　남성들이 그렇게 탁월한데도 가끔 월경을 한다는 것은 놀라운 일이 아니다. 뒤몽쇼 박사는 1767년에 자신의 『의학적 일화』(II, Nr. 133)에서 실제로 "매달 여성처럼 월경을 했던 사람에 관해" 보고한다. 자쿠투스 이스티타누스(포르투갈의 유대인인 아브라함 자쿠토, 1585-1642)가 증인으로 제시되었는데, 구레나룻이 없는 이 남자는 "매달 4일에서 5일 동안 상당량의 유출을 감지했다. 그것도 피의 유출을 위해 만들어진 것이 아닌 부위를 통해서."

　그 사건은 더욱 자극적으로 여겨졌다. 왜냐하면 월경의 피는 매번 여성의 기본적인 독성을 입증하는 데 인용되었기 때문이다. 그런 맥락에서 늙은 플리니우스 제쿤두스(Plinius Secundus)의 글이 인용되었다(작센 영주의 주치의이며 비텐베르크 대학의 의학교수인 다니엘도 그의 책 *Medicina pracitca* 6권에서 그것을 인용했다). 플리니우스는 그의 『자연사』(Naturgeschichte)에서 이렇게 기술했다. 여성들의 월경처럼 기이하고 주목할 만한 것도 없다. 월경은 씨나 싹을 부패시키고, 열매를 떨어뜨리며, 거울을 안 보이게 만들고, 빈 가지를 잘라내며, 벌집에 있는 벌을 죽이고, 개를 미치게 한다. 제너르트는 자신의 경험에서 이렇게 덧붙인다. "남자들이 월경을 하게 되면 그들은 매사를 잘 잊어버리고, 감상적이 되며, 정신을 잃어버리고(amemtes), 대체로 혼란스러워진다(quasi lunaticos). 많은 사람들은 심지어 그들이 그것 때문에 나병에 걸리게 될 거라고 주장한다." 치료수단으로 그는 멜리사 달인 차를 넣은 포도주, 그리고 목욕을 자주 할 것을 권했다. 그러나 우리는 적어도 이 점에서만큼은 제너르트의 말을 믿을 수 없다. 그는 아주 쓸데없는 것을 처방했다.

잘못된 판단은 수없이 많다. 크리스토프 빌헬름 후펠란트는 1836년에 (*Enchiridion,* 678f.) "임신, 출산, 수유" 는 여성의 [건강한] 생활과 "자연적이고 평범한 상태" 를 의미한다고 했다. 월경은 결과적으로 "보충물로 사용되거나 대용품 상태, 질병" 이다. 여류 민속학자라면 월경의 이런 개념을 훨씬 명확하게 파악할 수 있을 것이다. "보통의" 건강한 여성은 18살 정도의 나이에 월경이라는 "질병" 을 피하기 위해 처음으로 임신하며, 자신의 삶 전체를 매번의 임신과 수유, 그리고 점점 성장하는 자녀들의 양육에(남편에 관해서는 이야기하지 말자) 몰두해야 할 것이다. 물론 대략 15번의 출산을 경험한 35살에서 40살의 여성들은 월경 때문이 아니라 출산기계, 양육기계로서의 그들의 임무 때문에 완전히 쇠진할 것이다.

후펠란트는 계속 말한다. 월경은 매달 일어나는 "정화" 이다. 자궁만 정화되는 것이 아니라 전체 조직이 정화된다. "완전한 월례적 위기" 는 여러 가지 증상, 즉 "변화된 날숨의 냄새, 흐린 눈, 피부의 작은 종양, 홍분, 신경 시스템과 감정의 부조화" 등을 통해 나타난다. 이런 묘사는 다시 순수하지 못한 것을 연상시킨다. 호흡의 경우 여성의 나쁜 습기가 다른 객체로 전이된다는 것이다. 게다가 여기서 부정적으로 평가받을 수 있는 육체의 상태가 문제시된다는 사실은 이런 잘못된 상태를 유발하는 여성을 사회적으로 훈육하는 데 동원된다. "우리는 [여기서는 여자를 말한다] 그 경우 모든 홍분(특별히 춤)과 추위, 기름진 식사, 특히 바로 구운 빵, 격렬한 감정, 성교, 목욕 등을 피한다." 그런 여성은 어떤 쾌락의 감정도 느낄 수 없으며 더러운 채로 그냥 있어야 한다. 피를 흘리는데도 성교를 하는 여성은 "민족에서 말살되리라" 고 성경에 적혀 있다. 후펠란트의 글에서도 월경중인 여자는 사회적인 교제를 거부당했다.

순수한 여성의 육체적 현상에 관한 남성들의 많은 악평과 관련해서, 예컨대 안나 피셔 뒤켈만(Anna Fischer-Dückelmann)은 100년쯤 전에 이런 현상을 어떻게 관찰했는지 물어볼 필요가 있다. 그녀의 『가정 주치의로서의 아내』(*Frau als Hausärztin*, 228-234)에서는 월경을 "질병의 상태"로 여기는 지난 날의 생각들은 어쨌든 거부된다. 시민계급의 부인은 하녀와 시골처녀들을 통해 여자들이 그런 "날에도" 일을 할 수 있음을 알게 된다. 감기 기운은 월경에서 온 것이 아니라 잘못된 옷차림에서 온 것이다(피셔 박사는 코르셋에 반대한다. 풍욕, 그리고 가벼운 샌들을 신고 산책하는 것에 찬성한다). 그리고 훈련되지 않은 연약한 육체에서 온 것이다. 이제 더 이상 불결함에 관해서는 이야기하지 말자. 한편으로는 비데나 올바른 "패드"의 도움과 함께 정결한 위생이 권장되었다. 그리고 그 여의사는 확인한다. "우리는 건강하고 청결한 여성을 대상으로 그들이 지금 어떤 상태에 있는지를 냄새를 통해서는 도저히 추측할 수 없다." 간접적으로 여기서 세상에 퍼진 미신, 즉 월경의 여운이 빵을 굽는 것, 식물을 키우는 것, 심지어 거울의 빛에도 파괴적인 영향을 미친다는 것에 관해서도 반박해야 할 것이다. 물론 피셔 뒤켈만도 열정적인 춤과 노래나 알콜 섭취, 성적 행위에 관해서는 경고하고 있다.

오늘날 잡지나 TV 광고를 보는 사람들은 ─ 이른바 아무 걱정 없는 여성의 신체위생과 관련된 광고이다(이런 광고에서 자유로이 표현되는 어휘들은 특별히 피라는 단어를 극도로 피한다) ─ 월경이라는 현상을 놓고 통용되는 의견들이 자신들의 편에서 변경되어야 할지 어떨지를 생각해본다. 매일 해야 하는 남자들의 면도는 여자들의 "월경"보다 더 귀찮다는 미국식 상투어는 사람들이 여성의 특별한 구조에 대한 이해가 그다지 깊지 않다는 사실을 말해준다.

혈관과 맥박

여성의 특별한 피에 관한 역사와 다양한 의견들에 관해 언급했으니 이제는 인체의 실제 생리학으로 돌아가자. 특히 심장의 고용주인 두개의 혈액 순환이 중요하며 ─ 이런 연관성에서 우선 혈액이 흘러가는 길에 관해 언급할 것이다 ─ 그 다음으로는 혈액이 작업을 하는 데 필요한 에너지 시스템이 중요하다. 간단하게 말해서 혈관과 호흡이 중요하다. 두 가지 개념은 어쨌든 인도-게르만어에서 유래된 것이며, 심장이나 내장 혹은 호흡과 같은 어떤 따뜻한 것을 암시한다. 혈관과 숨결을 우리는 동시에 말할 수도 있다.

우리 육체의 구석구석을 지나가는 수천 킬로미터의 이동로 중에서 혈관은 틀림없이 가장 길고, 매끈하고, 민첩할 뿐 아니라 가장 고귀하기까지 하다. 의학자들은 물론 혈관에 관해 이야기하지 않고 엄격한 위계질서를 지닌 두 가지의 시스템에 관해 이야기한다. 거기에는 점점 좁아지며 가지를 치는 소동맥이 있는 동맥과, 미시적으로 작은 미세혈관(모세혈관)이 존재한다. 미세혈관은 산소가 풍부한 신선한 피를 펌프 중앙에서부터 각 기관의 세포까지 전달해준다. 둘째로 거기에는 (작은 혈관에서 큰 혈관까지 거꾸로 관찰해 볼 때) 이미 사용한 피, 그리고 이산화탄소나 조직의 오물들로 가득 찬 피를 심장으로 다시 운반해주는 정맥 모세혈관들이 있다. 이런 시스템에서 여왕은 대동맥(Aorta, 심장 위에 있는), 경동맥(Karotis 혹은 Karotide), 복동맥(Aorta abdominalis)이다. 팔뚝 동맥과 허벅지 동맥들도 중요한 위치를 차지한다. 다른 한편으로

이 시스템의 권력가들은 대단히 문학적인 이름을 지니고 있다. 위의 대정맥 (Vena cava superior), 쇄골 정맥(V. subclavia), 경정맥(V. jugularis, 목에 있다), 팔 정맥 (V. cephalica) 그리고 허벅지 정맥(V. femoralis).

혈관은 여성명사로서 오랜 성차별적 방식에 따라 내부 장기로 관찰된다. 혈관이 그들 집의 창으로 나올 때 외에는 우리가 직접 혈관을 보는 경우는 드물다. 손을 탁자 위에 올려놓고 누르거나 주먹을 쥐면서 아래팔(전박)을 보면 이런 혈액순환로 중의 몇 가지가 피부 아래서 튀어나온다. 의학적 지식이 깊지 않은 사람들은 그것 모두를 혈관이라고 부르며, 한편으로 그것들이 함께 영향을 미치는, 가지를 많이 치고 복잡하게 얽히는 살림 시스템에 대해서는 생각하지 않는다. 정맥의 출현은 그것이 다리의 정맥류든 아니면 엉덩이 부위에서 '금혈관'이라고도 불리는 내치질이나 외치질의 형태로 나타나든 불쾌하기는 마찬가지다. 그럼에도 현대 의학은 정맥류의 경우 수술이 필요하다는 식의 확신을 갖고 있지 못하다. 파라켈수스라고도 불렸던 호엔하임의 위대한 의학자는 그 경우 수술이 무조건 도움이 되는 것으로 생각했다. "다른 혈관보다 혈액이 많은 소수의 혈관은 정맥류처럼 잘 부풀어오른다. 그런 혈관을 만나면 방혈을 해야 하는데, 그것에 대해 두려워하지 마라. 그러고 나면 그것이 원인과 함께 많은 오물을 제거해준다."

만토바 곤차가 가의 궁중의인 마르첼로 도나티 역시 정맥류의 수술을 유용한 치료과정으로 여겼다. 그는 이런 맥락에서 경멸받아 마땅한 'empiricus', 즉 돌팔이 의사의 잘못된 수술을 비난하고 있다(*De medica historia mirabili libri sex*. Venedig 1588, fol. 190 v). "마르쿠스 가티나리는 정맥류의 치료에 관한 장('in sua prac. c. de cur. varicum')에서 자신의 경험담을 다음과 같이 이야기한다. '나는 어느 독일 학생을 기억한다. 정맥류를 앓고 있던 그는 다른 예방책 없이 돌팔이 의사의 손에 맡겨졌다. 그 의사는 그에게서 피를 뽑아내고 정맥을 닫았다. 육체가 제대로 정화되지 않았기 때문에 (mundificatum) 그는 며칠 후에 치명적인 열병을 앓다가 죽었다. 그 원인은 그 장소로[열린 다리로] 필요 없는 물질들을 내보내는 것이 자연의 습성이기 때문이다. 그것이 방해받고 지체되는 바람에 앞에 언급했던 그런 결과가 벌어진 것이다." 카를 5세의 사생아인 오스트리아의 돈 후안은 — 우리가 『의학적 일화』(II, Nr. 147)를 믿는다면 — 32살의 나이에 치질로 금혈관을 대담하게 절단했다가 사망했다. "피가 대량으로 흘러나왔다. 그로 인해 이 고귀한 환자는 4시간 만에 사망했다."(귀족이라도 자연의 사고로부터 보호받지 못한다는 것을 우리는 앞으로 자주 보게 될 것이다.) 현대 의학에서 정맥제거(정맥류로 인해 변화된 정맥의 제거)나 정맥을 주사로 진정시키는 것(정맥류의 경화)의 유용성에 관해서는 물론 의견이 엇갈린다.

혈관(Ader, 로만이나 영어권 사람들은 혈액순환로에 주로 'vena', 'vein', 'veine' 같은 단어를 사용한다)은 전이된 의미에서 여러 가지 물질에도 사용된다. 독일어에서는 땅 속의 수맥(Wasserader), 암석의 금광맥, 은광맥, 연광맥, 돌의 유황맥, 나뭇잎의 엽맥, 대리석의 줄무늬에도 'Ader'라는 단어를 사용한다. 혈관이라는 개념은 대중적인 어법과 생각에서는 — 혈액순환로의 복합성이나 그 역할에 관한 특별한 지식이 숨겨져 있지 않더라도 — 대체로 긍정적인 의미를 지닌다. 피는 혈관 내에서 끓어오를 수 있고(분노로 인해), 졸아들 수 있다(공포로 인해). 맥박은 최고의 흥분 상태에서 '고동친다.' 그리고 혈관은 피처럼 인간적 감정의 본거지로 나타날 수 있다. 그래서 예컨대 피렌체의 단테

(Dante Alighiere, 1265-1321)는 1310년에서 1315년 사이에 발표된『신곡』「지옥편」(Inferno, I, 88-90)의 첫 번째 노래에서 이렇게 보고한다. 그는 인생의 중반기에 어두운 숲에서 세 마리의 성난 동물(그것은 도덕적인 위험과 정치적 위험을 의미한다)과 마주쳤다. 그 동물들은 그에게 엄청난 공포감을 불러일으켰고, 그는 어두움의 그림자와 대적하기 위해 시인 베르길리우스에게 도움을 간구해야만 했다.

"보십시오, 저 짐승을. 저것한테 쫓기어 도망치고 있습니다.
높은 명성을 지닌 현자여, 이리로부터 나를 구해주십시오.
저 이리가 내 맥박과 혈관을 떨게 만듭니다."

1767년(Nr. 91)의『의학적 일화』에는 사랑에 빠진 어떤 젊은 남자의 이야기가 보고되고 있다. "그의 사랑의 대상, 즉 젊고 아름다운 과부가 가까이 있다는 사실이" 그를 매우 흥분시켰다. "갑자기 그의 이마에서 피가 거세게 뿜어져 나왔다." 코르낙스라는 이름의 어떤 사람("lib. 1 consult. med. cap 3", 아마도 빈의 페르디난드 1세의 주치의를 말하는 듯하다)이 이 광경을 목격했다고 한다.

프랑스 사람들은 몇몇 동시대 사람에 관해 "Il a de la veine"이라고 말한다. 그 의미는 그 사람이 기능 좋은 혈관을 가졌을 뿐 아니라 운이 좋거나 게임중에 행운이 연속으로 이어진다는 뜻이다. 이탈리아 사람들은 맛이 강렬하고, 아주 떫지 않은 포도주를 '혈관'이 있다고 표현한다. 영국 사람들은 대화를 진지한 어조로(in a serious vein) 이끌 수 있으며, 비관적인 기분을(a vein of pessimism)을 감추고 있는 우울한 친지에 관해서 이야기한다. 재능이 있는 사람들에게 우리는 음악적 혹은 문학적 혈관이 있다고 말하고, 영주에게는 이른바 귀족의 '파란색' 피가 혈관에 흐른다(파란색이 가장 강렬한 색은 아님에도 불구하고!). "민족을 지키자!" (선동노래의 후렴이다)라는 구호를 외치기 원하는 나치들은 이렇게 주장했다. "왜 의심하는가, 분쟁을 중지하라/ 여전히 독일인의 피가 혈관 속에 흐르고 있다!" 인간의 기질 특히 독일인의 기질은 그래서 명백히 심장이나 뇌에 있는 것이 아니라 피 속에 숨겨져 있다. 이념주의자들의 주장에 따르면, 통일 독일의 피는 민족을 하나로 결합시키면서 어떻게든 동맥과 정맥으로 흐른다. 신뢰가 가지 않는 사람은 물론 가벼운 혈관을 가지고 있거나 심지어 잘못된 혈관을 가질 수 있다. 가끔은 이른바 좋은 동맥이나 올바른 동맥을 전혀 갖고 있지 않은 사람도 있다. 아마도 올바른 인간이었을 아버지로부터 어떤 혈관도 물려받지 않은 사람도 있다. 귀족이나 성격, 정신, 국가, 기질은 혈관을 통해 개념지어진다. 그것은 혈관이라는 육체 부위에 어떤 의미가 부여되는지를 보여준다. 비록 그런 판단이 어떤 검증된 사실내용을 확보하고 있지는 않더라도 말이다.

맥박으로 사람의 건강상태에 관해 여러 가지를 판단할 수 있다는 말은 타당하다. "맥박은 동맥 박동의 움직임이다. 그것은 심장의 박동에 의해 계속 추진되며, 촉진으로 감지될 수 있다. 그리고 질병의 진단을 위해 활용할 수 있는 귀중한 신호의 하나이다. 우리는 일반적으로 손목 부위에서 맥박을 느낀다. 그 밖에 엄지와 검지 사이, 정수리 그리고 두 번째 발가락에서 멀지 않은 부위에서도 느낀다." 요한 야콥 보이트가 1737년에 출간된 그의 『보고』에서 설명한 것보다 'pulsus' (맥박)이라는 개념을 더 잘 설명할 수가 없다. 특히 환자의 손목 부위를 숙련되게 짚어보는 것은 과거에도 그랬듯이 앞으로도 사려 깊은 의사의 가장 중요한 손놀림에 속할 것이다. 1836년에 크리스토프 빌헬름 후펠란트는 "진맥의 기술", "특유의 촉진 문화"와 "손가락 끝에 느껴지는 맥박"에 관해 말하면서 이렇게 주장했다. "의사는 마치 거장이 악기를 만지듯이 맥박을 짚어야 한다. 의사는 맥박을 잘 연주하는 법을 배워야 하며, 그럼으로써 친숙해져야 한다. 마치 거장이 자신의 악기와 친숙해지듯이." 맥박이라는 현과의 부드러운 접촉은 진단의 기능뿐 아니라 환자를 진정시키는 효과도 가진다.

방혈에서 헌혈까지

프랑크푸르트 사람이 공포로 얼굴이 창백해진 여인에 관해 이야기한다면 아마도 이렇게 덧붙일 수 있을 것이다. "하나 이상의 혈관을 방혈한다면 그녀의 피는 전부 없어질 것이다"(Frankfurter Worterbuch 1, 1971, 141). 그런 재미있는 관찰은 근세 초기에 널리 퍼져 있던 치료 행위에도 반영된다. 알자스 출신의 암스테르담 외과의인 파울 바르베테(Paul Barbette)는 그의 『의학 실무』(Praxis medica)에서 염증과 종양의 치료, 예컨대 늑막염일 경우에는 방혈(venaesectio)을 권장했다. "우리는 첫날 환자에게 두세 번 방혈을 실시한다." 열이 지속될 경우에도 "조심스럽게 실시하는 방혈이 적절하다"(1683, 56; 82). 그러면 질환을 유발하는 유해물질들이 피와 함께 육체에서 제거된다고 한다. 보통은 발병한 부위로 추측되는 곳의 반대편 부위에서 방혈이 실시된다. 그러나 개개의 환자들은 16세기에 의학자들 사이에서 격심한 논쟁이 벌어졌다는 것을 거의 알지 못했다. 논쟁의 주제는 발병 부위와 가까운 데서 방혈이 실시되어야 하는지, 아니면 먼 데서 실시되어야 하는지, 그리고 방혈을 할 경우 피를 한 방향으로 흐르도록 유도해야 하는지, 아니면 그냥 놔둘 것인지에 관한 것이었다.

19세기에도 방혈은 특히 열이 나는 발작의 경우에 주로 실시되었다. 혈액을 감소시키기 위해 거머리가 점점 더 많이 도입되었다. 20세기 초까지는 육체적인 불쾌감을 없애기 위해 이발사에게 방혈을 맡겼다. 오늘날까지도 많은 이발사와 미용사들이 어떠한 의학적 도움을 줄 수 없음에도 불구하고 은접시를 일종의 상징으로서 그들의 가게 앞에 걸어놓고 있다. 그런 정맥 관련 수술은 오늘날 병원에서 실시되는 혈액 채취의 가장 간단한 방법이다. 팔뚝을 묶고 팔오금에 있는 중앙의 정맥을 수술용 메스로(당시에는 채혈용 바늘이 아직 없었다) 자르고, 거기서 나오는 피를 받아서 쏟아버린다. 그런 치료방식에 대해서는 갖가지 미신들이 존재했고, 이런저런 소문과 웃음거리도 적지 않았다.

과거 프랑스의 서사골계(fabliau)에는 중세 후기에 널리 퍼져 있던 방혈의 시술현장에 대해 「방혈 여인」(La Saineresse)이라는 에로틱한 이야기가 다음과 같이 소개되고 있다. 떠돌이 여자 이발사가 어떤 민가에 도착했다. 그녀는 바로 그 집 안주인의 변장한 연인으로서 곧 정체를 드러냈다. 아래층에서 남편이 끈기 있게 기다리는 동안, 위층에서는 이른바 신장이 아픈 부인을 상대로 하는 행위가 방혈의 은유로 기술되고 있다. 그것은 분명히 실제의 사랑의 행위를 연상시킨다. 찔러넣는 것, 관에서 흘러나오는 비싼 연고로 벌어진 상처를 치료하는 것 등등. 그리고 작가는 이렇게 마무리짓는다.

"우리나라에는 너도 알다시피

그렇게 똑똑한 남자는 없다.

자신의 아내가 다른 사람에게 키스하는 것을

항상 막을 줄 아는 그런 남자는 없다."

30년 전쟁 후에도 삽화가 그려진 팸플릿(Nürnberg: Paulus Furst)의 형태로 널리 퍼진 16세기 독일 풍자골계에는 이런 이야기가 있다. 피의 방출을 통해 자신의 임신과 그에 따른 치욕을 씻고자 했던 "방혈 처녀"는 영리한 이발사로부터 "죄의 고백"을 강요받았다. 이발사가 그녀에게 설명한다. 그는 처녀와 부인에게 각각 다른 칼을 사용한다. 칼을 잘못 사용하면 방혈을 할 때 피해를 줄 수 있다. 그는 부인용 칼을 사용해야 하는가, 아니면 처녀용 칼을 사용해야 하는가?

"그는 말했다. 그렇기 때문에 나는 묻지 않을 수 없소

친애하는 방혈 여인,

진실을 말하는 것을 부끄러워하지 마시오,

왜냐하면 당신이 나의 감각을 속인다면

나는 당신의 팔을 썩게 할 수도 있고

당신이 그로 인해 죽게 될 수도 있소.

그녀가 말했다. 부인용 칼을 사용해주세요.

왜냐하면 그것이 관습이니까요.

내 배에 무엇이 부족한지

바로 드러날 겁니다.

팔에서 방혈을 하면

나에게 많은 도움이 될 겁니다."

그럼에도 그 젊은 여자의 상태는 소문이 났다. 그리고 그 이야기가 말하고자 하는 도덕은 이렇다. "방혈은 어떤 유익도 가져다주지 못한다/ 처녀임을 믿을 수 없다면."

어떻게 이발사에게 가서 방혈을 하게 하는가? 그런 과정의 유용함에 관해 16세기 의사인 가브리엘레 팔로피오(Gabriele Falloppio)는 이렇게 말했다. 그의 『자연의 비밀』(Geheimnisse der Natur)은 여러 언어로 번역되었으며, 많은 치료사들에게 읽혔다(Secreti diversi. Venezia 1565, 136). "이것이 방혈의 장점들이다. 첫째 장점은 방혈이 명료하고 강한 정신과 좋은 기억력을 갖게 해준다는 데 있다. 방혈은 방광을 정화시키고 뇌를 부드럽게 하며 골수를 강화시킨다. 좋은 청각을 가능하게 하며 염증을 앓고 있는 눈의 눈물을 억제한다. 상한 위를 회복시키고, 피곤을 없애준다. 타는 듯한 갈증을 없애주며, 좋은 피를 강화시키고 더 많게 하며 소화 기능을 돕는다. 좋고 가벼운 목소리가 나오게 하며 ……이성을 예리하게 하며, 삶을 연장해준다."

신을 위해 피의 대가로 사용된다는 오랜 믿음에 근거를 두고 있는 듯한(오늘날에도 남유럽에는 성자를 기리기 위해 자기 몸을 피가 나도록 때리는 반나체의 용감한 남자들이 존재한다) 그런 개념들은 17~18세기에 선풍을 일으켰다. 예컨대 "1632년 크리스토프 크라우센의 건강법을 위해 인쇄되다"와 같은 특별한 방혈 소책자들과 방혈 쪽지들은 독자들에게 "방혈, 피 뽑기, 의술, 그리고 머리카락, 턱수염, 손톱 자르는 것"에 관해 가르쳐주고 있다. 게다가 '방혈 하는 난쟁이' 그림이 실리지 않은 달력이 거의 없을 정도였다. 그러면서 나체의, 물론 성이 구분되지 않으며 사지에 별 표시를 지니고 있는 인간의 목판화가 문제시되었다. 이것은 어떤 부위를 방혈하기 위해 어떤 날을 이용하는 것이 좋은지(마리티니 11월 11일; 슈테판, 12월 26일; 발렌틴, 2월 14일과 같은 '방혈의 날')를 알려준다고 한다.

제네바의 신부인 시몬 굴라르(Simon Goulart)가 1601년에 보고한 바에 따르면, 이미 자주 인용된 프랑스의 궁정 외과의인 파레가 창상열을 앓는 환자에게 27팔레트(1팔레트는 3온스(1온스는 약 31그램)), 그러니까 2.5리터 이상의 피를 뽑았다고 한다.

어쨌든 팔로피오가 말하는 방혈의 장점에는 분명 과장된 면이 있다. 방혈에 대해 비판적인 진술들도 자연의 치유력에 대한 파라켈수스적 개념이 계승되면서 점점 증가했다. 화학적 학문에 조예가 깊었던 벨기에 사람 얀 밥티스타 반 헬몬트는 이런 정맥 절개를 심하게 반대했던 사람이다. 그리고 빌헬름 파브리치우스는 특히 신체 좌우에서 동시에 실시되는 이중의 방혈에 반대하면서 끔찍한 예를 들며 경고했다. 그의 경험한 일들은 치명적인 상태에서 끝이 났다(Opera omnia, 625). "1626년 베른에 요한 슈탈이라는 이름의 대장장이가 살고 있었다. 그는 최상의 육체적 조건을 갖춘 곰처럼 강한 남자였다. 그는 2월에 두 팔에 동시에, 게다가 사전에 이루어져야 하는 배설도 하지 않고 방혈을 하게 되었다. 다음 날 밤에 그의 상태가 나빠졌다. 아침녘에는 사지가 경직되었다. 그러더니 간에 심한 열과 함께 염증이 생겼다. 그리고 넷째 날에 유해물질[materia peccans]이 전이[expulsio]를 통해 음낭의 오른쪽을 내리눌렀다. 거기서 커다란 농양이 생겼다. 이런 상태에서 나는 신의 도움으로 치료했다. 그는 아직까지 살고 있다."

의학자들의 상반되는 의견보다 더 영향력이 있는 것은 피를 뽑는 데 너무 성급하게 굴었던 의사들에 대한 풍자이다. 알랭 르네 르사주(Alain-René Lesage)는 그의 사회소설인 『질 블라스 이야기』(Histoire de Gil Blas de Santillane, 1715; Paris 1973, 1995. 2권, 2~3장)에서 심각한 비판을 했다. 소설의 주인공은 스페인 바야돌리드의 산그라도 병원에서 일하게 되었다(산그라도는 '방혈하다'를 의미한다). 환자들의 수명을 조기에 단축시키는 그의 방법은 환자들로부터 가능한 한 많은 피를 빼앗고 따뜻한 물을 많이 마시게 함으로써 그것을 보충하는 데 있다. 산그라도 이론은 이렇다. "환자들은 아무리 많이 방혈을 해도 그것으로 부족하다. 환자는 어떤 특별한 움직임이나 노력을 할 필요가 없다. 그들의 유일한 과제는 죽지 않는 데 있다. 그래서 살기 위해 잠을 자는 사람보다 더 많은 피를 필요로 하지 않는다. 잠을 자는 사람과 환자 양쪽 다 계속 생명을 유지하는 데는 맥박과 호흡만으로도 충분하다"(S. 132).

강한 마술적 미신과 결부되어 있을 뿐 아니라 하층민의 의학적 처치라는 면에서 많은 이익과 결부된 이런 피의 비행은 18세기 말까지 계몽주의자들 사이에서 격렬한 논쟁을 불러일으켰다. 그 결과 방혈 달력, 즉 민중 연감이 일부 금지되었다. 사방에 자리잡고 있던 직업 외과의나 수많은 무면허 의사들에 의해 실시되었던 방혈은 산업시대가 진행되면서 정통 의료 시스템의 확립과 혈액 순환에 관한 현대적 개념의 토대 위에서 점차 사라져갔다.

수백 년 동안 위생적인 목적과 건강을 촉진하려는 의도에서 가끔은 긍정적인 결과를 내며 실시되던 일이 오늘날의 유럽에서는 바로 이런 의미에서 사라져갔다. 대체의학의 추종자들조차 감히 그것을 재도입하려 들지는 않을 것이다. 그럼에도 실용 지향적인 현대 사회는 방혈을 전적으로 포기할 수 없다. 현대 사회는 긴급한 수혈을 위해 0.5리터의 피를 수백만의 사람들로부터 각각 채혈해서 잘 보관한다. 그리고 저장혈액을 얻는 대가로 우리에게 버터빵 하나씩을 선물로 준다.

공기와 폐

우리의 피는 수많은 과제를 수행할 만한 새로운 에너지를 창조하기 위해 고대의 의사들이 말했던 것처럼 "공기"를 필요로 한다. 더 정확하게 표현하자면 우리 주위의 비교적 깨끗한 공기에 함유되어 있는 산소이다. 그리고 이런 연료를 두 개의 폐엽에서 보유하고 있다. 요한 야콥 보이트는 그의 『보고』(768)에서 이렇게 간략히 정의했다. "폐는 가슴의 구멍을 대부분 채우는, 다른 성분으로 이루어진 부분이다. 폐는 많은 기포로 구성되어 있으며, 숨을 들이쉬는 본래의 기구이다." 요한 폰 무랄트의 글에는 좀 더 문학적으로 적혀 있다. 그의 『스위스의 도시의사, 시골의사 그리고 가정의』(*Eidgenossischen Stadt-, Land- und Hausarzt, 1003f.*)에서 그는 인체를 하나의 궁전과 세 개의 커다란 방에 비교한다. 아래에는 배의 방이 있고 위에는 머리의 방이 있다. 가운데에는 가슴의 방이 있다. "중간의 방에서는 집주인과 생명을 주는 영이 성좌[태양, 달과 별]에 의해 강력해진 공기를 호흡을 통해 보유한다. 그것으로써 주인은 영양분[산소]을 좌심실에서부터 혈관을 통해 온몸으로 전달한다.”

그래서 폐는 우주와 인간의 심장 사이의 중개자이다. 성좌에서 오는 정신 혹은 숨결(Spiritus)을 전달하기 위해서는 공기의 움직임이 필요하다. 이런 과정에서 호흡이라는 이름을 얻었다. 호흡의 의학적 용어인 ‘Respiration’은 인간이 평생 동안 폐의 도움으로 계속 반복하는 공기의 들이쉼과 내쉼의 교차이다. 그리스 사람들은 그것을 ‘Pneuma’라고 불렀다. 그리고 이 단어는 ‘Spiritus’처럼 다시 정신을 의미한다. 이런 교환이 이루어지는 장소는 (Hamatose) 갈비뼈 뒤와 횡경막 위에 놓인 채 보호받고 있으며, 기관이 기관지와 모세기관지를 거쳐 가스 형태의 호흡 소재를 그것에 공급하고 배출하는 커다란 폐엽일 뿐 아니라 여기에 응집되어 있는 수많은, 세밀하게 피가 통하는 폐포이다. 우리는 이것을 특별한 종류의 교환 튜브라고 찬미할 수 있다.

물론 아주 예민한 폐는 모든 가능한 위험(Pneumopathien)에 감염될 수 있다. 기관지염에서 두려움의 대상인 폐렴(Pneymonie)을 거쳐 토마스 만의 『마의 산』(Zauberberg, 1924)을 통해 유명해진, 소문이 별로 좋지 않은 TB, 즉 아직 완전하게 근절되지 않은 결핵과 각종 종양까지 말이다. 특정한 직업군은 많은 양의 먼지를 계속 들이마시기 때문에 특히 위험하다. 탄광의 광부들은 ‘진폐’를 두려워한다. 오늘날 석면공장의 나이 든 노동자들은 특별한 상해보험을 받기 위해 투쟁한다. 담배연기가 모세혈관과 폐에 암의 위험을 높인다는 사실은 담배회사들도 더 이상 의심하지 않는다. 그러나 한편에서는 아직도 그것을 인정하려 들지 않는 사람들도 많다. 이런 맥락에서 빵 굽는 사람들에 관해서도 언급해야 한다. 그들의 폐는 하얗게 보이지는 않지만, 그럼에도 대개 빵을 사먹는 사람의 폐보다 더 전염에 약하다. "하루 종일 빵을 굽는 사람들은 반죽가루와 씨름을 한다. 그것은 한 줌의 양이다. 반죽과 씨름을 하면서 자신의 손으로, 팔로, 가슴으로 인간적인 온기를 반죽에 나누어준다. 거기서 반죽은 생명을 얻는다. 거꾸로 빵을 굽는 사람은 유행을 쫓는 여자들이 좋아하는 하얀 혈색과, 모세혈관을 덮어서 기도를 파괴시키는 세밀한 밀가루 베일도 얻는다. 빵 굽는 사람은 쇠로 된 팔과 레이스 자수로 된 폐를 가지고 있다. 나의 아버지도 폐암으로 사망했다. 파란색 골루아즈 담배 역시 나쁜 영향을 미쳤지만, 아마도 그가 청년시절 내내 들이마신 밀가루 탓이 더 클 것이다." 그렇게 드롬 주 니용의 한 빵집에서 성장한 르네 바르자벨(Rene Barjavel)은 『파란색 수레』(*La Charette bleue* [1980], 1996, 39)에서 아주 박식하게 묘사하고 있다.

호흡, 입김, 생기

우리는 괴테의 『서동시선』(*West-ostliche Divan*) 중 「탈리스만」(Talismanen)에서 호흡에 관한 대목을 읽을 수 있다. 호흡은 생명이 짧고 처음에 그래 보이듯이 큰 의미를 갖지 않는다. 일정한 양의 공기를 교환하는 구성방식은 우리 육체의 단기 손님이다. 그럼에도 '숨을 쉬다'라는 것은 단지 공기를 들이마시고 다시 내쉬는 것 이상을 의미한다. 호흡은 처음부터 그 자체로 조금은 성스러운 것이다. 그것의 고대 명칭 혹은 프랑스 명칭인 '에스프리'(esprit)가 그것을 암시한다. 호흡은 숨결이며 숨결은 정신이다. 사방에서 '움직이며', 떠다니고, 영향을 미칠 수 있는 정신이다. 그러나 꼭 영향을 미칠 필요는 없다. 호흡은 생명 그 자체이다. 그리고 신은 창세기에서 그것을 인간에게 주었다고 설명하고 있다. "여호와 하느님이 땅의 흙으로 사람을 지으시고 생기(odem)를 그 코에 불어넣으시니 사람이 생령이 되니라." '생기'(Odem)는 그러므로 다른 성경 텍스트에서도 항상 "생명"과 동의어였다. 그리고 "생기를 가진 모든 것은 하느님을 찬양하라"(시편의 마지막 절은 그렇게 되어 있다). 왜냐하면 "신의 정신(숨결)이 나를 만들었다. 전능한 자의 생기가 나에게[그리고 모든 다른 사람에게] 생명을 주었다]" (히브리서 33:4). 거꾸로 많은 신화와 동화에서 악마나 용의 독을 품은 입김은 치명적인 영향을 미친다. 그리고 그림 형제의 동화 「여섯 사나이의 성공담」(Sechse kommen durch die ganze Welt, KHM 71)에 나오는 콧김을 불어대는 사람처럼 긍정적인 주인공들도 그들의 강한 호흡으로 영향을 미칠 수 있다. "콧김을 내뿜는 사람이 말했다. '너희들 무슨 소리야? 우리가 죄인이라고? 우리 몸을 가루로 만들기 전에 네 놈들 모두 하늘에서 훨훨 춤이나 춰봐라!' 그는 한쪽 콧구멍을 막고 다른 콧구멍으로 힘차게 콧김을 뿜어댔다. 2개 연대 병사들은 하늘로, 언덕으로, 골짜기로, 사방팔방으로 날아갔다. 병사들이 여기저기로 흩어지는 동안에 한 중사가 살려달라고 빌었다. 그 중사는 상처가 아홉 군데나 나 있는 용감한 군인이었다. 콧김 내뿜는 사람은 그런 자들에게 모욕을 줄 필요는 없다고 생각하고 콧김을 약간 누그러뜨렸다. 그래서 중사는 상처 없이 다시 내려올 수 있었다."

하느님, 성자 그리고 영웅들이 기적의 능력이 있는 숨결을 가진 것으로 보아 인간의 숨결 역시 치료에 영향을 미칠 수 있음을 미루어 짐작할 수 있다. 주목할 만한 것은 우선 — 오래된 이솝 우화 AaTh 1342("입에서 나온 뜨거운

것과 차가운 것")는 이런 현상을 강조한다 — 기적의 존재인 인간이 호흡으로
자신의 손을 따뜻하게 하면서 동시에 수프를 차갑게 할 수도 있다는 것이
다. 그러나 그것으로는 충분치 않다. 로스토크의 외과의이며 조산원인 게오
르크 프리드리히 모스트(Georg Friedrich Most)는 1843년『민간요법 백과사전』
(*Encyklopadie der gesammten Volksmedicin*)에서 '숨결'(Anhauchen, 526-529: '호흡'으
로 수정되다)이라는 표제어 밑에 (회향이나 파인애플을 먹고 난 후에) 호흡을 일종의
치료수단으로 추천했다. "어쨌든 류머티즘 통증이나 신경통이 있는 육체
부위, 즉 머리, 목, 가슴, 귀, 코 등에 입김을 내뿜는 것은 매우 효과적으로
영향을 미칠 수 있다. 아주 건강한 사람만이 그런 시술을 시도해야 한다. 단
순히 입김을 내뿜는 것뿐 아니라 통증이 있는 부위에도 입김을 불어넣어야
한다. 그것도 치유력이 있는 사람이 환자를 떠나지 않은 채 15분에서 1시간
동안 여러 번 휴식을 취하며 실시해야 한다."

　그럼에도 인간의 호흡이 항상 그렇게 치유력이 강하거나, 도움이 되거나,
심지어 달콤한 신선함만 주는 것은 아니다. 자주 인용되는 고대의 예화는
어떤 왕에 대해 이야기한다. 그는 자신의 입에서 나쁜 냄새가 난다는 소문
을 들었다. 그 일과 관련하여 그는 자신의 아내를 비난했다. 왜 자신에게 그
런 사실을 미리 말하지 않았느냐고. 그러자 아내가 말했다. "나는 항상 모
든 남자들의 입에서 그런 냄새가 난다고 생각했어요." 다른 예화는 입에서
심한 냄새가 나서 여자들의 유산을 유발했던 주정뱅이에 관해 보고하고 있
다(F. C. Tubach, *Index Exemplorum*, Nr. 775). 그리고 입 냄새는 오래전부터 부담
스런 악으로 여겨졌다. "인간의 호흡 냄새는 그런 거부감이 드는 냄새이다.
인간에게 그런 거부감이 드는 것은 그토록 지속될 수 없다. 보통 폐 중독자,

괴혈병을 앓고 있는 사람, 그리고 이빨을 자주 닦지 않는 사람 등등이 숙명적으로 그런 입 냄새와 관련되어 있다. 그런 특이하고 게으른 악취는 대부분 침과 위액에서 기인한다. 그것을 통해 입김이 오염되면서 그런 냄새를 계속 지니게 되며, 그럼으로써 주위 사람들을 괴롭힌다"(J. J. Bräuner, *Thesaurus Sanitatis*, 911f.). 기이한 이야기 수집가이자 의학박사, 철학박사인 브로이너는 물론 그런 입 냄새에 대비해 일련의 보증된 약제를 준비해놓았다. 약초 술 혹은 사향을 넣은 설탕정제, 회색 암버(말향고래의 분석[糞石])와 발아 오트밀, 구리때(약용식물) 혹은 등자 껍질, 정향, 잘 씹은 파인애플, 고수 열매, 계피 등도 원하지 않은 입 냄새를 없애준다.

환자나 노인들은 자주 "숨이 무겁다." 숨을 깊이 들이마시기가 힘들어진다. 단지 헐떡일 뿐이다. 의사들이 말하는 것처럼 숨이 무거운 채로 계단이나 언덕을 올라간다. 독일의 옛사람들은 그런 경우에 대해 여러 가지 약제를 가지고 있었다. 크리스티안 프란츠 파울리니는 우리에게 그의 『배설물 약전』(87f.)에서 몇 가지를 추천해준다. "울름의 의학자이며 나의 소중한 친구인 요한 프랑크는 숨을 가볍게 해주려고 불쌍한 농부에게 신선한 말의 내장을 주면서 그것을 물칭개 나물을 넣고 약간 끓여서 짜낸 물을 따뜻하게 데워서 자주 먹게 했다. 그 전에 개양귀비 시럽으로 달게 했다. 안나 루린은 말린 소똥을 가져다 석탄 위에 던지고는 입을 벌리고 그 연기를 마셨다. 피넨베르크의 도로테아 뭉긴은 호흡이 가쁜 남편에게 달팽이 집 분말, 아이리스 뿌리, 말린 개똥에 들어 있는 흰 것, 그리고 그 안에 약간의 설탕을 넣고 동물의 소변에 섞었다. 이 모든 것이 숨을 많이 가볍게 해준다." 이 모든 것이 도움이 될 수 있을까? 그리고 중병에 걸린 그들의 지친 피를 위해 약간의 공기를 얻으려는, 그리고 아직 생명이 있는 한 번의 호흡을 얻으려는 사람들에게 이것이 과연 도움이 될까? 숨 쉬는 것에 대해 신에게 감사한 괴테한테로 돌아가보자. 그는 숨 가쁜 운율이 들어 있는 「동제」(Ein gleiches)라는 제목의 시를 남겼다. "모든 정상에서 너는 숨결조차 감지할 수 없다/ ……기다려라, 곧 너는 휴식을 취할 수 있으리니."

또 다른 체액, 황색 담즙과 흑색 담즙

간을 가리키는 독일어 '레버 Leber'나 영어 '리버 liver'는 거의 생명이라는 뜻의 '레벤 Leben' 혹은 살아 있는 자라는 뜻의 '레벤데 Lebende'처럼 들린다. 많은 민족에게 '헤파르 Hepar'(이것은 간을 말하는 그리스어다)는 생명력이 넘치는 기관으로 여겨졌다. 그러나 '레버'는 오히려 '비만, 비대 Fette'와 같은 것을 의미한다. 로만어의 'fegato' 혹은 'foie'는 잔뜩 쑤셔넣은 것(후기 라틴어로 'iecur ficatum')이란 의미이다. 이 단어는 거위 간 요리를 위해 간을 가능한 한 충분히 부풀어 오르도록 하려고 배터지게 먹인 살진 거위를 연상시킨다. 이탈리아 사람이 'fegato'를 가졌다고 한다면, 그것은 대단한 용기를 가진 사람이라는 뜻이다. 간의 손상은 물론 생명에 위협적이다. 성경 잠언 7장에는 유혹하는 "기생의 옷을 입은 간교한 여인"에 관해 언급하고 있다. 그들은 "필경은 화살이 그 간을 뚫게 될" 때까지 남자들을 노린다. "새가 빨리 그물로 들어가되 그의 생명을 잃어버릴 줄을 알지 못함과 같으니라."

2킬로그램 무게의 간은 심장보다 더 중심부에 위치하며, 가슴의 공간을 배의 공간과 구별하는 횡경막 밑에 자리잡고 있다. 간은 인체의 한가운데에 자리잡고 있으며, 오른쪽에는 약간 더 두꺼운 판이 달려 있다. 많은 사람들이 생각하기를 동물의 간은 특별히 영양분이 많고 심지어 사랑을 장려한다고 생각한다. 그리고 사람들은 거위, 민물고기, 소나 양의 생명의 핵심을 먹음으로써 마치 그것의 동물적 힘을 넘겨받으려는 듯이 행동한다.

간의 기능은 무척 다양하다. 간은 대동맥을 통해 신선한 피를 받아들인다. 그리고 문정맥(門靜脈)을 통해 소화 시스템으로부터 영양분을 공급받는다. 또한 이미 사용된 피를(분당 대략 1.5리터) 간정맥과 아래의 대정맥을 거쳐 심장으로 돌려보내기 위해 영양분을 가공해야만 한다. 전체적으로 볼 때 간은 수백 가지에 이르는 각종 화학적 변화과정에 참여한다. 우리의 신진대사 은행인 간은 매일 끊임없이 탄수화물과 지방, 단백질을 가공한다. 그럼에도 알콜이나 약제에 포함되어 있는 인위적으로 만들어진 화학물질은 간으로 하여금 특별히 많은 분노를 품은 노란색 액을 분비하게 만든다. 독을 받아들이면 간세포의 외관과 기능이 변화되고 결국 '염증을 일으킨다.' 그러나 지금은 아직 간경변(그리스어로 'kirrós'는 노란색, 붉은색을 의미한다)의 공포와 그 결과를 상세히 묘사할 상황이 아니다. 노란색은 간이라는 육체기관을 관찰하면서 매번 다시 등장한다. 바이러스 질환인 황달은 독일어로 'Gelbsucht', 의학명으로 'Hepatitis epidemica'이다. 노란색은 말하자면 간의 문장(紋章)색이며, 대체로 남성적인 담즙질 체질을 가진 담즙질자의 문장색이기도 하다.

두 가지 서로 다른 '체액'이 여기서 이미 소개되었다. 하나는 코와 관련된 점액질(코감기에 걸린 점액질자의 체액으로 물의 요소에 속하며, 겨울, 서풍이라는 요소에

276

속한다. 그리고 그에 걸맞게 차갑고 습하다). 다른 하나는 혈관맥 속의 피(다혈질자의 액체. 우리는 이것을 공기의 요소에 속하며, 봄과 북풍에 해당하는 것으로 여긴다. 그래서 이것은 따뜻하고 습하다). 간은 고대 갈레누스의 개념에 따르면 담낭과 관련하여 습기나 체액을 생산한다. 이 체액은 묽고, 날카로우며(쓰고), 노란색(혹은 창백한 것으로)으로 지칭될 수 있고, 불의 요소(따뜻하고 건조하다), 그리고 여름 및 동풍에 속한다. 이런 액체를 고대의 의학자들은 '황색 담즙'이라고 불렀다(비장의 검은색과 대비되어). 거기에 속하는 기질은 담즙질자의 기질이다(그리스어로 'chole'는 담즙을 의미한다). 우리는 그런 사람들을 보고 자주 "간이 부었다"거나 혹은 "이가 간 위로 뛰어간다"는 표현을 쓴다.

앙브로아즈 파레는(그리고 그 번역자인 페터 우펜바흐는) 1601년의 『외과학』(16f.)에서 그런 사람들은 "누런색을 띠고, 몸이 왜소하고 허약하며, 털이 많은 편"이라고 하며, 게다가 "열이 많고, 아주 냉정하며, 거칠고, 깨끗하지 못한 피부를" 가졌고, "온몸의 그런 피부를 통해 매운 연기를 들이마시고, 배변을 통해 많은 배설물을 내보낸다. ……그들은 섬세하고 날카로운 이성을 가진 사람들이다. 뻔뻔스럽고 잔인하게, 친근하고 재빠르게 그리고 탐욕스럽게 복수를 한다. 사치스럽고, 욕심이 많으며, 깊은 잠을 못 자고 자주 깬다. 열정적이며, 분노하는 사물에 관한 꿈을 꾸고, 차갑고 습한 음식을 즐긴다." 그에 따르면 담즙질자는 그다지 편안한 부류는 아니지만, 그래도 어느 정도는 사교적이며 지적인 사람들이라고 생각할 수 있다.

물론 프랑스 사람들이 기꺼이 그리고 자주 'crise de foie'나 'mal au foie', 즉 간의 통증에 관해 이야기할 경우, 그들은 이런 종류의 담즙질 성향, 즉 예컨대 풍성한 음식을 먹고 난 후, 잠 못 드는 밤을 보내고 난 후, 그것도 분노 때문에 잠 못 드는 밤을 보내고 난 후의 불쾌감을 아주 간단하게 그냥 그런 것으로 치부한다. 그것은 국민 질환이다. 린 페이여(Lynn Payer)는 자신의 책『의학과 문화』(*Medicine and Culture*)에서 이런 질환에 대해 지적하면서, 그것은 단지 편두통에 대한 다른 표현이거나, 프랑스 사람의 의식을 통해 자극된 상상력, 즉 그들의 미식가적인 취향에 대해 어떻게든 속죄해야 한다거나 아니면 그들의 간질환이 그들의 요리법에 대한 증거가 된다는 상상력일 뿐이라고 말한다. 1970년에 프랑스에는 약 300종의 간질환 약제가 존재했다고 한다. 프랑스 사람들의 간에 대한 높은 관심은 1976년에 열린 프랑스 간 전문의 학회에서 확인된 사실, 즉 프랑스 사람들의 간은 유럽의 다른 나라 사람들의 간보다 자극에 둔감하다는 것을 자국 언론들이 발표하고 나서야 조금씩 줄어들었다.

제롬(Jerome K. Jerome)은 1889년에 그의 유머러스한 여행기인『보트의 세 사나이』(*Three Men in an Boat*)에서 자신의 간 때문에 유발된 이상한 불편함에 관해 보고한 바 있다(1장). "뭔가 불편했던 것은 틀림없이 나의 간이었던 것 같다. 나는 방금 특허를 받은 간질환 약에 대한 광고문을 읽었는데, 거기에는 간에 이상이 있을 때 나타날 수 있는 모든 증상이 적혀 있었다. 그리고 그런 증상들을 나는 모두 가지고 있었다. …… 그 중에서 가장 주목할 만한 것은 '모든 종류의 일에 대한 일반적인 거부감'이었다. 내가 그런 증상에 시달리고 있는 것을 어쨌든 내 언어로는 도저히 표현할 수가 없다. 나는 아주 어린 시절부터 그런 질환의 희생자였다. 내가 청년이 되었을 때도 그런 병은 거의 하루도 나를 떠나지 않았다. 당시 사람들은 그 병의 원인이 나의 간에 있음을 알아차리지 못했다. 당시의 의학적 지식도 지금에 비하면 한계가 있었다. 또한 사람들은 단순히 그것을 게으름 탓으로 돌렸다. 그리고 이렇게 말했다. '뭐라고, 이 못된 녀석아! 일어나라, 빨리! 네가 오늘 무슨 일을 해야 할지를 봐라, 자 빨리 시작해!' 그들은 내가 아프다는 것을 이해하지 못했다. 나는 약도 먹지 못했다. 그들은 주먹으로 내 머리를 쥐어박을 뿐이었다. 그런데 이상하게 들리겠지만 그 알밤이 아주 짧은 시간이나마 가끔은 나를 치료해주기도 했다. 그런 일은 자주 일어난다. 간단하고 진부한 치료법이 가끔은 어떤 약보다 더 효과적일 때가 있다." 자, 이제는 솔직히 털어놓고 이야기해보자. 프랑스 사람들이 외국 문학을 많이 읽지 않는 것은 매우 유감이다. 그들이 이런 모범적인 처방전을 따랐다면 이런저런 간의 통증과 특히 300종에 이르는 간질환 약에는 신경 쓰지 않아도 되었을 텐데 말이다.

쓰디쓴 쓸개

프랑스 사람들의 간세포 역시 황록색의 쓴 쓸개즙(bile)을 매일 0.5~1리터 정도 생산한다는 것은 사실이다. 쓸개즙의 소금은 당분을 전분으로 변화시키고, 단백질을 가공하거나 지방을 분해하는 능력을 가지고 있으며, 그것들을 창자에서 처리하기 쉽게 만든다. 이 담즙은 대부분 10센티미터 길이에, 간 아래로 대략 50입방미터의 부피를 가진, 배 모양의 작은 자루에 집중되어 있으며, 특히 음식물을 섭취하는 동안에는 소화의 촉진에 기여한다. 이런 작은 용기, 즉 담낭(Vesica fellea, 쓸개) 안에 작은 돌이 자주 퇴적되는데(Lithiase), 이것은 통증이나 염증을 유발할 수 있다(그러나 항상 그렇지는 않다). 외과의사인 기욤 루아조는 1600년경에 늑막염으로 사망한 한 여성의 시체를 해부했으며, 그녀의 담낭에서 "올리브 크기의 돌 하나를" 발견했다. "그리고 그것은 에메랄드처럼 초록색을 띠었다"(*Observations*, 45).

담즙질자 특유의 쓴맛(쓸개)은 이같은 작은 자루인 담낭에서 나온다. 그것은 어떤 때는 황녹색 즙을, 또 어떤 때는 흑색 즙을 분비한다(영국 사람들은 'yellow bile' 과 'black bile' 이라고 말한다). 거기서 검은 담즙은 앞으로 설명하게 될 비장에서 나오는 것으로 보이며, 특히 우울질자에게 많이 생산되는 것으로 보인다. 라틴어로 담낭은 'fel'(프랑스어 'fiel' 은 그다지 사용되지 않는다)이다. 이탈리아 사람이 사도행전(8:23)에 나오는 마술사 시몬처럼 'pieno di fiele' 라면 '그는 독과 담즙을 내뱉는다' 는 뜻이다. 욥은 하느님이 자신의 신장을 훼손했다고 한탄한다. "내 쓸개가 땅에 흘러나오게 하시도다", 즉 욥 역시 담즙을 토해냈다는 뜻이다. 예레미야(9:15)는 그에 비해 하느님에게 말한다. 부패한 민족에게 "쑥을 먹이고 독한 물을 마시게 하고" 싶다고.

물론 그리스도의 고난에서 위에 나오는 그런 쓴물을 삼켜야 했던 사람은 부패한 민족이 아니었다. 복음사가 마태에 따르면(27:34) 군병들이 사로잡힌 예수를 골고다로 데려갔으며 거기서 "쓸개 탄 포도주를 예수께 주어 마시게 하려 하였더니 예수께서 맛보시고 마시고자 하지 아니하시더라." 의사 얀 밥티스타 반 헬몬트는 성경의 구절을 다음과 같이 해석했다(*Aufgang der Artzney-Kunst*, 277). "……유대인들은 쓸개를 생명을 보존하는 향유와 구분했다. 그것은 사람들이 토할 때 내뱉곤 하는 노란색 독과는 더 잘 구분된다. 신을 모독하는 악한들이 쓸개즙을 마시라고 예수에게 주었다. 그들은 예수가 더 오래 죽음의 고통을 당하기를 원했기 때문이다." 예수가 실제로 쓰디

쓴 쓸개즙을 삼켜야 했는지는 마태복음에 나와 있지 않다.

우울한 비장

비장(Lien)은 무게 200그램 정도의 작은 기관으로 윗몸 왼쪽의 횡격막 아래, 위와 간(이것이 오른쪽을 완전히 채운다)의 높이에 자리잡고 있다. 요한 야콥 보이트는 그것의 모양을 "소의 혀"에 빗댄다. 프랑스 사람들은 이것을 'rate'라고 부른다. 즉 마치 암컷 쥐처럼 보인다는 의미이다. 이 기관은 림프로 채워져서 인체의 면역체계를 감시하고, 적혈구가 올바른 상태를 유지하도록 하며, 전염의 경우에는 항체를 만들어낸다. 그것의 라틴어 이름인 'Splen'과 영어 파생어인 'spleen'이 이상하게 황량한 기질과 결부되지 않았다면, 우리 육체의 살림을 꾸려가는 데 조용한 하녀의 역할을 하는 이 기관에 대해서는 설명할 것이 그리 많지 않을 것이다. 훌륭한 영어사전에서 우리는 이런 내용을 읽을 수 있다. "이 기관은 때에 따라 자유분방한 즐거움의 본거지로, 정신 혹은 용기, 나쁜 기분이나 우울의 본거지로 여겨진다." 'Spleen'은 특히 슬픔에 가득 찬 우울, 기분 나쁨 혹은 변덕스러운 기질 같은 것을 의미한다.

샤를 보들레르(Charles Baudelaire)는 산문시집 중 하나에 「파리의 비장」(Le Spleen de Paris)이라는 제목을 붙였다. 발터 퀴힐러(Walther Küchler)는 1947년에 그것을 「파리의 변덕스러움」(Pariser Grillenspiel)이라는 제목으로 번역했다. 그럼에도 그 시인이 즐겨 보여주고자 했던, 끔찍하고 "지저분한" 대도시의 일상세계에서 나온 이 문학적 장면은 단순히 변덕스런 인상만을 주지는 않는다. 고독, 가난, 불만족, 애수, 의사소통의 부재, 절망의 주제 등이 드러난다. 그리고 보들레르는 "새벽 1시에"(A une heure du matin) 이런 "추한 도시"의 "어둠의 목욕탕 속에" 서 있는 자신을 본다. 그의 이야기(XXX; *La Corde - Der Strick*)에서 ― 이 이야기는 마네에게 헌정되었다 ― 한 화가가 가난한 집안 출신의 잘생기고 익살맞은 한 사내아이에 관해 이야기한다. 화가는 그를 모델과 조수로 고용했다. "이제 말해야겠어요. 이 어린 녀석이 나를 자주 놀라게 한다는 것을 말입니다. 이 녀석은 조숙한 우울의 기이한 상태에 빠졌다가는 바로 설탕과 리큐르 술을 엄청나게 탐하지요. 그래서 어느 날 나는 그에게 협박을 했지요. 나의 여러 번의 경고에도 불구하고 그가 다시 무엇인가를 슬쩍했다는 것을 확인했을 때, 나는 그를 다시 부모에게로 보내겠다고 협박했지요. 그런 다음 나는 나갔습니다. 그러고는 일을 보기 위해 상당히 오랫동안 외지에 나가 있었지요. 그런데 집에 돌아오자마자 내 눈에 처음 띈 것은 장롱 틀에 목을 맨 채로 있는 그 작은 아이였어요. 얼마나 놀라고 참담했던지! 그의 발은 바닥에 거의 닿았고, 그가 발로 밀어냈을 의자는 그 옆에 뒤집힌 채 있었지요. 머리는 경직되어 그의 어깨 위로 처져 있었고요. 그리고 혀가 나와 있고 눈은 놀란 채 크게 열려 있어서 처음에 나는 그가 아직 살아 있다고 생각했습니다." 이 사내아이의 슬픔과 절망은 여기서 분명하게 '변덕'으로 묘사되지는 않는다. 자살은 우울질자의 생각과 행동의 범주에 속한다. 이미 펠릭스 플라터가 그의 『관찰』 제1권(78f.)에서 여성의 "중증 우울증"(Melancholia gravis)과 관련하여 바젤이라는 여성에 관해 이야기했다. 본인의 의지와는 반대로 사랑하지 않는 남자와 결혼하게 된 그 여자는 침실로 가서 수건으로 목을 매고 죽었다.

‘비장 spleen’이 이런 의미세계와 체험세계를 갖게 되는 이유는 우선 고대 의학에서 찾아볼 수 있다. 비장은 갈레누스의 이론에 따르면 쓸개와 간과 함께 체액을 생산한다(이것은 네 번째 체액이며 잠정적으로 마지막 체액이다). 이 체액은 쓰고 진득진득하고 검은색이며, 땅의 요소(차갑고 건조한)에 속하고, 남풍이 부는 가을에 속한다. 이 즙은 흑색 담즙이라 불린다(이미 앞에 언급했던 간의 황색 담즙과 대비된다). 그 기질은 우울질자의 그것이다. ‘Melancholiker’라는 단어는 그리스어 어원 ‘melas’, 즉 검다는 것과 ‘cholé’, 즉 담즙이라는 것을 포함하고 있다. 콜레라(Cholera)라고 불리는 담즙성 구토 설사, 화를 잘 내는 담즙질자가 (그들의 노란색 쓸개로부터) 얻게 되곤 하는 프랑스어의 ‘colère’ (화, 분노)와 독일어 ‘Koller’ (분노)는 후자의 어원에 속한다. 앙브로아즈 파레에 따르면(Wundtartzney oder Artsneyspiegel, 14) 흑색 담즙은 “건조하고 딱딱한 음식에서” 생성된다고 한다. 이 담즙은 “슬프고, 거칠고, 고집 세고, 무뚝뚝하고, 불쾌하고, 끔찍한 인간”을 만든다고 한다.

이런 부류의 인간은 르네상스부터 근세까지의 위대한 인물들을 매번 새로이 열광시켰다. 알브레히트 뒤러는 1514년에 이런 기질을 지닌 〈멜랑콜리아〉(Melencolia)를 여성의 알레고리로 묘사했다. 그런 여성은 생각에 잠겨 머리를 짚고 있으며, 상징력이 뛰어나거나 불가해한 물체, 도형(예컨대 의미 있는 숫자 34가 들어 있는 마법의 정사각형), 그리고 정신, 시간과 공간, 영원과 과거, 예술과 무능함 등을 표현하는 기구들이 혼란스럽게 놓여 있는 한가운데에 앉아 있다. 그러나 이 세상을 이해할 수 없다는 데 절망함에도 불구하고 상당히 건강해 보인다. 브라이스아흐 출신으로 바젤의 이야기 수집가인 요하네스 가스트(Johannes Gast, 1552년에 사망)는 뉘른베르크의 인문주의자인 요아

힘 카메라리우스(Joachim Camerarius)를 따르면서 나눈 식사중의 대화 제2권 (*Convivales sermones*, 2. Basel [1548] 1566, 189f.)에서 이 그림을 묘사하려고 시도했다. 그는 독자에게 "atra bilis", 즉 우울질자의 경우 흑색 담즙의 과다현상에 관해 설명하고 강조한다. "Omnia autem sunt circum illa obscura" — 이 그림에서 여기저기 흩어져 있는 물건들은 애매모호하다, 즉 어둡고 흐릿하고 그림자가 드리워져 있다. 그 후로도 이 동판화에 대한 해석은 자주 시도되었다. 프랑스 사람 테오필 고티에(Théophile Gautier, 1834)나 스코틀랜드 사람 제임스 톰슨(James Thomson, 1874), 콜롬비아 사람 길레르모 발렌시아 (Guillermo Valencia, 1928) 같은 외국 작가들 역시 알브레히트 뒤러를 재해석하려고 시도했다. 기스베르트 크란츠(Gisbert Kranz)는 그런 의미부여 노력들이 어떤 때는 피곤하고 또 어떤 때는 강력한 멜랑콜리아를 허용하는지를 우리에게 보여주었다.

로버트 버튼은 1621년에 무척 슬프고 언짢고 무서워지는 현상에 대해 『멜랑콜리의 해부학』이라는 대단히 의학적이며 도덕철학적인 백과사전을 바쳤다. 물론 우리가 그 책에서 이런 흑색 담즙의, "해부대 위에 에테르로 처리한 환자"(T. S. Eliot)에 관해 분석적인 해부보고서를 기대한다면 크게 실망하게 될 것이다. 버튼은 그가 고대와 근세초기 작가들의 수백 가지 예에서 인간의 몇몇 건강상태와 질병에 관해 선별해낸 모든 것을 특히 라틴어 인용으로 보고한다(아직도 이런 편찬자가 있다니!). 그리고 그는 히포크라테스부터 멜란히톤(Melanchthon)까지 멜랑콜리나 그것과 비슷한 수많은 현상들에 관한 여러 가지 설명을 찾아보았지만 어떤 통일된 이론도 발견하지 못했다. 그래서 그는 위대한 프랑스 계몽주의자인 드니 디드로(Denis Diderot)와 장 달

랑베르(Jean D'Alembert)를 선취하는 백과사전적이며 체계적인 정리를 하면서 원칙적으로 다음과 같은 사실만을 우리에게 알려준다. 즉 우리의 세상은 이탈리아 작가 토마스 가르조니(Tomaso Garzoni, 1549-1589)가 자신이 집필한 모든 서적에서, 그리고 오스트리아의 바로크 소설가인 요한 베어(Johann Beer)가 『치료가 불가능한 정신병자 수용소』(L'hospidale de' pazzi incurabili, 1586)나 『바보들의 병원』(Narrenspital, 1681)에서 묘사한 것과 다르지 않다는 사실을.

버튼은 자신의 괴팍한 성격 때문에 고민했지만, 그래도 위트와 지식을 갖춘 관대한 환자였다. 그에 비하면 건강하지만 단순하고 별로 박식하지 않은 아이제나흐 출신의 파울리니는 얼마나 조잡해 보이는가! 크리스티안 프란츠 파울리니는 아주 명확하게 진단할 수 있는 것으로 보이는 멜랑콜리에 대해서는 상당한 체벌을 권장했다(Flagellum Salutis, 15f.). "누군가 사랑 때문에 우울해지거나 심지어 화를 잘 낸다면, 그리고 다른 수단으로 만족하려 하지 않는다면 빨리 회초리를 잡아야 한다. 그것으로 많은 사람들의 모난 곳을 바로잡을 수 있을 것이다. 한 번에 안 되면 줄기차게 반복하라. 발레스쿠스 데 타란타가 말했다. 그런 사내아이가 있다면 그 엉덩이를 때려라. 그래도 나아지지 않으면 문 아래에 앉히고 빵과 물만 주거라. 그가 멋진 날씨를 보기 위해 일어서게 해달라고 부탁할 때까지. 왜냐하면 우리는 심한 체벌과 진지한 매로 악을 막아야 하기 때문이다."

우리는 우울질자가 매질이 거의 긍정적인 효과를 거두지 못하는 예민한 사람일 뿐 아니라, 그것이 없으면 인간이 거의 살아갈 수 없는 비장도 16세기의 많은 의사들이 믿었던 것처럼 정말 예민한 기관이라는 것을 고려해야 한다. 아우구스부르크의 요제프 슈미트 같은 훌륭한 외과의사는 피를 공급받는 기관의 제거나 손상이 얼마나 위험할 수 있는지를 잘 알고 있었다 (*Spiegel der Wund-Artzney*, 109). "그리고 생명이 위태롭지 않다고 하더라도 엄청난 출혈이 예상된다는 것을 고려해야 한다. 혈관을 절단하지 않고는 그 기관을 꺼낼 수가 없다."

얀 밥티스타 반 헬몬트는 자신이 '아르캐우스 Archaeus' 혹은 '최초의 사고의 형성'이라 일컬었던, 최고로 숭고한 영육간의 원칙에 관한 이념을 위와 비장 부위에 정착시키려 했는데, 그때 그는 비장의 중요성을 더 높게 평가하면서 비장 질환의 이론을 더 세분화시켰다. 병적인 상상력, 예컨대 미신, 절망, 명예심, 혹은 지옥에 대한 두려움 같은 끔찍한 생각들은 특히 여성의 경우 비장의 그런 "이미지" "원천"에서 나오며, 뜻밖에도 가끔은 치료가 불가능할 정도로 육체를 혼란스럽게 하고 질병으로 인한 장애를(우리는 그것을 '심신상관의' 질병, 즉 영혼에서부터 육체에 영향을 미치는 질병이라고 부를 것이다) 불러일으킬 수 있다. 벨기에 사람들은 그런 "믿을 수 없는 현상"을 '우울증 hypochondrisch'이라고 불렀다. 그것은 갈비뼈의 연골 아래, 윗배에 자리잡고 있는 혼란을 의미한다. 항상 명확하게 제시되지는 않지만, 그런 내용을 원본 텍스트에서 읽을 수 있다(*Aufgang der Artzney-Kunst*, 991-999, 13장: *Von eingebildeten Dingen*). "모든 과도한 열정은 그것이 강하게 자주 나타나거나 오래 지속될 경우 거기서 이미지와 질병이 생긴다. ……이성적인 사람들도 그것의 이미지가 자신들을 바보처럼 만드는 그런 물질에 빠져들 경우, 그들은 바로 자신들에게 숨겨진 어리석은 언행을 드러낸다. ……많은 여자들이 그 이미지로부터 평생 사라지지 않는 혈액을 받는다. 그러나 그 이미지의 힘이 피에서 분노를 제거하지 못한 채 비장 부위에(Hypochondrio)에 지니고 있다면 이미지의 힘은 스스로 발작하는 질병으로 입증될 것이다. 가끔 몇 번의 휴식기에 약간의 위로로 중단되는 긴 슬픔이 녹아서 이미지(Ideam)를 만든다. 거기서부터 여성들에게는 비장 중독증의 우울이(Melancholia hypochondrica), 남성들의 경우에는 탐욕이 나온다. 이미지들이 기질로 들어가면 그 영향은 비장의 주요부분에서 일어나며, 그래서 천식과 질식을 불러온다. 우울이 절망의 이미지와 연결되면 사지의 마비(Paralysin)와 기형(Contracturam)을 초래한다. 특히 처녀의 경우에 더 그렇다."

이것은 근세 초기에 자주 논의되었던 우울한 상상력, '공상', 즉 여러 환자들의 병적인 상상력에 관한 이야기이다. 그것이 머리든, 닭이든, 늑대든, 양초 심지든, 혹은 겨자씨든 말이다 — 이런 예들은 이탈리아의 아우구스티누스회 수도사인 토마소 가르조니(Tomaso Garzoni)가 그의 『치료가 불가능한 정신병자 수용소』(L'hospidale de' pazzi incurabili [1586]. Venezia 1617, 11-13)에서 인용하고 있는데, 그는 이런 상태에 대해 아주 과장된 예와 함께 그림을 덧붙였다. 루고 출신의 포르나레토라는 사람은 수종증을 앓았던 유대인의 시체를 파내서 그것을 마치 공이라도 되는 양 가지고 놀았다. 그래서 그 지역 전체에 2주 동안 송장 냄새가 진동했다.

우리는 오늘날 병적으로 체중을 줄이는 사람을 우울질자라고 생각한다. 그리고 바로크 작가들도 주로 검은 몰식자산(Gallapfel)으로 만든 잉크로 작업을 하기 때문에 기꺼이 흑색 담즙자인 우울질자의 무리에 줄을 선다. 이미 17세기에 우울증에 대해 물리적으로 들어맞는 평가가 존재했다. 의사인 요한 야콥 벱퍼 폰 샤프하우젠(Johann Jacob Wepfer von Schaffhausen)은 도나우에싱겐 후작령의 제후 부인인 프란치스카 엘리자베스 폰 피르스텐베르크의 비장 질환을 코펜하겐에 있는 바로톨리누스에게 보내는 편지에서 아주 구체적으로 묘사하고 있다(Bartholinus, T, *Epistolarum medicinalium... centuria* IV, [1667, 47-52]). 30살쯤 되는 귀족 부인이 1655년 빈에서 가을치고는 제법 더운 날에 멜론을 잔뜩 먹고는 이어서 얼음처럼 차가운 포도주를 마셨다. 그러자 열과 오한이 왔으며, 그것은 몇 주 후에 비장 종양으로 진행되었다. 이런 열병은 그 제후 부인의 다음 번 임신 때 더욱 심해졌다. 그래서 그만 유산으로 이어졌으며 또 다른 합병증을 불러왔다. 목욕과 스위스의 소금 온천도 아무 소용이 없었다. 그 부인의 경우는 절대로 우울질의 발작이 아니며("nulli hujus humoris effectus apprarent"), 심한 토혈을 했다. 우리는 비장에서 비롯되는 우울증이나 멜랑콜리에 관한 이론을 당시의 모든 의사들이 알고 있지는 않았음을 이 예에서 간파하게 된다. 왜냐하면 의학에서도 자주 이렇게 일컬어지기 때문이다. 비장이 얼마나 많은지에 관해서는 다양한 의견이 있다고.

신경, 혹은 근세의 체액에 관하여

오늘날 갈레누스의 체액병리학에 관해 아는 사람은 거의 없을 것이다. 그래서 그것이 근세에 약간의 배경 이동과 소품으로 새로운 공연을 했는지 안 했는지를 누가 알겠는가? 예를 들면 거기에는 체액 대신 이른바 신경(Nerven)이라는 것이 있다. 신경은 인체 내부에 흰색으로 보이는 선이나 끈 같은 것인데, 신경세포에서 나오는 섬유나 섬유소로 구성되어 있다. 이 섬유소들은 신호, 특히 뇌와 척수에서부터 오는(중앙 신경 시스템) 신호를 다른 육체기관으로(전환 시스템), 그리고 다시 머리로 전달해준다 ― 말하자면 육체의 인터넷으로 전화나 팩시밀리, 컴퓨터보다 더 빠르고 효과적으로 일한다. 일상의 대화에서 '신경'은 오히려 그리움과 근육을 지칭한다. 그래서 우리는 어떤 사람을 두고 신경질적인 팔이나 신경질적인 표정을 지녔다고 말한다. 한편으로 '네가 내 신경을 건드린다'(Du gehst mir auf die Nerven.)라는 표현에서는(영어로는 'You are getting on my nerves.') 전반적으로 기분이 나빠지는 것을 의미한다. 그래서 '신경'은 일상의 대화에서는 다양한 의미를 지닌다.

20세기 초에 신경이라는 의학적 개념은 신경학을 정립시켰다. 빠른 속도로 움직이게 된 산업시대는 인간에게 이런저런 불편함을 가져다주었다. 그에 따라 현대의 진단법과 새로운 설명 모델이 — 과거의 흑색 담즙 및 황색 담즙과 비교될 수 있는 새로운 체액이 — 발견되어야 했다. 오늘날까지 특히 대도시에서 자주 발견되는 새로운 정신병 징후들은 예컨대 일반적인 불쾌감, 긴장, 고양된 자기관찰과 신체의 사소하지만 알려지지 않은 반응에 대한 놀라움, 불안감, 현기증, 대규모 집회(광장 공포증, 그것은 공적인 장소에 대한 공포를 의미한다), 좁은 공간(폐쇄 공포증, 갇혀 있는 데 대한 공포)에 대한 공포, 온갖 종류의 두통(그 중에는 투구 느낌도 있다), 각종 소음들(Tinnitus), 소화 장애, 호흡 곤란, 발한 — 간단하게 말해서 개별적으로 나타나든 한꺼번에 나타나든 질병의 징후들이다. 그것은 거의 한 육체기관에 고정되지 않고 움직이며, 결과적으로 치료하기가 어렵게 만든다.

현대 의학은 미국의 조지 비어드(George Beard)가 최초로 이름붙인 대로, 1880년경 이런 신드롬에 신경쇠약이라는 호칭(Neurasthenie, '신경력의 부족', 그리스어로 'neuron'은 신경, 'a'라는 음절은 존재하지 않는다, 그리고 'sthenos'는 강도)을 개발했다. 우리는 이런 식으로 그런 증상을 신경 시스템 탓으로 돌린다. 그러면서 몇몇 불편한 상태를 정확하게 묘사하지 않거나 (예컨대 방사선의 신경 그림에서처럼) 고착시키지 않는다. 사람들이 문명병이라고도 부를 수 있는 이런 새로운 불쾌감에 대처할 수 있도록 의사들은 아마도 많은 조언들을 준비하고 있을 것이다. 가티에-부아시에르(Galtier-Boissière, 1918, 320f.)의 유명한 『라루스 의학사전』(제58판)에는 예컨대 엄격한 다이어트 외에도 위생적인 방법을 다음과 같이 추천한다. "힘든 작업은 즉각 중단할 것, 토론 및 재판과정 회피, 가족권에서 멀리 떨어질 것, 고도 치료, 힘들지 않은 여행, 마사지, 적당한 산책[자전거 타는 것에 대한 찬미가 이어진다], 조용하고 소박한 집, 추위를 막는 양모 의복 등등."

새로운 질병과 의학지식은 서사문학에도 영향을 미쳤다. 에밀 졸라(Emile Zola, 1840-1902)는 소설 『테레즈 라캥』(Thérèse Raquin, 1867)에서 살인자 부부에 대해 여러 분야를 포괄하는, 심리학적이 아닌 신경학적인 분석으로 새로운 세계관의 예를 제시한다. 이 소설의 제2판 머리말에서 작가는 이 세계관에 대해 이렇게 묘사한다. "테레즈 라캥에서 나는 성격이 아니라 기질을 진단하고 싶었다. 이 소설의 전반적인 의미는 거기에 있다. 나는 인물을 선택했다. 인물은 그들의 신경과 그들의 피에 의해 아주 두드러지게 지배받는다. ……테레즈[신경 부인]와 로랑[혈액 남자]은 인간의 형상을 취한 야수이다['brutes humaines']. 나는 이런 동물들 속에서 신경의 위기가 진행되면서 서서히 나타나는 열정, 본능의 충동, 뇌 붕괴의 둔탁한 효과를 조금씩 추적했다. ……그들의 양심의 가책은 결국 ─ 나는 그것을 그렇게 불러야만 한다 ─ 단순한 유기적인 방해, 즉 찢어질 정도로 긴장되어 있는 신경 시스템의 자아거부이다. 내가 그것을 의도했기 때문에 기꺼이 고백하건대, 영혼은 거기에 영향을 미치지 않는다.""신경이 찢어질 정도로 긴장되어 있는"(7장) 테레즈는 "광기의 언저리까지 그녀를 몰아가는 신경위기의 희생물"이 되었다. "그녀는 이성적으로 행동할 수 없으며 열정에 사로잡혀 있다." 그리고 특히 몇 주 전부터 그녀를 잠 못 자게 만드는 "끔찍한 불면증은 그녀의 육체를 떨리는 긴장으로 몰아갔다"(18장). 그 소설에서 졸라는 그녀의 예민한 신경들에 지배받는 부인과 너무 강하게 요동치는 피에 지배받는 애인의 공동작업이 결과적으로 격정적인 남편인 카밀을 세느강의 배에서 살해할 수밖에 없었음을 보여준다.

현대 신경이론의 유용성에 대한 논의는 ― 마르틴 사르페(Martin Scharfe, 1996)가 밝혔듯이 ― 현대적인 이동 방식, 즉 오토바이 달리기에 대한 특유의 긍정적인 평가에서 정점을 이룬다. 일부 의사들과 문화철학자들은 변화가 심한 이런 유동성이야말로 신경을 강화할 뿐 아니라 일반적인 건강을 증진하는 것으로 평가했다. 당시의 녹색당원들, 도보로 이동하는 사람들은 오토바이족들의 냉정함을 공적인 분노로 여겼다. '저 녀석은 강철 같은 신경을 가지고 있어!'라는 표현이나, '이봐, 너는 이상하게 생각하고 있어!'(Mann, du hast vielleicht Nerven!)라는 표현은 전처럼 이중의 분석을 허용한다. 감탄의 표현이거나 아니면 일반적인 것이 항상 옳지는 않다는 주장이다. 오토바이에 열광하는 세기말에 우리는 강철이 자동차 역학의 범주에서도 발견되고 있음을 확인할 수 있다. 자동차를 타는 사람은 언제나 신경질적이다.

"오스트리아 여자들은 풍만한 가슴을 갖고자 원한다.

그래서 보름달이 비치는 밤이면 아무것도 걸치지 않은 채 창가에 선다." ••••••••••••••••••••

그리고 보름달을 향해 마법의 주문을 중얼거린다.

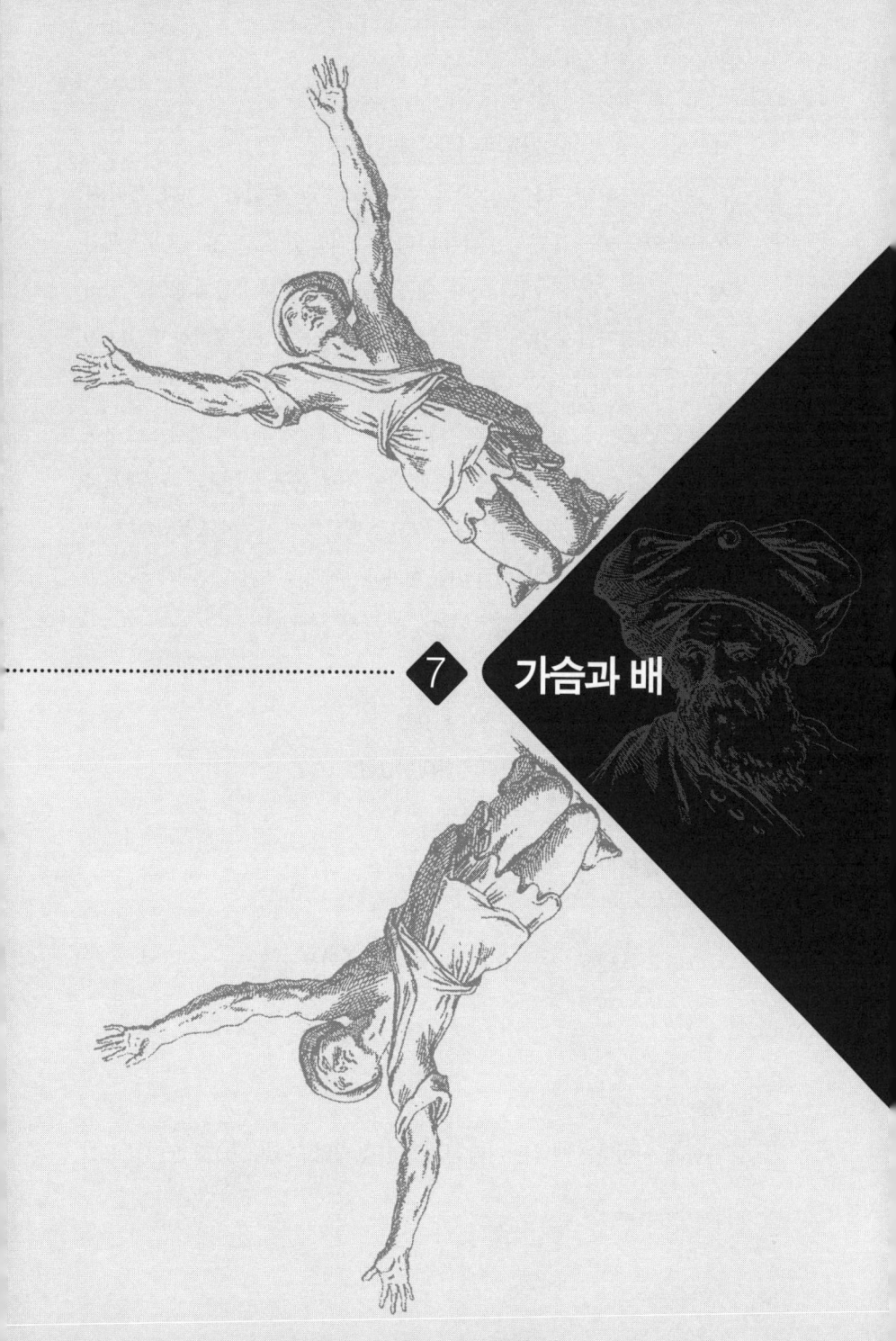

7 가슴과 배

해부학자들은 루이스 캐롤의 어린이책인 『거울 속 여행』(*Through the Looking-Glass*)의 험프티 덤프티 같은 인물을 간단하게 만들 수 있을 것이다. 무척 불안하게 앉아 있는 그 녀석은 팔과 다리를 가지고 있다. 그러나 그의 육체의 세 가지 주요부분, 즉 머리, 가슴, 배는 연결 부위 없이 둥글게 뭉쳐져 있어서 마치 달걀처럼 보인다 — 단백질 액체 속에 노른자만을 포함하고 있는 컨테이너 같다. 인간 역시, 물론 머리를 제외한다면, 가장 크고 주된 공간을 소유하고 있으며, 그것은 비교적 정확하게 두 부분, 즉 흉곽과 복강으로 구분된다. 우리는 이런 주요부분들, 즉 본래의 육체, 몸통을 하나의 나무통으로 관찰할 수 있다. 그것의 내부 시설은 고층 백화점의 시설만큼 복잡하다. 그리고 그것은 험프티 덤프티가 어린 여자아이에게 무조건 설명해야 하는, 번역하기 힘들고 이해하기 힘든 넌센스 시를 연상시킨다.

> "날이 저물 무렵, 매끈촐싹 토오브
> 언덕허리를 둥글게 할퀴며 파내려갔다.
> 불쌍하고 가녀린 보로고브새,
> 길 잃은 라쓰는 끽끽거렸다."

그리고 이 넌센스는 가슴이나 배와 관련이 있을 수 있다.

가슴, 가슴들

가슴(Brust)이라는 개념은 여러 가지 의미를 지닐 수 있다. 1) 요한 야콥 보이트가 1737년에 정의했듯이 "등의 앞부분"(Pectus)이다. 2) 흉부라 불리는 넓은 부분으로 가죽, 근육, 연골, 12개의 갈비뼈로 이루어져 있는 그 벽은 심장, 폐, 호흡기, 식도와 그 밖의 많은 기관들을 감싸고 있다. 3) 상체의 앞부분에 있는, 특별히 유선에 의해 형성되고 유두가 달린 두 개의 유방이다. 4) 전이된 의미로 인간의 고귀한 내적 존재(덜 고귀한 배의 공간과 대조를 이루며)를 가리킨다. 그 안에 예컨대 "아! 두 영혼이……" 이 깃들 수 있다. 요한 볼프강 폰 괴테는 『파우스트』(1부, 성문 앞 장면)에서 "가슴"을 찬미하며 이렇게 말한다. 하나의 영혼은 세속의 "티끌"에 매달리고 다른 하나는 "숭고한 선인들의 영역으로" 오르려 한다.

　인간의 육체에 관해 다루는 서사문학에서 세 번째로 언급된 가슴의 여성적 특징이 가장 큰 주목을 끌고 있다는 사실은 물론 부정할 수 없다. 왜냐하면 『독일 미신 사전』(Handwörterbuch des deutschen Aberglaubens) 역시 그렇게 정의하고 있기 때문이다. "풍만한 가슴은 언제나 환영이다. 니더바이에른 지방에서는 그런 것을 얻기 위해 성수를 사용한다." 풍만한 가슴을 신성하게 한다는 측면에서 남자는(『독일 미신 사전』에서뿐 아니라 회화나 영화를 볼 때도) 분명 그를 온통 사로잡는 자유분방한 환상을 발전시킨다. "오스트리아 여자들은 풍만한 가슴을 갖고자 원한다. 그래서 보름달이 비치는 밤이면 아무것도 걸치지 않은 채 창가에 선다." 그리고 보름달을 향해 마법의 주문을 중얼거린다. 그런 강제적이며 어리석은 일반화 뒤에는 여성의 가슴이 경제적, 문화적, 관능적 형성(조직, 편성) 충동과 변화 충동의 가장 탁월한 대상이었으며, 지금도 여전히 그렇다는 사실이 숨겨져 있다. 달리 말해서, 사회적인 인식과 요구들은 그때마다 자연스러운 것 이상으로 완전하거나 불완전한 가슴을 각인시켰고, 심하게 말하자면 조작했다. 회화, 의복산업, 성형외과, 풍자 만화, 남성의 상상력의 역사는 이런 이론의 토대를 이루기에 충분한 자료를 제공한다. 그래서 프랑스의 『코믹스 마가진』(Comic's Magazine)은 1977년에 (Nr. 198, 39) 의사에게 호르몬 주사를 놔달라고 요구했던 여자 육상선수에 관한 남자들의 비속한 익살을 싣고 있다. 그녀는 영화배우가 되기를 원했는가? 아니다. 그녀는 경쟁자를 가슴길이 정도 앞서고자 원했다.

제1차 세계대전 이후로 지속되는, 지나치게 큰 유방에 대한 열광은 한편으로는 오럴섹스와 관련된 남성들의 환상을 억제한 데서 생겨났다. 조지 오웰은 캐리커처 화가인 도널드 맥길(Donald McGill)에 관한 에세이에서(in: Horizon, 1941. 9.) 영국의 풍자만화 카드에 그려진 거대한 가슴과 엉덩이의 주제에 관해 이렇게 기술했다. 즉 그런 그림들은 많은 사람들에게 확산된 억압의 산물이라는 것이다. 그러면서 캐리커처 이면에는 엄격한 도덕적 코드가 숨겨져 있다고 보았다. 한편으로 그런 그림들은 어떤 세력이 여성의 이미지와 여성의 현실에 영향을 미칠 수 있는지를 보여준다. 그러나 주의하라! 여성들의 풍만한 가슴과 지능지수의 상관관계를 측정한 미국 사람이 있었다고 한다. 그에 따르면 적어도 텍사스에서는 "가슴이 크면 클수록 지능이 낮다"는 설이 유효했다고 한다(B. Walker, Encyclopedia of Esoteric Man, 41). 그런 통계학적인 진단은 다시 피드백 효과에서 어떤 영향을 불러올까?

여기서 인체에 관한 인식의 문화적 변화도 언급할 필요가 있는데, 예컨대 여성의 가슴을 가리도록 하는 금기는 특정한 상황에서는 사라지고 말았다. 유럽 남부에서조차 여성들은 자녀에게 젖을 먹일 때면 가슴을 드러내도 되었다. 그리고 성처녀는 아기 예수의 수유일 경우, 즉 다중적인 의미를 지닌

수유일 경우에는 경건한 예술가들에 의해 (물론 한쪽으로만) 가슴이 드러난 채로 묘사된다. 마리아는 그녀의 유방을 어쨌든 자신의 아들에게뿐만 아니라 전설에 따르면 몇몇 수도사들과 그녀의 성스러움을 숭배하던 다른 사람들에게도 주었다.

우리가 의학적인 진기한 이야기들을 믿는다면, 젖의 생산은 여성의 가슴에서만, 즉 결혼한 부인에게서만 가능했던 것이 아니다. 1767년의 『의학적 일화』에 나온 이야기에 따르면, 20살 된 프랑스 캉브레의 어느 처녀 왼쪽 엉덩이뼈 근처에 수포가 생겼다고 한다. 그 수포에서 "유모가 생산하는 만큼의 많은 양의 젖이 분비되었다. 이 젖은 우유처럼 생크림, 치즈, 유장을 남겼다." 전에는 높이 평가받았던 이런 기이한 이야기를 몇 가지 더 들어보자. 많은 여자들이 양쪽 가슴 외에 추가로 몇 개의 젖꼭지를 더 지니고 있었다는 이야기도 있다. 'Polymastie', 'Polythelie' (많은 가슴)의 그런 예들 외에 'Mammahypertrophie' (커다란 가슴)의 예들이 등장한다. 19세기에도 알프스 주민들은 달릴 때면 어깨 위로 넘겨야 할 정도로 긴 가슴을 지녔다는 숲의 여자들과 야성녀('Fänke')들에 관해 즐겨 이야기했다. 이런 생각들은 중세의 먼 나라의 기적에 관한 여행보고에서도 만날 수 있다. 동화 「충성스런 요하네스」(Der treue Johannes, KHM 6)에서 주인공 요하네스는 젊고 아름다운 왕비를 살리기 위해 그녀의 가슴에서 젖이 아니라 독이 들어 있는 피 세 방울을 빨아내야 했다. 한편으로는 "젖가슴이 나온 젊은이"와 젖을 분비하는 남자 젖가슴에 관한 이야기들도 많이 있다. 그런 기이한 경우들은 일종의 미신으로 여겨졌다(R. Lionetti, 1984 참조).

자긍심이 넘치는 사나이의 가슴은 거의 다른 이름으로 — 흉곽이든 흉의

이든―불린 반면, 여성의 가슴에 대한 호칭은 작은 사전 한 권을 채울 수 있을 정도로 많다. 그것은 원래 우리가 이 육체 부위를 직접적으로 불러서는 안 된다는 것을 의미한다. "가슴"은 터부 영역에 속했다. 우선 완곡어법으로 일컬어져야 했다. 이미 나이 든 사람들은 'sinus'(이탈리아어 'seno', 프랑스어 'sein' 등등)라고 말했는데, 그것은 주름, 만, 활, 혹은 젖가슴을 의미한다. 다시 정확하게 말하자면 그것은 두 개의 융기 사이에 안쪽으로 파인 공간을 의미한다. 그것은 사춘기의 여성에게 중요하다. "성적으로 성숙하기 시작하는 처녀들에게 가슴은 이전보다 더 커지곤 한다. 그리고 특히 월경이 시작될 때면 순간적으로 커진다. 사람들은 그것을 보고 이제 그들이 어미 노릇을 할 수 있게 되었다고 말한다"(J. J. Woyt, *Schatz-Kammer*, 540). 괴팅겐 지방에서 눈에 띄게 솟아오른 두 개의 언덕을 "동일한 것"이라고 불렀듯이, 가슴을 "자매들"이라고 부를 수도 있다. 다른 동의어들은 엄마라는 뜻의 '마메', 혹은 좀 더 사랑스럽게 엄마의 애칭인 'mammillae'이다. 이것은 어원학적으로 볼 때 '등의 앞부분'(pectus)은 아니라 할지라도 일종의 완곡어법의 표현이다. 라틴어문학자들은 이런 사실을 정확하게 알지 못한다. 바이에른 사람들은 젖가슴이라는 말 대신 기꺼이 "심장"(Herzl)이란 단어를 사용한다. 그리고 '내 가슴으로 오라!'는 상대방을 껴안길 원한다는 것을 의미한다.

항상 좋은 뉘앙스는 아니라 할지라도 가슴에 대한 호칭은 수없이 많으며, 복수로 사용되는 가슴에 대한 호칭들은 심지어 경멸투일 때도 있다. 어원이 '치치'에 해당하는 것들이건('Titten', 프랑스어로 'tettes', 'tétins', 혹은 슈바벤어로 'Dutteln') 아니면 'tits', 'boobs'와 심지어 'knockers'(문고리) 같이 앵글로색

슨계 남성 우월론자들의 단어건 상관없다. 그리고 다른 비유들, 즉 때에 따라 젖통이나 앞가슴 등을 의미하는 그런 단어들을 여기서 일일이 언급하지는 않겠다. 그것들은 사전이나 이른바 익살스런 작품들에서 충분히 발견할 수 있기 때문이다(E. Bornemann, *Sex im Volksmund*, Thesaurus Nr. 158, Busen; G. Legman, *Rationale of the Dirty Joke*, Second Series, 1975, 363-373). 다른 비속어 호칭에서는 더 이상 후손에게 젖을 물릴 수 없는 중년 혹은 노년 여성들에 대한 깊은 거부감이 드러난다. 늙은 것, 말라비틀어진 것, 추한 것의 영역에서 나온 욕설의 조합은 제3세대를 모욕적인 것으로 낙인찍을 수 있을 정도로 천박하다. 이탈리아의 상징 발명가인 체사레 리파(Cesare Ripa)는 1610/11년 그의 알레고리 사전인 『이코놀로지아』(Iconologia)에서 처지고 말라비틀어진 가슴을 가진 벌거벗은 노파를 이단으로 묘사할 것을 권하고 있다. 이단은 영생에 관한 교리의 힘과 영액을 지니고 있지 않기 때문이다. 많은 경건한 전설들은 노파들을 좀 더 친숙하게 다룬다. 그들의 가슴은 가난한 어린이들이나 말라비틀어진 은둔자에게 먹을 것을 공급해야 할 때면 젖으로 가득 차게 된다. 성 프란치스코(13세기)의 기적에 관한 토마스 데 첼라노(Thomas de Celano)의 서술에서는 80살의 사비느(옛 중부 이탈리아의 한 종족) 여자가 굶주린 손자들에게 젖을 먹인다.

유감스럽게도 문화사가들은 여성의 가슴에 대해 부드러움 쪽보다는 오히려 불쾌한 쪽을 많이 보고하고 있다. 남자들이 일종의 가슴 콤플렉스로 여성의 가슴을 고문하면서 희열을 느껴왔다고 보는 것은 끔찍하다. 게르손 레그먼(Gershon Legman)은 "반(反)가슴 우상숭배"에 관한 글에서 그것이 미국의 남성 유머에서 어떻게 나타나는지를 밝히고 있다. 그런 잔인한 생각들은 오래된 것이다. 그것들은 이미 예컨대 아가테와 같은 성녀들에 관한 보고서에서 발견된다. "그때 퀸시아노의 화가 폭발했으며, 그녀의 가슴에 고통을 주고 긴 고문 후에 가슴을 자르게 했다. 성 아가타가 말했다. 이 잔인하고 은혜를 모르는 악당 같으니, 너 스스로가 어머니 젖을 빨았으면서 한 여자의 그런 젖가슴을 자르게 하는 게 부끄럽지 않느냐? 네가 자른다 해도 젊었을 때부터 신에게 바친 나의 모든 감각을 키웠던 내 영혼 속에는 아직도 완전한 가슴이 존재한다." 우리는 『황금 전설』에서 이런 글을 읽을 수 있다(리하르트 벤츠의 시화된 번역). 그리고 성 베드로가 순교한 성녀를 구하기 위해 나타났다 하더라도("그리고 젖가슴이 다시 그녀의 육체에 붙어 있다 하더라도") 이 전설을 기술한, 13세기 말 제노바의 주교였던 야코부스 폰 보라기네가 길게 이어진 고문장면에서 어떤 희열을 느꼈다는 사실을 간과해서는 안 된다. 성녀든 아니든 그런 고통스런 절단을 겪어야 했던 여성들 이야기는 역사에서 충분히 찾을 수 있다. 거기에는 역사적으로 실재한, 그리고 집단기억으로 이어진 손상이나 질환, 집단학살과 순교, 실제로 이루어진 육체적 징벌과 의학적인 절단(흉터도 없이)의 경험들이 숨겨져 있다. 그런 것에 관해 예컨대 마가레테 엘리자베스 밀로(Margarethe Elisabeth Milow, 1748-1793)는 자신의 회상기인 『나는 투덜대고 싶지 않다』(Ich will nicht murren, ed. Rita Bake/Birgit Kiupel, 1987, 133)에서 함부르크에서 일어났던 사건을 이야기한다. "[기도 후에 나는] 조용히 있었다. 그리고 창가로 갔다. 거기서 나는 의사를 간절히 기다렸다. ……마침내 10시에 의사가 도착했다. 자이프는 쾨스터와 함께 윗층 내 옆에 있었고 그라스마이어는 준비하기 위해 내려갔다. 나는 위로 올라가서 누웠다. 마침내 그와 그의 조수가 왔다. 나는 코르셋을 벗고 앉았다. 무릎이 떨려서 그라스

마이어를 방해할까 두려웠다. 그는 자신의 두 무릎 사이에 나의 양 다리를 끼워넣어 꼼짝 못 하게 했다. 자이프는 오른쪽 팔을 높이 들어올렸다. 조수는 그 뒤에 서 있었다. 쾨스터가 나의 왼팔을 잡았다. 크루제는 메스와 다른 기구들이 있는 판을 들었다. 나는 눈을 감았다. 그리고 그 사건이 일어났다. 나는 눈을 떴다. 그리고 피가 뚝뚝 떨어지는 젖가슴이 눈앞에 놓여 있는 것을 보았다. 그는 약간 기다렸다. 나는 다시 눈을 감았다. 두 번째 절단이 일어났다. 그것은 더 오래 걸렸다. 나는 물었다. '곧 끝납니까?' 그리고 절단은 곧 끝이 났다. 그는 석탄을 찾았다. 나는 두려워서 물었다. '혈관을 태우려는 것은 아니지요?' 붕대를 감고 나서 나는 상태가 나빠졌고, 그의 말에 복종해야 했다. 이어서 나는 셔츠와 코르셋을 입고 침대로 가야 했다. 완전히 내적인 감사로 온몸이 가득 찼다. 그러나 나는 그것을 표현하기에는 너무 허약했다. 고통이 너무 심하게 밀려왔지만 기꺼이 참아냈다."

마가레테 밀로는 의사가 그녀의 상처를 치료하는 것을 두려워했다. 피가 나오는 혈관을 '태우는 것'은 실제로 유방암 수술에서 오랫동안 행해오던 것이었다. "우리는 암의 잔재가 남지 않도록 모든 것을 제거했다. 그리고 피가 한동안 충분히 흘러나오게 한 다음 피를 그치게 하기 위해, 악성 조직의 나머지와 여전히 남아 있을지도 모르는 독을 제거하기 위해, 그리고 어떤 재발도 일어나지 않도록 하기 위해 뜨거운 철(cauteres)을 사용한다. 그럼에도 이런 수술은 몹시 의심스러웠다. ……그렇게 수술받은 사람들은 수술을 하지 않고 통증만 완화시킨 사람들보다 치료가 잘 안 되는 경우도 종종 있었다. ……암은 수술이나 다른 방법으로도 좀처럼 제거되지 않는다." 그렇게 프랑스 궁정 외과의인 프랑수아 테브냉은 그의 『외과의적 수술의 실제』(Œuvres. ed. G. Parthon. Paris 1669, 66)에서 이미 거의 현대적으로 명확하게 말했다. 그럼에도 그가 제기한 논의는 오늘날까지도 끝나지 않았다.

끔찍한 이야기들은 이걸로 충분하다. 실제로 사랑스러운 가슴 이야기도 있다. 여자들은 가슴골에 사랑의 신호나 담보물 혹은 구속의 끈을 숨긴다. 아름다운 마겔로나는 납치되는 동안(15세기 중반의 이야기다) 프로방스 출신의 기사 페터의 품속에서 잠이 들었다. 그리고 "그녀의 예쁜 얼굴과 붉은 입술을 본 그 기사는 눈처럼 흰 가슴을 보기 위해 그녀의 가슴(코르셋) 끈을 풀었다. 가슴은 눈이 부실 정도로 하얗고 수정과 같았다. 그는 그녀의 아름다운 가슴을 만졌고, 그 순간 사랑의 불이 붙어 황홀했다. ……아름다운 마겔로나의 몸을 잘 살펴본 페터는 그녀의 가슴골에 붉은색 보석이 숨겨져 있는 것을 보았다. ……거기서 그는 자신이 그녀에게 준, 그녀 역시 좋아했던 멋진 반지 세 개를 발견했다." 새가 빼앗아가고 나중에는 물고기 뱃속에서 다시 발견된 사랑의 반지(공기가 분리시키고 물이 연결한다!)는 그 연인들을 헤어지게 했다가 다시 만나게 한다.

400년 후에 한 프로방스 작가는 젖가슴 속에 숨긴 사랑의 보물에 관한 이미지를 다시 사용한다. 프레데릭 미스트랄(Frédéric Mistral)은 여주인공 미레일레를 그녀의 연인인 빈센트와 함께 뽕나무 위로 올려보낸다. 거기서 둘은 누에를 위해 뽕잎을 따면서 서로를 더 잘 알게 된다. 미레일레는 그러면서 곤줄박이 새집을 발견한다(작가는 그것을 앞으로 치르게 될 결혼식에 대한 상징으로 본다). 빈센트는 새집에서 네 마리의 어린 '새 새끼'(pimparrin)를 꺼낸 다음 세 마리를 더 꺼낸다. 미레일레는 자신의 따뜻한 젖가슴 속("dins lou sen caud de la chato"), 즉 이런 "하얗고 부드러운 감옥"("dins la blanco e lisqueto presoun")의

302

가슴받이 밑에 그 새끼들을 조심스럽게 집어넣는다. 그러면서 자신의 드러난 가슴을 부끄러운 듯 손으로 가린다. 동시에 새들이(앵무새처럼) 그것을 즐겁고 탐욕스럽게 부리로 쪼는다는 것을 빈센트가 알게 한다. 그리고 새끼들을 담으려고 준비해둔 모자를 꺼내려 할 때 빈센트가 앉아 있던 가지가 부러진다 ― 땅으로 떨어지는 동안의 짧은 이별 후에 두 사람은 땅에서 더 가까이 다가간다.

사랑의 비밀은 그것이다. 그리고 미레일레의 젖가슴 속에서 새 새끼들은 까치알보다 더 잘 숨어 있다. 샤토브리앙이라는 소년이(*Mémoires*, I, 1973, 97f.: 이 장면의 문학적 전형은 미스트랄의 프로방스적 민족서사시에 있다) 새집에서 까치알을 느릅나무로 옮겨간다. 두려운 마음에 서두르다가 그만 넘어져서 새알이 그 아이의 가슴에서 깨져버린다. 젖가슴에 얽힌 애정과 관련해서는 감옥에 갇힌 아버지 이야기도 있다. 어떤 때는 미콘, 어떤 때는 시몬이라 불렸던 한 아버지는 감옥에서 원기를 회복하기 위해 자기 딸의 젖을 먹는다. 대체로 성실하고 경건한 가족 구성원의 상징으로 여겨진 이 이야기는 『카리타스 로마나』(*Caritas romana*)라는 책에 실린 것이다.

어머니나 유모의 가슴에서 젖을 먹은 시간을 기억한다면, 사람들은 다른 부드러운 이야기들도 할 수 있을 것이다. 역사책에는 물론 일부 유아들이 유모의 젖을 사랑스런 애정의 의미로 먹었을 뿐 아니라 나쁜 악도 빨아먹었다는 사실이 자주 보고되고 있다. 그럼에도 여기서 가슴에 관해 보고하는 악의는 분명 인간의 이런 식량 공급원에서 나온 것이 아니다. 그 악의는 앞에 묘사된 사랑스러움과 마찬가지로 사회적 교육의 서로 대조되는 두 가지 산물이다.

구멍의 비밀: 배

'배'는 — 머리와 마찬가지로 — 의학도가 사용할 수 있는 그런 개념이 아니다. 윗배(그 왼쪽과 오른쪽에 히포콘드리아가 있다), 중간 배(양쪽 옆구리와 함께), 그리고 아랫배(중간의 치골 부위와 옆구리 서혜부와 함께)라는 개념은 의학도에게는 기껏해야 몸통의 앞부분 아래라는 대략의 구분에 이용될 뿐이다. 그럼에도 대중적인 언어에서 배라는 육체 부위는 항상 사용된다. 사람들은 자신의 배를 품위나 태연함(침착함)과 함께 지니고 다닌다. 특정 상황에는 너무 웃겨서 배꼽이 빠지지 않도록 지켜야 한다. 배가 부르다는 것은 일하기를 좋아하지 않는다는 뜻이다. 우리 시대의 오스트리아 토크쇼 대가는(그는 자칭 헤르메스 페트베르크라 한다) 똥배를 조롱하는 모든 캐리커처를 무시한 채, 그를 떠받드는 많은 사람들 앞에서 비대한 몸을 보여준다.

배는 실제로 상당히 중요하다. 배와 사지에 관한 우화는 오래된 것이다 (AaTh 293; *Debate of the Belly and the Members*) — 그 우화는 고대 역사가인 메네니우스 아그리파(Menenius Agrippa)까지 거슬러 올라간다. 이 우화에서 평민층에 속하는 지체들은 위장의 지배에 대항하여 반란을 시도해볼 수 있을 거라고 생각한다. 그들은 줄곧 먹을 것과 마실 것을 조달하기 위해 일해야 하는 반면, 위장은 아무 일도 하지 않는다. 독일의 우화작가인 에라스무스 알버 (Erasmus Alber)는 1534년 그 이야기를(약간 현대화시켰다) 이렇게 시작한다.

"손과 발 그리고 모든 지체들이

갑자기 배에 항의했다

그리고 배에 어떤 음식도 더 이상 공급하려 하지 않았다

그리고 주장했다. 그들이 얻는 것

그 모든 것을 배는 자기 속으로만 몰아넣으려 한다고.

그렇게 그들만 매일 일과 짐을 감당해야 한다.

그 이유는 배가 그 모든 것을 탕진하기 때문이다.

그들은 지금까지 배에 허락되었던

어떤 먹을거리도 원하지 않았다.

배는 이제 스스로 준비해야 한다."

그러니까 지체들은 곧 파업을 벌인 것이다. 그런데 어떤 일이 일어났는가? 우화문학의 대가인 라퐁텐(Jean de La Fontaine, 1621-1695)은 그의 이야기 초고에서(III, 2: Les membres et l'estomac) 이렇게 표현한다.

"말이 떨어지기 무섭게 그대로 실행되었다. 팔은 더 이상 아무것도 들지 않으려 한다,

손은 아무것도 잡으려 하지 않고, 다리는 더 이상 걸으려 하지 않는다.

위 나리는 다른 민족을 돌아봐야 한다고

그들은 생각했다 — 그러나 이 일이 그들 자신에게 해가 됨을 알게 될 것이다.

그 가련한 사람들은 매우 빠르게 허약해지고 절룩거리게 된다,

심장은 이미 새로운 피를 만들어낼 수 없다.

모든 지체는 병이 들고 모든 힘은 사라졌다."

그래서 신하들이 곧 전제군주적이며 조금도 민주적이지 않은 생각을 하게 되었다. 즉 그들은 자신들에게 일과 양식을 주는 강한 사람을 필요로 한다. 에라스무스 알버의 표현으로 돌아가보자.

"우리가 빵과 물, 포도주 없이 지낼 수 없듯이
왕, 군주, 주인 없이 지낼 수 없다."

그러면서 우리는 정치적 도덕을 잊어버린다. 배가 없는 인간은—중세 후기 작가인 슈트리커(Stricker)는 서사시 『꽃피는 계곡의 다니엘』(*Daniel vom blühenden Tal*)에서 이런 것을 만들어냈다—누구도 존경하지 않는 끔찍한 괴물일 것이다. 배는 많은 어린이책, 소설 혹은 연극 주인공을 사랑스럽게 만든다. 루이스 캐롤의 『거울 속 여행』(1872)에 나오는 형제 트위들덤과 트위들디, 『친구 프리츠』(*L'Ami Fritz*)(에르크만 샤트리앙[Emile Erckmann(1822-1899)과 Alexandre Chatrian (1826-1890)의 공동 필명 작품으로, 둘 다 프랑스의 소설가이자 극작가이다—옮긴이], 그리고 존 팔스태프(윌리엄 셰익스피어의)는 배가 나온 무척 사랑스런 친구들이다. 배가 둥그렇게 나온 여주인공들은 거의—임신은 제쳐놓는다면—등장하지 않는다. 그럼에도 모파상의 「비곗덩어리」(Boule de Suif)는 문학사를 관통하고 있다. 일상적인 삶에서도 남자들은 배를 앞으로 내밀고 다니거나 심지어 자랑한다. 배 스스로 역사 속의 위대한 남자들의 자랑거리가 된다.

"젊은 시절 나폴레옹은

굉장히 야위어 있었다.

그때 그는 포병대 장교였다.

나중에 그는 황제가 되었다.

그리고 배가 나오기 시작하면서

그는 많은 나라들을 손에 넣기 시작했다.

그러나 그가 죽던 날

배는 그대로 나와 있었지만

그는 굉장히 작은 사람이 되어버렸다."

자크 프레베르(Jacques Prevert, 1900-1977)의 시 「프랑스어 작문 숙제」 (Composition francaise, in: *Paroles* [1949], 1956, 214)에는 이렇게 묘사되어 있다. 프랑스 사람들 사이에 널리 알려진 샹송 가사는 그의 덕분으로 생긴 것이다.

특히 문화사가는 배라는 개념을 포기할 수 있다. 왜냐하면 문학에서는 이런 뚱뚱한 배나 홀쭉한 배, 만족할 줄 모르는 구멍에 관해 상세히 다루어졌기 때문이다. 특히 취리히 외과의인 요하네스 폰 무랄트가 1687년 '상징' (Sinn-Bild)에서 묘사했던 것은 특히 아랫배이다. 멋진 풍경을 배경으로 오른편에는 벌거벗은 몸을 뽐내는 남자가 묘사되어 있고, 왼편에는 자녀에게(넷이다) 풍만한 가슴을 내주는 어머니가 있다. 그것이 의미하는 바는 거기에 속하는 시가 말해준다.

"여기 우리가 희생물을 바치며 숭배하는 우상[배]이 숨겨져 있다.

그것의 제단 주위에는 많은 식도락가들이 앉아 있다,

그것의 생성으로 인해 많은 사람들의 아름다운 육체가 망가진다.
그리고 많은 사람들이 너무 일찍 검은 레테(망각의 강)를 마신다.

그러니 죽을 수밖에 없는 너희들은 적은 것으로 만족하라,
디오게네스처럼 맑은 시냇물만 바라라.
우리 모두를 자녀로 품는 이 대지는
그럼에도 그 젖을 배부른 어린아이들에게 내어준다.

가벼운 새들은 즐겁게 공중으로 날아간다,
높은 소나무에서 먹을 것을 쪼아먹는다.
야수들은 숲에서 그리고 숨겨진 협곡에서
신이 매일 식탁 위로 보내는 대로 먹이를 찾는다.

그러니 오늘날 배의 영리한 대가가 되라,
그리고 다른 관습을 위해 익숙해져라.
모든 순수한 정신처럼 익숙해져라,
그곳은 이성과 머리가 지배하지만 ― 그럼에도 아랫배는 없다.”

　　문화적 과잉은 자연적인 만족감과 거기서 대치된다. 암울한 레테 강이 갑작스런 죽음으로 위협한다. 맑은 물은 긴 삶을 약속한다. 여인 대지는 우리를 먹여살리기에 충분한 젖과 힘을 가지고 있다 ― 무랄트 박사는 물론 포도주 역시 이런 부인의 분비물임을 알았을 것이다. 간단하게 말해서, 이성, 분

수를 지키는 것, 절제(성적인 것 역시)는 권장할 만하다. 일부에서는 스위스 종교개혁가인 츠빙글리의 정신은 취리히 사람들에게서 오늘날에도 찾아볼 수 있다고 주장하기도 한다. 오늘날 여성잡지들은 뚱뚱한 것은 추하다는 이념 아래 의사들보다 더 독재적으로 행동한다. 그들은 다이어트 산업의 유익을 위해 여성들에게 한 가지 음식만을 먹이려고 시도한다.

하체의 쾌락을 더 관용적으로 생각하는 중세의 의학자들에게 물어보자. 라블레는 우리에게 그의 『제4의 서』(*Quart Luvre*, 1552, 57-63)에서 가스터(그리스어로 위는 가스터 Gaster라 불린다)라는 대가를 "이 세상 예술의 원조 마이스터"라고 소개한다. 그는 귀도 없고 단지 신호로만 말하며, 누구나 그것에 바로 복종한다. "너희들은 알고 있다. 사자가 포효하는 소리를 듣고 주변 멀리에 있는 동물들까지 몸을 떤다. 그렇게 적혀 있다. 그렇다, 그것은 진실이다. 가스터 대가가 명령하면 하늘이 진동하고 땅이 흔들린다. 우리는 명령을 듣자마자 주저 없이 그것을 실행해야 한다─그렇지 않으면 죽는다."

인간과 동물은 이런 가스터 대가에게 종속되어 있다. 그를 위해 모든 것을 한다. 그리고 먹기 위해 모든 것을 한다. 이 나라에는 용감한 배의 숭배자들과 배불뚝이 신이 있다. 우리가 신에게 갖다 바치는 희생물은 맛있고 우스꽝스러운 음식의 끝없는 목록을 이룬다. 그 중에는 프리카쎄(잘게 썬 고기를 삶아 만든 스튜), 프리카텔레(독일식 비프스테이크), 청어, 잡탕 수프, 포리지(특히 영국에서 아침식사로 먹는 오트밀), 흰 양배추, 개구리 뒷다리, 돼지 식용유지, 나무 꼬챙이와 무, 청어와 골파류, 16가지 케이크와 78가지 과일 잼. 이 모든 것과 수백 가지 놀라운 음식들이 존재한다면─우리는 어떻게 배를 채우지 않을 수 있겠는가?

모든 민족들의 격언은 이런 만족을 모르며 건성으로 들어넘길 수 없는, 기름진 것으로 가득 찬 구멍을 상기시킨다. 배는 항상 제 때를 알고 있으며 후일로 미룰 수 없다. 배부른 사람은 게을러서 일을 하려 들지 않으며, 그럼에도 쉽게 춤으로 미혹된다. "춤은 불뚝이 배에서 나온다"(Vom Wanst kommt der Tanz)는 속담은 프랑스어처럼 그렇게 운이 잘 맞지는 않는다. "De la pance vient la danse." 그리고 그 결과 "불뚝이 배는 홍조를 띤다." 배는 폭군이다. 어떤 때는 먹으려 하고 어떤 때는 휴식을 취하려 하며, 그러다가 다시 먹으려 하고 비우려 한다. 많은 사람들이 배를 숭배하는 신으로 만들고, 배에 기꺼이 풍성한 희생물을 갖다 바친다. 희생물이라는 단어의 가장 순수한 의미에서 그렇다. 1655년 10월 뢰벤의 의사인 페터 슈마허(Peter Schmacher)는 동료인 코펜하겐의 토마스 바르톨리누스에게 보낸 편지에서 (*Epistolaurm medicinalium... centuria* II, 81 [1663, 663f.]) 팔켄부르크 대목장에서 볼 수 있는 브라반트 출신의 10살짜리 소녀에 관해 보고하고 있다. 상자 속에 갇혀 사람들 앞에 나체로 전시되는 이 아이는 가슴부터 발목까지 엄청나게 뚱뚱한 배로 이루어진 것처럼 보였다. 배가 마치 북처럼 팽팽해서 어린 아이들이 북을 치듯 쳐댔으며, 그러면서 "나는 낮고 거친 소리가 나는 것을 알지 못하네"라는 노래를 불렀다. 이런 기이한 아이를 보고 쑥 들어간 배꼽에 입장료를 던지기 위해 사람들이 떼로 밀려들었다. "저기에는 30개 이상의 네덜란드 동전이 놓여 있다", 진짜 배의 희생물이다! 거꾸로 "만족을 모르는 비어 있는 배"도 있다. 배고픈 위는 아무 소리도 듣지 않는다 — 자신의 꼬르륵거리는 소리 외에는.

배는 — 어린이들에게만이 아니다 — 비밀스런 어두운 구멍을 의미한다.

그 안에는 물컹물컹한 물질이 자리잡고, 숨어서, 덜컹거리며, 굼뜨며, 쥐어 뜯으며, 학대한다. 심지어 비명을 지르고 이야기하면서 목소리까지 높인다. 몇몇 성자들은 이미 자궁 속의 태아일 때부터 울었다고 한다. 몇몇 아이들은 어머니의 배에서 성스런 패트릭을 부른다. "성 파트리시우스여! 오셔서 우리를 구원해주소서!" 이미 16세기에 복화술자가 그의 기술을 악용한 범죄사건이 등장한다. 복화술자는 부인이나 돈을 얻기 위해 죽은 남편이나 아버지의 영혼을 불러내서 말하게 한다. 「말하는 배」(La panza chi parra)라는 제목의 시칠리아 동화는 내용이 이렇다. 옛날에 한 왕자가 있었는데 그는 배와 말할 수 있는 여자와 결혼하기를 원했다. 장관의 조언에 따라 왕은 제후 부테라를 12명의 화가와 함께 온 세상에 내보냈다. 그리고 부테라는 실제로 눈에 띄는 처녀를 만났다. 그녀의 집에서 그는 밤에 불을 켰다. 그리고 "젊은 여자가 자고 있던 방으로 들어갔다." 그는 무엇인가를 느꼈다. 배를 만져보았다. '나를 건드리지 마라. 나는 왕의 것이다.' 그는 손을 치우고 다시 한 번 만졌다. '너에게 말했어, 나를 만지지 말라고. 나는 왕의 것이야.' 그 제후는 화가에게 돌아갔다. '들어보라, 어쨌든 저 안에 배와 이야기를 하는 젊은 여자가 살고 있다.' — '좋다. 아침에 내가 그녀의 초상화를 그리 겠다. 그리고 그것을 왕에게 가져다주겠다.' 다음 날 일어나자마자 화가는 그림을 그렸다. 그리고 ……초상화를 그렸다. 그 후 그들은 고향으로 돌아갔다. 다른 신하들이 화가들과 함께 모였다. 그리고 모두들 모였을 때 의회를 열었다. 왕이 왕좌에 앉았다. 젊은 왕은 모든 초상화에서 무엇인가를 비평했다. 그때 부테라 영주가 일어섰다. '폐하, 이 그림이 마음에 들지 않는 다면 폐하를 위해서는 어떤 아내도 존재하지 않습니다.' 그리고는 목에 걸었던 그림을 그에게 건네주었다. '이 여자는 마음에 드는군,' 젊은 왕이 말했다. '그런데 이 여자가 배와 말할 수 있나?' — '폐하, 물론입니다 — 그렇다면 이 여자가 내 아내가 될 거야.' 그리고 몇 가지 동화 같은 복잡한 일을 겪은 후에 실제로 결혼식이 치러졌다 — 그녀의 말하는 배는 그녀에게 약간의 옆뛰기도 허락하지 않았다.

배는 동화적이거나 혹은 전설적이며, 무시무시한 비밀로 가득 차 있다. 그래서 이런 유령 동굴을 외과의의 손을 통해 열어보면 기대하지 않았던 것(목구멍으로 칼을 삼키는 사람의 역사를 살펴보라), 특히 역시 외과의의 손을 통해 뱃속으로 뒤죽박죽 밀어넣어진 믿을 수 없는 것들이 자주 나타난다. 이탈리아 신문인 『라 레푸블리카』(La Repubblica)는 1995년 11월 8일자 '크로나카' 라는 제목의 기사에서 놀랄 만한 배 복화술자의 사례를 다양하게 보고하고 있다. 1987년 이탈리아 브린디시 출신의 한 남자는 병원에서 복부 수술을 받다가 의사가 부주의로 위 속에 그냥 놔둔 핀셋을 8년 동안이나 지니고 살았다. 그의 지속되는 복통은 번번이 오진되었다. 1995년 그는 결국 엑스레이 촬영을 하고 다시 수술을 받았다. 핀셋은 제거되었다. 경찰은 형사소송 절차를 밟기 시작했다.

그 사건은 폴리아 지방의 다른 전설적인 사건을 떠올리게 한다. 거기서는 안토니아 치치라는 사람이 산 조반니 로톤도 병원에 입원해 있었다(피우스 신부가 많은 기적을 행했던 것으로 유명한 장소이다). 이전의 수술에서 외과의들이 그녀 몸에 겸자를 그냥 놔둔 채로 봉합해버려 재수술이 필요했다. 앞에서 언급한 브린디시에서 멀지 않은 파사노에서는 24살의 비토리아 바고르다라는 여자가 복부 수술을 받았는데, 이번에는 의사의 부주의로 붕대를 집어넣었다.

결국 재수술이 벌어졌고, 뱃속에서 넝마가 나왔다!

위장 장애

페르가몬 출신의 위대한 갈레누스는 마르쿠스 아우렐리우스의 초대를 받아 로마에 도착했다. 그는 에피게네스를 겨냥하고 쓴 저서(*De praenotione*, 178년 경)에서 안토니누스 피우스의 아들인 젊은 로마 군주 코모두스의 복통 탓에 그의 궁전에 불려간 이야기를 보고하고 있다. 거기서 그는 세 명의 의사를 만났는데, 그들은 모두 왕의 맥박을 짚어보고는 열병을 앓고 있다고 진단했다. 갈레누스는 코모두스의 손목을 짚어보고 소화 장애라고 진단했고, 군주는 그 말에 동의하며 칭찬했다. "그거야. 바로 당신이 말한 바로 그거야!" 자가 진단과 타인의 진단이 일치했기 때문에 갈레누스의 환자는 제대로 된 치료를 받았다. 그리고 일반인들에게 처방했던 후추를 넣은 포도주가 아니라 따뜻한 감송향유와 함께 자색 양모로 된 압박붕대를 처방했는데, 그 붕대는 "위문", 즉 카르디아 부위의 복벽에 감아야 한다. 이미 회복된 사람은 추가로 후추가 첨가된 사비니 포도주를 마시면 더 좋아진다.

여기서 언급하는 육체 부위, 즉 넓은 의미로 '가스터'(배), 좁은 의미로 'stomachus'(위)를 의미하는 이 부위에 관해 1601년 앙브로아즈 파레와 페터 우펜바흐는 『외과학』(114)에서 이렇게 기술한다. "위는 온몸의 평범한 음식창고이다. 신경의 힘을 통해 먹고 마시는 욕구와 즐거움을 느끼는 장소이다. 신경은 위 입구나 혹은 위문의 가장 윗부분에 자리잡고 있으며 거기서부터 일을 시작한다." 그래서 갈레누스의 치료법은 환자의 위 신경을 진정시키기 위한 것으로, 그것은 심한 설사를 막기 위한 현대의 약품들이 소화기관의 과도한 활동성을 진정시켜 주는 것과 똑같다. 실제로 위장은 형태로 보자면 "둥글고 풍적처럼 길다." 그리고 상당히 예민한 기관이다. 얀 밥티스타 반 헬몬트는 그의 책 『의술의 개화』(*Aufgang der Artzney-Kunst*, 290/28)에서 이런 사례를 말했다. "나의 처남은 8일 동안 위에 불쾌감을 느꼈는데, 그러면서도 술을 심하게 마셨다. 같은 도시에 사는 의사는 그에게 구토를 유도할 무엇인가를 주었고, 그는 매일 두 번씩 구토를 했다. 그는 여행을 떠나기 전에 우리가 있는 브뤼셀로 오겠다고 편지를 보내왔다. 그는 여행할 준비를 다 마쳤지만, 그날 정오가 되기 전에 생을 마감했다. ……[그의 위에서] 부패한 검은 액체 혹은 피가 나왔다. 사람들이 그의 시체를 해부하자, 위장에 검은 부패농이 떠다니고, 위의 아래쪽 입구인 유문이 닫힌 것 외에는 어떠한 이상도 발견할 수 없었다."

젖먹이든, 아이들이든, 성인이든, 노인이든, 위는 그 내벽이 대단히 예민하다. 위는 또한 외부로부터도 손상되기 쉽다. 칼에 찔려 위에 구멍이 나서 죽은 사람들도 많다. 요셉 슈미트는 아우구스부르크의 치료현장에서 기이한 경우를 많이 경험했다(*Spiegel der Wund-Arztney*, 102). 다비트 킹걸린(David Kingerlin)이라는 젊은이가 있었는데, "수잔나 포스터린이라는 미혼의 대담한 여성이 아무런 이유도 없이 ……예리한 칼로 그의 배를 찔렀다. 그 칼이 위장을 찔렀고, 소화중이던 음식이 밖으로 삐져나왔다. 범인은 현장에서 바로 도망쳤으며, 어린 사내아이가 피해자의 복부에 꽂혀 있는 그 칼을 빼냈다고 한다. 그는 집으로 옮겨졌고, 자신의 얼굴이 없어지는 것 같다고 한탄했다. 사람들이 나를 부르러 와서 가봤더니, 그는 반쯤은 죽은 상태였다. 몸은 차가웠다. 찔린 부위에 붕대를 감아줬지만 곧 발작이 일어났다. 그는 자신을 일으켜달라고 손짓과 발짓을 했으며, 입을 비틀고 이를 악물었다. ……그러다가 한 시간쯤 후에 젊은 생을 마감했다. 그의 나이 스물셋이었다. 그의 숨이 아직 붙어 있을 때 나는 그의 신발을 좌우로 바꿔신겼다. 그는 결국 죽은 채 거기 누워 있었다. 다음 날 범인이 붙잡혔다. 사람들은 그녀를 시내로 데려왔고, [1654년] 7월 18일에 참수되었다.” 추리물을 좋아하는 사람들은 살인의 동기가 빠져 있다고 하겠지만, 그럼에도 사람들은 죄와 징벌의 명료한 경우라고 생각할 수 있을 것이다. 그런데 범인은 당시의 믿음에 따르면 마녀였을까? 왜 외과의사는 희생자의 신발을 바꿔신겼을까? 의심의 여지없이 그것은 미신적 관습이었다. 의사의 행위에는 다중적인 의미가 있었다. 그 외과의사는 환자가 마법에 걸린 것으로 여기고는 환자의 건강이 전도된 것을 다시 돌려놓아야 했다. 그러나 한편으로 그것은 저 세상으로 가기 위해 튼튼한 신발이 필요한 여행자가 이 세상을 너무 일찍 떠나는 것을 방해한다. 슈미트는 실제로 이 살인자를 마녀로 여기고 마법에 걸린 창상을 신발 교환을 통한 반(反)마법으로 영향을 미치려 했거나 그런 식으로 몰아내려 했다는 설명이 더욱 설득력이 있을 것이다. 실제로 그것은 다음 날 바로 이루어졌다.

그 범죄사건 이후에 생긴 흥미로운 이야기를 하나 더 소개하겠다. 사랑은 주지하다시피 위를 통해 얻을 수 있다. 19세기 전반 영국의 위대한 해학가인 찰스 디킨스는 『피크위크 클럽의 기록』(2장)에서 우리에게 하나의 속담을 조금은 뒤집어서 들려주었다. 서술자는 유랑극단 배우이며 마술사인 알프레드 징글이다. 그는 스페인에서의 경험과 정복에 관한 질문을 받으면 간결한 어투로 말한다. "정복! 수천 명. 돈 볼라로 피츠기히 — 대공 — 외동 딸 — 도나 크리스티나 — 마법에 걸린 괴물 — 헌신적으로 나를 사랑한다 — 아버지 질투심을 느끼다 — 정이 넘치는 딸 — 잘생긴 영국 사람 — 도나 크리스티나가 절망에 빠지다 — 청산가리 — 위 펌프 — 수술을 하다 — 황홀경에 빠진 늙은 볼라로 — 우리의 모임에 들어오다 — 악수, 눈물의 물결 — 낭만적인 이야기 — 실제로 일어났다."

장, 창자

영양분의 섭취와 에너지 획득, 쓰레기 제거라는 활발한 신진대사 작용은 동물의 기본적인 생명활동이다. 아주 원시적인 생명체조차도 소화 작용을 한다. 이런 이유에서 장과 항문은 웃음거리의 대상이 아니라 점점 진지해지며 문제시되는 사안이다. 인간의 장은 단순히 6.5미터 길이의 관이라고만 볼수 없다. 그것은 16피트 길이의 구부러지고 소용돌이치는 프렌치 호른의 관에 빗댈 수 있다. 음식물은 호른 주자의 호흡처럼 소화기관을 통해 매끈하게 흘러가지 않는다. 그것의 내부 구조의 복잡함, 세분화된 기능의 탁월함, 그리고 고장 나기 쉬운 자율신경은 현대 원자력발전소의 그것과 비교할 수있다 — 특별한 차이가 있다면 장의 거대한 지역, '고통'(Miserere)이라고도 불리는(이것에 대해서는 다시 언급할 것이다) 이것은 한 사람에게만 고통을 줄 뿐, 절대로 지역 전체를 파국으로 몰아가지는 않는다는 사실이다. 자연은 에너지 테크놀로지보다 더 지혜롭게 장을 배치시켰다.

우리 육체에서 이런 복잡하고 불안정한 이동 시스템을 반이라도 정당하게 평가하기 위해서는 적어도 근세 초기의 중요한 의사 중의 한 명에게, 즉 힐덴 출신의 빌헬름 파브리치우스에게 과외수업을 받을 필요가 있다. 그는 1615년에 베른에서 시의로 성공했으며 몇 년간의 근무 후에 아레 강 인근 지역 시의원들에게 인체의 해부가 의학의 발전과 환자의 회복을 위해 오직 장점으로 기여할 수 있다는 사실을 설득력 있게 설명해야 했다. 그는 1624년 의원들에게 인체 해부학에 대한 무료 입문 코스를 제공했으며, 그러면서 매번 미세 우주인 인체의 경이로운 특성을 강조하고, 자신의 대담한 탐험정신과 해부학적 지식을 치료에 이용하기 위해서는 창조자의 은혜가 필요하다는 의식을 결합시켰다. 그는 신과 의사와 환자를 그렇게 삼각관계로 연결시켰다. 게다가 의사는 의학적 전통에 속해 있으면서 오랜 경험을 쌓을 의무가 있다. 환자는 항상 이성에 지배되지 않는 생활환경과 결부되어 있다. 거기에는 유감스럽게도 비전문적인 치료사들과의 관계도 포함된다.

인간의 장의 성질과 기능을 파브리치우스 박사는 다음과 같이 설명한다. "음식물이 위에서 소화되면서 액체로 변하면 위의 아래쪽 입구가 열리면서 그것을 장으로 밀어낸다. 바젤의 해부학자인 카스파르 바우히누스와 그 밖의 사람들이 증거하듯이, 그리고 나 자신도 해부할 때 직접 보았듯이 장은 대략 사람의 키보다 6배 정도 길다. 그리고 대체로 위에서부터 엉덩이까지가 하나의 장으로 이루어졌음에도 불구하고 그것의 형태나, 대장이냐 소장이냐, 자리잡은 모양이나 기능 등에 따라 여섯 가지로 구분된다. 첫 번째, 가장 아래쪽 유문에 달라붙어 있는 것을 우리는 십이지장(Deodenum)이라고 부르는데, 그 이름대로 보통 손가락 12개를 나란히 늘어놓은 길이이다. 두 번째는 공장(Ieiunum, 비어 있는 장)이며, 말 그대로 보통 비어 있다. ······세 번째

장을 해부학자들은 회장(Ileon, 구부러진 장)이라 부르는데, 이 장이 가장 길다."

파브리치우스는 여기서 우선 소장(intestinum tenue)의 세 부분에 관해 말한다. 소장의 길이는 실제로 5미터가 넘을 수도 있으며, 예컨대 니콜라스 푸신(Nicolas Poussin)처럼 성 에라스무스의 순교를 정말 잔인하도록 생생하게 보여준 화가들이 암시하려 했던 것 같은 그런 팽창력을 가지고 있지는 않다. 그 그림에는 잔인한 형리가 불쌍한 사람들을 난자질한다. 그리고 몸에 난 구멍을 통해 소장을 꺼내서 근처에 있는 권양기로 가져가 마치 젖은 밧줄처럼 감는다. 그래서 오해로 받아 에라스무스는 선원들의 수호신이 되었다. 그의 헌신, 이런 장의 역할은 밧줄 권양기로 입증되었다. 지중해 연안의 수많은 성지 교회에 있는 봉납화는 성자들이 밧줄 권양기로 조난당한 선박을 끌어내는 모습을 우리에게도 보여주고 있다. 이제 다시 우리의 바로크 해부학 선생에게 돌아가보자! 그는 이렇게 계속 이야기한다. "이제 가장 큰 장[대장]에서 출발해보자. 그것도 세 가지로 구분된다. 첫 번째 것을 우리는 맹장(Monoculum[외눈박이] 혹은 Caecum[맹장])이라 부른다. 아마도 그것의 입구가 하나뿐이고 출구도 없기 때문일 것이다. 자루처럼 생긴 그 형태 때문에도 그렇게 불리는 것 같다. ……대장의 두 번째를 해부학자들은 결장(Colon)이라 부른다. 라틴어로 'retardo'(나는 멈춘다)라는 뜻을 가진 그리스어에서 유래한다. 그래서 그 장에서는 배설물 혹은 쓰레기가 그것의 폭 때문에 오래 체류한다. 그래서 결장은 창자 중에서도 가장 부패한 냄새를 피운다. ……대장의 세 번째이자 마지막 부분, 장 전체로는 여섯 번째 부분을 직장(Rectum)이라 부른다. 아마도 그것의 형태가 똑바르고 구부러지지 않았기 때문일 것이다. 직장의 끝에는 장 주위로 둥그렇게 작은 근육이 싸고 있는데, 배설물을 내보내려 할 때면 그 덮개를 통해 장이 열리고 다시 닫힌다."

파브리치우스는 장을 묘사하면서 주지하다시피 이른바 맹장염으로 오늘날 가장 자주 시술되는 맹장의 충수(충양돌기)에 대한 언급을 생략했다. 그리고 유익한 기관인 '회맹판'('Valvula Bauhini')에 대해서는 잘 알고 있었다. 그것은 대장에서 소장으로 배설물이 역류하는 것을 막는다(심지어 위를 거쳐 식도로 역류하는 것까지도). 그는 그것을 "신에 의해 대단히 교묘하게 만들어진, 부드럽고 강한 가죽으로 된 성"이라 불렀으며, 한편으로 부패한 냄새가 나는 증기와 가스가 차단되지 않고 아래의 대장에서 소장을 거쳐 위장까지 올라간다면 정말이지 얼마나 끔찍한 일이 될지를 우리에게 설명해준다.

장의 얽힘과 부상

이렇게 묘사되는 장으로(특히 유년시절과 노년시절에) 인간은 이미 충분한 고통을 맛보았다. 17~18세기의 장 질환 환자에게 어떤 일이 일어날 수 있었는지를 우리는 대략 그 무렵의 가상소설에서 체험할 수 있다. 프랑스 사람 르사주(Alain René Lesage, 1715)의 악한소설 주인공인 스페인 모험 영웅 질 블라스는 도둑집단에게 잡혔다. 그리고 악한들이 아름답고 젊은 부인을 그들의 소굴로 데려왔을 때 그 부인과 함께 두 번째 도주를 계획했다(첫 번째 시도는 잔인한 흑인 도밍고의 감시 탓에 실패했다). 그는 영리하게 복통이 있는 것처럼 속였다. "나는 이빨을 갈고 얼굴을 찡그리고 끔찍한 발작을 일으키며 누워 있었다. 그리고 미친 것처럼 나뒹굴었다. 그러다가 통증이 좀 진정되기라도 한 듯이 나는 갑자기 조용해졌다. 잠시 후에 나는 다시 내 침상에서 뛰어오르며 팔을 비틀었다." 도둑들은 실제로 그의 이런 훌륭한 연기에 속았으며, 그들이 잘 알고 있던 치료약을 구해주었다. "한 사람은 내게 술을 한 병 가져다주며 그 반을 마시게 했다. 다른 사람은 내가 원하지 않았지만 편도유로 관장을 해줬다. 또 어떤 사람은 수건을 뜨겁게 해서 나의 배 위에 올려주었다. 나는 제발 좀 살려달라고 소리쳤지만 아무 소용이 없었다. 그들은 나의 비명을 들으면서 복통 목록을 작성했다. ……이 연극은 거의 세 시간 동안이나 계속되었다." 도둑들은 다음 날 질 블라스를 도적질하는 데 함께 데리고 가는 것을 포기하고 혼자 놔두었다. 그가 여자 요리사 레오나르데에게서 슬쩍 열쇠를 빼내는 것은 어렵지 않은 일이었다. 그렇게 우리의 용감한 악한은 그 부인과 함께(그녀 이름은 도나 멘시아 데 모스케라이다) 도적의 소굴에서 도망칠 수 있었다.

질 블라스는 진짜 복통이 어떠하며, 누구나 아주 쉽게 복통의 발작을 흉내낼 수 있다는 것을 알고 있었다. 육체의 고통은 당시의 음식섭취 습관을 고려할 때 오늘날보다 더 흔했을 것이다. 1575년에 젝스투스 플라토니쿠스는 이미 다음과 같은 효능이 입증된 약제를 "복통에" 추천했다. "토끼 발의 결절을 취해다가 그것을 배 위에 묶어라. 치료 효과는 놀랍다." 토끼 뼈(사고과정: 빠른 것은 소화를 촉진한다. 딱딱한 것은 딱딱한 변을 몰아낸다 등등)는 이런저런 복통에 도움이 될 수 있지만 응급상황에서는 통증을 지체시킬 뿐이다.

암스테르담의 외과의인 파울 바르베테(Paul Barbette) 같은 진지한 의사는 환자들의 장 통증에 그렇게 단순하게 대처하지 않았을 것 같다. 그가 저술한 사례(Opera omnia, 170)에서 당시 사람들이 얼마나 복잡한 장 통증을 앓았는지를 알 수 있다. 주목할 만한 것은 의사가 환자의 통증과 고통을 별 감동

없이 묘사했다는 점이다. "존경하는 부인 르 루(N. le Roux)는 낙천적인 성격으로 쉰다섯 살이 넘었다. 그녀는 그뢰닝겐과 암스테르담 사이에서 격렬한 통증에 사로잡혔으며, 그 후로 7일 동안 변을 보지 못했다. 귀가한 그녀는 변을 볼 수 있게 해달라고 나에게 부탁했다. 나는 관장을 해준 후에 설사제 처방했다. 그러나 관장은 아무 영향도 미치지 못했다. 다음 날 그녀는 배변을 유도하기 위해 효과가 더 강한 다른 약을 먹었지만 그래도 소용이 없었다. 복통을 앓은 지 21일째 되는 날 그녀는 뱃속의 어떤 내장인지가 터진 것 같다고 말했다. 그녀는 의식을 잃지는 않았지만, 결국 그날 사망했다. 다음 날 나는 시체를 해부했다. 그러나 위장이나 장에서 사망의 원인으로 추정되는 것이라고는 아무것도 발견하지 못했다. 나는 놀라지 않을 수 없었다. 그래서 산파와 함께 그녀의 자궁을 조사하려고 했다. 그런데 직장에서 멀지 않은 부위의 대장이 터져 있고, 장벽이 파열되어 있음을 발견했다."

변비증을 동반한 사례가 항상 그렇게 비극적으로 끝나지는 않는다. 루돌프 후버(Rudolpf Huber)는 이렇게 이야기했다(*Florilegium historicum oder historischer Lust- und Blumengargen*. Schaffhausen 1665, 356). 바르톨리누스("in hist. Anatom. cent. 5, S. 93")에 따르면 덴마크 왕의 한 음료담당관이 18일 동안 변을 보지 못했다고 한다. 세 번의 관장이 이루어졌다. 어떤 약도 도움이 되지 않았다. 그럼에도 그 남자는 포기하지 않았다. 그는 "의사 모르게 친한 친구를 집으로 오라고 해서 질 좋은 라인산 포도주를 여러 잔 마셨다. 그런데 어떤 일이 일어났는가? 그가 좋아하던 포도주를 상당량 마셨더니 뱃속이 갑자기 부글거렸다. 그러면서 육체의 입구가 완전히 열렸으며, 짧은 시간 안에 정상을 되찾았다. 의사들도 크게 놀랐다."

여기서 장의 저항력과 관련해서는 어떤 부주의도 용납되어서는 안 된다. 장 수술은 숙련된 의사가 나서야 한다. 가스코뉴 출신의 의사 기욤 루아조는 그런 사건을 뽐내는 듯하면서도 아주 소박하게 묘사했다(*Observations*, 53). "페리고의 몽클라와 마요의 베르주라크 사이에서 뒤랑 드 페소나(Durand de Peissonat)의 조카가 배꼽 아래 왼쪽 편에 칼로 창상을 입었다. 그로 인해 대장 일부에 구멍이 뚫려 배설물이 흘러나왔다. 나는 며칠 걸리지 않아 나의 탁월한 인공 발삼으로 치료해주었다." 그리고 앞에서 인용한 요제프 슈미트 역시 이런저런 장 손상에 관해 보고했다. 장이 외적인 손상을 입어 몸 밖으로 빠져나올 경우에는 특히 치료하기가 어렵다. 그리고 ─ 예컨대 1633년 뇌르틀링겐의 병원에 있던 군인의 경우가 그렇다. 슈미트는 가슴께로 장이 전부 나와 있는 것을 몸 속으로 집어넣고 잘 치료해주었다. 물론 같은 해 불행하게도 총상을 입은 아우구스부르크의 어느 하녀는 그렇지 않았다. 그녀의 "배에서 장이 흘러나왔다. 쓰러져 있던 그녀를 사람들이 침대로 옮겼다. 그리고 사람들이 나를 부르러 왔지만 부재중이어서 내 동생 발카자르 슈미트가 가봤다. 동생은 장에 대해 잘 알고 있지 못했다. 그가 장을 집어넣자 곧바로 다시 흘러나왔다. 사람들은 혹시나 하고 다시 나를 부르러 왔다. 결국 내가 따뜻하고 마른 수건으로 장을 잘 감싸서 집어넣고 환자의 몸을 붕대로 감아주었다. 그러나 나는 곧 죽음의 신호를 감지했다. 특별히[그녀 곁을 지키고 있던] 여자들에게 그녀가 곧 죽을 거라고 말했다. ……사람들은 내 말에 놀라며 그녀가 좋아 보인다고까지 말했다. 그러나 나의 예상대로 그 여자는 저녁에 죽었다. 별다른 징후 없이. 그리고 나서 나는 장이 손상되었다는 것을 알았다" (*Spiegel der Wund-Artzney*, 105).

장이 꼬여 있었던 것이다. 그럼에도 아무도 장을 인간 생명의 상징으로 꼽지 않는다니 참으로 기이한 일이다.

배변과 설사

1633년 페터 페딜린이라는 슈바벤 목수의 변비증을 치료하던 아우구스부르크 시 외과의인 슈미트는 특이하고 구체적인 원인을 찾아냈다(*Spiegel der Wund-Arztney*, 101). 그 남자는 지붕작업을 마친 다음 "여흥"에 초대받았고, 거기서 돼지고기 구운 것을 양배추와 함께 먹으면서 "분명히 돼지의 척추에서 나온 듯한, 두 개의 돌출부가 달린 커다란 뼈를 삼켰다." 환자에게 불려온 의사는 그 끔찍한 통증에 대해 어떤 설명이나 처치도 해주려 하지 않았다. 이 경우 보이지 않는 대장 속으로 손을 집어넣고, 마치 폭발하는 것과 같을지도 모를 배설을 두려워하지 않으면서 그를 살려낸 사람은 "낮은" 치료사인 외과의 슈미트였다. "환자를 방문했을 때 나는 아무것도 알아낼 수가 없었다. 그는 시간이 지날수록 점점 더 고통을 호소했다. 그리고 대변이 위로 나오기 시작했다. 사람들은 다시 의사를 부르러 갔고, 그의 상태는 마찬가지였다. 나는 다시금 그를 살펴보았다. 그리고 의료기구를 직장 속에 집어넣었더니 무엇인가 딱딱한 것이 감지되었다. 그러나 더 이상 밀어넣을 수가 없었다. 나는 의사인 요한 헤니스를 불러오게 해서 그에게 엉덩이의 특성에 관해 알려주었다. 기구를 사용해서 직장을 약간 더 늘리는 것 외에 다른 방법이 없었다. 그리고 그 속에 겸자를 집어넣어 돼지 뼈를 잡아 쉽게 끌어냈다. 마치 이스트 통에서 나오는 것처럼 그 모든 일이 한꺼번에 일어났다. 그렇게 뼈가 밖으로 나왔고, 목수는 바로 정상을 되찾았다."

"대변이 위로 나온다"는 표현은 솔직하게 말해서 대변을 토한다는 뜻이다. 실제로 '일레우스', '토분병'(Miserere, 이 단어는 '나를 불쌍히 여기소서'라는 통회의 기도를 의미하기도 함)이라는 대중적인 이름을 지닌 장꼬임에 관한 보고에서는 더 심각한 것도 읽을 수 있다. 1836년에 외과의사 후펠란트는 (Enchiridion, 505) 이런 끔찍한 통증에 관해 다음과 같은 증상을 확인했다. 그는 "심각한 육체의 장애, 먹은 것, 위액, 마지막으로 배설물을 토하는 것, 하체의 극심한 고통", 그리고 "염증의 위험……, 생명의 위험"에 관해 경고했다. 환자가 냄새나는 배설물을 갑작스레 토하고 나서 편하다고 느끼는 것은 죽음이 아주 가깝기 때문이다. 의사는 방사와 아편으로 치료하고 마지막으로 수은을 처방한다. 이런 단계에서 의사는 그다지 희망을 갖지 않는다.

소화장애 중에서 설사는 가장 일반적인 상태이면서도 드물게는 위와 장의 편안한 상태일 때도 있다. 그리멜스하우젠은 그의 『심플리치시무스』 (Simplicissimus, 2권 9장)에서 이런 불편한 상태에 대한 당시의 은유를 알려준다. 심플리치우스는 그의 주인인 하나우 시 당국자의 손님들 앞에서 어느 야윈 여자를 가리키며 "8주 내내 카타리나를 했던 것처럼" 말라 보인다고 말했다. 그것은 홍수(Katarakt)와 콧물(Katarrh), 즉 액체가 쏟아져 내리는 것을 암시한다. 스위스 사람들은 오늘날에도 누군가 '투츠비트 Tutswit'(프랑스어 'tout de suite'에서 나온 말로 '갑자기'란 뜻이다)를 받았고, 그래서 매우 급하게 볼일을 봐야만 한다고 말한다. 장의 과민성이 항상 즐거운 사건만은 아니었다.

얀 밥티스타 반 헬몬트는 1683년 『의술의 개화』(289/22)에서 어떤 사건에 관해 이렇게 묘사했다. "어디서나 건강상태가 좋고 식욕이 왕성했던 한 젊은이를 나는 기억한다. 아침 일찍 그는 잘 익은 신선한 오디를 버터 빵과 함께 먹었다. ……30분 후에는 그의 식욕이 완전히 사라졌다. 그리고 복통과 설사와 함께 찢어지는 듯한 통증을 느꼈다. 그는 매일 70번씩이나 변소에 가야 했으며, 하얀 우유 같은 것이 나왔다. 의사들은 그에게 약을 주었다. 진홍색 딸기를 넣은 마르멜로 열매즙, [마른 장미로 만든] 설사약, 아연화, 히아신스 등등. 한편으로는 그에게 유장(乳漿)으로 여러 번 관장을 실시했다. 그런 식의 처치들이 계속 이루어졌다. 그래도 아무 소용도 없었다. 그러다가 헬몬트가 찾아와서 그 불쌍한 환자에게 딱딱해진 달걀노른자 두 개에 장미식초를 섞어서 주었다. 환자의 상태는 바로 좋아졌다."

항문의 끝에서

항문('anaus' : 금기어이며 그 안쪽에 자리잡은 것까지 포함해서는 'rectum' 이라고 부른다)은 똑바로 걸으며 서 있는 인간이 엉덩이로 보호하기보다는 부끄러워서 숨기는 소화활동의 출구이다. 반지모양의 (내부와 외부의) 괄약근이 열리면서 위와 장을 통해 소화된 음식의 찌꺼기(배설물)가 이 항문으로 빠져나온다. 학술적으로는 '배변' 이라고 하고, 일상적으로 '똥을 누다'(Kacken, 라틴어 'cacare' 에서 유래)라고 한다. 항문은 또 소화과정에서 생기는 방귀의 출구이기도 하다. 더러운 항문, 냄새나는 배설물과 구역질나는 변소는 근세 초기에 대체로 코를 쥐게 하는 요소였다(P. Perrot, Le corps féminin, 24-28).

　일반적으로 혐오감을 불러일으키는 항문과 그것을 둘러싼 육체 부위는 평판이 좋지 않다. 치부를 포함한 엉덩이 전체는 항문에서부터 'Fut' 이라는 욕('Flott'와 같은 변형, 좀 더 발전해서 'Hundsfott' [암캐의 음부를 의미하지만 비열한 인간이라는 욕으로 사용됨], 스위스어로 약간 편하게 'Füldi'가 이 기본단어에 속한다. 그리고 'Votze'와 프랑스어 'foutre', 이탈리아어 'fottere' [성교하다] 같은 동사들도 마찬가지다)으로 덮여 있으며, 이 부위는 배설(쓰레기에서 쓰레기로) 이외에는 어떤 가치도 없는 것처럼 보였다.

그것은 셰익스피어의 『헨리 5세』에서도 좀 더 세련되기는 하지만 역시 점잖지는 않다. 거기서는 이사벨과 프랑스 샤를 6세의 딸인 카트린이 하녀 앨리스에게 영국어를 배우려고 시도한다. 그러면서 발과 옷은 영어로 'foot'와 'gown'이라고 일러준다. 그러자 카트린은 매력적인 프랑스어 억양으로 따라하며 'fout[re]'와 'con'이라고 발음한다. 관객들은(그들이 프랑스어를 어느 정도 이해한다면) 이 장면에서 웃음을 터뜨렸을 것이다. 독일에서 '아쉬로흐 Arschloch' (똥구멍)는 하나의 욕설로 일상어가 되어버렸다('아쉬 arsch'만으로도 충분하다). 이와 관련하여 여기서 전세계의 수백 가지 욕들과 저주의 예를 군이 들먹이지는 않겠다. 여기서는 분변학(스카톨로지, Skatologie, 이른바 더러운 부위인 Fut, Con, Cul과 관련된 학문)이나 기분증(Korprophilie, 항문의 배설에서 느끼는 기쁨)을 다루려는 것이 아니라 중요한 것은 흥분된 감정을 진정시키려는 시도와 해명이다.

그런데 이런 아주 인간적인 부위가 실제로 그렇게 경멸을 받을 만한 것인가? 프랑수아 라블레는 『가르강튀아』에서 항문의 위생관리와 그에 사용되는 도구를 얼마나 열정적으로 묘사했는가? 가르강튀아는 아버지 그랑구지에(Grandgosier)에게 이렇게 설명한다. " '오랜 기간의 세심한 실험 끝에 일찍이 본 적 없는 고상하고, 귀족적이며, 탁월하고, 효과적인 엉덩이 닦는 방법을 발명했어요. ……한번은 어떤 아가씨의 빌로드 코가리개로 밑을 닦았는데 좋았어요. 그 부드러움이 굉장한 쾌감을 안겨주었거든요. 또 한번은 그 아가씨의 모자로 닦았는데 마찬가지였어요. 그 다음 번에는 목수건이었고, 또 그 다음에는 진홍빛 새틴 천으로 된 귀덮개였는데, 거기에 붙은 작은 진주 달린 금박이 뒤를 모두 긁어놓았지요. ……그 고통은 스위스 용병식으로 깃털을 꽂은 시종의 모자로 뒤를 닦자 사라졌어요. 그러고는 덤불 뒤에서 똥을 싸다가 3월에 난 고양이를 발견해서 그 놈으로 뒤를 닦았는데, 그 놈의 발톱이 회음부를 할퀴어버렸지요. 다음에는 샐비어, 나도교수, 회향풀, 꽃박하, 장미, 호박잎, 양배추, 근대, 포도나무, 접시꽃, 엉덩이를 빨갛게 만드는 모예화, 상추, 시금치(이 모두가 다리를 튼튼하게 하는 것이지요)로 닦았어요. ……시트, 담요, 커튼, 방석, 양탄자, 초록색 도박판, 행주, 수건, 손수건, 실내복으로도 뒤를 닦았지요. 이 모든 것들에서 옴에 걸린 사람들이 그 부위를 긁어줄 때 느꼈을 쾌감보다 더 큰 쾌감을 느꼈어요.' 그랑구지에가 물었다. '그랬구나, 그래 그런데 너는 어떤 밑씻개가 제일 좋다고 생각하는 거냐?' …… '결론적으로 말씀드리자면, 머리를 다리 사이로 붙들고 있기만 하면, 솜털이 많이 난 거위만한 밑씻개는 달리 없다고 주장하는 바입니다. 명예를 걸고 드리는 말씀이니 그대로 믿으세요. 왜냐하면 거위 솜털의 부드러움 못지않게 그 적당한 체온에서도 놀라운 쾌감을 느낄 수 있고, 그 쾌감은 직장과 다른 내장으로 전해져서 심장과 뇌에까지 이르게 되기 때문이지요.'"

항문은 배설로서만 존경할 만한 가치가 있는 것이 아니다. 항문의 괄약근은 대체로(다른 근육들과는 반대로) 나이가 들 때까지 그 기능을 수행할 수 있다.

그것은 매일 화장실 휴지로 조심스럽기보다는 함부로 다루어진다. 그리고 예민한 피부를 지녔음에도 불구하고 그토록 거칠게 다루어지는 데 대해 이따금 저항하기도 한다. 부어오르고 피가 나는 치질혹은 그것을 둘러싸고 있는 배설물로 인해 감염되는 것이 아니다. 항문은 부드럽게 다루면 성감대이기도 하다. 추한 육체 부위는 존재하기 않기 때문에(벌거벗은 인간을 미학적으로는 볼품없는 것이라고 말한다 할지라도) 항문은 존경할 만한 육체 부위이다. 항문이나 직장과 관련된 기형을 집중적으로 연구하는 의학서를 들여다보면 우리가 일반적인 기능을 가지는 아름다운 항문 부위에 얼마나 감사해야 하는지를 알게 될 것이다.

항문은 매일 나오는 소화쓰레기의 출구일 뿐 아니라 여러 가지 물질의 입구이기도 하다. 다양하게 이루어지고 있는, 뒤에서 페니스를 삽입하는 것('immissio penis per rectum'), 이성간 성교나 동성간 성교, 직장성교에 관해서는 여기서 언급하지 않겠다 ― 물론 오늘날 그것에 관해 공개적으로 논의하는 것은 더 이상 범죄가 아닐 것이다. 파리 응용예술학교의 교수(그의 출판업자가 그렇게 주장한다!)이며 만화작가인 조르주 피샤르(Georges Pichard)가 자신의 만화 여주인공과 주인공, 성인 및 아이들의 엉덩이에 그린 막대기나 스테아린 양초를 왜 꽂는지에 대해서도 역시 상세하게 논의할 필요가 없을 것이다. 그렇다, 그것은 아주 일상적인 '페르 렉툼'('per rectum', 뒤에서), 즉 항문을 통해 직장까지를 연상시킨다. 얼마 전까지도 체온계는 입이나 겨드랑이가 아니라 바로 그 부위에서(영아의 경우는 오늘날에도 자주 행해진다) 사용되었다(약간의 바셀린을 발라 부드럽게 해서). 의학적인 겸자의 단순한 삽입은 수없이 행해진다. 항문 부위의 염증이든, 열과 통증을 막기 위한 것이든, 입을 통해

328

먹는 약의 효과가 위에 거의 영향을 못 미칠 경우에는 그렇게 한다.

그럼에도 의료 현장에서 이전에 방혈처럼 실용화되었던 하체 수술은 어쨌든 더 이상 이루어지지 않고 있다(실제의 성행위와 포르노에는 존재한다). 관장의 도움으로, 즉 손 주사나 높이 매달아 놓은 주사액의 도움으로 항문을 통해 직장으로 용액을 넣는 것이 일반적이다. 요한 야콥 브로이너의 말을 빌려서 이야기하자면 이렇다(*Thesaurus Sanitatis*, IV, 1717, 418f.). "관장의 효과는 경우마다 상이하다. 청소하는 데, 통증을 진정시키는 데, 돌을 몰아내는 데, 풍을 몰아내는 데, 하제로, 지혈하는 데 도움이 된다. 특히 일반적인 것은 청소를 목적으로 하는 관장이다. 그것은 대부분 부드럽게 만드는 즙(Decocts)에 약간의 오일을 섞어서 사용한다." 17세기 초 브뤼셀 출신의 저명한 의사인 얀 밥티스타 반 헬몬트, 경건한 파라켈수스파이며 인체의 화학적 변화과정을 관찰한 사람인 그는 이런 사안에 대해 이렇게 비판한다(*Anfang der Artzney-Kunst*, 328). "탐욕스럽고 풍만한 민족[프랑스 사람들 그리고 오늘날의 독일 사람들처럼]들 사이에서 실시되는 관장은 아주 일반적이어서, 그들은 마치 자연스럽게 오물을 씻어내는 것처럼 그것을 세척과 처치라고 부른다. 그런 태도는 악마에게서 온 것이며, 전적으로 거짓말이고, 경건한 사람들의 귀에는 수치심만 불러일으킬 뿐이다. 그래서 그런 사람들은 이제 오물 의사, 오물 청소부, 사악한 기술의 발명자가 된다." 관장을 반복해서 실시하는 것은 기계적 수단을 통하지 않고서 영향을 미치는 자연스런 소화작용의 보충물이 아니다. 의료 현장에서 "환자에게 그것을 통해 영양분을 줄 수 있을 거라는 희망에서" 환자의 음낭육종을 관장으로 제거하는 것은 대단히 불합리한 것으로 여겨져야 한다. 아마도 그런 방법은 (직장의 해부학적인 성질 때문에) "참기 힘든 몰이

해의 표시"일 것이다. 간단하게 말해서 관장의 실시는 남녀 환자들에게 기껏해야 부끄러움의 홍조만 가져다줄 뿐이다.

이미 언급했던, 항문의 내부와 외부에 생기는 치질에 관한 한 논쟁의 여지가 있다고 보는(그렇지만 항상 이성적이지는 않은) 헬몬트는 훌륭한 의학용 라틴어를 우리에게 알려준다. 거기서 항문 속이나 혹은 항문 주위에 생기는 팽팽하게 부풀어오른 정맥이 '금 혈관'이라고도 불렸다는 사실을 기억할 것이다─많은 사람들은 그것이 비싼 방혈을 하지 않아도 되게끔 스스로 피를 방출함을 암시한다고 말한다. 이런 일상적인 고통의 다른 이름은 '항문 종양', 즉 항문에 나는 작은 종양이다. 헬몬트는 이런 나쁜 것을 특별한 금속을 사용하여 치료할 수 있다고 주장한다. "거기에 링 하나를 꽂아놓을 수 있으면 항문 종양의 모든 고통은 멈추고 24시간 내에 그것이 사라진다. 그것이 얼마나 부풀었는지에 따라 안쪽에 집어넣을지, 바깥쪽에 꽂을지를 결정한다." 그러나 어떤 종류의 금속이어야 하는가? 헬몬트는 우리에게 큰 비밀을 말해준다. 그는 대가리가 없는 가느다란 금속 못을 만들게 했다. "……그리고 망치로 그것을 둥글게 구부려서 고리처럼 만든다. 사람들이 그것을 실로 묶어 손가락에 끼울 수 있도록."

오늘날에는 치질에 아주 효과적인 치료수단이 알려져 있다. 그것은 바로 많이 움직이라는 것이다─즉 사무실 의자와 자동차 좌석에서 일어나라. 그리고 소화가 활발하게 이루어질 수 있도록 식단을 바꿔라! 오래전부터 내려온 규칙을 지키려는 사람은 파울리니의 『배설물 약전』서문에 나오는 다음과 같은 독일 격언을 명심할 것이다. "엉덩이를 따뜻하게 유지해라, 장에 너무 많이 집어넣지 마라, 문을 열어두라, 그러면 의사를 찬미할 일이 없을 것이다."

까다로운 종말 생산물

열린 뒷문이 결국 배설물(Kot)을 배출한다. 이런 단어는 인간과 관련해서는 거의 사용되지 않는다. 의사들은 고결하고 조심스럽게 '배변'(Stuhl, 혹은 Stuhlgang, 원래는 의자라는 뜻임)이라고 말한다(프랑스어로 'la selle', 라틴어로 'sella' 역시 동일한 의미이다). 왜냐하면 프랑스 왕들은 필요한 볼일을 보기 위해 그런 가구 위에 앉곤 했기 때문이다 — 여기저기서 읽을 수 있듯이, 어쨌든 교양을 갖춘 우리는 대중 앞에서 배설물 자체에 관해 언급하는 것을 꺼린다. 그래서 배변과 관련해서는 자주 완곡한 표현들이 사용된다. 배변이 일어나는 "조용한 장소"에 대한 동의어들도 풍부하다. 그러나 그 모든 것들은 단지 간접적으로만 육체사라는 우리의 주제에 속한다. 참고할 수 있는 학술적 문헌(특히 R.-H. Guerrand, 1997; M. Monestier, 1997)은 대체로 이런 종류의 다양한 언어에 대한 정보를 준다.

그에 비해 대중화된 일상 언어는 완곡법 없이 똥(Scheiße, Kacke)이라는 단어를 그대로 쓴다. 미국의 어느 민속학자이자 심리분석자는 "샤이쩨 Scheiße"는 독일인들이 가장 즐겨 쓰는 단어이며 항문과 관련된 독일인의 성격은 아우슈비츠에서도 승리를 거두었다고 말한다. 단순한 설명은 항상 매력적이긴 하지만 전혀 설득력이 없다는 평도 있다. 어쨌든 인간의 배설물이라는 주제에 관해 독일 문학에서는 특히 의학적 인용과 이런저런 기이한 인용을 많이 발견할 수 있다는 사실만은 언급하고 넘어가야 할 것이다.

울름의 에버하르트 고켈(Eberhard Gockel, 1636-1703), 그러니까 뷔르템베르크 수석의사이며 고향도시의 공의였던 이 사람은 "악마가 인간의 똥보다 더 싫어하는 것은 없다"라고 기술하고 있다(Tractatus Polyhistoricus Magico-Medicus Curiosus, 104f.). 그래도 우리는 이런 끔찍한 물건을 돼지 방광에 채워서 며칠 동안 난로 연기를 맡게 매달아놓아야 한다. 알텐부르크에서는 한 시종이 마녀에 의해 왼팔에 상처를 입었다. 거기서 생긴 궤양(그것은 주목할 만한 크기였음에 틀림없다)에서 머리카락, 칼끝, 심지어 개구리와 늙은 사기꾼까지 출현했다. 결국 아그리콜라 의사가 그것을 어떻게 처치해야 할지를 알고 있었다. "마침내 [허락을 얻에 그 자신의 배설물을 궤양 위에 얹고, 그 후에 돼지 방광 속에 넣어 매달아 연기를 쏘였다. 그것을 매단 지 사흘째 되던 날 마법에 걸린 물건은 사라지고 환자는 다시 정상으로 돌아왔다." 여기서 더러운 배설물은 우선 더러운 상처 위에, 다음에는 더러운 돼지 방광 속으로 들어간다. '라우흐 Rauch'(인간의 똥을 지칭하며 널리 사용되는 단어)는 연기 속에 매달리며, 이 배설물 전체가 괴물이 만들어낸 상처의 재앙을 몰아낸다. 아주 세련된 방식으로 비슷한 것으로 비슷한 것을(similia similibus) 치료하는 것이다. 그래서 매번 오물이 오물을 치료하며, 배설물은 다른 것과 함께 악마에게로 보내진다.

오늘날 소변과 관련하여 용감하게 적용되는 이런 원칙은 앞에서 자주 언급한 파울리니가 그의 『유익한 배설물 약전』(88, 98, 125)에서 강조한 바 있다. 그것이 항상 인간의 똥일 필요도 없다. 비둘기똥이 더 나을 수도 있다. 공작의 똥이 가장 좋을 것이다. 토끼똥과 개똥은 잘 보관해야 한다. 그리고 순수하고 단순한 인간의 똥 역시 효능이 입증된 약이다. 예컨대 마녀들은 마술에 걸려 "사마귀나 혹" 이 난 아이들에게 말한다. "그런 것들은 그 아이들 똥으로만 없앨 수 있다. 그런 것이 놀랄 정도로 잘 듣는다." 아니면 이렇다. "내가 알고 있던 세 살짜리 어린아이는 오랫동안 병으로 시달렸다. 여러 가지 약을 써봤지만 아무 소용이 없었다. 한번은 아이가 완전히 기진하자, 그 어머니는 다른 사람의 조언에 따라 아이의 똥을 아침식사에 조금 집어넣었다. 그러자 그 아이는 곧 건강해져서 잘 지내고 있다."

그렇다면 축축하고 신선한 채로, 아니면 건조시키거나 숯으로 만든 인간의 배설물은 성인에게도 도움이 되지 않을까? 파울리니는 그 예를 드는 데 당황하지 않고 오랜 증거를 제시한다. "갈레누스는 그것의 사용을 칭송한다. 그는 이렇게 말한다. 물에 빠져서 질식할 것 같은 사람에게는 태운 똥을 작은 수건에 싸서 걸어놓는 것이 큰 도움이 된다. 아니면 작은 수건에 똥을 싸서 그것을 태워서 마시게 하라." 우리는 그런 말도 안 되는 일이 유럽에서 사라졌다는 사실에 자부심을 가질 수도 있다. 그럼에도 우리는 의학적인 배설물 사용이라는 것이 다른 곳에서 그리고 다른 시대에 '학술적인' 미신의 뒷물을 통해 다시 스며들지 않으리라고 확신할 수는 없다.

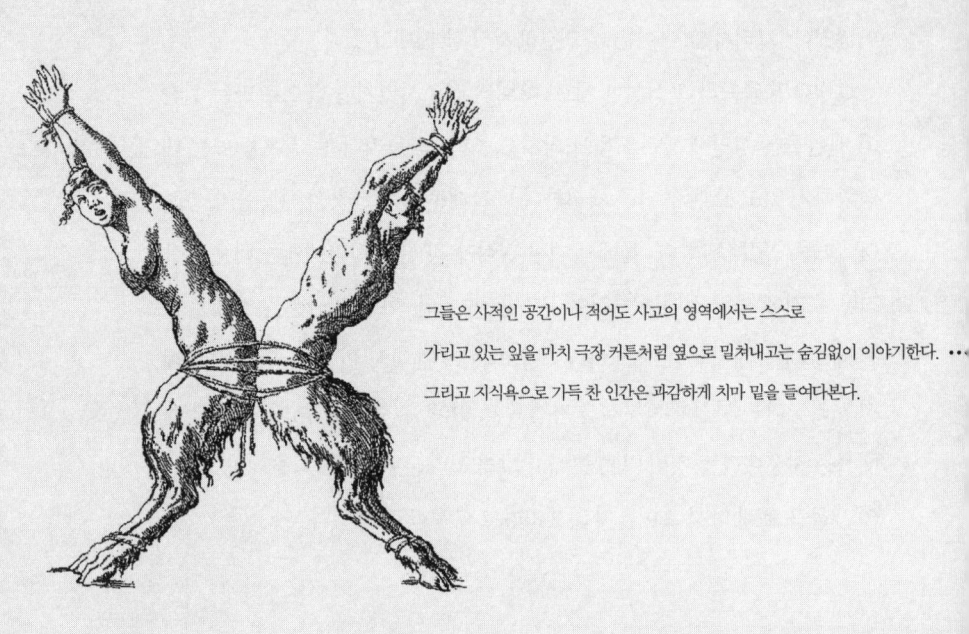

그들은 사적인 공간이나 적어도 사고의 영역에서는 스스로

가리고 있는 잎을 마치 극장 커튼처럼 옆으로 밀쳐내고는 숨김없이 이야기한다. •••

그리고 지식욕으로 가득 찬 인간은 과감하게 치마 밑을 들여다본다.

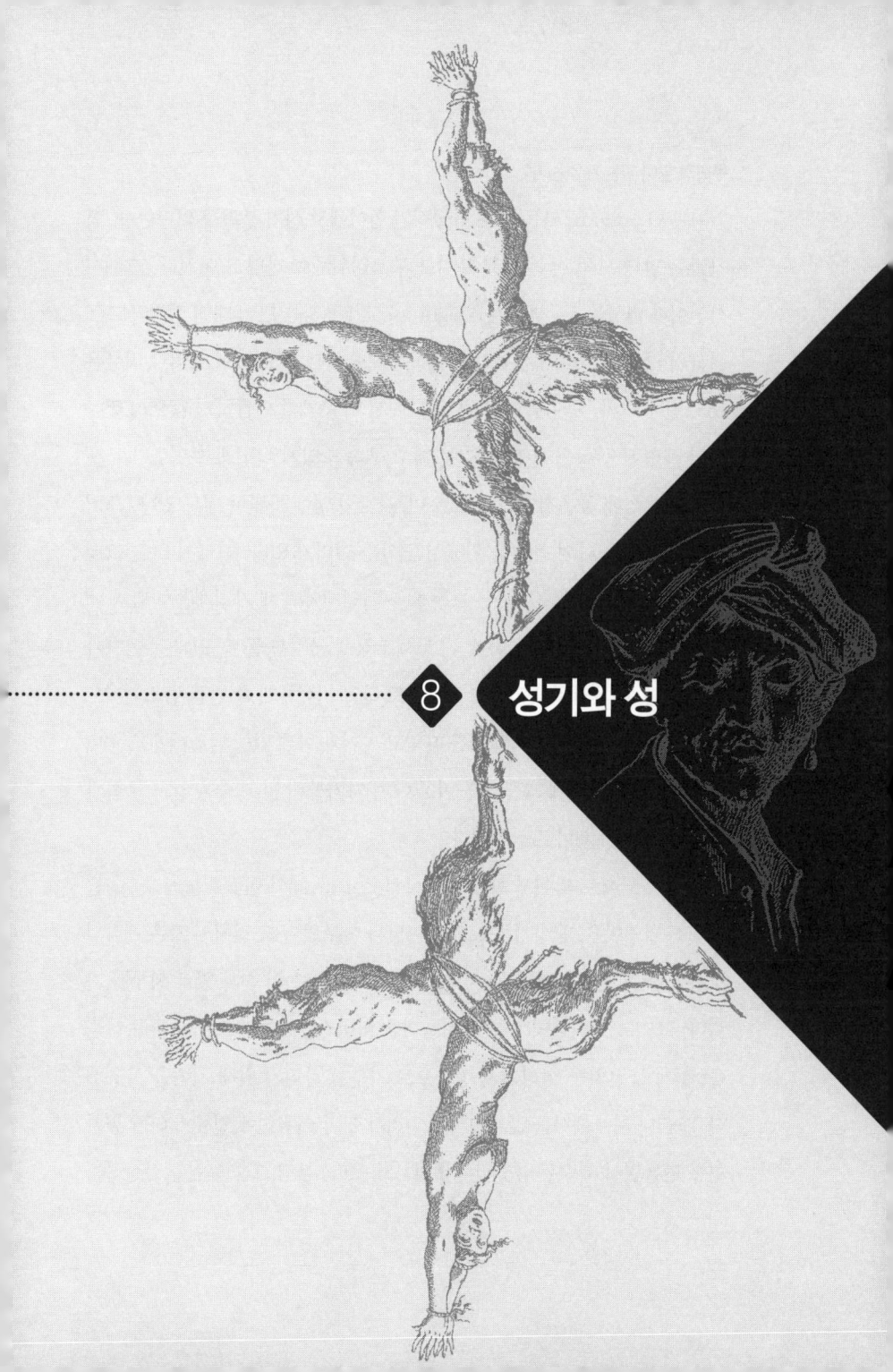

8 성기와 성

무화과 잎이 있는가 없는가?

'푸덴다 Pudenda'라는 말은 학술적인 언어에서 성기 부위를 의미한다. 학자들은 남녀 모두 이런 육체 부위를 부끄러워해야 한다고 여긴다. 그래서 사전이나 의사들은 '생식기 Zeugungsglieder'라는 단어 대신 성기라고 표현하지 않으면 차라리 음부라는 단어를 사용한다. 성직자인 로버트 버튼은 1652년에 그의 『멜랑콜리의 해부학』에서 이 주제를 언급하지 않으려고 나름의 세련된 구실을 찾았다. 그는 짧고 구속력 있게 이렇게 설명했다. "생식기는 양성에 공통적인 점도 있으며, 각각의 성에 특별한 점도 있다. 그럼에도 생식기는 나의 목적을 위해서는 아무 의미가 없다. 그래서 나는 그것을 기꺼이 제외하겠다." 물론 모든 치부 가리개와 하체 가리개는 아담과 에바가 그들의 치부를 의식하게 된 모세오경에 근거를 둘 수 있다. "여자가 그 나무를 본즉 먹음직도 하고 보암직도 하고 지혜롭게 할 만큼 탐스럽기도 한 나무인지라 여자가 그 열매를 따먹고 자기와 함께 있는 남편에게도 주며 그도 먹은지라. 이에 그들의 눈이 밝아져 자기들이 벗은 줄을 알고 무화과나무 잎을 엮어 치마로 삼았더라."

15세기 초에도 피렌체 화가인 마사치오(Masaccio)와 마솔리노(Masolino)는 완전히 벌거벗은 채 성기를 드러낸 아담과 아무런 옷도 걸치지 않은 에바의 모습을 그렸다. 마사치오(1425)의 경우, 에바는 자신의 손과 팔로 치부를 가렸다. 그리고 보티첼리(1482)의 아름다운 비너스는 오른손으로 오른쪽 가슴을, 길게 물결치는 머리의 풍성함으로 치부를 가리기 위해 왼손을 사용했다. 그러나 북부에서는 알브레히트 뒤러가 이미 1504년에 인류의 타락 동판화를 만들면서 세련된 나뭇잎과 꽃을 사용했다. 분명 그는 그림을 감상하는 사람들이나 검열관의 수치심을 건드리지 않으려고 했다(N. Laneyrie-Dagen/J. Diebold, *L'Invention du corps*,에 수록된 그림). 최초의 인간인 아담은 그 후로 거의 모든 회화에서 '가리개'가 없다 할지라도 그 육체 부위를 유명한 무화과 잎으로 가리고 있다. 여기서 그 육체 부위란 다음과 같은 것을 의미한다. 아담의 남자성기, 즉 음경과 음낭, 그리고 에바의 성기, 그것의 일명 '비너스 언덕'(Mons Veneris), 즉 치모의 삼각형으로 가려진 불두덩만 보일 뿐 '외음부'(Vulva, 이 단어는 어떤 '감싸인 것'을 지칭한다)는 거의 보이지 않으며, 질(Vagina)은 더더욱 보이지 않는다. 왜 과장된 행동을 하며 서로 속삭이는가? 알고 싶은 사람은 보아야만 한다. 그리고 남자와 여자를 구분하려면 우리는 좋든 싫든 간에 더 정확하게 관찰해야 한다. 우리는 르네 바르자벨의 책에서 이런 대목을 읽을 수 있다(*La Charette bleue* [1980], 1996, 123). "프라미앙은 그의 소설 『유치원』에서 일을 하면서 [20세기 초 프랑스에서 일반적이었던] 하나같이 치마를 [그리고 팬티는 입지 않고] 입은 채 거칠게 움직이는 아이들을 바라보며 느끼는 젊은 여선생의 불안에 관해 이야기하고 있다. '그런데 어떻게 사내아이들과 여자아이들을 구별하지?' 그녀가 원장에게 묻자 원장은 이렇게 대답했다. '아이들은 그것을 머리 위에 가지고 다녀야 하니까.'"

약간 나중에, 그러니까 사춘기에는(그것은 '치모가 자라는' 시기를 의미한다) 계속 구별의 특징이 나타난다. 그리고 이런 시점부터 여자아이와 사내아이, 여자와 남자들은 의식적으로 그 부위를 가리는 엄격한 예절을 배워야 한다. 그렇다. 경건한 사람들에게는 치부를 생각하는 것만으로도 순결치 못한 죄이다. "쓸데없는" 그래서 여러 번 학대당한 레나 크리스트는 그녀의 『회상』(*Erinnerungen*, ed. J. Lachner, 1977, 51)에서 고해신부에게 간다(조금은 음탕한 어조로). "'당신은 뻔뻔스러운 생각을 해봤습니까?' 그는 고해할 때 이렇게 묻곤 했다. …… '당신은 거기서 음란한 그림이나 인간이나 동물의 불순한 것, 즉 특정한 육체 부위에 관해 생각해봤나요? 그러면서 당신은 얼마나 오래 참을 수 있습니까? ……불순한 육체 부위가 스치면, 당신에게는 정욕이 일지 않나요? ─ 당신은 그런 정욕에 굴복했나요? ……당신은 어린아이들을 데리고 불순한 짓을 한 적이 없습니까? ─ 아이들에게 어떻게 했지요? …… 당신은 사내아이를 보면서 그 부위를 만져본 적이 있습니까?'"

그렇다고 모든 생명체가 번식하려는 자연스럽고 순수한 목적에 기여해야 한다는 사실을 부정할 수는 없다. 모든 포유류는 이런 목적을 위해 인간의 것과 비교할 수 있는 생식기를 가지고 있다. 동물학자들은 동물생활의 어떤 면보다 곤충의 짝짓기와 생산방식, 교접 등을 가장 즐겨 다룬다. 그런데도 호모 사피엔스가 문제시될 때면 여전히 무화과 잎의 원칙과 순결의 원칙이 존재한다 ─ 적어도 대중의 면전에서는. 그러나 그들은 사적인 공간이나 적어도 사고의 영역에서는 스스로 가리고 있는 잎을 마치 극장 커튼처럼 옆으로 밀쳐내고는 숨김없이 이야기한다. 그리고 지식욕으로 가득 찬 인간은 과감하게 치마 밑을 들여다본다.

페니스

유럽 사람들은 인간 행동의 금기영역이나 인체의 은밀한 부위를 그럴듯하게 묘사하면서도 정확하게 지칭하는 데는 감동적일 정도의 상상력을 발휘했다. 거기서 우리는 남자, 여자, 아이가 조용히 생각에 잠기면서 이런 금기

338

영역(생식기, 성교, 육체의 배설, 죽음)에 관해 몰두할 때가 자주 있다고 결론지을 수 있을 것이다. 페니스는 '그것을 가지고 어린아이들이 장난을 치는' 남자의 가장 사랑스러운 지체이며, 가장 큰 즐거움이다. 그래서 페니스는 이런 쾌락이라는 부분과 사랑의 화살을 위해서는 가장 진실한 명칭이다. 알로이스 발데(Alois Walde)와 호프만(J. B. Hofmann)의 『라틴어 동의어 사전』(*Lateinische etymologische Wörterbuch*)은 '페니스'가 '핀젤 Pinsel' (솔)을 의미하는지 아니면 '행젤 Hängsel' (거는 고리)을 의미하는지에 관한 문제를 다루고 있다. 게오 산드리(Géo Sandry)와 마르셀 카레르(Marcel Carrère)의 『현대 은어 사전』(*Dictionnaire de l'argot moderne*)이나 프랑수아 카라덱(François Caradec)의 『프랑스 속어와 민요 사전』(*Dictionnaire du français argotique et populaire*)에는 'aiguille de caleçon' (바지 바늘), 'asperge' (아스파라거스, 혹은 [교회라틴어 단어에 따라] 물을 뿌리다), 'balayette' (청소용 솔이나 비), 'braquemart' (두꺼운 칼, 패검), 'bout' (끝, 뾰족한 끝), 'goupillon de l'amour' (사랑의 추), 'marteau à boules' (둥근 망치), 'petit frere' (남동생), 'poireau' (파줄기), 'robinet d'amour' (사랑 물 닭), 'vipère broussailleuse' (덤불 속의 뱀) 혹은 단순히 한 음절로 'paf', 'zeb', 'zob' 과 같은 표현이 들어 있다. 어린 사내아이의 페니스를 사람들은 즐겨 '조그만 것', '귀여운 것' 이라는 의미로 '피피', '찌찌' 라고 부른다. 어쨌든 젊은 사람들이 아주 순진하게 사용하는 많은 독일어 개념에는 페니스에 대한 비유가 숨겨져 있다. 곤봉이나 방망이, 연필이나 장붓촉 등등. 우리가 어떤 젊은이를 '난봉꾼 Poussierstengel' (시시덕거리는 막대기)이라고 부르거나 거꾸로 '축 늘어진 꼬리' 혹은 '걸레' 라고 부르면 그것은 대체로 동일한 육체 부위의 탁월함이나 아무 쓸데없음과 관련이 있다.

그 정도라면 괜찮다! 그러나 그것이 왜 특별한 물건인가? 파레의 번역자인 페터 우펜바흐는 1601년에 이런 "마법의 지팡이", 그것의 강력한 "혈관"과 특히 그것의 발기능력에 대해 열광적인 자화자찬을 했다(*Wund-Artzney oder Artzneyspiegel*, 141). "성적 충동을 통해 자극을 받고, 사랑을 통해 불이 붙으면 이 모든 것이 팽창한다. 그리고 그것이 이 녀석을 똑바로 일어서게 하며 성나게 해서 이 녀석은 쉽게 다시 진정되거나 가라앉기 힘들어진다. 모든 사람이 자신의 체험으로 알고 있다." 외과의인 무랄트는 엄격한 믿음을 지닌 시 관리들의 감시를 받은 탓에, 쾌락을 강조하는 그런 단어와 자기 체험을 취리히 동업자 연맹의 강연에서 절대 사용해서는 안 되었다. 그래서 그는 『해부학 강의』에서 짧게 말했다. "그 지체의 임무는 세 가지이다. 1) 성교(congressus), 2) 정자의 분출(ejaculatio seminis), 3) 소변의 방출(transmissio urinae)."

마찬가지로 별일 아니라고 생각할 수 있지만, 왜 그것과 관련된 잡담이 필요한가? 그것은 역시 그 기능만 중요한 것이 아니라, 형태나 기능을 발휘하는 방식, 실제 현장에서 일어날 수 있는 분규나 갈등도 중요하기 때문이다. 매우 까다로운 상황이 벌어질 수도 있다. 무랄트(S. 169f.)의 경우에도 예컨대 "그들이[유대인, 터키 사람들, 페르시아 사람들] 자녀가 출생한 지 여드레째 되는 날에 실시하는 할례"를 통해서 벌어진다. "할례를 통해 귀두를 감싸고 있는 포피를 날카로운 돌로 베어내라고 창세기 17장 하느님의 명령에 적혀 있다. 그 후에 그 포피가 자라나서 소변을 눌 자리도 거의 남겨놓지 않을 때가 자주 있으며, 하물며 성교를 하기에는 더더욱 그렇다. 가끔은 부풀어오른 귀두가 포피로 전혀 덮이지 않는 경우도 있다. 게다가 지체가 구부러지거나 휘거나 너무 짧아서 귀두와 포피 사이에 성병에서 비롯되는 종양이나 혹이 생길 수 있다. 가끔은 암과 염증이 생기기도 한다. 계속 발기상태가 지속될 수도 있으며 아니면 남성성을 완전히 잃을 수도 있다." 무랄트는 그럼으로써 여전히 특히 미국에서 실시되고 있는 할례(즉 어린아이일 때 수술로 포피를 제거하는 것)의 유용성에 대한 논의를 시작한다. 오늘날도 우리는 1996년 8월 로잔에서 열린 성불구와 관련된 국제 심포지엄에서, 새로 태어난 북아메리카 남자 어린이의 60퍼센트가 대부분 마취 없이 피를 흘리며 포피 제거수술을 받고 있음을 알 수 있었다. 일부는 종교적인 이유에서, 일부는 무랄트처럼 위생적인 이유에서. 그럼에도 그렇게 자신의 의견과 상관없이 할례를 받은 수많은 사람들은 그런 수술에 반대하고 있다. 그런 수술은 기독교 유럽과 그 밖의 다른 지역에서는 거의 실시되고 있지 않다. 또한 그럼으로써 그들은 대부분 젊은 여성들에게 가해지는 굴욕적인 클리토리스나 음순 제거에 반대하는 여성들의 편에 선다. 이런 일들은 이슬람권의 몇몇 나라들에서 여전히 시행되고 있다.

페니스의 다른 문제점에 관해 참고서들은 몇 가지를 더 알려준다. 특히 이른바 병적 성욕중(음란증)은 자주 호기심과 조롱의 대상이 되었다. 프리아피스무스라는 것은 "남성의 성기가 발작으로 인해 발기하게 되면 그것이 영원히 그런 상태로 머무는" 것을 의미한다고 뒤몽쇼는 『의학적 일화』(I, 197-199)에서 말했다. 그리고 그는 이런 현상에 대해 어떤 사랑에 빠진 사람의 이야기를 들려준다. 그 사람은 의사들의 치료를 여러 번 받은 후에도 지속적인 흥분상태에 빠졌으며, 결국 얼음물의 도움으로(얼음물을 페니스와 머리에 계속 적셨다) 나았다. 그래서 아마도 그런 일을 당해보지 않은 사람들은 자신들의 가장 사랑스런 보석을 그렇게 귀여워하고 애무한다면 오히려 그런 경우를 이해하기 쉬울 것이다.

그리고 그토록 중요한 육체 부위의 완전한 상실은 더욱 치명적인 것으로 나타났다. 1996년 8월 22일자 취리히 『타게스 안차이거』(Tages-Anzeiger) 지에 실린 기사들은 더욱 자극적이다. "어느 아르헨티나 여자(45)는 남자친구(31)가 자기를 버리고 떠나자, 친구들을 동원해서 그의 페니스를 자르게 했다. 그 귀한 물건은 찾을 수가 없었다. 그리고 그 여자는 체포되었다." 그런 사건은 라틴아메리카에서 또 일어났고, 아프리카에서도 일어났다. "가봉 리브르빌의 어느 학교 3학년생 네 명이 이야기를 나누고 있었다. 5학년생 한 명이 그들에게 다가갔다. 세 명에게는 아무 일도 일어나지 않았지만 네 번째 학생은 이렇게 말했다. '그때 나는 갑자기 내 바지 속에서 어떤 우스운 일이 일어났음을 알아차렸다. 나는 손을 집어넣었다. 거기는 털밖에 없었다.' 두 학생(범인과 희생자)은 일반 감시소로 옮겨졌으며, 거기서 페니스 도둑으로 의심받은 사람은 5,000프랑 상당의 벌금을 청구받았다. 심문이 계속 이어졌다"(『리베라시옹』, 1997년 6월 14/15일). 범인은 페니스를 자른 것이 아니라 마술로 잠시 사라지게 한 것이다. 남자에게, 특히 사춘기를 겪은 남자에게 페니스가 없으면 그것은 마치 칼 없는 칼집 같다는 인상을 불러일으킨다. 남성 육체의 공개적인 묘사를 — 광고에서든 혹은 주인공에 대한 기억에서든 — 세심히 관찰하는 사람에게는 이런 남자의 기구가 실제 모습으로, 눈에 보이게(그리고 왜 귀두와 함께 보이지는 않는가?) 드러나는 경우는 무척 드물다. 그리고 거기에는 틀림없이 그럴 만한 이유가 있을 것이다.

1997년 5월 키치 예술가인 "피에르 & 질"(Pierre et Gilles)의 그림을 모사하려 했던 뮌헨 시 박물관의 초대전은 주목을 받았다. 거기서 자신의 물뿌리개로 꽃에 물을 주기 위해(너무 어리석다!) 오른손으로 페니스를 쥐고 있는 벌거벗은 젊은 남자를 볼 수 있었다. 시장인 크리스티안 우데는 그 예술을 비난했다. 법적인 감정 결과 이런 "남성성의 과격한 묘사에서" 이 물뿌리개는 "중력으로 인해 이미 떨어지기 시작하는 상태"에 있었음이 확인되었다(『슈피겔』, 1997년 5월 26일, 그림과 함께). 그렇다. 한 예술가가 특별히 중요한, 일반적으로 존경받는 문화사의 영웅에게 그런 금기시되는 지체를 감히 기대하고 자기 그림에서 묘사한다면 그것은 공공연한 평화를 해치는 일이 된다. 고문관 괴테가 벌거벗은 채 모든 것을 드러내고 있는 동상을 한번 상상해보라! 1976년 폴란드의 광고 그림 화가는 장 도미니크 앵그르(Jean-dominique Ingres, 1780-1867)가 그린 출판업자 루이 프랑수아 베르탱(Louis François Bertin)의 초상(1832, 루브르)에 빨간 양말을 신은 토실토실한 여자 허벅지를 붙였다 — 그것만으로도 이미 너무 지나친 것이다!(R. Cieslewicz, *Plakate, Affiches, Poster, Collages*, [전시회 카탈로그 Darmstadt] 1984, 107).

더욱 나쁜 일은 1996년 여름 보덴제 근처의 프리드리히 항구에서 현실화되었다. 취리히 『블리크』지(1996년 8월 28일)에 따르면 예술가인 요아힘 자우터(Joachim Sauter, 39)가 가톨릭 재단의 의뢰를 받아 제작한 프란치스코 동상이 실체를 드러냈을 때 교회 대표자는 그야말로 경악했다고 한다. 실오라기하나 걸치지 않은 아름다운 그 성자의 동상은 축 처진 페니스를 달고(길이는 6.5센티미터) 있었다. 이 사건에는 흥미로운 점이 많다. 어떻게 가톨릭 재단은 벌거벗은 프란치스코 상을 주문했으며, 또 왜 그렇게 키가 큰(프란치스코는 키가 상당히 작은 남자였을 것이다) 동상을 주문했는지, 그리고 벌거벗은 모습이 멋지다면 그의 성기만이 왜 우리에게 방해가 되는 건지? 그렇다면 성처녀의 품에 안긴 아기 예수가 15~16세기 대부분의 그림들에서 자랑스럽게 보여준 작고 귀여운 물건에 대해서 사람들은 왜 화를 내지 않는 것인지(L. Steinberg, 1983) 등등. 다시 말해서 예수는 힘센 젊은이로 변신하면서 모든 옷들을 벗어버렸다. 그럼에도 이탈리아 르네상스 시기의 남성 묘사의 전통(안토니오 폴라이우올로, 레오나르도 다빈치, 미켈란젤로)에서 페니스와 음낭이 있다는 것은 상상할 수 없는 일이다. 그러나 고문 기둥과 십자가에서도 예수는 우리에게 항상 옳았다. 그리고 그가 육과 피로 이루어진 사람이었다면 그는 자신의 성기를 다시 드러내도 된다.

둥글고 볼록한 음낭

아, 이런 고귀하지 않다고 할 수 없는 육체 부위(Testicula)를 생각하는 경우는 얼마나 드문가, 과연 겉으로 보기에 추한 음낭(Scrotum, 독일어로 Hodensack)을 감히 찬미하려고 시도한 시인은 몇이나 되는가, 그에 비해 'Sack', 'seckel' 같은 단어들은 얼마나 자주 욕으로 사용되는가! 독일에서 주머니라는 개념으로 사용되는 다음과 같은 일상어는 얼마나 불쾌한가! "Drüsenhalter, Dudelsack, Einkaufsnetz, Fortpflanzungsbeutel, Gemächt, Gepäckhalter…, Glibberkorb, Hängematte, Hodenschaukel, Kerngehäuse, Klingelbeutel…, Pulvermagazin, Samenanlage…" 그리고 "Windbeutel" 등등도 가능하다(E. Bornemann, *Sex im Volksmund*, Thesaurus, Nr. 1.76: Scrotum). 이것은 평범하면서도 중요한 육체 부위이다. 쾨니히스베르크의 요한 야콥 보이트는 1737년 그의

『보고』에서 이렇게 설명한다. "이런 주머니는 고환의 정자 통을 숨기고 보호하려고 한다. 그것은 중간의 선을 통해 양쪽으로 나뉘어 있으며, 전체는 가죽으로 덮여 있다." 물론 보이트는 "프랑스 사람들의 불운"(매독의 결과이다)인 'Testiculus venereus'(비너스 공), 악성 종양, 고통스런 염증에 관해서도 알고 있다. 이런 감염의 끔찍한 증상에 관해 예컨대 궁정 외과의인 기욤 루아조는 1617년에 최후의 탈저 현상에는 메스와 수은만이 도움이 된다고 기술하고 있다. 베르주라크 출신 의사의 어떤 치료는 이렇게 진행된다(*Observations*, 70). "베르주라크 근처에 모네트 로흐라는 남자가 있는데, 고환에 고름이 심하게 찼다. 음낭과 크레마스터라고 불리는 안쪽 역시 고름으로 가득 찼다. 나는 음핵이 겨우 달릴 수 있을 정도만 남기고 모든 것을 잘라냈다. 그는 곧 나았다."

잔인한 수술(마취 없이!)이 실패로 끝난 경우도 적지 않았다. 그러나 의사는 항상 환자를 돕겠다는 생각에서 그런 수술을 한다. 그럼에도 인간은 자주 환상과 현실에서 이런 예민한 음낭을 가끔은 고문하려는 의도로 발로 밟거나 아니면 심지어 잘라내지 않았는가! 미국의 전설 연구가인 마크 글레이저(Mark Glazer)가 보고하고 있듯이(*The Traditionalization of the Contemporary Legend*. In: Fabula 26 [1985] 295), 텍사스의 어느 젊은이는 자기 아내를 학대했으며 그녀를 남들 앞에서도 자주 발가벗겼다고 한다. 그는 다른 여자들하고만 춤을 추었으며 집에서는 취해서 잠이 들었다고 한다. "그의 아내는 칼을 꺼내 그의 음낭을 잘랐다. 그러고는 경찰을 불렀다. 그 남자는 경찰이 병원으로 옮기기도 전에 이미 피를 너무 많이 흘려 곧 사망했다. 그 아내는 살인죄로 처형됐다."

조롱받거나 심지어 손상된, 그리고 빅토리아 시대의 검열 가위로 줄곧 협박을 받은 남성의 육체 세계는 그런 상황에서 알브레히트 뒤러의 시대로 돌아가기를 원한다. 뒤러는 1505년경 나체의 자화상에서 성기를 음낭과 함께 매우 정확하게 묘사했다. 아니면 우울한 마음으로 라블레를 떠올려보라. 그는 이런 처진 부분, 남성의 성기를 200개 이상의 서로 다른 특징으로 묘사했다. '가죽 주머니'라는 의미의 'couillons'는 『라루스 소사전』에 나와 있지 않지만 독일어의 '괴롭히다', '치욕적으로 다루다'와 관계가 있다.

전립선

전립선의 형태와 기능에 관해서는 오랫동안 그저 부정확한 지식만 존재했다. 파레와 우펜바흐는 남성 성기에 관한 그림 묘사에서(*Wundt-Artzney oder Artzneyspiegel*, 133, 137) "두 개의 선(腺) 혹은 glandulae prostatae"라고 지칭하고, 그것에 대해 다시 기술했다. 그것은 "크고 둥글고 약간 길다. 각 면마다 상당히 길고 약간 아래로 처진 뾰족한 끝을 가지고 있다." 그것이 할 일은 "물론 준비된 정자를 고환에서부터 감싸고 정자가 ······ 지치고 힘들어할 때까지 오래 보관하는 것이다." 1737년 요한 야콥 보이트는 전립선을 "공 모양" 혹은 "계란 모양"이라고 묘사했으며, 그것들은 "요도로 가는 배출구가 있다. 많은 사람들이 그것의 용도는 정자를 준비하고, 보관하며, 요도로 밀어내는 데 있다고 생각한다"고 기술했다.

물론 전립선만 정자(Sperma)를 생산하는 것이 아니다. 희끄무레한 점액질의 정자액은 수백만 개의 재앙방지 세포와 함께(Spermien, Spermatozoen 정충, 정

자) 전립선, 고환의 정자 통로(Vasa deferentia), 부고환(Epididymis), 정관, 그리고 사정할 때 정자 세포를 요도로 방출하는 정낭선의 복잡한 공동작업에서 생성된다는 사실에 주목해야 한다. 과거의 작가들은 어쨌든 아직 전립선의 과도한 팽창, 양성 종양(Adenom)이나 심지어 생명을 위협하는 악성 종양에 관해서는 아직 이야기하지 않고 있다. 남자들은 대부분 그런 질병이 걸리기 전에 죽는 것을 찬미했다. 평균 수명이 80살 이상인 오늘날 전립선의 변화는 중년 남성들에게 많이 찾아온다. 『라루스 의학사전』은 그것을 미화하지 않고 이렇게 설명한다. "전립선 종양은 60대 남성의 85%에서 나타난다." 그리고 "전립선 암은 흔하게 발생한다. 심지어 80세 이상의 남성에게는 2명 중 1명꼴로 나타난다." 노인들은 이제 하체에 생기는 몇몇 이상 증세로 수술실을 찾게 된다.

정자와 자위

성교를 통한 임신이나 혼외 임신을 피하기 위해 우리의 선조들은 비밀스런 약제를 사용했다. 에어푸르트 근처 텐슈테트 출신의 크리스토프 헬비히(Christoph L. Hellwig)가 기술한 『서로 다른 여러 가지 귀하고 아름다운 물리-의학적, 화학적 사안과 경제적 사안에 대한 기이한 묘사』(Curiöse Beschreibung unterschiedlicher rarer und schöner physic.[alisch]-medicinischer, chymischer und oeconomischer Dinge, Frankfurt/Leipzig 1704, 54)라는 제목의 흔하지 않은 조제서에는 "성교"(Ad Coitum)라는 제목 아래 그런 약제의 하나가 소개되어 있다. "사슴의 발정피 1스크루펠[1스크루펠=1.3그램]에 같은 양의 해리향을 넣고, 개기름

2드라크마(1드라크마=3.9그램), 사슴 혀 1드라크마, 난초 4스크루펠을 섞어 연고를 만들어라. 그것을 배꼽 위에 약간, 그리고 페니스 끝에 약간 발라라. 그리고 나서 엉겅퀴와 갈랑가(생강 비슷한 식물의 뿌리)를 완두콩 크기로 만들어 원하는 만큼 입에 넣어라. 그리고 그것을 혀 밑에 두어라. 너의 정자가 나오게 해서는 안 된다. 네가 그것을 뱉고 싶다면 여자에게만 뱉어라. 너는 다시 전과 같은 남자가 될 것이다. 개기름은 암캐가 아니라 교미하고 바로 죽인 수캐에서 취해야 한다."

대체로 남자들은 밖으로 나오려는 정자의 힘 때문에 시달린다. 남자들은 그것을 성스럽지 못한 곳에서 사용한다. 남성의 성적 만족을 위한 행위가 어쨌든 오난이라는 이름을 지니는 것은 부당하다. 구약에는 이런 연관성에서 다음과 같이 적혀 있다. 유다(야곱의 아들 중 하나이며 "꿈꾸는 자" 인 요셉의 형)에게는 세 아들이 있었다. 게르, 오난, 셀라. 게르는 다마르라는 이름의 여자와 결혼했다. 그러나 그의 악 때문에 바로 하느님이 그를 죽이셨다. 다마르는 게르로부터 아들을 얻지 못했다. 그래서 유다는 오난에게 그 과부와 결혼을 해야 한다고 명령했다. "네 형을 위하여 씨가 있게 하라." 그러나 오난은 "형수에게 들어갔을 때 그의 것이 되지 않을 줄 알므로" 아이를 만들 욕구가 전혀 없었다. 그래서 그는 그의 씨를 "땅에 설정" 했으며 그래서 죽었다. 죽은 형의 아들을 낳기 위한 그의 생산행위 거부는 오늘날의 우리로서는 어느 정도 이해가 간다. 그럼에도 하느님은 그 모든 것을 악하게 여기셨고 "하느님은 그도 역시 죽였다." 그리고 어떤 번식에도 도움이 되지 않은 씨의 사정은 오나니라는 이름을 가지게 되었다. 다마르는 그리고 나서 어쨌든 꾀(그녀는 창녀로 변장한다)를 내서 쌍둥이를 얻었다─바로 그녀의 시아버지로부터. 이런 종류의 성교는 하느님에 의해 명백히 수용되었다. 성경의 이야기는 다시 요셉의 이야기로 건너뛴다. 아주 의심스러운 유다-다마르 사건으로 소설을 쓸 수도 있을 것이다.

좋지 않은 정욕으로 인해 반복되는 정액의 방사로 남성의 젊음이 손상되는 것과 관련하여 18세기 이후부터 많은 책들이 발표된다. 그 경우 성적 위생보다는 오히려 작업의 도덕이 더 중요하다. 힘을 비축한다는 것은 겉으로 표현되지는 않지만 다음과 같은 구호와 같다. 즉 에너지를 모아라, 보다 성실한 것을 행하라. 성직자들뿐 아니라 교육학자들은 그들의 위협용 무기창고를 연다. 그들은 오나니를 하면 치매나 척추 굴절이 일찍 온다고 위협한다. 20세기에 들어 오나니 경멸자의 전략은 변해도 원칙은 변하지 않는다. 이제는 더 이상 사내아이들을 위협하지 말고 차가운 물로 식히거나 딱딱한 바닥에서 잠깐 잠을 자게 하는 등의 경건한 생활습관을 갖도록 하라고 권장한다. 그러나 이 모든 것은 아무에게도 도움이 되지 않는다. 기꺼이 그리고 자주 성교를 하면서 자신들의 갖가지 힘을 자랑하는 문학 속의 허풍선이나 실제의 허풍선이 대열은 끝이 없다. 그럼에도 오늘날 어디서 언제 그리고 어떤 수단으로, 특히 얼마나 자주 자위를 했는지 고백하는 사람은 거의 없다. 실제로 남성 성기의 쾌락이나 업적과 관련된 터부는 아직도 존재한다. 그것은 쓸데없이 흘려버린 정액과 같다.

낯선 여성성: 외음부와 질

다른 경우에는 몹시 『똑똑하고 유쾌한 의사』(1728)였던 헬비히도 여성의 성기와 관련해서는 더 이상 작센 사투리로 농담하지 않는다. 그는 치부는 짧게 라틴어로 처리하고, 그러면서 위에서부터 아래로, 안쪽 깊숙한 데서부터 외부로 해부학적으로 묘사한다. "여성의 성기 기관(Organa genitalia mulierum)은 다음과 같다. Testiculi seu ovaria, Ductus Falloppiani, Uterus, ejus Cervix sive orificium, Vagina uteri, Clitoris & Labia pudendorum." 질(Vagina), 클리토리스(Klitoris), 그리고 음순(Labia)이 아니라도 헬비히가 언급한 난소(Ovaria), 나팔관(Ovi), 자궁(Uterus), 자궁로, 자궁구(Cervix) 등은 다수의 남성에게(그리고 아마도 소수의 여성에게도) 먼 이방세계이거나 어두운 비밀로 여겨졌으며 지금도 그렇다. 여성의 성기는 남성의 환상 속에서는 일종의 육체적 혐오감, 즉 친근하지 않으며 무시무시한 것에 대한 편견과 무지와 공격의 대상으로 존재한다. '여성의 성기 Pudenda feminana'는 과격하게 말하자면 경건한 백인 지배 종족에게는 이방의 제3세계 흑인과 같은 존재이다. 이미 고대 프랑스의 우화시에서 자주 비웃음의 대상이 되었던 'con'('Cunnus')은 노년과 중년의 프랑스 사람에게는 일상적인 욕이다. 그리고 그것은 '창녀!'라는 말과 동급이다. 젊은이들은 그 사이에 미국의 본을 받아 폭력적인 직장성교, 근친상간의 성관계와 관련이 있는 욕설에도 익숙해졌다.

여성 세계의 '어두운 대륙'에 존재하는 낯선 것에 대한 그런 경시에 의사들 역시 오래도록 참여했다. 합리적인 사고 속에 이성적이고 현대적인, 그리고 자연에 대해 책임감을 느끼는 크리스토프 빌헬름 후펠란트 같은 의사들의 생각 역시 이런 입장을 명백히 보여준다. "성교는 [여성을] 지배하는 성향이며, 남성에게 종속하는 성향이다. 생식기 역시 그들의 위치를 통해 그런 점을 보여준다. 여성의 경우는 안쪽으로 조직과 아주 밀접하게 얽혀 있

으며[기관학적인 은유를 주목하라!], 남성의 경우는 외부로 나와 있으며 동시에 부
가물이다. 여성의 특징은 받아들이는 것이고 남성의 특징은 주는 것이다.
그래서 여성의 경우는 수동성, 수용성, 굴복이며 남성의 경우는 적극성이
다.” 그의 서술은 계속 이어진다. 여성에게는 “활동하는 힘보다는 오히려
참아내는 힘이 더 많다.” 그래서 여성은 남성보다 “수동적인 상태에 있으
며 병에” 걸리기가 더 쉽다.

　여성의 성기는 내부에 있고 남성의 성기는 외부에 있지만, 그 외에는 별
다른 차이가 없다는 주장도 오랜 전통을 지니고 있다. 16세기 후반 바젤의
해부학자인 카스파르 바우히누스는 『해부학 강의』에서 갈레누스를 인용하
며 이렇게 확인한다. “자궁은 남성의 음낭에 해당된다. 음낭은 말하자면 치
골에 매달려 있는, 밖으로 나온 자궁이다. 그[갈레누스]는 음낭과 자궁은 그것
의 위치와 안과 밖이라는 것을 통해서만 구별할 수 있다고 생각한다.” 그리
고 바우히누스는 1621년에도 페니스는 질과 자궁구에 해당되며, 둘 다 길이
가 같다는 고대의 생각에 반박하지 않은 채 이렇게만 적고 있다.
“mulieribus intus, in viro extra”, 즉 그 물건이 여성에게는 내부에 있고 남
성에게는 외부에 있다. 후펠란트는 이런 생각을 도덕적인 관점에서 더욱 고
양시킨다. 성은 여성에게 아주 내적인 성향을 지닌다. 남성에게는 외부적인
것이며 부차적인 것이다. 게다가 여자는 항상 수동적이다. 굴종하며 참아내
는 자이다.

　적어도 외음부는 대음순과 함께 — 가끔은 소음순도 같이 — 일부는 외부
로 돌출되어 있다. 그래서 우리는 이렇게 덧붙일 수 있다. 즉 남성의 성기기
관 전체가 댕기머리가 뒤에 매달려 있는 것처럼 밖으로 나와 있는 것은 아

니라는 말이다. 남자 태아의 경우 고환은 8개월이 되어야 몸속에서 서혜부 통로를 통해 그 외부 자루인 음낭에 도달한다는 사실을 배제한다고 해도 말이다. 남성의 역사는 오로지 외적인 부속물로서(그것의 내적인 정숙함과는 별도로) 관찰될 수도 있다. 그럼에도 고대의 의학서와 최근의 많은 의학서에서는 성기 부위의 실질적인 평가가 아니라 여성의 내적 규정, 가정적 성향, 결국에는 여성의 열등함을 입증하기 위해 노력해왔다. 여성의 성은 내부에 있다. 즉 그것은 집안에 속한다. 페니스는 외부로 고정되어 있다. 즉 남자는 밖으로 나가야 한다 —"적대적 삶속으로" 그리고 거기서 "영향을 미치고 노력해야 한다"(F. von Schiller, *Die Glocke*). 여자는 기꺼이 연약하게 병이 든 채 돌아다닌다. 우리는 이렇게 결론지을 수 있다. 강한 남자는 마찬가지로 기꺼이 전쟁에 참여한다(Schiller, *Hektors Abschied*, 1799).

"고귀한 여자여, 너의 눈물에 굴복하라!
전쟁은 나의 열정적인 동경이다. ……
굴복하라! 그 야만인은॥ 이미 담벼락에서 날뛰고 있다
나의 허리에 칼을 채워달라. 슬픔을 허용하라!
헥토르의 사랑은 망각의 강인 레테에서도 죽지 않는다."

성과 관련된 사전들에서(예컨대 Ernest Bornemanns, *Sex im Volksmund*, Thesarurs, Nr. 1.66: Scheide) 여성의 질을 가리키는 독일어를 찾아보면, 공격적이고 투쟁적이며 작업기술적인 은유들이 숨어 있다. 아마추어, 배터리, 건축장, 잡동사니 가게, 구멍, 갈라진 틈, 사무실, 통풍관, 승선 창, 난로, 유탄포, 표적, 참호, 저압실 등 수백 개의 호칭 중에서 연약함을 표현하는 것은 아주 드물다. 여성의 육체는 대체로 공격 대상이다. 밝혀지지 않은 것과 알려지지 않은 것의 매력을 여성의 육체에 부여했던 부위를 잃어버린 경우 특히 그렇다.

히멘의 신화: 처녀막

몽테스키외의 『페르시아인의 편지』(1721, LXXI)에서 페르시아 여행자인 우즈베크는 그의 고향에 관한 보고에 대해 파리에서 비판적으로 대응한다. 방금 결혼한 사람이 거기서(즉 허구의 이야기에서는 그렇다) 신부의 얼굴에 상처를 냈다. 왜냐하면 신혼 첫날밤에 그녀가 처녀가 아닌 것을 알았기 때문이다. 신랑은 그러면서 법에 호소했다. "나는 그 법이 정말 가혹하다고 생각한다", 우즈베크의 입을 빌려 몽테스키외는 이렇게 말한다. "한 가족의 명예를 바보같은 한 인간의 기분에 종속시키다니. 진리를(순결을) 인정할 수 있는 확실한 징후가 존재한다고 주장할 수도 있다. 그러나 우리 의사들은 그와는 반대로 그런 증거가 유지될 수 없는 사실에 대한 분명한 이유를 제공하고 있다."

의학적 문헌을 많이 읽지 않았던 계몽주의자 몽테스키외는 그러면서 그보다 훨씬 나이가 많은 동향인인 파레의 말을 그 근거로 내세운다. "소수의 처녀들이 자궁 입구나 자궁구의 작은 구멍에 막을 가지고 있다. 고대인들은 그것을 '히멘(Hymen)'이라고 불렀으며, 그것은 남성 성기의 삽입을 막는다" — 그래서 파레는(그리고 그의 번역자인 우펜바흐는) 1601년에 "히멘이라 불리는 막"이라는 장을 시작한다. 파레는 성급하게 모든 처녀들이 그런 막을 지니고 있는 것은 아니라고 확인한다. 그는 "파리의 병원"에서 처녀들을 검진하면서 그런 사실을 매번 확인할 수 있었다. 그렇다. 이 외과의는 "이런 뻔뻔스럽고 몰염치한 여자들", 즉 처녀막이 있는지 여부로 어떤 처녀가 남자와 관계를 가졌는지 아니면 아직 순결을 지키고 있는지를 확인할 수 있다며 자랑했던 산파들을 비난했다. 그리고 첫 관계에서 여성이 제대로 피를 흘리지 않으면 이미 그 전에 성적인 관계를 가졌을 것이라고 넘겨짚는 신랑들은 얼마나 어리석은가! "야만인의 나라"인 페츠에서 바로 결혼한 사람들이 지하실에 감금되어, 신부가 실제로 처녀였다는 증명으로 첫 성교 후에 피가 묻어 있는 수건을 밖으로 건네주어야 했다면, 그것은 "가련하고 치욕스런" 일이다. 사실은 이렇다. 이런 처녀성 증명의 '관습'은 20세기까지도 지중해의 섬에 여전히 존재했다. 처녀 증명으로 혹은 잃어버린 처녀성을 회복시켜주는 것으로 먹고 살았던 산파에 대한 비난은 도르트레히트의 교수인 요한 폰 베버비크(Johann von Beverwyck)의 글에 상세하게 나타난다 (*Allgemeine Artzney*, Frankfurt/M. 1674, II, 197f.).

'처녀막'(여러 관점에서 남성적이고 어리석은 조어이다)은 젊은 여성의 질과 외음부 사이, 요로의 출구 반대편에 있는 얇은 막이다. 그것의 기능에 대해 우리는 창조자인 하느님에게 물어보지 않는 편이 낫다(그도 아마 제대로 알고 있지 못할 것이다). 그것은 월경의 피를 흘려보내기 위해 하나 혹은 여러 개의 구멍이 있는 분리벽이며, 확장이 가능한 어중간한 것이다. 그것의 존재 여부, 그리고 피를 흘리거나 피를 흘리지 않는 것으로 젊은 여성의 순결이나 성격, 도덕 혹은 사랑스러움을 나타낼 수는 없다—그런 사실에 관해서는 이미 파레 이전에 만토바의 궁정의인 마르첼로 도나티가 여섯 권으로 된 그의 『의학적인 기적 이야기』(4권 15장)에서 상세히 기술해놓았다. 처녀막의 강압적인 파괴는 그 주인에게 어쨌든 고통을 준다. 그래서 모든 남자는 이른바 처녀성 파괴가("defloratio"는 꽃을 꺾는 것을 의미한다. 즉 처녀 꽃을 꺾는 것이다) 페니스에는 기쁨을 가져다주지만 침입을 받는 쪽에는 그렇지 않다는 것을 알아야만 한다. 또한 과거에도 그랬고 현재도 그렇다는 사실을 우리는 수잔네 하겐베크(Suzanne Hagenbeek, 1994)가 "첫 경험"이라는 주제로 벌인 인터뷰를 통해 알고 있다.

처녀성의 외적 상징은 젊은 처녀의 머리 위에 얹힌 작고 하얀 관이다—처녀들은 그것을 예컨대 가톨릭 의식 행렬 같은 데서 쓰고 있다. 그리고 여자가 결혼을 하면 그것은 기혼 여성의 상징인 머릿수건으로 대체된다.

"화관을 버리고
그리고 머릿수건을 써라.
과거에는 처녀였지만
이제는 절대로 아니다."

홀츠압펠이 발표한 풍자 크슈탄츨(종종 외설적인 노래인 대중적 4행시, 혹은 풍자적인 노래)에는 체념적으로 이렇게 표현되어 있다. 그리고 일반적으로 남자들은 어디에도 더 이상 존재하지 않을 것처럼 보이는 처녀에 관해 익살을 부린다.

"아가씨들은 사방에 있다,

어떤 신분이거나,

그러나 처녀는

어디에서도 찾을 수 없다."

　대중적인 소설모음집, 특히 노벨레와 슈방크에는 방금 결혼한 여자들의
처녀막 부재와, 처녀가 더 이상 존재하지 않음을 조롱하는 이야기들로 가득
차 있다. 세계적으로 널리 알려진 16세기 프랑스 작가인 보나방튀르 데페리
에(Bonaventure Despériers)는 그의 『재미있는 이야기와 즐거운 한담』(*Nouvelles
Récréations*)에서 신혼 첫날밤에 그들의 불완전한 상태에 관해 각자 다른 평계
를 찾는 세 자매에 관해 이야기한다. 그들 자매는 결혼 전부터 여러 남성과
충분히 즐겼던 것이다. 그들 중 두 명은 심지어 임신까지 해서, 아버지가 적
합한 남편감을 찾는 동안 멀리 떨어진 이모 집에서 지냈다. 결국 결혼을 원
하는 남자 세 명을 찾았다. 아버지는 신혼 첫날밤에 신랑이 왜 신부는 처녀
가 아니냐고 묻는 경우를 대비해서 최고의 대답을 하는 딸에게 200굴덴을
주겠다고 약속했다. 첫날밤 침상에서는 이제 다음과 같은 아주 이중적인 대
화가 오간다. 1) "오호", 그새로 결혼한 남편가 말한다, '새들이 이미 날아갔
는데?' ─ '둥지라도 잘 지켜요', 2) '아니', 그가 말한다. '헛간이 꽉 찼는
데?' ─ '헛간 문 앞에서 탈곡해요!', 3) '길이 이미 잘 닦였는데?' ─ '너무
쉽게 길을 잃지 말라구요!' 엘프리데 모저 라트(Elfriede Moser-Rath: 1984, 97-100:
Sexuelle Erfahrung)가 보여주듯이, 어리석은 수다를 떨면서 자신의 결혼 전 경
험에 대해 스스로 알려주는 젊은 여자에 관한 이야기를 읽고 웃지 않을 수
없다. "어느 남자가 젊은 여자와 결혼했다(그는 그녀가 아직 처녀일 거라고 생각했

356

다). 함께 잠을 자고 난 후, 신부가 이렇게 말했다. '내가 잘했나요?' 그가 대답했다, '그렇소. 아주 잘했소.' – '그래요', 그녀가 말했다. '사람들이 나와 할 때마다 그렇게 이야기했어요.'"

한편으로 경건한 책들은 대체로 처녀성의 고귀한 가치에 관해 설교한다. 특히 가톨릭 신자들은 야코부스 데 보라기네의 『황금 전설』 이후로 갖가지 사례를 통해 마리아는 처녀들 중에서 가장 탁월하다며 그런 성처녀를 질리지도 않게 찬미한다. 그리고 근세의 성 마리아 고레티까지 항상은 아니지만 (강간으로 인한 경우를 제외하고) 처녀로 머무른 여자 순교자를 자주 추모한다. 그 경우 중요한 것은 아주 고귀한 것, 즉 순결을 지키기 위해 자신의 생명을 포기하는 일이다. 그런 이야기들은 물론 국가적인 덕목의 증거로서도 삽입될 수 있다. 그래서 연대기 저자인 안드레아스 엥겔(Andreas Engel)은 그의 『마르크 브란덴부르크의 연대기』(Annales Marchiae Brandenburgicae, Frankfurt/O.: J. Hartmann 1598, 135)에서 초기 프로이센 그리스도교 신앙을 찬미하기 위해 수녀의 명예를 빼앗으려 했던 귀족에 관해 이야기한다. 젊은 수녀는 그에게 ― 그의 생각대로 이교도적인 ― 그를 '막아주는', 즉 부상당하지 않게 해주는 마법주문을 걸어주겠다고 약속했다. 그리고 그 말이 진실인지 아닌지를 그가 그녀를 상대로 직접 실험해봐야 한다고 덧붙였다. 그 주문은 바로 "In manus tuas...", 즉 "당신의 손에 나의 영을 맡깁니다" 이다. 귀족은 그래서 그 주문이 진실인지를 확인하기 위해 수녀의 머리를 때린다. 그럼으로써 그녀는 자신의 처녀성을 보존하고, 귀족은 자신이 속았음을 알게 된다.

그럼에도 앞에서 말했던 것처럼 처녀막의 가치와 무가치에 관한 이야기는 풍자적이거나 빈정대는 어조로 진행된다. 그래서 최근 10년간의 "성적

해방" 운동이 확산된 이후, 유명한 프랑스 풍자주간지 『카나르 앙셰네』(*Le Canard Enchaîné*, 1996년 6월 5일)가 처녀성을 결혼할 때까지 보존하자는 새로운 경향에 관해 험담을 한다고 해서 놀랄 필요는 없다. 그 내용은 이렇다. AVA 운동('Amour Vrai Attend')은 미국 테네시 주 내슈빌의 TLW('True Love Waits') 운동의 일종일 뿐이다. 거기에는 진실한 사랑을 기다리는 25만 명의 추종자들이 존재한다. 프랑스에서는 600명의 젊은 여성들이 그렇게 하겠다고 밝혔다. 그런데 그게 무슨 의미인가? 처녀막이라는 기관이 (앞에서 언급한 파레의 글에서 읽을 수 있듯이) 방해요소로 작용하는 게 아니라, 방해요소가 사랑의 열정을 촉진한다. 기이한 처녀막에 물리적인 혹은 심리적인 의미를 부여할 것인지 여부는 각자의 마음에 달려 있다. 그런 막을 바로 팔려고 내놓지 않는 여자들을 조롱할 무슨 이유라도 있다는 말인가!

자궁과 히스테리

재생산적이며 특별한 여자의 성기에는 그리스 사람들이 "hystera", 라틴 사람들이 'uterus' 혹은 'matrix'라고 불렀던(이 단어는 어머니라는 뜻의 'mater'와 '양육하는 여자'인 'nutrix' 혹은 여자 생산자를 의미하는 'genitrix'가 합성된 것이다) 자궁도 속한다. 자궁은 자궁목(Cervix)을 통해 질과 연결되어 있다. 자궁의 뒤쪽 끝에는 양쪽에 '난관'(그것을 발견한 사람은 『자연의 비밀』의 저자인 가브리엘레 팔로피오로 앞에서 이미 언급했다) 혹은 '나팔관'이 아몬드 모양의 양쪽 난소로 이어진다. 난소의 구조와 기능에 대해서는 매우 늦게서야 밝혀졌다. 모든 난소에는 수십만 개의 '난세포'(Ovozyten)가 포함되어 있으며, 그 중에서 생식능력이 있는 나이의 여자에게는 대략 400개가 숙성한다. 난세포는 '여포'(Follikel)로 싸여 있다. 이것들 중 하나가 여성 생리주기의 열넷째 날에 터지면서 (Follikelsprung) 대략 0.2밀리미터의 성숙한 '난소'(Ovula)를 나팔관으로 방출한다. 이 과정을 '배란'(Ovulation)이라고도 한다. 난소는 남성의 정자와 결합하면서(그 과정은 나팔관에서 일어난다. 그리고 이 두 가지 요소는 동일한 양의 유전요인을 지니고 있다!) 수정란이 되고 자궁에서 태아로 성장한다. 이런 단순한 과정에서 주목할 만한 것은 실제로 여성 성기 영역에서 독일어 개념들은 일부 이중적이며 오해의 소지가 있어서(달걀, 사다리, 도약, 어머니 문 등등) 무지한 상상과 환상에 동기를 부여할 수 있다 ― 결국 난소는 달걀이 아니다.

요한 야콥 브로이너는 계몽주의 시대 초기에 그의 『건강에 대한 백과사전』(260-262)에서 자궁의 본질과 기능, 위치에 관해 간략하게 설명한다. "자궁은 여성의 내적인 부분이며 인간의 생식을 위해 근본적으로 필요한 부위이다. 남자의 씨와 여자의 씨가 그 안에서 서로 결합하여 육체의 열매가 형성되며, 영양분을 받아 9~10개월째로 설정된 출산시기까지 유지된다. 그것은 육체의 아랫부분, 방광과 직장 사이에 있다. 해부학자들은 그것을 세 부분으로 구분한다. 자궁 바닥(Fundum) 그리고 내부 목과 외부 목(Cervicem & Vaginam)으로 나눈다." 프랑크푸르트의 의사인 브로이너는 당시에 널리 퍼져 있던 미신을 적극 반박한다. "시냇가에서 잠자고 있던 어느 여자의 자궁이 입으로 기어나와서 목욕을 하고 다시 서둘러 입으로 기어들어갔는데, 그 여인은 그런 것을 전혀 느끼지 못했지만 그 옆에 앉아 있던 양치기가 그 모든 것을 보고서 그녀에게 이야기해주었다는 이야기가 있다. 이 이야기가 사실이 아니 듯이, 자궁이 목까지 올라오는 것은 거의 불가능하다." 실제로

『독일 미신 사전』(HDA 3, 1930/31, 338-344)에는 이 민족이 '자궁'에 여러 가지 동물형상을 지닌 "무시무시한 독자적 생명"을 부여했다고 보고하고 있다. 특히 자궁에서는 두꺼비가 소란을 부린다. 그리고 이 민족의 경건함을 아는 사람들은 붉은색 혹은 누런색 두꺼비 모양의 밀랍으로 만들어진 자궁 봉납을 청원 예물과 희생 예물로 가톨릭 성지 교회에서 자주 발견했다.

19세기 의사들은 여성들이 자궁으로 인해 겪는 고통에 항상 의미 있는 관심을 보이지는 않았지만 그래도 신경을 쓰긴 했다. 해부학자들은 토끼 유인용 피리소리와 비교한, 그들이 여성의 육체에서 들었다고 생각한 소리에 관해 이야기했다. 코펜하겐의 토마스 바르톨리누스는 1654년에 그의 『기이한 해부학적 이야기』(Centurien seltener anatomischer Historien)를 '자궁에서 들리는 비명소리'라는 장으로 시작했다. 당시 텐슈테트 시 외과의였던 크리스토프 헬비히(1663-1721)는 『기이한 묘사』(Frankfurt/Leipzig 1704, 54)에서 예컨대 자궁에 문제가 생길 경우 영약을 만드는 조제법을 제시하고 있다. 그것은 다음과 같이 조제되어야 한다. "좋은 브랜디 호두껍데기 한 줌, 해리향 1.5 로트(1로트는 470~480그램인 옛날 1파운드의 1/32), 장뇌 1로트, 말린 네덜란드 딸기 0.5로트, 이 모든 것을 브랜디에 넣는다. 유리잔이 고정되어 있으면 어떤 영액도 흘러나오지 않는다. 그것을 따뜻한 곳에 24시간 놓아둔다. 그것을 14일 동안 매일, 아침과 저녁에 따뜻하게 데운 포도주 한 잔에 한 숟갈씩 넣어서 복용한다. 그것은 자궁의 모든 문제를 제거해주며, 멘스가 나오게 한다. 임신한 여자가 출산하기 전에 14일 동안 이것을 복용하면 출산을 쉽게 해주고, 모든 나쁜 일을 막아주며, 후산을 촉진한다."

자궁은 특히 설탕이나 향료를 넣어 데운 적포도주를 통해 진정시킬 수 있는 기관일 거라고 생각할 수는 있을 것이다. 그러나 히스테라(그리스어로 자궁을 가리킴)는 대체로 남자들에게 여자들의 태도나 '성격'을 비판하는, 심지어 훈련시키기까지 하려는 동기가 되었다. 자궁은 비장처럼 상상력의 집합장소로 여겨졌다. 사람들은 이렇게 생각했다. 남자의 '마술 지팡이'와 그것과 꼭 닮은 것이 여자의 '출산기관'에 구체적으로 각인되어 있다(배란은 나중에 '아빠와 똑같은' 것으로 나타난다). 그리고 임신한 여자는 자궁에서 그녀의 눈, 기질, 끔찍한 것이든 행복에 찬 것이든 모든 이미지에 관해 받아들이고 그것을 자신의 태아 속에 집어넣는다. 많은 의사들의 의견에 따르면, 임신하지 않은 경우에도 상상력은 여자들의 머리를 거쳐 자궁 속에 — 아니면 거꾸로 — 정착한다고 한다. 그 상상력은 특히 남자를 짜증나게 하는 관심으로 이어진다. 우리는 그것을 히스테리라는 개념으로 요약한다.

'히스테리'의 근원은 우선은 앞에 언급했던 배란으로의 이미지 전이로 16세기의 기적상징 문학에서 특히 자주 언급되었다. 그래서 파레는 그의 책 『괴물과 불가사의』(Des Monstres et prodiges, 1573)에서 불길한 징조(고대 로마에서 신의 노여움의 표시인 지진이나 홍수 따위)를 기록하는 서기인 피에르 보이스티유(Pierre Boaistuau)의 지시에 따라 "상상력을 통해 생성되는 괴물의 예"에 관한 장을 기술한다. 그 장에는 특히 곰 가죽을 뒤집어쓰고 태어난 아이에 관한 이야기가 있다. 그 아이의 어머니는 출산하는 동안 침상 옆에 걸려 있는, 털 가죽을 입은 성 세례 요한의 그림을 유심히 쳐다보았다고 한다. "여자들이 임신의 순간에 — 그리고 배란이 아직 완전히 형성되지 않은 동안(그것은 사내아이의 경우는 30~35일이고, 히포크라테스가 묘사했듯이 여자아이의 경우는 40~42일이다) 괴물 같은 물건은 보지도 말고 상상하지도 말도록 주의해야 한다. 아이의 조직이 [자궁에서] 완성되면, 괴물 같은 물건을 처다본다 할지라도 그런 일은 더이상 일어나지 않는다. 왜냐하면 아이가 완전히 형성되면 어떤 전이도 더이상 일어나지 않기 때문이다."

19~20세기에는 이른바 여자의 히스테리 상태에 관해 대단히 과장된 그리고 여성혐오적인 개념이 통용되었다. 그것을 안나 피셔-뒤켈만(Anna Fischer-Dückelmann)은 『가정 주치의인 아내』(494)에서 다음과 같이 묘사했다. "이런 신경병에는 경련성이 지배적이다. 반면 처음 언급했던 신경병[히포콘드리, 멜랑콜리]에서는 질병의 느낌이 지배적이다. 히스테리는 아직 완전히 탐구되지 않았다. 해부학적 변화가 뇌에서도 신경에서도 정확하게 확인되지 않았다. 그럼에도 환자들[여성 환자들]은 심하게 시달리고 있다. 가끔은 몇 년 동안 지속될 때도 있다. 그리고 그들에게는 어떤 것도 도움이 되지 않는 듯 보인다. 우리는 히스테리에 걸린 사람들이 수년간 몸이 마비된 채 침대에 누워 있거나, 목소리를 잃어버렸다가 ……갑자기 그들의 능력을 되찾게 되는 것을 본다. 영적인 관점에서 히스테리 환자들은 그야말로 예측할 수 없는 사람들이다. 그 중에는 오늘은 천사였다가 내일이면 악마가 되는 사람도 있다……. 불행한 양육과 병적인 신경상태, 정신적인 능력의 복합작용에서 히스테리의 본질이 구성된다. 도움이 되는 활동범위를 갖추지 못한 불만족스러운 여자들, 자극받기 쉬운 신경체계를 가진 여자들, 이들은 치료할 수 없을 정도로 히스테릭하다. 병들고 신경질적이거나 불행한 많은 여자들이 일시적인 히스테리 상태에 놓여 있다." 그와는 반대로 가티에-부아시에르박사는 제1차 세계대전 말에 그의 『의학 그림 사전』(*Dictionnaire illustré de Médecine usuelle*, 1918, S. 233)에서 이렇게 말한다. "히스테리(그리스어 Hystera에서 유래, matrix): 일

반적으로 여자들에게 나타나는 노이로제로, 가끔은 남자들에게서도 나타난다. 그것은 유아시절과 청년기에 극도의 예민함, 두통, 가슴의 두근거림, 질식을 동반한 발작, 변덕스러운 식욕 등의 증상을 보인다. 그 특성은 과장, 거짓말, 끈질긴 요구, 사람들의 관심을 끄는 것, 왜곡, 신경쇠약이다." 피셔-뒤켈만이 기술한 증상 중의 몇 가지는 프랑스 의사의 「신경성의 히스테리」라는 글에서도 발견된다. 그 시대의 심리분석가들(샤르코[Jean-Martin Charcot], 브로이에[Josef Breuer], 프로이트)은 '히스테릭한' 증상으로 예민함, 극적인 행동, 거짓말하고 싶은 욕구, 신경쇠약, 기절, 마비현상, 발작상태, 혹은 해결되지 않는 오이디푸스 콤플렉스의 내면화라는 유기적 근거가 없는 순환장애 등을 나열한다.

그 모든 것이 어느 정도 일치하긴 하지만 명확하게 진단할 수 있는 그런 것은 아니다. 그것은 이전에 'mutatis mutandis'라고 불렸으며 다른 의사들이 멜랑콜라나 혹은 신경쇠약이라고 지칭했던, 오늘날로 보면 우울증, 억압, 두려움 혹은 패닉의 영역에 속하는 그런 질병을 연상시킨다. 그런 복잡한 심신상관적인(영혼-육체의 관계와 관련된) 상태처럼 정의되거나 아니면 아주 설명할 수 없는 것으로 남게 되더라도 그 질병은 여성 특유의 것도 아니며, 항상 자궁과 관계가 있는 것도 아니다.

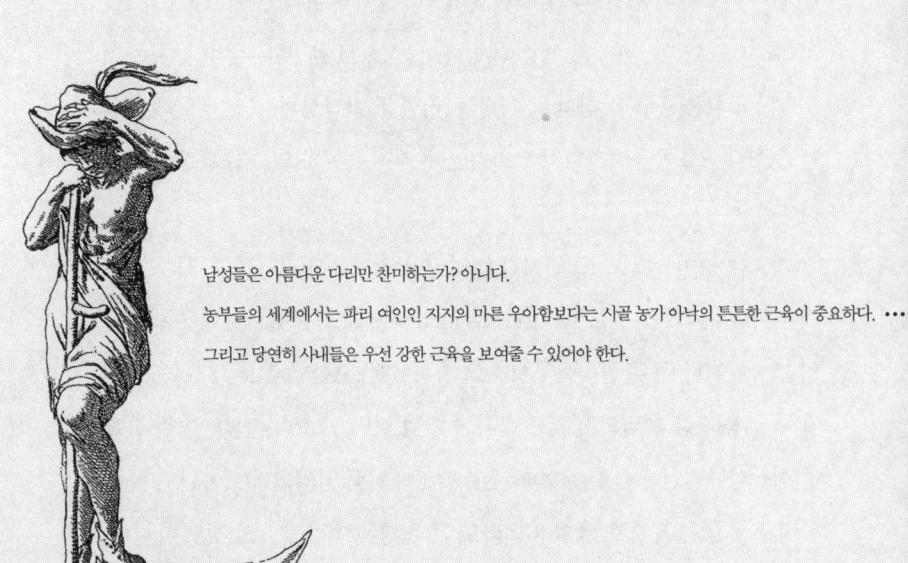

남성들은 아름다운 다리만 찬미하는가? 아니다.

농부들의 세계에서는 파리 여인인 지지의 마른 우아함보다는 시골 농가 아낙의 튼튼한 근육이 중요하다. ····

그리고 당연히 사내들은 우선 강한 근육을 보여줄 수 있어야 한다.

9 팔과 다리

남부 독일에서 '납골당'(Karner)은 인간의 다양한 뼈, 파헤쳐진 무덤의 잔해가 차곡차곡 쌓여 있는 예배당 같은 건물을 말한다. 그 건물은 묘지를 방문하는 사람들로 하여금 인간 육체의 덧없음을 떠올리게 만든다. 요한 볼프강 폰 괴테는 1826년 9월 말에 단테의 『신곡』을 연상시키는 3운구법(3행 1절을 이루는 이탈리아의 시형)으로 이런 뼈 박물관에 대한 인상을 서술했다.

"근엄한 납골당에서
두골들이 가지런히 어우러진 모습을 보면서
지나가버린 옛날을 생각했다.

살아 있다면 서로 증오했을 두골들이 열을 맞추어 줄지어 있다.
죽일 듯 치고 박았던 우악스러운 뼈들이
여기 서로 엇갈려서 얌전히 쉬고 있다.

탈골된 견갑골들! 무엇을 받치고 있었는지
아무도 묻지 않으며, 우아하게 움직이던 사지,
손, 발, 생명을 잃고 흩어져 있다."

인간의 육체의 연관성과 삶의 연관성은 실제로 납골당에서는 더 이상 인식할 수 없다. 탈골되어 무덤에서 나온 뼈들이 하나의 해골로 의미 깊게 조립된다면, 적어도 인간의 "신-자연"(괴테는 같은 시에서 그렇게 표현했다)의 일부는 드러난다.

해골의 '뼈'

그리스어 'skeletos'(건조한)에서 명칭이 유래된 우리 골격은 대부분 석회질의 뼈로 이루어진 강력한 구조물이다. 그 구조를 지탱하는 주된 요소는 33개의 추골을 지닌(Vertebrae) 척추(Rachis), 12개의 갈비뼈(Costae), 그리고 앞쪽의 가슴뼈(Sternum)로 형성된다. 'Columna'라고도 불리는 이런 중심축은 맨 위에 두개골을 받치고 있다. 쇄골(Clavicula)과 견갑골(Cranium)에는 왼쪽과 오른쪽으로 팔뼈가 매달려 있다. 대퇴부와 하퇴부의 뼈는 다시 골반(Pelvis)의 고관절에 고정되어 있다. 골반은 천골(혹은 선골, Os sacrum)을 거쳐 제5요추와 관련이 된다. 이런 강력한 구조물에는 대략 200개의 뼈가 속해 있다. 남성으로서 이런 골격을 가진 사람들에게는 바이에른의 전설적인 여관 난투극에 앞서 인체가 몇 개의 뼈로 이루어져 있는지를 세어보라고 권해볼 수도 있을 것이다. 응급상황에서 뼛조각들을 다시 제대로 조립할 수 있도록 하기 위해서다. 그러나 제대로 조립한다 해도 아마 몇몇 조각은 남게 될 것이다. 말발굽 모양의 설골 혹은 관절을 위한 난원형의 작은 골편이거나 섬유성 연골인 종자골 ― 우리는 두개골 사이에서 그런 것들을 위한 자리를 찾아야 할 것이다. 귀뼈를 조립할 때 싸움꾼들은 아마도 전문가에게 조언을 구해야 할 것이다. 손이나 발의 골격 조립에서는 이미 세어보았더라도 어려움에 빠질 것이다. 해골도 역시 북쪽의 목재공장에서 생산되는 조립가구가 아니다. 안드레아스 베살리우스(Andreas Vesalius)의 『인간의 육체 구조에 관하여』(De humani corporis fabrica, 1543)에 실린 동판화를(아마도 얀 슈테판이 제작했을 것이다) 살펴보면, 인간의 골격에는 어떤 감상적이며 미학적인 매력이 있음을 알 수 있다. 또한 그것은 그다지 강력하지 않다. 에두아르트 뫼리케(Eduart Mörike)

는 「슈투트가르트 요정」(Stuttgarter Hutzelmännlein)(Sämtliche Werke, 6. Leipzig o. J., 202)에서 그것을 "산산조각이 난, 부러지기 쉬우며, 약해질 대로 약해진 뼈의 구조물" 이라고 불렀다.

오늘날 해골은(두려워하지 마라, 대부분 플라스틱으로 만들었다!) 거의 모든 의사나 물리치료사들이 가지고 있다. 300년 전만 해도 치료사들이 파라핀을 입힌 골격으로 개개 뼈의 위치와 성질에 관해 강의하는 것은 극히 드문 일이었다. 1546년 브뤼셀의 위대한 해부학자인 베살리우스는 처음으로 한 남자의 해골을 바젤에서 전시했다. 1576년 펠릭스 플라터는 이 해골에 여성적인 부속물을 추가했다. 1624년 빌헬름 파브리치우스는 그의 변론인 『해부학의 탁월함』(187-191)에서 왜 그런 해골이 예컨대 그들의 의회도서관에 설치되었으며, 그것이 어떻게 이용될 수 있는지를 베른의 시장 및 시의원들에게 명확하게 해주었다. 즉 그들의 치료현장에서 살아 있는 인간의 손상된 뼈들과 그 밖의 부상과 관계가 있는 모든 것을 관찰하기 위함이었다. 그곳의 시청에는 이미 로잔의 외과의인 피에르 프랑(Pierre Franc)이 만든 해골이 있었다. 그 해골은 장막현(양의 창자로 만든 현)으로 붙여놓은 탓에 점차 무너져 내렸다. 마침내 파브리치우스는 사재를 털어 시의원들에게 비싼 선물을 하고는 그 것을 조심스럽게 다루어달라고 부탁했다. "그렇게 되면 100년 넘게 유지될 수 있다. 그 다음에는 모든 뼈가 무너지지 않도록 강한 구리 철사로 연결시켜야 한다. 그러려면 힘이 필요하고, 역시 사람들이 철사를 볼 수 없도록 숨겨야 한다." 이 해골에는 물론 작은 문제점이 있었다. 견갑골과 척추가 손상된 것이다. 앞에 언급했던 "해골"은 말하자면 살아 있을 때 범죄자였을 수 있다. 그는 처음에 고문을 받았고, 결국 "칼로 처형되었다." 해골 역시 그들의 삶과 고통의 역사를 가지고 있다!

소름끼치는 해골

고트홀트 에프라임 레싱(Gotthold Ephraim Lessing)이 우리에게 가르쳐주었듯이, "노인들"이 죽음을 다르게 "발전시켰다." 해골로서만이 아니라 잠의 형상으로, 부드러운 젊은이로, 음악과 함께 인간을 더 아름다운 내세로, '다수'의 세계로 데려가는 날개달린 천재로. 그럼에도 해골은 중세 중기 이후로 유럽에서는 손에 모래시계나 큰 낫을 들고 있는 죽음의 이미지로 잘 알려져 있다. 그리고 종교개혁 시대와 바로크 시대에 해골의 윤무와 '죽음의 무도'(Danses macabres)가 자주 묘사된 이후, 해골들은 사악한 지옥으로 데려가기 위해 모든 남자와 모든 여자 옆에 서 있다. 그 후로 묘지들은 공원시설을 갖추었음에도 불구하고 현대의 해골과 요한 볼프강 폰 괴테의 시에 대한 무시무시한 기억을 일깨운다.

"이제 다리가 들려 흔들거리고,
괴이한 몸짓을 보여준다.
그러곤 나무토막을 박자 맞춰 두드리듯
이따금씩 덜거덕거리며 들어간다."

괴테의 해골은 "긴 다리를 가진 거미와 비교할 수 있다." 그 해골은 자신의 수의를 가져오려고 탑 외부로 기어오른다. 시계탑 종이 제 시간에 "한

시를 알리는 종소리를 우레 같이 울리자 아래선 해골이 산산이 부서진다." 괴테는 그것을 해부학 강의에서 볼 수 있는, 못으로 연결된 관찰 대상처럼 상상한다. "해골은 모자와 함께 창고 벽에 기대어 똑바로 서 있다"—그것은 에두아르트 뫼리케의 「불꽃의 기사」(Feuerreiter)에 보이는 일시적인 죽음이다. 그러나 슈바벤 성직자의 부패과정은 계속된다. "획, 그러자 잿더미로 내려앉는다"—왜냐하면 우리는 결국 재가 되어야 하기 때문이다.

소름끼치는 해골은 영국 "고딕 소설"의 아치 성에도 상주한다. 그들은 거기서 거의 살아 있는 듯 뛰며 돌아다닌다. 그리고 『돈 후앙』(Don Juan)이나 『돈 조반니』(Don Giovanni)의 "돌로 된 손님"처럼 연회에 참석하고, 교활하게 침대에 눕거나, 관에 눕거나 아니면 옷장 속에 뻣뻣하게 서 있다. 그리고 사람들이 그 존재를 확인할 수 있도록 옷을 입었거나, 살인 무기를 손에 쥐고 있거나 아니면 뼈가 앙상한 손가락에 반지를 끼고 있다. 프랑스에서 그런 공포소설은 영국과 독일에서와 마찬가지로 사랑받았다. 마담 도네유(d'Auneuil)의 요정동화집(La Tyrannie des fees detruite, Amsterdam/Paris 1756, II, 137)에 수록된 노벨레 「1756년 4월 15일」(La Quinzaine du mois d'avril, 1756)에서 한 남자가 뇌이와 함께 감행했던 여행에 관해 이야기한다. 그는 도덕적인 남자임에도 불구하고 매일 밤 자신의 침대에 여자를 들인다. 서술자는 어느 날 밤 이런 비밀을 폭로하고 싶어서 친구의 침대보를 걷고 그가 "끔찍한 해골의 팔에 안겨 평안하게 잠을 자고 있는 것을 본다. 그 해골은 침대에 누워서 자랑스럽고 위협적인 눈빛으로 나를 쳐다보았다. 이야기하고 있는 지금도 여전히 떨린다." 그리고 나서 뇌이는 아름다운 피렌체 여인과의 연애사건에 관해 이야기해준다. 임신한 그녀를 떠나서 오랫동안 여행을 하고 있었는데,

한 친구는 그녀가 그를 속였다고 알려주었다. 집으로 급히 달려간 그는 질투에 눈이 멀어 그녀를 목 졸라 죽였다. 그는 속죄하기 위해 한 수도원에 은 둔했는데, 거기서 매일 밤 죽은 아내 해골의 환영을 보게 된다.

이런 종류의 해골과 뼈 이야기는 민중 달력이야기에서 특별히 사랑을 받았다. 음식점이나 저녁모임에서 이런 것을 낭독하는 사람들은 주위 사람들을 즐겁게 하기 위해 공포소설이나 전집에서 그런 해골에 관한 이야기를 지칠 줄 모르고 제공했다. 독일 동화집 역시 뼈는 그것이 피를 흘리든 노래를 부르든 어떤 경우에도 살인을 암시한다. 그림 형제의 동화에서 「노래하는 뼈」(Der singende Knochen)라는 제목을 달고 있는(KHM 28), 유럽에서 널리 퍼진 민담은(AaTH 780) 예를 들면 시칠리아에도 잘 알려져 있다(Pitré/Schenda/Senn, *Märchen aus Sizilien*). 물론 'Tibia'(뼈처럼 보이는 것이나 플루트)라는 개념의 이중성에서 영감을 받은, 시체의 뼈에 남아 있는 생령에 관한 모티브는 예컨대 이런 것이다. "한 젊은 목동이 [형에 의해 살해된] 동생의 뼈 중 하나를 발견하고 그것으로 피리를 만들어 불기 시작했다. 그러자 뼈가 말했다. '오, 목동이여, 당신이 들고 있는 것이 바로 나다. 나는 맑은 시냇가에서 죽임을 당했다. [병든 아버지를 고쳐주었던] 페더가 나를 살해했다. 형제가 그렇게 한 것이다.' ……그래서 목동은 양들을 버려둔 채 피리를 가지고 나폴리로 갔다. 그는 거기서 피리로 연주하기 시작했다. 그때 왕이 창가에 서서 그 피리소리를 들었다. 그가 말했다. '아, 피리소리가 정말 아름답구나!', 왕이 그에게 말했다. ─ '폐하, 제가 이 뼈를 발견했고, 벌어먹고 살기 위해 그것으로 작은 피리를 만들었습니다. 이 피리는 말을 할 수 있답니다.' …… '아', 왕이 장남에게 말했다. '이 피리가 무슨 말을 하는지 좀 들어보자. 자 받아라,

그리고 한번 연주해보아라.' 아들은 그 말에 따라 피리를 들고 연주하기 시작했다. 그러자 피리는 노래를 하며 말했다. '나의 형제여, 형이 손에 들고 있는 것은 바로 나다. 형은 맑은 물가에서 나를 죽였다.' 페더가 나를 살해했다. 형, 당신이 그렇게 했다!"

공포를 불러일으키는 뼈에 관한 이야기는 독일 전설모음집에서도 발견된다(이른바 순수한 민족의 자산인). 상이탈리아에 있는 모초 성 주인의 해골은 매주 금요일 자정이면 그가 살해한 아내의 무덤에서 울기 위해 사다리를 타고 묘지 담을 타고 넘어온다(F. Karlinger/R. Wolf, *Norditalienische Sagen*, 1978, 40). 주민들의 전설에는 해골들이 나타나서 과거의 살인행위를 증거하거나 살인을 예언한다. 보물도 그들을 보호할 수 있다. 그리고 해골들은 젊은 남자를(아마도 그림 형제의 동화, 특별히 KHM 4, 「두려움을 배우기 위해 집을 나온 사람에 관한 동화」나 이탈리아의 변형동화에서) 공포에 몰아넣고자 원한다. "그러나 그 집 주인의 손자 되는 사람이 말한다. '나는 올라가서 할머니의 혼이 있는 방에서 잘 거야. 내가 거기서 잘 수 있는지 알고 싶어.' 그러고 나서 그는 그 방에서 잠을 잔다. ……자정에 의자가 흔들거리기 시작한다. 그러나 그는 조용히 누워서 어떤 일이 일어나는지 지켜보았다. 잠시 후 한쪽 팔이 떨어졌다. 그리고 팔이 의자 위로 올라갔다. 그러더니 한쪽 다리가 떨어졌다. '자 됐어, ……뼈라면 이미 질렸어', 그가 말했다. 그러자 지체들이 하나씩 떨어졌다. 결국 해골 전체가 조각조각으로 나뉘어 전부 내려왔다. ……해골의 다리에는 사슬이 매달려 있었다. 해골은 덜그럭거리는 소리와 함께 돌아다니다가 소파 위로 올라갔다" (A. Büchli/U. Brunold-Bigler, *Mythologische Landeskunde*, 3 [1990] 516).

그러나 해골과의 만남이 항상 그렇게 문학적으로 표현되는 것은 아니다.

알바노이 바트 출신의 어느 그라우뷘덴 사람은 민속학자인 아놀트 뷔힐리 (Arnold Büchli)에게 다음과 같은 이야기를 들려주었다. "한 남자가 여기서부터 주립학교에 다녔다. 토요일 저녁이면 항상 여기서 잤다. 자주 뒤에서 무슨 소린가를 들었다. 그리고 그것은 남자의 뼈였다. 단지 뼈만 있었다. 그 해골은 초록색 모자와 긴 깃털을 지니고 있었고, 손에는 칼을 들고 있었다. 해골은 어디든지 그를 따라다녔다. 그래서 헤르만 발저는 도망칠 수도 없었다. 해골은 같은 걸음걸이로 브루크까지 따라왔다. 브루크 옆에는 구멍이 하나 나 있었다. 해골은 그 구멍에 빠져서 산산조각이 났다. 헤르만 발저의 손녀가 동급생들이 있는 가운데 그 이야기를 해주었다. 12~13년 전에."

그럼에도 여기서 그림책이나 민담 속의 삽화에 대한 기억을 배제할 수 없다. 마티아스 클라우디우스는 예컨대 1775년에 '아스무스'라는 제목으로 함부르크에서 출간된 『반스벡의 사절』(Wansbecker Boten) 1부에서 마르고 우아하지만 그럼에도 무엇인가 소름끼치는 죽음의 신의 해골 그림을 앞에 내세우고 이렇게 적었다. "첫 번째 동판화는 「친구 하인」이다. 내 책을 그에게 바친다. 그는 수호신으로서 그리고 가정의 수호신으로 이 책의 맨 앞에 서 있다." 이제 확실하다, '죽음을 기억하라'는 것은 존경할 만한 생활신조이다. 그럼에도 그런 친근한 사전 그림 작업을 한 18세기 민중의 계몽자이자 교육학자들은 많은 공포 환상소설들이 그런 동판화를 아이들과 성인들의 머리 속에 각인시켰다는 것을 당시로서는 예감하지 못했다. 한편으로는 해골 그림에 긍정적인 이야기가 덧붙여질 수도 있다. 골격은 대체로 건장하고 깨끗한 물건이기 때문이다. 도덕주의자들이 우리에게 해골로 덧없음을 경고하려 한다면, 그들은 결과적으로 신빙성을 잃게 된다. 그들이 실제로 강력한 '메멘토 모리'를 말하려 한다면, 그들은 우리에게 소름끼치는 — 뵈리케처럼 먼지투성이의 — 부패한 시체 그림을 먼저 제시해야 할 것이다.

20세기 초 이후로 해골 그림들은 색다른 교육적 목표에 기여한다. 성격상 몇 시간을 조용히 있지 못하는 어린이들은 나무로 만든 딱딱한 학교 의자 탓에 척추손상을 자주 입는다. 그런 의자들은 아이들이 앉을 때 여러 가지 구부러진 자세를 강요하게 된다. 교육학자들과 의학자들은 사실적인 자세 교정 도구로 라이프치히 교육학자인 다니엘 고틀로프 모리츠 슈레버(Daniel Gottlob Moritz Schreber, 1808-1861)의 모범에 따라 그런 기형을 교정하려고 시도하거나 아니면 적어도 교과서에서까지 나쁜 자세의 결과와 똑바른 자세의 장점을 가르쳐주려고 한다(G. P. Speeckaert, *Livres scolaires d'autrefois*, Bruxelles 1996, 179). '똑바로 앉는 것'과 '똑바른 걸음걸이'에 대한 이런 교육은 물론 일찍부터 독일인의 똑바른 자세('배는 집어넣고 가슴은 내밀고!')라는 면에서 이 넘적인 변종을 보여주었다. 이런 것은 군대 간부의 외모를 가지게 하는 데는 도움이 되지만, 다수의 부하들이 강요 없는 행복한 삶을 영위하는 데는 도움이 되지 못한다.

부담스런 어깨

골격은 물론 통증의 언어로 육체의 괴로움에 대해 한탄할 줄 알았던 유일한 육체 부위는 아니다. "어깨: 견갑골을 향해 있는 상완골두와 견관절 전체를 가리킨다. 견갑관절와: 견갑골의 움푹하게 파인 곳. 견갑골: 넓은 등의 윗부분에 위치한 뼈이며 그것의 중간을 지나가는 융기를 견갑가시라고 한다. 어

깨돌기: 쇄골과 견갑골의 연결 부위. ……쇄골: 목 아래 있는 뼈. 쇄골은 흉골과 함께 관절을 형성하며, 이것을 가지고 있지 않은 생물체에서처럼 양어깨와 견갑골이 서로 부딪치는 것을 막아준다. 그렇기 때문에 인간은 가슴이 가장 넓다. 겨드랑이는 어깨 아래의 오목한 곳을 가리킨다. 어깨는 가장 자주 탈구되는 곳이다." 오늘날에는 이런 고대의 지식(W. Müri, *Der Arzt im Altertum*, 307f.)에 더 이상 많은 것을 덧붙일 것이 없다고 사람들은 생각하고 있으며, 일상적인 사용에서도 충분한 편이다. 그럼에도 불구하고 외과의들이 앞에 언급했던 상체의 몇몇 부위에 생긴 부상을 치료할 때 가끔은 더 정확한 방법을 알고 있다면 우리로서는 기쁜 일이다. 폴란드의 기사이자 외과의인 야누스 아브라함 게헤마(Janusz Abraham Gehema, 1662-1700경)가 그의 『20가지 특별한 외과의적 관찰』(*Zwantzig sonderbahren chirurgischen Observationes*, Frankfurt/M. 1690, 34f.)에서 확인했듯이, 비틀린 견갑골의 접골은 그렇게 간단하지 않다. "한 젊은 귀족이 말을 타고 토끼사냥을 하다가 말과 함께 넘어졌다. 그래서 오른쪽 견갑골이 관절 밖으로 탈골되었다. 주위에 외과의가 없었고, 내가 마침 근처의 다른 귀족 집에 머물고 있어서 ……환자에게 불려갔다. 그리고 내 능력껏 그의 탈골된 뼈를 잘 맞추었다. 이어서 장뇌를 넣은 에틸알콜을 따뜻하게 해서 환부에 발랐다. 이 젊은 니므롯(사냥꾼)은 5일 만에 회복되었다."

특히 인간의 어깨에 관해서는 몇 가지 더 설명할 것이 있다. 그것은 주지하다시피 무거운 것, 예를 들면 하인의 멍에나 프로메테우스의 형제인 거인 아틀라스가 하늘이나 천체를 특유의 강한 어깨로 지탱해야 했던 것처럼 가혹한 숙명을 버텨낼 수 있는 탁월한 기구로 여겨졌다. 힘이 센 삼손은 가자에서 어느 창녀에게 갔고, 가자 사람들은 성문에서 그를 감시하다가 목을 졸라 죽일 수 있을 거라고 생각했다. 그러나 그는 자정까지 창녀 옆에 누워 있다가 땀 한 방울 흘리지 않고 성문의 좌우 부분과 기둥까지 빼어가지고 "그것을 모두 어깨에 메고 헤브론 앞산 꼭대기로 가니라"(사사기 16:3).

인간은 자신의 등에 문짝과 기둥뿐 아니라 특별한 의무를 짊어진다. 어깨에 가벼운 짐을 지는 사람은 큰 책임을 질 준비가 되어 있지 않다, 즉 그 일을 너무 가볍게 생각한다는 뜻이다. 누군가 동료에게 차가운 어깨를 보여주었다면 그것은 바벨론 느부갓네살 왕의 군인들이 티루스 앞에서 당했던 것처럼(에스겔 29:18) 아마도 몸에 열이 날 정도로 열심히 운반 작업을 하거나 아니면 어깨가 상하도록 싸우고 싶지 않다는 의미로 동료를 냉대한다는 뜻일 것이다. 그와는 반대로 모든 이에게 정말 잘하고 싶은 사람은 기꺼이 양 어깨에 물을 지려고 한다. 즉 양다리를 걸친다는 의미이다. 그리고 무엇인가 공동의 일을 위해 나서려고 할 때면 인간은 어깨를 나란히 하고 서거나 어깨동무를 한다.

견갑골은 후기 라틴어로 'Scapula'(오늘날 견갑골의 의학적 호칭이다) 혹은 'spatula'(작은 삽)라고 불린다. 이 단어는 주걱뿐 아니라 로만어로 어깨(이탈리아어로 'spalla', 프랑스어로 'eqaule', 스페인어로 'espalda'는 등도 의미한다) 그리고 고등동물의 경우 어깨 위에 있는 견장(어깨받이)에 이름을 부여했다. 자세 연구가들에 따르면 딱 벌어진 어깨는 남성적 권력의 상징이다. 남자가 어깨를 앞으로 내밀면서 더 넓게 흔들수록(고릴라 수컷과 비교할 수 있다!) 그는 존경과 경외심을 얻게 된다. 우리는 그것을 위압적 행동이라 부른다.

거드름 피우는 태도와 잘난 체하는 행동—우리는 여자들의 '약한 어깨'

역시 약간의 짐을 질 수 있다는 것을 알고 있다. 100살의 늙은 아브라함이 (그가 예상치 않게 사라로부터 아들을 얻자마자) 이집트 하녀인 하갈에게 빵과 물 한 자루를 어깨에 지게 했을 뿐 아니라 그녀가 낳은 어린 아들까지 그 위에 얹은 채 그녀를 내보냈다. 그녀가 어떻게든 황야를 지나가리라 확실히 믿고서!(창세기 21:14) 특히 우리는 그렇게 찬미받은 견갑골이 정말 부서지기 쉬운 것임을 의식해야 한다. 베른의 외과의인 빌헬름 파브리치우스는 1624년에 그의 『해부학의 탁월함』(191)에서, 고문을 하거나 이른바 피의자를 거칠게 심문할 때 견갑골이 특히 부서지기 쉽다는 사실을 상기시켰다. 보통 범죄자의 시체로 만드는 많은 해골에서 그는 이런 어깨뼈가 부러져 있음을 발견했다. "그렇다. 양쪽의 견갑골이 고문과정에서 부러졌다는 사실을 나는 알게 되었다. 그래서 나는 견갑골을 가끔 못으로 이어붙여야 했다. 당국으로부터 범법자들을 고문하라는 명령을 받은 사람들에게 나는 경고의 의미로 이런 사실을 알려주지 못했다. 견갑골이 부서져 몇 조각이 나도록 사람들을 고문하고 괴롭히다니! 그들은 오로지 고문에서 벗어나려는 목적으로 그렇게들 자백을 하는 것이다."

그렇게 많은 짐이 실리고, 그럼에도 무척 예민한 이런 어깨에는 우리의 팔이 약간 느슨하게 흔들거리면서 달려 있다.

세계정복자, 자기탐구자: 팔

현대의 굴삭기는 삽을 이리저리 움직이기 위해 얼마나 많은 소음을 내며, 또 얼마나 많은 에너지와 디젤 쓰레기를 내뿜는가? 굴삭기 운전자는 그 장비를 제대로 굴리기 위해 양 손과 양 발로 몇 개의 손잡이(레버)를 부드럽게, 그러나 조금은 망설이면서 앞뒤로 움직여야 한다. 도로공사용 캐터필러 트랙터는 인간의 팔보다 백배 이상의 일을 해낸다. 그러나 그것은 대단히 무겁고, 복잡하고, 기능적으로 제한된 장비이다. 그것을 우리는 1997년 여름에 오데다이헨에서 제대로 경험했다! 인간의 팔은 – 손발에 대해서는 더 말할 필요도 없다! – 그런 기계보다 백배는 적게 일하지만, 팔은 놀라운 속도와 거의 제한받지 않는 운동능력으로, 직관적인 당연함으로, 느슨한 우아함과 가벼움으로 이런 작업을 수행한다. 힘든 일과 육체적 표현이라는 작업영역, 사랑하며 갈망하는 접촉과 애정이라는 부드러움의 감정영역에서도 마찬가지다. 인간의 팔은 여기저기서 로봇의 촉수로 대체되고 있긴 하다.

"생명체 중에서 인간만이 똑바로 걷는다. 그리고 인간은 본래의 신체적 조건상 똑바로 걷기 때문에 앞발이 필요하지 않다. 그 대신 인간에게는 팔과 손이 주어졌다." 그래서 기원전 4세기에는 인간의 손에 대한 위대한 경탄자인 아리스토텔레스가 우리에게 이렇게 가르쳐주었다. 인간의 팔은 우선 간단한 두 부분으로 구성되어 있는 것처럼 보인다. 팔은 외부에서 관찰할 때 잘 마무리된, 삼각근에 의해 지지되는 외부 어깨에서 시작한다. 팔은 상박('bizeps', 즉 이두근을 의미한다)과 전박(손을 뻗는 인대와 손을 구부리는 두 개의 중요한 인대와 함께)으로 구성되어 있으며 손으로 이어진다. 뼈로 보자면 긴 상완골(Humerus)이 둥근 상완골두와 함께 앞에서 언급했던 커다란 견갑골의 오목한 곳에 위치해 있으며, 거기서 견관절을 형성한다. 상완골의 아래쪽 끝은 팔꿈치 관절(Cubitus, Regio cubiti)에서 전완의 두 뼈인 척골(Ulna) 및 요골(Radius)과 만난다. 이 뼈들은 손목관절뼈로 가는 연결 부위를 형성하고 있다. 앞에 언급했던 관절은 다양한 운동성을 지닌다는 특징이 있지만, 지나치게 부담을 받을 경우에는 부상당하기 쉽다. 그럼에도 이런 두 지체는 모든 인간에게 그 이상의 것을 의미한다.

팔은 새로 태어난 인간이 가지고 싶은 어떤 것, 따뜻한 것, 양식이 되는 것을―특히 엄마의 젖을― 발견하기 위해 미지의 차가운 세계로 뻗는 도구이다. 다섯 개의 손가락이 달린 손은 견갑골, 팔꿈치, 손목의 다양하게 회전할 수 있는 관절을 가진 독창적이며 감각적인 완성품이다. 팔은 세계의 지배자이자 자기 인식의 도구이다. 팔은 손을 육체의 거의 모든 부위로 이끌어갈 수 있다. 머리 곳곳, 서로 마주보고 있는 견갑골과 다른 팔 아래까지. 팔은 육체의 정면과 측면을 두루 탐색할 수 있고, 당연히 아래쪽의 발까지 닿는다. 그러나 척추를 따라서 이 팔로도 저 팔로도 도달할 수 없는 구간도 존재한다. 그것은 아마도 지크프리트 영웅의 몸을 보호해주는, 용의 피로 이루어진 굳은살이 닿지 않은 바로 그 지점일 것이다. 거기에 보리수 잎이 붙어 있었는데, 그는 왼손으로도 오른손으로도 거기까지는 손이 닿지 않아 그 잎을 떼어낼 수 없었다. 이런 핸디캡이 전설이 예언한 대로 그에게 죽음을 가져왔다. 그럼에도 불구하고 우리의 다리가 팔처럼 그렇게 넓은 활동범위를 가진다면 우리는 기적의 인간으로 등장할 수도 있을 것이다.

인간에게 팔이 없다면 과연 무엇을 할 수 있을까? 전완골이나 상완골이 부러진다면 그보다 더 나쁜 일이 있을까! 그런 사고에 관해(한 가지 예가 수천 가지 예를 대변해준다) 약사인 발부르거(Michael Wallburger)는 그의 『하우스부흐』(*Hausbuch* 1 [1988] 206)에 이렇게 기록하고 있다. 1654년 8월 7일 볼프 에크하르트 마이어 씨 집에서 "식사를 했다." 거기에서 시장 요한 마이어가 조금

과음을 했다. 그는 "그 방에서 쓰러졌다. 오른쪽 팔의 팔꿈치와 겨드랑이 사이가 부러져서 두 조각이 났다."

주목할 만한 것은 400년 전에 팔도 없이 용감하게 삶을 이어나간 어떤 청년에 관한 이야기이다. "몇 년 전에 건장하고 튼튼한 한 남자가 파리로 왔다. 그는 두 팔이 없었지만 손으로 처리해야 할 모든 일들을 빠르게 잘 수행할 수 있었다. 왜냐하면 그는 목과 어깨 사이로 물건을 받았으며, 그 부위를 이용해서 던지기도 거의 똑같이 했다. 누구도 그보다 더 쉽게 할 수 없을 정도였다. 그는 마치 손으로 하듯이 자신이 원하는 대로 매사를 능숙하게 처리했다. 먹고 마시는 것, 카드게임 등등은 발로 대신했다. 그런데 결국 그는 살인혐의로 붙잡혀 수감되었다. 그의 자백에 따라 교수형을 당하고 나중에 다시 거열형을 당했다"(A. Paré/P. Uffenbach, *Wundtartzney oder Artzneyspiegel*, 1063). 다른 자료들에서는 죄가 아주 없는 것은 아닌 그 사람이 겔더른에서 처형되었다고 한다.

파레는 "재단을 하고 바느질을 하고 그 밖의 많은 것을 할 줄 알았던", 그러나 팔이 없는 파리의 어느 부인을 알고 있었다. 팔이 없는 사람들은 일상적인 일들을 발로 할 수 있었으며 심지어는 입으로도 할 수 있었다. 1765년에 제작된, 삽화가 들어 있는 44×58센티미터 크기의 문서 한 장이 보존되어 있는데(Kunstkabinet Donaueschingen, 「자연의 기적」) 거기에는 예수와 사마리아 사람들이 우물 곁에 서 있는 장면이 펜화로 그려져 있다. 그리고 거기에 장식글자로 적힌 여러 종류의 성경 텍스트를 읽을 수 있다. "내가 썼다. 하느님의 지혜로운 예시로 존중할 만한 자연의 예에 대한 경탄으로서 1735년 3월 7일에 손도 없이, 발도 없이 세상에 태어난 내가 썼다. 나는 이것을 직접 작성했다. 팔꿈치밖에 내려오지 않는 잘록한 팔과 내가 입으로 조각한 펜으로 완성했다. 그래서 1765년 11월 8일에 칼스루에에서 손도 없이 발도 없이 태어난 요한 야콥 에베르트(Johann Jacob Everth)에 의해 완성되었다."

스페인 속담에 이런 말이 있다. "A dineros pagados bracos quebrados", 즉 돈을 미리 받으면 (갑자기) 팔이 부러진다는 말인데, 수공업자들은 선불을 받으면 주문받은 일을 더 이상 처리하지 않는다. 일반적으로 대부분의 수작업을 하는 것은 우리의 팔이다. 17세기 스페인의 악한소설은 끔찍하고 잔인한 장면에서 거의 매번 사람의 팔이 부러지는 것으로 인해 아주 많은 비난을 받고 있다. 갈레온선 갑판장은 기독교인 노예의 팔을 잘라서 그 배에 있는 다른 노예들로 하여금 더 힘차게 노를 젓게 하기 위한 자극제로 사용한다. 이 일화는 잔인한 방식으로 우리의 아주 성실한 팔 역시 심한 피해를 입을 수 있다는 사실을 상기시킨다. 팔이 세상으로 과감하게 전진하는 것을 통해 그것은 위험을 만나면 기꺼이 엄마 품으로 파고드는 어린 동물처럼 육체라는 안전한 벽에 적응하는 대신 자신을 드러내고 자유로워진다.

팔이 부러진다, 팔을 뽑아내다, 팔을 자른다는 것은 괴물과 범죄자의 영웅적이며 징벌적인 싸움의 표준 장면이기도 하다. 고대 영국의 슈퍼맨이라 할 수 있는 베어울프(Beowulf)는 전사를 짓밟으면서, 그들의 뼈를 부러뜨리면서 흐로스가 왕을 공격하는 사악한 용인 그렌델을 팔이 없는 무용지물로 만든다. 즉 베어울프는 그 괴물 앞에서 뛰어올라 쇠칼로 용의 팔을 친다. 그것의 뼈를 자르고 잡아당겨서 괴물의 어깨로부터 뽑아내고, 정맥과 동맥을 뼈에서 분리시킨다(Beowulf, ed. Marc Hudson, 1990, 111-113, Vers 758-765, 813-818). 사람들이 모여 멍하니 바라보는 처형장에서 피의자의 팔이 잘리는 장면을 생각하면 더욱 끔찍하다.

레기네 뇔켄(Regine Nölken)은 1994년의 테라코타 조형물을 「영웅의 팔」이라 부른다. 1미터가 넘게 길고 두꺼운, 시체처럼 창백한 물건이 바닥에 놓여 있다. 찢기고 비틀리고 여러 군데가 뜯겨나갔다 — 팔의 자부심은 그 한계에 도달했다. 처형장에서 그리고 전쟁터에서 팔은 모든 품위를 완전히 잃어버린다. 그렇다. 그것의 모습은 엄청난 경악을 불러일으킨다. 19세기에 많이 읽혔던 알자스의 부부작가인 에르크만-샤트리앙(팔츠부르크 출신의 에밀 에르크만과 알렉산드르 샤트리앙이다)은 1864년 간행된 반나폴레옹적이고 평화주의적인 소설 『라이프치히 민중학살 시기의 알자스 신병 이야기』(*Histoire d'un conscrit de 1813*)에서 당시 전쟁의 끔찍한 결과에 관해 묘사했다(15장). "내게서 짚단 5~6개 떨어진 곳에 늙은 하사가 다리를 묶은 채 앉아 있었다. 그는 눈으로 신호를 보내면서 옆에 있는, 군대 외과의가 방금 팔을 자른 군인에게 말을 건넸다. '이봐, 신병, 저 산더미처럼 쌓여 있는 걸 좀 보게. 장담하건대 자네는 팔을 찾을 수 없을 걸세.' 그 말을 들은 군인은 [전쟁에서] 최고의 용기를 증명했음에도 불구하고 얼굴이 하얗게 변했다. 그는 그것을 쳐다보자마자 정신을 잃었다."

끔찍한 한쪽 팔로도 충분하다. 그것은 암시되었듯이 현실에 존재한다. 그리고 다시 문학에 반영된다. 특히 나폴레옹 전쟁 시대에. 당시 전쟁의 공포에 관해 우리는 루트비히 리히터의 기억에서 확인할 수 있다. 그림 형제의 동화 「두려움을 배우기 위해 집을 나온 사람의 이야기」에서 시체의 일부로 불러일으키는 끔찍함은 그저 인간 상상력의 심연에서 나온 것이 아니라, 전쟁에서 살아남은 자들의 공포 체험에서 나온 것이다. 요한 페터 헤벨은

1814년 그의 달력 이야기 중 하나를 「공포로 인한 죽음」(Tod vor Schrecken)이라 부르고, 어떤 내기에 관해 이야기한다. 어떤 서기가 시골 외과병원에서 자살한 사람의 시체에서 분리된 전박을 가져와서, 어떤 것으로도 자신을 놀라게 할 수 없을 거라고 주장했던 동료의 침대 밑에 누웠다. 그리고 잠자고 있는 사람의 얼굴 위로 자신의 따뜻한 손을 세 번 스쳤다. 깨어난 사람이 이 손을 잡았을 때 "차가운 죽은 손이 그의 손에 잡혔으며, 잘려나간 팔의 잔해가 손에 들어와 있었다. 그리고 치명적인 공포가 그의 마음 깊숙이 지나갔으며 삶 속으로 들어왔다. ……간단하게 말해서 다음 날 아침 그는 시체가 되었다." 이런 헤벨의 달력 이야기를 토대로 하이미토 폰 도데러(Heimito von Doderer)는 1926년에 「7개의 변형이야기」(Sieben Variationen)를 기술했다. 거기서는 이런 장면의 공포감이 더욱 고양되었다(*Erzählungen*. München 1995, 192). "그때 그는 베개에서 피가 흐르지 않는 얼굴을 보았다. 그 얼굴의 돌아가는 두 눈이 그를 응시하고 있었다. 공포감이 그를 사로잡았다. 침대 위의 그는 팔의 잔해에서 벗어날 수 없었고, 팔은 그를 붙잡은 채 끔찍한 발작을 일으켰다. 그리고 원래 팔이 달려 있던 붉은 자국과 함께 그 시체는 베개 속에서 똑바로 쳐다보고 있었다……. 놀란 사람은 며칠 후에 죽었다."

이런 탁월한 육체 부위는 팔의 주인이 팔로 일을 하거나 연인을 껴안거나 하는 대신 이성을 잃은 매질이나 다른 사람의 온전한 육체를 상하게 하기 위해 사용되기 때문에 좀처럼 찬미의 대상이 되지 못한다. 신문들은 전에는 일상적이었듯이 이런 연관성 속에서 도덕의 잣대를 대지 않아도 매일 그런 팔의 잘못된 사용에 관해 보고한다. 이런 맥락에서 팔과 관련된 사례를 이야기하자면 끝이 없다. 그것은 그 주인이 죽은 뒤, 살아 있는 사람에게 이런 구제받지 못한 죽은 자의 공격이나 학대에 관해서 경고하기 위해 무덤에서 어머니, 아내 혹은 자녀들에게 팔을 뻗친다.

하인리히 하이네의 시는(Intermezzo에서) 아마도 가련한 팔 이야기의 고통에서 우리를 끌어내서 유일하게 아름다운, 풍요로운 포옹에 관해 이야기해준다. 비록 그 시가 낭만적인 죽음으로 끝난다 해도.

"네 뺨을 나의 뺨에 갖다대라,
그러면 눈물이 흘러내릴 것이다,
나의 가슴에 너의 가슴을 갖다대라,
그러면 불꽃이 함께 피어오를 것이다!

그리고 커다란 불꽃 속으로
우리 눈물의 강이 흘러가면,
그리고 너의 팔이 강하게 나를 안으면―
나는 사랑에 대한 열망으로 죽을 것이다!"

그리고 원래의 다리

인간은 서서 간다. 어쨌든 똑바로 서고 달리고 수직으로 솟아 있는 육체란 사원의 기둥인 두 발로 뛰어간다. 그리고 이런 경제적이며 건축기술적으로 매우 과감한 특징은 서고 달리는 데 네 개의 다리를 필요로 하는 다른 포유동물들의 특징보다 인간을 더욱 정확하게 구분해준다. 다리 사이에 몽둥이를 던지지 않는 한 우리는 양 다리 위에 똑바로 서 있다. 그리고 이런 걷는 도구로 뛰거나 도약하고 걷거나 산책을 한다. "내가 할 수 있는 한 생동감 있게", 그리고 용감하게 공간을 통해(라틴어로 'spatium', 그래서 'spazieren'이 '산책하다'라는 뜻이다) 지나간다. 운동을 할 때ー자전거를 탈 때도ー매번 다리 동작이 문제시된다. 다리 동작을 특별히 빠르게 하는 사람은 아주 재빨리 달아날 수 있다. 모든 나라에서 이야기되고 있는 어리석은 사람은 자주 혼동을 해서 그들이 회의 후에 혹은 사교모임 후에 자신들의 얽히거나 꼬인 다리를 더 이상 풀 수 없다고 생각한다. 다리에 대한 몇몇 미학적 관점은 찬미받는 경우가 많다. '다리'(Beine)는 독일의 유행가에서는 '여자아이'(Kleine)와 각운을 맞춘다. "돌로레스의 다리"는 물론 수많은 중년남자들을 잠 못 이루게 했다. 그리고 "머리부터 발끝까지 사랑만 생각했던" 마를린 디트리히의 다리는 바로 우상과 같은 명성을 얻었다.

표준 독일어에서 이 아래쪽 지체는 허벅지(Coxa), 장딴지(Crus) 그리고 발(Pes)로 이루어져 있으며, (내부구조로 보면) 골반 뼈(Pelvis)에서부터 엉덩이 관절, 대퇴골(Femur), 무릎골(Patella, Rotula)과 함께 무릎관절, 날카로운 사각의 경골(Tibia), 평행선으로 이어지는 비골(Fibula)를 거쳐 발의 관절과 발의 온갖 뼈들 그리고 발가락까지 이어진다. 그것은 모두 세 개의 주요 관절에서 구부러지고 다시 뻗칠 수 있는 직선의 뼈 탑을 형성한다. 또한 그것은 근육으로 싸여 있고, 근육의 건이 강화되고 피부가 팽팽하게 당겨진 모양을 하고 있다. 또 설명하겠지만 그것은 견고하기는 하지만 한편으로는 다치거나 부러지기도 쉽다.

모든 사람은 왼쪽 다리와 오른쪽 다리가 약간 다르다. 노인의 뼈는 어린이의 뼈와 공통적인 것이 거의 없으며, 여성의 뼈는 대부분 남성의 뼈와 근본적으로 구분된다. 그리고 그것은 단지 물리적인 의미에서만이 아니고 남녀의 사회적 조건반사 때문에 더 그렇다. 앉아 있는 여자들과 남자들의 그룹을 보면 그들 각자의 다리 자세에서 그런 사실을 알 수 있다.

그러나 다리의 자세가 성을 특징지을 뿐 아니라 허벅지와 장딴지의 형태도 여성과 남성의 경우 각자 다른 평가를 받는다. 콜레트(Gabrielle-Sidonie Colette)는 그녀의 소설 『지지』(Gigi, 1944)에서 독자들의 시선을 지지의 무릎에서 시작해서 발의 굴곡으로(남성 작가라면 아마도 거꾸로 시선을 발에서 무릎으로 이어가며, 기꺼이 치마 밑으로 더 깊숙이 들어가게 했을 것이다) 이끌어가다가 한순간 종아리에 머무른다(종아리는 프랑스어로 'mollets'라고 불린다). 지지의 매끈한 종아리와 우아하게 굴곡을 이루는 발은 젊은 부인들이 그 안에서 이력을 쌓아야 했던 파리 시민사회에서는 높이 평가받았다. 그런 가치평가는 어떤 일반적인 타당성을 요구할 수 없다. 남성 허벅지의 딱딱한 근육이라면(뒤로 "커다란 엉덩이 근육에서" 무릎골 위로 "안의 허벅지 근육"까지) 절대로 여성의 다리에 장식품이 되지는 않을 것이다. 그리고 모든 남성들이 수영선수들처럼 그런 허벅지 근육을 갖고 싶어하지는 않을 것이다. 종아리 근육의 평가에서는(그들은 "내적인 그리고 외적인 쌍둥이"라 불렀다) 미학적 판단만이 중요한 게 아니며, 파리 여인인 지지의 다리처럼 매끈한 부드러움만이 중요한 것도 아니다.

"나는 양치기 소녀를 좋아하지 않는다,
종아리가 없는 양치기 소녀를,
보라, 보라

저 양치기 소녀를 보라!"

홀츠압펠이 발견한 조롱투의 노래에는 이렇게 적혀 있었다. 그리고 다른 노래는 이렇게 되어 있다.

"나는 너를 좋아하지 않는다, 너를 사랑하지 않는다,
그 이유를 말해주마,
너는 종아리가 없고,
네 다리는 구부러졌기 때문이야."

남성들은 아름다운 다리만 찬미하는가? 아니다. 농부들의 세계에서는 파리 여인인 지지의 마른 우아함보다는 시골 농가 아낙의 튼튼한 근육이 중요하다. 그리고 당연히 사내들은 우선 강한 근육을 보여줄 수 있어야 한다.

"여자들이여, 결혼하기를 원한다면
나만 바라봐라
내 종아리를 봐라,
사카리디!"

농가의 결혼시장에서는 아름다운 다리가 아니라 튼튼한 다리가 중요하다. 괴테의 『파우스트』(1부, Verse 2499-2502)에 나오는 메피스토가 「마녀의 부엌」 장면에 나오는 마녀에게 이런 사실을 알려준다. 마녀는 메피스토의 말굽에 관해 묻는다. 그리고 그럼으로써 시민 출신의 청년들이 농가의 젊은이들 못지않게 종아리 뒷부분의 둥근 형태에 신경을 쓰고 있음을 우리에게 보여준다.

> "세상을 온통 핥고 다니는 문화란 것이
> 악마에게까지 손을 뻗쳤단 말이다······.
> 말굽만 해도 내게 없어선 안 되겠지만,
> 사람들 눈에 띄면 손해란 말이야.
> 그래서 나도, 많은 젊은이들처럼
> 몇 년 전부터 가짜 종아리를 달고 다닌다."

우리는 위험한 모험을 하기에 앞서 누군가가 "목 골절과 다리 골절"을 당하기를 바란다 — 목이 부러지는 것은 모험하는 사람에게 틀림없이 치명적인 사고가 될 것이다. 그러나 오늘날 다리 골절은 기본적으로 더 이상 두려워할 필요가 없다. 그것은 고통스럽지만 치료할 수 있다. 그러나 과거에는 항상 그랬던 것이 아니다. 이 책에서 자주 인용된 파라켈수스(*Wund- und Artzney Buch*, XCIV)는 다리 골절을 "위험한 골절"로 여겼다. 뼈는 철처럼 딱딱하지만 "사소한 가격"에도 철과는 다르게 부러질 수 있다. 뼈는 말하자면 탈골되거나 부서지기 때문이라고 했다. 이 외과의는 유리한 경우에(전제: 뼈의 잔해가 안으로 뚫고 들어가지 않고 내출혈이 없다) 여러 가지 부목과 철 고리를 사용해서 자연스런 재활을 하도록 뼈를 지지해줄 수 있다. 그럼에도 거기에는 "많은 사건이" 일어날 수 있다. 예컨대 "연약한 기질"을 가진 사람들에게서 나타날 수 있는 합병증이다. "그들은 쉽게 열병을 일으킨다. 그 열로 인해 부패될 수 있다. 그리고 그것이 부패하기 시작하면 그것은 다리 전체의 부패로 이어지며, 가끔은 죽음으로 치닫기도 한다. 그래서 열이 나지 않게 조심해야 한다. 왜냐하면 가장 가벼운 경우에도 그 부위에 구멍이나 누공 혹은 냄새가 심하게 나는 물질이 생길 수 있기 때문이다. 그래서 더 잘 보호하고 깨끗한 밴드로 묶는 것이 좋다. ······그리고 사흘까지는 [골절 부위의] 붕대를 절대 풀지 말고 있어야 한다. 매일 두 번씩 붕대를 다시 감아주면 아무 문제도 일어나지 않을 것으로 확신할 수 있다."

다리 골절 역시 이전에는 생명을 위협하는 사건이었다. 그리고 20세기 전반까지 가톨릭 나라에서 벽에 밀랍으로 만든 다리의 모조품과 성자에 대한 간구제물, 희생제물, 감사제물로 많은 목발이 걸려 있지 않은 성지 교회는 거의 없었다는 사실 역시 자명하다. 그런 봉헌예물은 물론 일찍부터 고위 성직자들에게 불안감을 안겨주었다. 예를 들어 1673년 클레 교구를 방문했던 그레노블의 카뮈 몬시뇰(Monsignore Le Camus)은 교구 성당의 마리아 제단에 있는 어떤 물건에서 유달리 불쾌감을 느꼈다. 그리고 그는 비판했다. "우리는 사랑하는 마리아의 제단에 매달려 있는 밀랍 다리를 바로 제거해야 한다. 그리고 거기에 봉헌제물을 매다는 것은 이제부터 금지된다. 봉헌제물을 거는 동기가 근본적으로 검증되기 전까지는 금지된다" (*Le Monde alpin et rhodanien* 5 [1977] 82).

17세기 이후로 특히 널리 퍼진 달력이야기의 주인공이며 삽화 인물인 "절뚝이는 사자(使者)"는 계속되는 피 튀기는 전쟁에서 다리 하나를(둘 다는 아니라 할지라도) 잃어버려 목발에 의지해서 다니거나 아니면 한쪽은 온전한

다리와 다른 한쪽은 나무다리로 절룩이며 다니는 '장애인'이 사방에 존재한다는 사실을 상기시킨다. 모든 전쟁은 — 그것에 대해서는 어떤 미화도 소용이 없다 — 잠재적인 『인간 살육장』(Menschenschlachthaus, Wilhelm Lamszus, 1912)일 뿐 아니라 특히 부상자 및 장애자의 대량생산자이기도 하다. 그들을 우리는 나중에 부드러운 말로 상이군인이라고 불렀다. 그렇게 다리에 장애를 가진 사람들이 많이 존재하는 것과 가톨릭 순례지나 다리 대용품 공장에서 따로 떨어진 다리를 보는 것에 익숙해진 것이 여러 소설에 이야깃거리를 제공했다는 점은 분명할 것이다.

오스트리아 음악가이며 바로크 악한소설 작가인 요한 베어(Johann Beer)는 그의 책 『재미있는 여름날』(Kurtzweilige Sommer-Täge) 제5권에서 바스텔이라는 이름의 청년에게 나무다리 일화를 행복한 상황과 함께 설명했다. 말하자면 "그는 한쪽 다리만 있는 주인을 섬긴 적이 있었다. 그의 다른 쪽 다리는 딱딱한 나무로 만들어졌는데, 아주 잘 마무리되어서 그 위에 양말과 신발을 신을 수 있을 정도였다. 그는 약간 절룩거리긴 했지만 많은 사람들이 그것이 의족임을 거의 알아채지 못했다. ……한번은 누군가가 그에게 결투를 신청했다. 그리고 그들이 말을 타고 결투를 해야 했기 때문에 나는 그의 권총을 숲 뒤에서 날라주었다. 그들은 함께 가기를 원했다. 그들은 용감하게 숲에서 총을 쏘았다. 각자 두 발을 발사했다. 둘 중 한 사람도 부상당하지 않았다. 저녁에 내가 그의 옷을 벗겼을 때 양말에서 총알 하나가 떨어졌다. 총알이 그의 나무다리에 맞은 것임을 알아차린 그도 나처럼 진정으로 웃지 않을 수 없었다." 그럼에도 나중에 바스텔은 그의 주인에게 나쁜 짓을 했다. 주인이 도둑의 뒤를 쫓는 것을 방해하기 위해 그는 밤에 옆에 놓아둔 나무

다리를 두 조각 내고 그 조각들을 숨겼다. 그래서 그 귀족은 범인을 추적할 수가 없었다.

이 남자는 죽은 후에 자신의 다리를 찾기 위해 유령이 되어 성을 배회하지 않을까? 낭만주의자들은 어쨌든 성곽과 관련된 환상소설이라는 틀 안에서 이런 진부한 모티브를 포기하려 하지 않는다. 그래서 프랑수아 르네 드 샤토브리앙(François René de Chateaubriand)은 1817년 아버지인 샤토 드 콩부르그(Château de Combourg, *Mémoires*, I, 1973, 124)에 관해 이렇게 이야기한다. "밤에 자러 가기 전에 그들(어머니와 자매들)은 침대 밑, 난로 밑, 문 뒤를 들여다보았다. 나는 계단 가까이에 있는 복도를 둘러봐야 했다. 그들의 기억 속에는 성에 관해 전래되어 오는 이야기나 도둑과 유령이 남아 있었다. 사람들은 이미 300년 전에 죽은, 나무다리를 하고 있는 콩부르그라는 백작이 특정 시간에 나타났으며, 그를 탑의 계단에서 보았다고 확신했다. 그의 나무다리는 가끔 검은 고양이와 함께 사방을 돌아다녔다."

그런 이야기들은 「여섯 사나이의 성공담」이라는 제목의 그림 동화(KHM 71)를 연상시킨다. 이 동화는 끝내 삶을 포기하려고 드는 어느 퇴역군인에 관한 이야기이다. 그는 재주 있는 녀석들을 만나는데, 그 중에는 퇴역한 군인도 한 명 있다. "조금 있다가 그들은 또 한 사람을 만났다. 그는 외발로 서 있었다. 그리고 한쪽 다리를 풀어서 바닥에 눕혀놓았다. 그 광경을 보고 퇴역군인이 말했다. '휴식을 취하기 참 편하게 만들었군' — '전 달리기 선수입니다', 그가 대답했다. '너무 속도가 빨라서 다리 하나는 풀어놓습니다. 두 다리로 달리면 새가 나는 것보다 더 빠르지요.' 자신의 장애 상태를 이상할 정도로 잘 다루는 달리기 선수는 이렇게 자신의 장애에 관해 자랑한다—그는 약간의 방해에도 불구하고 발이 빠른 공주를 이기게 된다. "바람이 지나가는 것처럼 빠르게." 이것은 전쟁으로 부상당한 사람에게 위로가 되는 작품인가 아니면 전쟁의 참혹함을 과소평가한 것인가? 우리는 이런 질문을 남겨두지만, 그럼에도 하이미토 폰 도더러의 소설이 생각난다(*Die Amputation*, 1932). 그 소설은 우리에게 외발로 명랑하고 용감하게 잘 지내는 여자에 관해 보여준다. 그녀는 함께 의사놀이를 하고 싶어했던 젊은 사촌들로 하여금 자신의 다리를—그것은 단지 떼어놓은 의족일 뿐인데—정말 잘랐다고 믿게 했으며, 그들의 방자함에—절단술은 의사놀이의 대상이 아니다—공포로 벌을 주자 그들은 도망간다.

기괴하고 시니컬한 프랑스 작가이며 평화주의자인 자크 프레베르(Jacques Prévert)의 「가족에 대한 회상」(Souvenirs de Familie, in: *Paroles* [1949], 1956, 32f.)에서 신랄한 아이러니로 가득 차 있는 의족 일화를 우리는 잊어버려서는 안 된다. "나의 아버지는 개선된 의족의 발명자였다. ……아버지가 말했다. 신부님, 이른바 진짜 다리, 진짜보다 더 진짜 같은 다리가 상상이 가십니까! 가볍고 편안한 노루 다리, 깃털 같은 다리, 우리는 그것을 마치 자명종처럼 태엽을 감아 준비할 수 있지요! 그리고 나서 아버지는 나를 쳐다보고는 엄청난 애정의 눈빛으로 나의 동생들을 쳐다보았다. 아버지는 우리들 중 누가 나중에 한 번이라도 가슴에 용감함의 메달을 달고, 바지 속에 비싸고 복잡한 기계인 의족, 즉 아버지의 다리를 지니는 행운을 가지게 될지를 예상해보려고 했다." 그것이 아주 당연한 것처럼 1918년 가티에-부아시에르의 『의학 그림 사전』에는 '인공 다리'(Jambe artificielle, S. 247)라는 항목이 있으며, 거기에는 다리를 잃고 남은 부분의 세 가지 유형에 관해 설명한 후 그것에 맞는 세

가지 의족 그림이 포함되어 있다. 거기에는 이렇게 적혀 있다. "절제수술을 한 후에 우리는 그 지체를 기계장치로 대체한다. 그 장치는 충분히 자유로운 활동을 보장한다." 전쟁부상과 관련된 묘사는 이런 "지체"가 원래 분리된 것에 관한 묘사처럼 그런 장애가 가져올 수 있는 — 의족이 있건 없건! — 결과에 관해 충분히 언급한다. 두 번의 세계전쟁에서 살아남았지만 (그런데 얼마나 오래?) 한쪽 다리 혹은 양쪽 다리를 '명예의 전당'에 남겨놓고 온 수백만의 전쟁부상자들을 누가 아직도 생각하겠는가?

300~400년 전의 절제수술 — 그것은 마취도 하지 않은 끔찍한 과정이었을 것이다. 우리는 그런 고통을 견딜 필요가 없기 때문에, 요하네스 무랄트 (Johannes Muralt) 박사가 1686년 취리히에서 외과의사 조합의 동료들에게 행한 강연(Anatomisches Collegium, 246f.)을 귀기울여 들어야 한다. "한 예로 나는 무릎 아래서 경골을 잘라내야 한다고 주장했다. 그래서 환자에게 특히 심장을 강화하는 물(소취)이나 포도주를 주었다. 그가 수술을 받다가 기절하지 않도록 하기 위해서다. 그리고 건장한 사람으로 하여금 피부를 무릎 위로 잡아당기게 한다. 조수는 가늘지만 강한 밴드를 무릎 위 다리 주위에 감고 환자가 고통을 느끼지 못하도록 그것을 다리에 밀착시킨다. 절제수술이 행해지기 전에 몇 가지 습포를 얼음처럼 차갑게 해서 그 위에 덮어야 한다. 무릎 아래에도 마찬가지로 붕대를 감아야 한다. 그리고 다리가 절단되는 곳에서 피부를 원래 위치로 잡아당긴다. 외과의사는 수술용 메스로 피부를 근육과 함께 붕대 밑에서 뼈까지 자르고 피부를 다리에서 분리시킨다. 다음에는 그 위에 바로 톱을 갖다대고 다리를 절단한다. 붕대 때문에 피가 계속 흐르지는 않겠지만 심하면 [절단 부위의] 혈관을 불에 달군 쇠로 지져야 한다. 그리고

피를 멈추게 하는 가루약과 달걀 흰자위를 넣은 먼지버섯을 그 위에 붙이고 돼지 방광으로 덮는다. 그런 다음 백묵처럼 하얀 붕대로 잘 처치하고, 피가 완전히 멈추는 것처럼 보일 때까지 가능한 한 붕대 감은 상태를 잘 유지해야 한다. 그 붕대를 다시 풀면 상처가 마르고, 살가죽이[이번에는 무릎의 위에서 아래로] 그 위를 덮도록 신경 쓰기만 하면 된다……. 이런 경우에는 이렇게 하는 것으로 충분합니다! 여러분, 의심나는 점이 있으면 질문하십시오!"

오늘날의 관점에서 보면 실제로 많은 질문들이 존재한다. 그것은 누구든 당사자인 외과의사, 조수인 "강한 남자"에게, 그리고 용감한 환자에게도 제시할 수 있는 문제이다. 도대체 의사 파라켈수스, 파레, 파브리치우스, 무랄트 같은 의사들에 의해 잘린 다리, 아니면 1차 대전 중에 가티에(『라루스 의학 사전』의 저자이기도 하다)에 의해 잘린 다리들은 어디에 있는가? 그것들은 따로따로 묻혔는가? 환자들이 몇몇 지체를 잃어버리고 더 이상 발견할 수 없을 때 뭐라고 말했는가? 예를 들어 과거 밤베르크 병원의 한 남자는 외과의가 아픈 발 대신 멀쩡한 발을 잘랐다. 그리고 무덤에는 ─ 많은 성유물 창고에서처럼 ─ 팔과 다리가 따로따로 돌아다니지는 않는가? 몇몇 시체는 이런저런 신체 부위가 빠져 있지는 않은가? 끔찍한 질문들 ─ 그리고 여기에는 용감한 의사들의 입에 오르내리는 무시무시한 답변들이 있다.

안톤 체홉 (Anton Tschechow)은 소설 『구즈베리』(Die Stachelbeeren, 1898)(Späte Erzählungen. tr. Gerhard Dick, München 1969)에서 수의사 이반으로 하여금 구즈베리 덤불이 있는 영지를 매우 동경한 그의 동생 니콜라이 이야기를 하게 한다. 그러면서 그는 "금이 보드카처럼 인간을 바보로 만든다"라는 문장을 사실로 입증하는 듯한 두 가지 사례를 전해준다. 첫 번째 예에서는 한 상인

이 죽기 전에 그의 전재산을 다 쓰고 빈털터리가 된다. 두 번째 예는 — 이야기 속의 이야기이며 독자는 그것이 "이미 다른 오페라에서" 일어났던 것으로 생각한다 — 이렇다. "언젠가 기차역에서 가축떼를 감시해야 했다. 그때 말장수가 기관차 아래로 떨어져서 다리가 잘렸다. 피가 홍수를 이루는 아주 끔찍한 사건이었다. 그는 자신의 다리를 찾아달라고 했다. 그리고 매우 불안해했다. 잘린 다리의 장화 안에는 잃어버리면 안 될 20루벨이 숨겨져 있다는 것이었다."

우리(스위스의 주 이름)의 방언 이야기꾼인 에트빈 무하임(Edwin Muheim)은 의사이자 전설연구가인 에두아르트 레너(Eduard Renner, *Goldener Ring über Uri*)를 회상한다. 레너는 구르트넬렌에 있는 자신의 병원 치료현장에 관해 그에게 이야기한다. 어느 날 러시아 사람의 다리 하나가 해안으로 떠밀려 왔다고 한다. 경찰은 흥분하여 그 의사를 소환했다. 사고인가 아니면 범죄인가? 거기서는 그것이 문제였다. 그래서 의사는 더 자세한 지시를 받기 위해 주도인 알트도르프의 판사에게 전화를 했다. 판사는 되물었다. 그 다리가 "우리와 같은 사람에게서 나온 것"이냐고 말이다. 그렇다. 다리에 신겨 있는 신발로 보아 그렇게 보인다. 그때 심문을 받던 사람이 말했다. 그것이 "우리 같은 사람에" 속하는 것이라면 우리는 그것을 매장할 수 있을 거라고 — 그리고 그는 교수형을 당했다(*Innerschweizer Schriftsteller*, ed. B.S. Scherer, 1977, 179).

그런 예는 "민중의 입"에까지 도달했다. 1885년 피트레가 발표한 「라 감바」(La Gamba)라는 제목의 토스카나 동화(I, 19)에서 어머니는 가난 속에 허덕이다 죽는다. 큰 딸이 너무 추워서 어머니 무덤에서 수의 셔츠를 꺼내온다. 둘째는 엄마의 치마를 가져온다. 셋째는 양말 때문에 죽은 엄마를 때리고 그러면서 시체의 다리를 떼어낸다. 그 다리는 집으로 와서 ─ "다리 하나 더, 다리 하나 적게, 무슨 일인가?" ─ 구석에 세워졌다. 이어지는 사흘 동안 밤마다 문 두드리는 소리가 난다. 결국 세 자매는 문을 함께 연다. 밖에는 엄마의 유령이 벌거벗은 채 외발로 서 있다. 자매들은 엄마의 유령을 집안으로 데리고 들어와서 묻는다. "누가 엄마의 셔츠를 가져갔어요?" 그녀는 장녀에게 몽롱하게 대답한다. "그건 너잖아!" ─ "누가 엄마의 치마를 가져갔어요?" 그녀는 둘째 딸에게 무덤의 목소리로 말한다. "그건 너잖아!" 그러고 나자 막내가 말했다. "오, 사랑하는 엄마, 누가 엄마의 양말을 뺏어갔어요?" 시체는(그것은 서술자를 의미한다) 매우 큰 소리로 외친다. "너지! 나와 함께 무덤으로 가자!" 우리는 그 어머니가 자신의 완전한 부활을 위해 나쁜 딸들만이 아니라 자신의 다리도 무덤으로 가지고 갔기를 바란다.

무릎 꿇기

무릎(Genus)의 역사에는 이런 무시무시한 담론이 이어질 수 있다.

> "무릎은 고독하게 이 세상을 헤쳐간다.
> 그것이 무릎이다. 그렇지 않으면 아무것도 아니다!
> 그것은 나무가 아니다! 그것은 천막도 아니다!
> 그것은 무릎이다. 그 밖의 다른 어떤 것도 아니다!
>
> 전쟁에서 한 남자가

총에 맞고 또 맞았다.

무릎만이 부상당하지 않고 남았다—

마치 성자인 것처럼."

크리스티안 모르겐슈테른의 1905년 「교수대 노래」(Galgenliedern)에는 이렇게 씌어 있다. 마치 그가 허구의 전설에서 1차 대전의 살육을 예감했던 것처럼. 그렇게 전쟁과 평화의 입장에서 본다면 우리는 무릎을 굴욕의 상징으로 설명할 수 있을 것이다. 전쟁에서 승리인가 패배인가는 그들이 어쩔 수 없이 무릎을 꿇거나 악한 적이 그들로 하여금 무릎을 꿇도록 강요하는 무릎으로 단순화된다. 신하는 무릎을 꿇고 무엇인가를 부탁해야만 한다. 무릎을 구부리고 하는 궁정식 절은 그런 복종의 제스처가 단순화된 형태이다. 인간은 신에게 무릎을 꿇고 기도한다. '장궤' ('genuflexio', 무릎틀이라고 불린다, 몸을 똑바로 세운 채 오른쪽 무릎을 꿇거나 혹은 두 무릎을 다 꿇은 자세로 존경을 나타내는 행위), 즉 무릎을 꿇는 것은 가톨릭 교회에서는 계속 반복되는 육체의 의례적인 움직임이다. 신자가 평화와 은혜를 구하기 위해 성자에게 부분적으로 무릎을 꿇고 숭배하면 특별히 영향력 있는 속죄에 속한다. 로마 교황청에 있는 성스런 계단과 그것의 여러 가지 모방품들은 무릎을 꿇는 계단으로 이용되었다고 한다. 무릎을 꿇고 엎드리는 자만이 더 높이 올라갈 수 있다. 성지 교회의 많은 대리석 모서리에서 우리는 이중으로 길게 파인 홈을 볼 수 있다. 경건한 사람들이 거기서 무릎을 꿇었다. 가톨릭 교회의 다른 경건한 장소에서도 우리는 줄곧 기도하는 은둔자나 성스럽게 살아가는 인간들이 무릎을 꿇었던 돌 구덩이를 볼 수 있다.

그럼에도 사방에서 무릎을 꿇어야만 한다고 판결받은 것처럼 보이는 사람들을 찾기 위하여 멀리서 무릎을 꿇으며 속죄하도록 저주받은 죄인들을 인용할 필요는 없다. 수백만의 여자들이 사회적인 청결의 요구에 부응하기 위해 그들의 집 바닥과 다른 사람의 집 바닥을 무릎을 꿇고 연마세제로 청소를 한다. 경건한 사람들과 성실한 사람들이 무릎을 꿇다가 많은 부상을 당하지 않았을까? 못 위에서 무릎을 꿇는 것에 관해서는 물론 다음과 같은 이야기로 설명될 수 있다. 1767년『의학적 일화』(II, Nr. 139)는 젊은 여자가 어느 날 무릎의 고통으로 큰 비명을 질렀으며, 그 후 중병에 걸렸다는 것에 관해 보고한다. "우리는 그녀의 생명을 구하기 위해 모든 것을 각오했다. 방혈도 해보았지만 통증은 가라앉지 않았다. 우리는 그 부위에 찜질도 했지만 아무 소용이 없었다. 그녀가 끔찍한 고통 속에 보낸 사흘 후에 사람들은 마침내 그녀의 무릎에 못이 박혀 있는 것을 발견했다. 못을 꺼내자마자 모든 통증은 사라졌다. 환자는 건강을 되찾았다." 걷기가 어려운 장애자들 역시 무릎을 꿇고 움직인다. 그들은 양 손에 네 개의 발을 가진 발판을 잡고 있어서 그것의 도움으로 지지하면서 네 발 가진 동물처럼 앞으로 나아갔다. 이런 현상의 회화적인 묘사는 파라켈수스의 책에서(*Wundt- und Artzney Buch*, CLXXXIII, "마비증" 에서 재론, DLXIV) 나병과 관련되어 나온다.

한편으로 무릎은 앉아 있는 사람들 사이에서 불경스럽지만 민첩한 사절로 명확하고 간결한 메시지를 주고받게 해준다는 사실을 부정할 수 없다. 과거 18세기에 이런 일이 있었다. 두 남자와 두 여자가 마차에 앉아 함께 여행을 한다. 그리고

"거기서 우리는 눌리고 부딪치고 밀린다,

네 사람 모두 강력하게.

무릎이 차례로 이어져 있으며 다리는

마치 형제나 자매 같다.

여자의 무릎 옆에 남자의 무릎이 있고

남자의 무릎 옆에 여자의 무릎이 있다

무릎들이 화려한 대열을 이루며 놓여 있다,

마치 기꺼이 누워 있는 것처럼."

　어쨌든 그런 관능적인 만남은 게오르크 크리스토프 리히텐베르크가 고타에서 비크레벤으로 여행을 하면서 "찌르르함"을 느꼈을 때도 일어났다. 모르는 사람들과 함께 여행할 때는 이런 경우를 조심해야 한다.

　일상적인 무릎은 가끔 '가톨릭적으로' 보인다. 즉 좋은 관찰자라면 무릎에 있는 적회색의 눌린 자국을 알아보고, 이 경건한 사람이 먼지가 쌓인 교회의 무릎의자를 사용했다는 결론을 내린다. 아니면 어린이의 경우처럼 무릎에 붉은 반점이 생기거나 상처로 얼룩져 있다. 그것은 가끔은 넘어져서 생긴 흉터이다. 1911년 북프로방스 작가인 바르자벨의 말을 들어보자. "마담 지라르는 가끔 창문을 열고 나에게 외쳤다. '하루 종일 뛰는 대신 집에 들어오지 않을래? 다시 넘어지지 않게 조심해라!' 그 도로는 아스팔트 포장이 되어 있지 않고 자갈이 깔려 있었다. 달리면 가끔 돌부리에 걸려 넘어진다. 이런 거친 도로에서는 무릎을 긁히고 손바닥까지 다친다. 그런 일이 일어나면 마담 지라르는 양쪽 창을 들어올리고 소리친다. '르네가 넘어졌어!' 그러면 나는 울기 시작한다. 나는 움직이지 않은 채 누군가 나를 일으켜주기를 기다린다. 빵집에서 부인 몇몇이 흥분하여 뛰어나온다. 사람들이 내 주위로 몰려들어서 내가 일어서도록 도와준다. 나에게 키스를 하고 나를 위로해준다. 내 코를 닦아주고 나를 씻겨준다. 무릎 주위를 손수건으로 묶어준다. 마담 지라르는 창문을 다시 닫는다. 그 지역의 모든 사내아이들이 명예의 화관이 새겨진 무릎을 하고 성장했다. 나는 부상을 덜 당한 아이에 속한다. 왜냐하면 나는 덜 뛰어다녔으니까. 나는 독서를 더 좋아했다." (*La Charette bleue*[1980], 1996, 12)

우리는 아이를 어른 무릎에 앉힌다고 말한다. 그러나 이런 표현은 명백히 허벅지에서 하체까지 이어지는, 원래 아주 뻔뻔스럽게 '품'이라고 말해야 하는 다른 육체 부위를 은폐하고 있다.

품속에서의 보호

품은 틀림없이 육체의 일부는 아니지만 허벅지와 치부 사이, 혹은 더 광범위하게 무릎과 가슴 사이의 육체 부위를 가리킨다. 그리고 품이란 것은 앉아 있는 사람에게 해당되는 것으로, 앞에 언급했던 부위에 어떤 물건이나 살아 있는 생명체를 품으면서, 보호하면서, 따뜻하게 해주면서 앉힐 수 있다. '품'이란 상징적으로나 문학적으로 아이를 임신하고 있는 여자의 육체를 말하기도 한다. 그래서 성모 마리아는 어린 예수를 그녀의 모태에 품고 있다. 성경에서 누가는 이렇게 말한다(16:22). 천사가 불쌍한 나사렛을 데려다주었다고 말한 '아브라함의 품'은 연약한 영혼이 안전하게 은신처를 찾는 바로 그 곳이다.

품이라는 독일어 'Schoß'는 원래 앞치마처럼 축 처져 있는 천(연미복의 옷자락에서처럼)을 의미한다. 라틴어에서 이런 도피처는 '그레미움'(gremium)이라 불렸다. 'Gremium'은 원래 교회 안에서 열리는 집회를 가리켰다. 주교의 품에 놓여 있는 작은 수건(그것은 주교관이나 반지처럼 그의 휘장에 속한다)은 'Gremiale'라 불렸다. 그리고 이탈리아어로 'grembiale', 'grembiule'는 오늘날 몸통과 허벅지를 보호하면서 매달려 있는 앞치마를 의미한다. 영어권에서 품에 해당하는 단어로는 드물게 사용되는 'groin'('gremium'에서 유래되었으며, 치부를 의미한다) 외에 일상적인 단어로 'lap'이 있는데, 이것은 다시 앞치마를 의미한다. 동일한 언어적 현상이 프랑스어 'giron'(뾰족하게 밑으로 내려가는 앞 수건, 즉 품)에서 나타난다. 이 단어는 그래서 (예를 들면 턱받이나 허리띠처럼) 어원학적으로 부끄러움 때문에 직접적으로 부르고 싶어하지 않는 육체 부위를 은폐하면서 다양한 의미로 사용된다. 어쨌든 프랑스 사람들과 영국 사람들은 '치부'의 의미로 품이란 단어를 사용하지 않기 위해 기꺼이 훨씬 위에 위치한 육체 부위인 젖가슴(라틴어로 'sinus'는 로만어로 'sein', 'seno' 등등이다)까지 포함시킨다. 그리고 아브라함의 품 역시 'sein d'Abraham', 영어로는 'bosom'을 의미한다. 가스펠 송에서 충분히 알려져 있듯이. "Rockin' my soul in the bosom of the Abraham."은 따뜻함의 위로를 주는 생각 때문에 국제적인 민요가 되었다.

'품'은 물론 에로틱한 것을 연상시키기도 한다. 셰익스피어의 「햄릿」에서 배우들이 등장하기에 앞서 덴마크 왕자는 매력적인 오필리아 앞에 앉아서 매우 이중적인 의미의 말을 한다. "May I lie in your lap, Lady?"—즉 그가 그녀의 품에 누워도 좋은지를 묻고는 자신의 뒷머리를 그녀의 포갠 무릎에 기댄다 — 그녀가 허벅지를 벌렸다면 그는 따뜻하게 그녀의(당연히 긴 치마로 덮은) 치부 위에 머리를 눕힐 수 있었을 것이다. 그녀는 그런 제스처로 성행위를 할 마음이 있음을 암시할 수 있었을 것이다. 누군가를 자신의 품에 앉힌다는 것은 발전된 사랑의 행위로 나아가기 위한 전 단계일 수 있다. 『노벨리노』의 87번째 이야기인(13세기 말) 고해 풍자곡계는 마찬가지로 이중적으로 이야기하지만 정중한 햄릿처럼 그렇게 세련되지는 않았다. "한 사람이 신부에게 고해를 하러 갔다. 그는 다른 이야기와 함께 이런 이야기도 한다. '제게는 제수씨가 있습니다. 동생은 여행중입니다. 집에 가면 그녀는 아주 친밀하게 제 품에 안깁니다. 저는 어떻게 해야 합니까?' 신부가 대답했다. '그렇군요, 그녀가 나와 그렇게 하기를 원했다면 그녀에게 은혜로 갚아줄 텐데 말입니다!"

친밀하게 앉아 있는 장면의 에로틱한 요소는 1854년 윌리엄 헌트(William Holman Hunt)의 〈깨어나는 양심〉이라는 제목의 유화에서 특히 명백하게 드러난다. 그 그림에는 제대로 옷을 입지 않은 젊은 여자가 피아노 연주자의 품에서 일어난다. 그는 틀림없이 그녀의 애정의 증거를 기다리고 있다. 그녀는 일어서서, 손가락을 자신의 품 앞에서 보호하는 듯 깍지를 끼고 있다. 그럼에도 우리는 그런 만남에서 어디서나 어느 때나 자극적인 것을 상상해서는 안 된다. 카타리나 프뢸리히(Katharina Fröhlich)와의 고통스런 이별과정이 오랜 기간에 걸쳐 이어졌던 프란츠 그릴파르처는 1822년 10월 11일 그의 일기에 이렇게 적는다. "F.의 집에서 점심식사를 하다. 화해할 때마다 매번 일종의 정욕이 내 안에서 살아났다. 나는 그녀를 품에 안고 그녀를 애무했다. 오랜만의 일이었다. 그러나 느낌은 시들었다. 나는 기꺼이 그녀와 다시 자고 싶다. 그러나 그렇게 되지 않았다. 아, 처음과 얼마나 다른가! 그녀는 시들었다. 우리 모두 늙었다."

시간은 시들지 않는 꽃의 낡은 화관처럼 바랬으며, 생생한 감각들은 망각의 회색 톤으로 바뀌었다. 역사적 과정에서의 변화 역시 생각해야 한다. 요한 하인리히 페스탈로치는 그의 초상화 중 하나에서 '무릎'(그것은 허벅지였다)에 두 아이를 앉히고 있다. 아무도 그것을 성적인 느낌으로 의심하지 않을 것이다. 오늘날 물론 직장, 트레이닝 센터, 혹은 학교에서도 성적인 희롱에 관한 담론은 페스탈로치라도 여학생을 무릎 위에 앉히지 않을 정도로 예민한 단계에까지 도달했다. 솔직하게 말해보자. 어떤 사람의 품이 예민한 부위라면 엉덩이나 혹은 다른 부위와의 아주 가벼운 접촉도(그릴파르처와 페스탈로치의 경우는 아니다) 분노를 불러일으킬 수 있다. 왜냐하면 '엉덩이'는 분명이미 충분히 문제가 되기 때문이다. 그렇지 않은가?

거의 언제나 화를 자아낸다: 엉덩이

노이엔부르크의 법원은 1995년 11월 7명의 젊은이에게 각각 200프랑의 벌금과 반년의 금고를 선고했다. 무슨 일이 일어났는가? "18살에서 22살 사이의 건장한 남자들이 축구경기를 마치고 식사를 하기 위해 음식점에 모였다. 분위기가 너무 고양되었다. 결국 그들은 바에서 바지를 내리고 사진을 찍기 위해 자신들의 벌거벗은 엉덩이를 보여주었다. 음식점 여주인은 충격을 받아 경찰을 불렀으며, 젊은 손님들을 고발했다. 이들은 그 필름을 나중에 시냇물에 버렸다"(Hosen runter: Gebüsst, in: *Tages-Anzeiger*, 1995년 12월 2/3일).

어떻게 그렇게까지 되었는지, 당시 그 소식을 듣고 놀란 사람이 곰곰이 따져보았다. 그는 그동안 수백 번이나 벌거벗은 엉덩이 사진을 찍고, 영화를 만들고, 그림을 그리고, 아주 뻔뻔스러운 텔레비전 방송에서 그런 걸 보여주고, 과시하는 것을 보았는데, 어떻게 음식점 여주인과 경찰은 그런 "과도함"에 대해 화를 내고, 대체로 볼 만했고 게다가 기능에 충실했던 육체 부위인 벌거벗은 엉덩이를 대중에게 보여주었다고 해서 벌을 받는가? 벌거벗은 뒷모습을 다 보여주고 다리를 벌린 채 시민 도덕에 대한 저항으로서(특히 경찰들에 의해) "공중으로 날아가는" 여덟 명의 벌거벗은 사람들, 남자와 여자, 어른과 어린이를 찍은 베를린 생활공동체 회원인 토마스 헤스터베르크(Thomas Hesterberg, 1967)의 사진이 이미 세상에 발표되지 않았는가? 당시 행동 예술가이며 사진가인 비틀즈 존 레넌의 아내인 오노 요코는 365의 두 배가 되는 인간 엉덩이의 무한한 다양함과 미학을 보여주지 않았는가? 이름으로 볼 때 오노 요코의 사촌인, 1952년 태어난 오노 아키가 사진「엉덩이에 대한 찬가」를 노래하고 그러면서 훌륭한 여성의 엉덩이를 조명하지 않았는가? 1995년 말에는 붉은색의 벌거벗은 엉덩이가 들어 있는 토미 웅게러(Tomi Ungerer)의 책이 서점 한쪽에 공공연하게 널려 있지 않았나? 장 뤽 엔니그(Jean-Luc Hennig)는 그보다 1년 전에 『엉덩이에 관한 짧은 이야기』(*Kurze Geschichte der Hinterbacken*)라는 제목의 베스트셀러를 쓰지 않았는가? 프로방스 주민들은 13대 0이나 15대 0으로 지는 사람이 '라 파니'라고 불린 나체의 여성 엉덩이 그림에 키스해야 한다는 내기를 걸고 여전히 당구공 놀이를 하지 않는가? 그런데 아직도 벌거벗은 엉덩이에 화를 내는 사람이 있는가?

그리고 이것이 전부가 아니다. 1996년 5월 2일에 앞에 언급했던 『타게스안차이거』지는 예의 노이엔부르크 법원 판결에 대한 조롱으로서 「엉덩이가 중심 문제로 부각된다면」이라는 제목의 기사를 실었다. 빈터투르 술집에서 슈빈이라는 이름의 음식점 주인은 "황제 파티"에 초대받았는데, 이 모임에서 "황제 96"이 선발되었다. 그런데 유감스럽게도 거기에는 여성 지원자들이 부족했을 뿐 아니라 남성의 엉덩이에 대한 공적인 호감도 부족했다. 리포터들은 그 선발대회가 끝나기를 기다리지 않고 그 자리를 떠났을 것이다. 놀라운 일이 아니다. 문화양상이 그토록 갑자기 변하지는 않는다. 오래 전부터 남성의 엉덩이는 거의 평가를 받지 못했다. 고대 프랑스의 『여우 이야기』(Roman de Renart, 1178년에 집필되었다)의 14번째 이야기('branche')에서 여우 프리마우트는 어느 농부의 신선한 엉덩이 한 조각을 가져왔다. 그러나 라이네케 여우는 머리를 흔들었다. 검든 희든 농부의 살은 어떤 시기에도 맛이 없었다. 그에게는 거위가 훨씬 더 나았다.

그럼에도 명백히 세 부분으로 나뉘는 '커다란 엉덩이 근육'(Musculus gluteus)을 통해 모양이 아주 좋으며, 결과적으로 튀어나온 이 육체 부위는 ― 그것은 원래 반으로 나뉘어 있어서, 라틴어에서는 복수형인 'nates' 나 'clunes'로 불렸다 ― 매번 강한 주목을 받았고, 그것은 그에 속하는 수많은 명칭에서도 드러난다. 프랑스 사람들은 엉덩이를 대부분 분열된 것이라는 의미의 'fesses'라고 부른다. 이런 둘로 구분된 것에 대해(특히 여성의 엉덩이에 대해) 항상 부드럽지만은 않은 여러 가지 호칭이 존재한다. 엉덩이(popotin), 항아리(pot), Steert(croupion) 반구, 세계지도 혹은 달, 번역할 수 없는 것도 있다(그러나 기본단어 'pet', 즉 방귀에 속한다). 'pétard', 'pétoulet', 'pétrus.'

영어에서 'ass'라는 단어는 혼동하기 쉽다. 그것은 엉덩이나 나귀를 뜻하기 때문이다. 우리는 다음과 같이 이어지는 리머릭(Limerick)의 시를 그렇게 이해할 수 있다.

"글라스라고 불리는 매력적인 부인이 있었다.

그녀는 훌륭한 '엉덩이'를 지니고 있었다.

그럼에도 붉지도 않고 둥글지도 않고 거칠지도 않으며

(남자들의 경우는 그렇지 않을지도 모른다!)

회색이고 귀를 가지고 있고 풀을 먹는다."

그런 이중성을 피하기 위해 자부심 강한 빅토리아 사람들은 나귀를 'donkey'(Duncan의 성에서 유래되었다)라고 부르고, 엉덩이를 네 개의 철자(그래서 유명한 '네 철자 단어로')'arse'로 바꾸기로 했다. 그러나 영국 사람들은 말로 표현하기 어려운 이 육체 부위에 대한 다른 이름도 가지고 있다. 그들은 예컨대 'bottom'(그것은 원래 바닥, 땅을 의미한다)이라고 말하거나, 'rump'(몸체)라고 말하며, 'bum' 역시 사용한다.

독일 사람들은 대체로 거칠게 'Arsch'(저지 독일어로는 'ars')라고 말한다. 그러면서 경멸과 당황스러움 사이의 비음 섞인 소리를 함께 낸다 - 이런 불협화음의 단음절어는 열광이나 경탄의 어떤 근거도 제시하지 않는다. 오래전부터 이 단어는 그 자체로 혹은 말장난으로 포장하여 웃음을 유발하는 데만 기여한다. "작은 시립학교에서 학교 선생들 사이에 큰 싸움이 일어났다. An Grammatica sit ars, vel scientia, 즉 라틴어 문법이 예술(ars)인가 학문인가 하는 문제를 가지고. ……불쌍한 아이들은 떨면서 이런 끔찍한 말싸움 장소에 있기보다는 지옥에 있는 게 더 낫다고 생각했다. ……마침내 한 남자아이가 자신이 학교에서 얼마나 많이 배웠는지를 보여주려 했으며, 그래서 다음과 같이 그의 부모들을 비난했다(실수로 부모 중 한쪽에서 공손하지 못한 말이 튀어나왔기 때문이다. 즉 내 x이나 핥아라). 'Ars'라는 단어를 그토록 거칠게 내뱉는 것은 부끄러운 짓이다. 우리 선생님이 직접 말했듯이 'Ars'는 '그라마티카 Grammatica'라고 부르는 게 더 좋다. 그 아이는 그 싸움을 거꾸로 이해한 것이다. 왜냐하면 그 싸움은 문법이 '예술'(Artem)이냐 아니면 '과학'(Scientiam)에 관한 것인데, 그것을 아이는 이해하지 못했다"(T. A. Hellwig, *Kluger und lustiger Medicus*, 1728, 8f.).

웃음은 인간이 그런 말로 — 혹은 다른 곳에서처럼 노출하면서(술집에서!) 행위로 — 감히 깨뜨리려고 하는 기존의 금기를 토대로 한다. 엉덩이를 지칭하는 것 혹은 심지어 엉덩이 키스에 관해 말하는 것은 실제로 'salva venia', 혹은 'salvo honore', 즉 '실례지만'이라는 사과의 표현을 요구한다. 1629년 쾰른의 마녀심문에서 판사는 마녀로 의심받은 22살의 크리스틴 플라움에게 물었다. "마녀들이 춤에서 이탈할 때 악마의, 실례지만, 엉덩이에 키스하는 것을 보았는가?" — 그리고 그는 1630년에 엘리자베트 폰 슈벨름이라는 이름의 64살 난 여자에게 묻는다. "그녀가 그런 춤을 추면서 그 물건을 잡고, 실례지만, 엉덩이에 키스했는가?"(J. Macha/W. Herborn, *Kölner Hexenverhöre*, 1992, 6, 60). 분명 판사들은 기꺼이 "초를 잡는다", "엉덩이에 키스한다"와 같은 성과 관련된 비정상적인 행위에 대해 듣기를 원한다. 그러나 서기는 그런 자유분방한 말들이 그의 얼굴을 수치로 붉게 물들인 것처럼 그렇게 행동한다.

어떤 사람은 엉덩이에서 다양한 즐거움을 맛보는데, 이것이 다른 사람에게는 공포감을 준다. 엉덩이 부분, 특히 아이들의 엉덩이는 잔인한 매질의 대상이었다는 사실을 언급해야 한다. 그리고 잘 알려진 대로 지금도 그렇다. 예를 들어 막심 고리키의 글(*Drei Menschen*, tr. H. Burck. München 1977, 23f.)에는 이런 대목이 나온다. "어느 날 파슈카가 잘못을 저질렀다. 사웰[아버지, 대장장이]은 그를 붙잡아서 그의 머리를 무릎 사이에 끼워넣고 밧줄로 때린다. ……파슈카는 온 마당을 소리지르고 뛰어다니며 다리를 절룩거렸다. 밧줄 끝은 인정사정없이 그의 엉덩이에 부딪치며 찰싹찰싹 소리를 냈다. 처음에 일자는 적의 미친 듯한 고통의 비명소리를 무척 만족한 표정으로 듣는다. 그리고 대장장이인 사웰의 말에서 그가 파슈카보다 유리하다는 것을 깨달았으며, 파슈카에게 미안한 생각이 들었다. '그만해요, 사웰 아저씨!' 그는 갑자기 소리쳤다. 대장장이는 아들에게 다시 한 번 매질을 하고 일자를 힐끗 쳐다보더니 신경질적으로 중얼거렸다. '주둥이 닥쳐!'"

교육학적이며 자전적인 그러나 "아름답기"도 한 그런 문학은 — 포르노그래피는 완전히 제외하고 — 그런 인용들로 가득 차 있다. 그것들을 묶으면 우리 교육문화에 관한 끔찍한 불법 서적 여러 권을 만들 수 있을 것이다. 여러 번 인용되었던 아이제나흐 의사인 파울리니의 『플라겔룸 잘루티스』(169)는 거의 모든 육체 부위의 질병에 대해 매질을 추천하고 있다. 그것은 냉혹한 육체멸시의 빙산의 일각이다. 주목할 만한 것은 모든 훈육과 관련하여 매질을 하는 나라는 그런 잔인한 태도를 기꺼이 신발이나 학교에 떠넘기려는 경향이 있다는 것이다. 독일 사람들은 러시아 가죽채찍을 비난하고, 영국 사람들은 프랑스의 교수대를 비난한다. 그런 행위에서 비롯된 심리적인 불안을 육체적인 부상처럼 치료할 수 있다는 잘못된 생각도 사라져야 한다. 전이와 억압의 현상들이 분명해진다. 성경의 채찍 규정이나 모범과 관련이 있는(잠언 13:24 이하) 이런 징벌에 대한 생각의 최근 결과로는 아우슈비츠 테러와 그 밖의 강제노역장이라는 사실을 고려해볼 필요가 있다. "너의 육체, 너의 영혼에 매질을 당하거나 상처를 받았다면 너는 절대 잊을 수 없다. 그것은 아마 치유는 될 것이나 너는 절대 잊어버리지 않을 것이다. ……내가 누구한테서 담배를 얻었는지 말해야 했다. 나는 너에게 절대 그것을 이야기하지 않을 것이며, 그들에게도 역시 말하지 않았다. 그러나 나는 그가 누구인지 알고 있었다. 지금도 기억하고 있다. 그들은 나에게서 아무 정보도 얻어내지 못했다. 나에게서는 아무것도. 처음에는 쇠좆매로 벌거벗은 엉덩이를 35대나 맞았다. 다음에 그들은 나를 흰 빵 한 조각으로 달랬다. 그러다가다시 50대를 맞았다. ……나는 180대까지 참아냈다. 그러나 어떤 이야기도하지 않았다. 그들은 독이 올랐다"("Herr T." In: Dietmar Sedlaczek: "… das Lager läuft dir hinterher." Leben mit nationalsozialistischer Verfolgung. 1996, 294f.). 회개와 회귀로의 징후가 존재한다. 1997년 5월 28일 덴마크 의회는 부모에게조차 자녀들을 어떤 방식으로든 육체적으로 학대하는 것을 금지하는 법을 통과시켰다(다른 스칸디나비아 나라들은 그것을 이미 오래전에 시행했다). 그러나 그 사건은 작은 이야기가 아니다―그것이 역사를 기술한다.

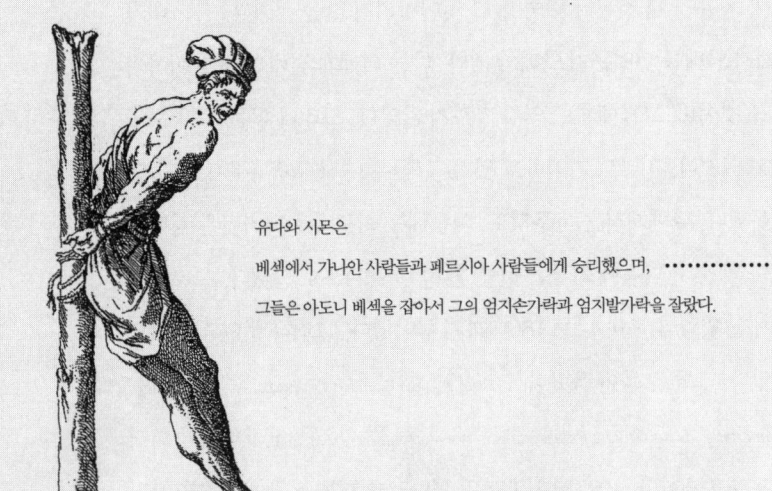

유다와 시몬은

베섹에서 가나안 사람들과 페르시아 사람들에게 승리했으며, ••••••••••••••••••••••••••••••••

그들은 아도니 베섹을 잡아서 그의 엄지손가락과 엄지발가락을 잘랐다.

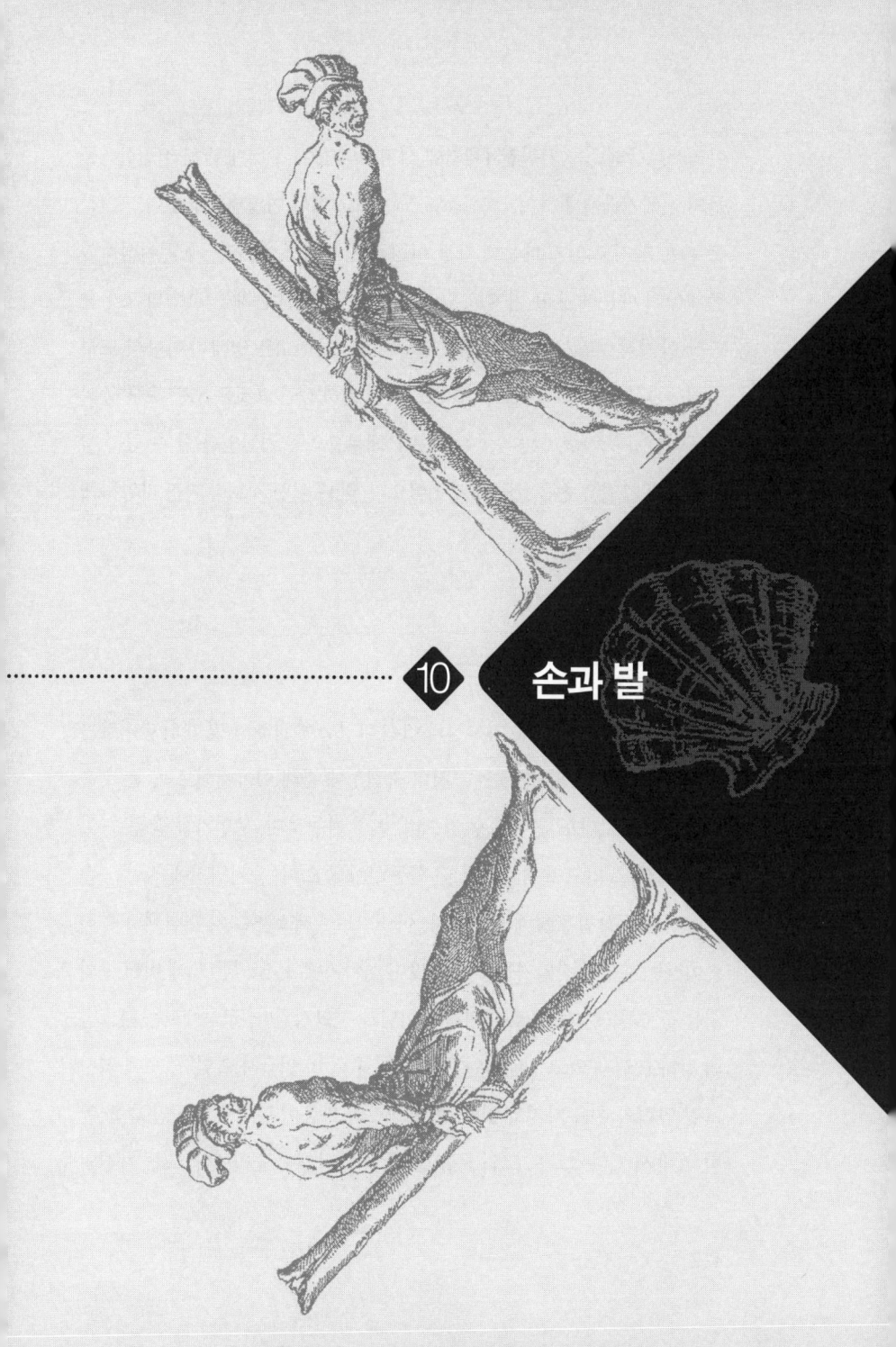

10 손과 발

아리스토텔레스는 기원전 4세기에 생명체의 육체 부위에 관해 집필한『동물의 신체기관에 관하여』(De partibus animalium)에서 이렇게 기술했다. "인간은 손을 가지고 있기 때문에 가장 이성적인 존재가 아니라, 가장 이성적인 존재이기 때문에 손을 가지고 있다. 가장 이성적인 존재는 다수의 도구를 가장 합리적으로 사용할 줄 알기 때문이다." 손(chir)은 명백히 하나의 도구일 뿐 아니라 여러 가지 도구이기도 하다. 말하자면 그것은 모든 도구 중의 도구이다[단어 그대로 '모든 기관 중의 기관']. 대부분의 숙련작업을 할 수 있는 생명체에게 자연은 손을 도구로 부여했으며, 다른 어떤 것보다 가장 다양하게 사용될 수 있다.

도구 중의 도구

우리 손의 성실함과 사용 가능성의 이런 다양함에 관해서는 몇 개의 단어로는 절대 기술할 수가 없다. 우선 그것의 숙련성에 관해 이야기해보자. 손의 숙련성은 무엇보다도 움직일 수 있으며, 변형 가능하며, 무언가를 받을 수 있는 손바닥, 그리고 손바닥보다 더 활동성이 좋으며, 움켜쥐기에 적합한 손가락의 협동작업을 통해 구현된다. 아리스토텔레스는 그의 저서에서 특히 손이라는 도구의 작업기능에 관해 많이 이야기했다. 구약은 그에 비해 손의 힘을 강조하고, 그럼으로써 권력의 이념과 결합시킨다. 구약에서는 하느님의 강하고 권세 있고 지배적인 손에 관해 수백 번 언급하고 있다. 모세 역시 그런 권력의 손을 가지고 있다. 아말렉과의 싸움이 벌어지는 동안 그는 언덕 위에 서 있다. 그가 "그의 손을 들면" 이스라엘이 승리했다. 그는 자신의 손이 무겁다고 느껴져서 아론과 홀로 하여금 팔을 지지하게 했다. "그래서 그의 손을 붙들어 올렸고" 여호수아는 적의 군대를 물리쳤다(출애굽기 17:10-13). 초기 기독교 신학에서 손은 일반적으로 능동적인 삶을 의미한다 — 'vita contemplativa', 즉 우리 존재의 정신적이며 사고하는, 그리고 우월한 면을 상징하는 눈과는 반대로.

이런 종류의 숙련성, 강함, 그리고 권력의 발산은 우리 손의 유일한 덕목이 아니다. 손은 열 개의 손가락으로, 가끔은 팔과 결합해서 다양한 신호체계를 형성하며, 육체언어의 영역에서 수많은 메시지를 표현하는 데 기여한다. 인사와 작별, 오거나 가라는 표시, 특정한 숫자를 지칭하거나 요구할 때, 욕설과 협박, 조롱과 경멸, 겸손과 존경의 증거 등등에. 이런 연관성에서 많은 제스처와 몸짓들이 여러 문화에서 서로 다른 의미를 지닐 수 있다는 점을 고려해야 한다. 여기에 남성의 손이 여성의 손과는 다른 의미와 평가를 가질 수 있다는 점이 추가된다. 여성의 손은 정교한 장갑과 함께 색다른, 가끔은 아주 에로틱한 상징력을 가지게 된다(R. Berger, 1987).

예컨대 악수라고 불리는 손을 잡는 행위는 중세에도 행해졌다. 그리고 많은 사업영역에서 악수는 오늘날에도 인사뿐 아니라 약속의 강화나 혹은 계약의 강화를 위해 행해진다. 여러 민족들에서 악수는 다음과 같은 의미를 지니기도 한다. '나는 손에 어떤 무기도 가지고 있지 않다. 평화적의 의도로 왔다.' 영국 사람과 미국 사람들은 '손을 흔드는 것'을 19세기까지 독일 사람보다 더 높게 평가했다. 독일 사람들은 즐겨 모자를 벗거나 심지어 서로 포옹했다. 손과 손의 강한 압박은 거의 어디서나 남성적인 강인함의 신호로 여겨진다. "나는 그럼에도 신뢰를 보냅니다, 그렇지요?" 알베르트 카뮈의 소설 『전락』(Der Sturz)에서 변호사 장 바티스트 클라망스(Jean-Baptiste Clamence)는 의도적으로 이렇게 말한다. "나는 솔직하고 선한 웃음을 지니고 있으며, 내 손의 힘은 에너지를 나타낸다. 그것은 언제나 사람들의 환심을 샀다"(La Chute [1956], 1962, 49).

오늘날 우리는 악수를 하면서 우정과 신뢰 그리고 이중적인 의미에서의 인정을 표현한다. 우리는 악수를 나누는 사람을 동일한 위치의 혹은 동일한 생각을 가진 사람으로 받아들인다. 아니면 악수하는 상대방을 존중한다는 것을 의미한다. 최근에 같은 운동을 하거나 아니면 같은 취미를 가진 동료들은 전혀 다른 방식으로 손을 내민다. 그들은 (오른쪽) 팔꿈치를 위로 들어 올리면서 얼굴 높이에서 손바닥을 서로 부딪친다. 다른 나라, 시대, 그룹에서는 다른 관습이 존재한다.

교육학적인 시대 이후로 아이들의 손은 의사소통의 능력과 예술적인 능력을 지니도록 교육받았다. 즉 글쓰기와 그리기이다. 프로방스의 곤충연구가인 파브르(Jean-Henri Fabre, 1823-1915)는 그의 기억 속에서(Promenades entomologiques, Paris 1980, 61) 이렇게 이야기했다. 부업으로 이발사와 교회관리인을 겸했던 그의 마을(아베이롱) 선생님은 필체에 특히 숙련된 손을 지니고 있었다. "그는 그의 손을 새끼손가락으로 지탱했다. 그리고 파도형태의 관절의 움직임 몇 번으로 손을 제대로 도약할 수 있게 해주었다. 그리고 갑자기 이 손이 들어올려지고, 날아가고, 원을 그리기도 하며, 공중에서 소용돌이를 친다. 종이 위에는 필체 속에 곱슬곱슬한 것, 나선형, 그리고 코르크 따개로 만든 꽃장식이 나타난다. 이런 꽃장식은 날개를 펼친 새 주위에 장식된다. 전체는 붉은색 잉크로 그려진다. 붉은색 잉크만이 그런 펜을 사용할 가치가 있다. 어른이든 아이든 — 우리는 경탄의 눈으로 그런 놀라운 작품 앞에 서 있다. 저녁에 온 가족이 함께 모이면 학교에서 가져온 명품을 손에서 손으로 넘겨본다. 그러면서 말한다. '이 사람은 너희에게 몇 번의 펜 놀림으로 완전한 성령을 보여주는구나."

손은 그래서 아름다운 영혼을 명백히 표시하는 기관이 된다 — 그것은 모든 종류의 표현 예술(회화, 조각, 표현 무용)에 해당되며, 악기를 통한 모든 종류의 음조 산출에도 해당된다. 그리고 우리가 전자 기구의 도움으로 편지나 책, 악보를 만들어낼 때도 해당된다. 조형물이나 음을 만들어내는 데 손은 힘과 기술뿐 아니라 섬세한 감정, 움직임의 우아함, 부드러움, 변형능력, 심지어 분위기를 필요로 하며, 이런 모든 특성들이 손을 애정이나 온기, 보호, 영혼의 감정과 동감을 전달하는 인간의 도구로 만든다.

육체언어의 섬세한 관찰자인 프랑스 역사가 라비스(Ernest Lavisse)는 예를 들어 그의 『회상』(1912)에서 휴일에 손이라는 육체 부위의 부드러운 사용과 주부로서의 실제적인 사용에 대해 이렇게 말한다. "태양은 이제 지평선까지 내려왔다. 우리는 아이들을 불렀다. 엄마들은 옷에서 먼지와 지푸라기를 털어주려고 아이들을 손으로 털었다. 그들은 손으로 아이들의 머리를 매끈하게 빗어주었다. 그리고 가끔은 아이들에게 바로 키스를 하기도 했다." 손의 부드러움은 여기서 시민적이며 소극적으로 암시된다. 바로크 시인인 바실레(Basile)는 1635년에 『나폴리의 뮤즈』의 다섯 번째 목가에서 손을 훨씬 감각적으로 표현했다.

"그녀는 작은 손을 가지고 있다, 친근하고 부드러우며 아주 섬세하다,

희고 부드러워 만지고 싶은 마음이 들게 한다.

그리고 마르치판(편도가 든 무척 단 과자) 과자처럼 달콤하다!

아름다운 작은 손이여!

심장의 작은 집게,

온몸을 휘감는 것,

사랑에 빠지게 하는 것, 쾌락을 일깨우는 것!"

바실레는 그 이상을 말할 수도 있었다. 통증을 진정시켜주는 연고, 고통을 사라지게 하는 것, 열을 내리게 하는 것 혹은 치료의 손. 우리의 손이 — 전문적인 이른바 치료사의 손뿐 아니라 — 치료의 힘을 지니고 있다는 사실을 아무도 의심하지 않을 것이다. 우리의 모범은 당연히 예수와 같은 안수 치료자이다. 사람들은 "와서 그녀 위에 손을 얹어서 그녀가 낫고 살아나도록" 한 번만 부탁했던 것이 아니다. 그가 야이로("학교의 가장 높은 사람")의 12살 먹은 딸의 손을 잡고 죽음의 영역에서 데리고 나왔을 때가 그랬다. "그리고 그 아이가 일어나서 돌아다녔다"(마태복음 5:22-23, 39-42). 가끔은 아이나 성인의 손을 다른 사람에게 갖다대거나 다른 사람에게 닿는 것만으로 족하다. 두려워하지 마라! "그의 어머니 역시 그에게[모리츠에게] 천둥번개에 대한 어린아이 같은 공포를 전달했다. 그의 유일한 도피처는 천둥번개가 지나갈 때까지 그가 할 수 있는 한 손을 꽉 합장하고 그것을 다시 풀지 않는 것이다. 그가 홀로 잠들 때마다 이것이 그 위에 포개진 십자가와 함께 그의 도피처였으며 동시에 확고한 지지대이기도 했다. 왜냐하면 그러면 악마도 유령도 그에게 아무 짓도 할 수 없다고 믿었기 때문이다"(K. Ph. Moritz, Anton

Reiser(1978), ed. J. Jahn 1973, 35).

합장, 손을 포개는 것, 축복의 제스처. 그 모든 것이 이런 육체 부위의 찬미에 기여한다. 그러나 이런 영역에는 기이하게 느껴지는 그런 줄거리와 손의 자세도 존재한다. "빌(Beale)은 죽은 사람의 손을 만지는 것만으로 아주 큰 갑상선 종을 치료했다. 그레고리우스 하버자트는 아직 젊은 나이에 그런 효과를 바라며 자신에게 그런 것을 시도했다"라고 파울리니는 1697년 그의 『배설물 약전』에서 설명했다. 그 이야기는 이른바 'main de gloire', 즉 대부분 잘리고 말라 비틀어진 도둑의 손(이른바 도둑의 엄지손가락으로 제한되기도 한다)에 관한 것이다. 우리는 그 손에 19세기까지 치료의 힘을 부여했다. 교수형을 당한 사람의 시체 역시 그런 마법의 손과 치유의 능력이 있다는 시신으로 오용되었다. 그런 일은 부조리하고 끔찍해 보인다. 그럼에도 그것은 100년 전에 간행된 대화사전에서도 역시 발견할 수 있다.

여기서 과거에 양쪽 손에 대한 찬미를 모든 작가가, 특히 모든 교육학자들이 했던 것은 아님을 언급해야 할 것이다. 오른손은 자주 왼쪽 손보다 우선시되었다. 왜냐하면 우리는 오른쪽을 올바른 것으로, 왼쪽을(라틴어로 'sinister') 잘못된 것으로나 심지어 악한 것으로 해석했기 때문이다. 영국의 초기 계몽주의자인 토머스 브라운 경은 이미 17세기에 「오른손과 왼손에 관하여」라는 글에서 그런 구별은 비이성적인 것이라고 지적했다. 그럼에도 불구하고 20세기 중반까지 유럽 중부의 학생들은 오른손으로 글씨를 쓰도록 강요받았으며, 상대방에게 왼손을 내미는 것은 여전히 예의바르지 못한 것으로 여겨졌다. 관습은 미신처럼 그렇게 질기다.

손의 상실

도구가 섬세하면 할수록 그것에 따른 부상 위험도 더 커진다. 그리고 더 빈번하게 사용될수록 그것의 손실이나 부상은 더욱 견디기 힘들다. '치료하는 손'이라는 것은 지독한 반대자를 가지고 있는데, 그것은 즉 손의 불행이다. 손의 사고는 수공업자들 사이에서는 다반사이다. 모든 세계가(그리고 이책조차도) 행복보다는 불행에 관해 이야기하기 때문에 손과 관련된 부상, 장애, 손실에 관해 이야기해야 한다. 과거 유럽에서 시행된, 특히 도둑들에게 공포감을 주려는 의도로 행해진, 손을 절단하는 징벌(1530/32년 카를 5세 황제의 『형법전』에 의해 정당화되었다)에 관해서는 생생하게 묘사하지 않겠다. 이런 연관성에서 그런 잔인한 행위의 성경적 모범을 기억할 수 있다. 유다와 시몬은 베섹에서 가나안 사람들과 페르시아 사람들에게 승리했으며, 그들은 아도니 베섹을 잡아서 그의 엄지손가락과 엄지발가락을 잘랐다. 그 벌을 받은 사람 아도니 베섹이 말했다. 그는 왕 70명의 엄지손가락과 발가락을 잘랐으며, 그래서 "하느님이 내가 행한 대로 내게 갚으심이로다"(사사기 1:6-7). 독일의 법제사에서 그런 처형의 수많은 경우에 관해 우리는 침묵하려 하지만 그것을 잊지는 않는다. 손의 상실에 관해서는 조금 덜 부끄러움을 느끼며 보고할 수 있다.

일급 검사이며 제국의 기사인 괴츠 폰 베를리힝겐(1480-1562)은 1504년 영지의 계승권을 둘러싼 전쟁에서 오른손을 잃었다. 그리고 그 사건은 그의 말대로 이렇게 일어났다. "나는 말을 멈추고 우리에게 유리한 점이 무엇인지 생각해보았다. 뉘른베르크 사람들이 우리에게 총을 발사했다. 이미 알려진 대로 친구이며 동시에 적이다. 한 사람이 야포를 쏘아 내 칼자루를 쪼개

놓았다. 칼자루 반이 내 팔로 뚫고 들어와 세 개의 갑옷 팔 가리개가 떨어졌다. ……그래서 팔이 잘려 나갔다. 가만 보니 손은 아직 살가죽에 조금 매달려 있었다. ……그래서 나는 아무 일도 일어나지 않은 것처럼 행동했다. 내가 적으로부터 조금 벗어났다고 생각했을 때 영지의 하인 한 명이 뛰어내려 왔다. 나는 그에게 내 옆에 머물러야 하며, ……내게 의사도 데려와야 한다고 말했다. ……그때부터 나는 거의 자정까지 영지의 야외에 누워 있었다. 나는 고통의 순간을 견디어냈다. 그 사실은 누구라도 인정할 것이다." 하느님의 도움으로 괴츠는 치료를 받았을 뿐 아니라 "틀림없이 60년 동안 한 손으로 전쟁, 무역을" 할 수 있었을 것이다. 그의 의수, 그 유명한 철의 손은 단지 장식적인 기능만 했을 뿐이다. 그럼에도 이 이야기는 한 남자가 자신의 손을 얼마나 필요로 하는지를 ― 그것이 전투든, 아니면 전투를 벌일 능력이 있음을 보여주기 위한 것이든 ― 보여준다. 손이 없는 남자는 발기불능으로 인식되기 때문에 성기가 없는 남자보다 더 나쁘다. 죄를 지은 사람의 손을 자르는 것은 그래서 평생 손으로 하는 행위능력의 약화를 의미할 뿐 아니라 모욕을 의미하기도 한다. 이것은 피의자가 죽은 후에 공개적으로 전시될 수도 있다. 스위스의 마지막 마녀재판에서, 글라루스의 안나 괼디라는 하녀가 1782년 6월 13일에 "독살자" 로 참수당했을 때 이른바 그녀의 공범자인 루돌프 슈타인뮐러는 자신에게 가해진 심문에 대한 수치심으로 글라루스 감옥에서 목을 매달고 죽었다. 그가 죽은 지 이틀 후에(1782년 5월 14일이었다) 그의 시체에서 오른손을 절단했다. 그리고 형리인 레온하르트 폴마른은 그것을 교수대에 못 박았다. 자살한 사람은 그렇게 훼손된 채 교수대 밑에 매장되었다 ― 죽음을 넘어서까지 굴욕을 당하며 사람들에게 공포감을 심어주면서.

마녀와 손—그것은 핸젤을 연상시킨다. 그것이 진짜 이야기인가? 동화 연구가들은 그런 종류의 어린이 훼손과 식인의 추리소설이 이미 16세기 초의 연대기문학에서 발견된다는 것을 지금까지 모르고 있다. 만토바의 궁정 의사인 마르첼로 도나티는 어쨌든 그의 『의학적인 기적 이야기』(1588, 2권, 1장: Picae modi infrequentes, fol. 192v)에서 밀라노의 연대기 저자인 가스파레 부가티의 글을 토대로 그런 이야기를 기술하고 있다. 부가티는 자신의 이야기책이며 역사책(Istoria universale, 1571) 제6권에서 이 사건이 1519년 밀라노에서 일어난 것으로 기록하고 있다. 거기에 엘리자베스라는 이름의 한 여자가 살았다. 그녀는 아이들을 자기 집으로 유인해서 살해했다. 그리고 시체를 잘라서 조금씩 먹었다. 이제 손에 관한 이야기가 나온다! "이 야만적인 범죄는 다음과 같이 밝혀졌다. 카테리나 세로나라는 이름의 실종된 여자아이 부모가 아이를 열심히 찾고 있을 무렵, 우연히 고양이가 한 마리가 이웃집에서 훔친 여자아이 손을 물고 집으로 왔다. 부모는 이것을 보고 경악했다. 그리고 그 고양이를 추적했다. 고양이는 엘리자베스의 집으로 도망쳤고, 이런 식으로 그 부모를 범행장소로 안내했다. 그들은 살해된 딸의 시체 전부를 곧 발견했으며, 성녀 마리아 세크레타를 위해 성문 옆에 묻었다." 여기서 "성녀 마리아 세크레타"는 범행이 이루어진 무시무시한 장소에 대한 매우 엄선된 동의어임을 놓쳐서는 안 된다. 그레텔 연구가를 우롱하지 않고도 진지한 학자들은 거기서 질문을 할 수 있어야 한다. 그림의 동화 주인공이 그런 장소에 사로잡혀 있었던 것인가?

남자의 손의 상실 혹은 팔의 상실의 고통을 이탈리아 작가인 일데폰소 니에리(Ildefonso Nieri)는 세 가지 소원에 관한 그의 동화(Cento racconti, 1906)에서 우리에게 보여준다. 그것은 가난하고 늙은 부부에 관한 동화이다. 선한 천사가 그 부부에게 세 가지 소원을 들어주겠다고 약속한다. 배가 고픈 할아버지가 돼지고기 구운 것을 떠올리자 그의 아내는 그런 어리석은 행위에 대해 저주를 퍼부었다. "분노에 눈이 멀어서 그녀는 참지 못하고 외쳤다. '손이나 떨어져나가라!' 그래서 손이 이미 잘려서 동맥으로부터 분리되었는데 피도 흘리지 않고, 상처도 없이, 마치 파스타로 만들어진 것처럼 그렇게 땅에 놓여 있다! 그리고 한쪽 팔을 잃은 채 우리의 불쌍한 노인은 거기 서 있다. 그에게는 절망이었다! '오 세상에. 이 불쌍한 사람아, 손이 없다니! 아, 불쌍한 놈, 팔 하나가 없다니! 오, 신이여. 우리가 무슨 짓을 한 겁니까? 오, 내 손이 (그리고 그는 다른 손으로 바닥에서 손을 집어 쳐다본다), 오, 내 아름다운 손! 내가 손 하나로 무엇을 할 수 있단 말인가? 나의 아름다운 손! 나의 아름다운 손!' " 당연히 노인은 ("나는 외팔이로 살 생각이 전혀 없다! ⋯⋯나는 건강하게 태어났고, 건강하게 죽을 것이다!") 세 번째 희망으로 자신의 가련한 팔을 다시 몸통에 붙였다.

남자들은 그렇다. 이야기 속의 많은 남자 주인공들은 손을 훼손당하지 않지만 여자 주인공의 경우 항상 그렇지는 않다. 15세기까지 소급해 올라갈 수 있는, 「레기나 올리바 이야기」(Istoria della Regina Oliva)라는 세계적으로 널리 알려진 이탈리아 민담에서 예컨대 다음과 같은 이야기를 들을 수 있다. 율리아노 황제는 자신의 딸 올리바(혹은 울리바)의 아름다운 손 때문에 그녀를 사랑하게 된다. 딸은 근친상간을 피하기 위해 자신의 손을 자르고는 추방되어 카탈루냐의 왕과 만나게 된다. 그리고 뻔뻔한 관리로부터 모욕을 당하고 유아살해죄로 고발된 그녀는 궤짝에 담겨 바다에 던져졌다. 그러다 카스티야의 왕이 그녀를 마침내 아내로 맞아들였다. 왕이 원정중일 때 그녀는 그의 아들을 낳았는데, 악한 시어머니는 편지를 보내 그 아들이 사생아라고 거짓말을 한다. 올리바는 자신의 아이와 함께 다시 추방되어, 여전히 손이 없이 로마에 도착했다. 어머니의 거짓말을 알아차린 왕은 어머니를 불태워 죽게 했다. 속죄를 하기 위해 로마로 간 그는 거기서 운이 좋게도 많은 시련을 겪은 아내와 아들을 만난다. 올리바는 결국 자신의 손을 성모 마리아로부터 돌려받는다.

이 이야기는 이탈리아에서 19세기 후반까지도 인기가 있었다. 1880년경 프라토베치오의 마리아 피에라졸리라는 여자는 동화수집가인 피트레에게 그 이야기를 이렇게 들려주기 시작한다. "옛날에 왕이 있었는데 그에게는 눈부시도록 아름다운 왕비가 있었다. 이 왕비는 한동안 그와 살았다. 많은 자선을 베풀었던 그녀는 죽음이 임박하자 딸을 불러서 자신이 했던 것만큼 계속 자선을 베풀면 좋겠다고 말했다. 우리는 그 딸이 자선을 베풀겠다고 어머니께 약속했으리라고 상상할 수 있을 것이다. 어느 날 딸은 포도주를 따르기 위해 지하실로 내려왔다. 그녀는 포도주를 가난한 사람들에게 나눠주려고 했다. 그때 아버지가 와서 딸이 무엇을 하는지 보려고 했다. 그러면서 그는 딸의 아름다운 손을 발견하고 말했다. '나는 사랑에 빠졌구나, 내 딸아' ― '누구에게요, 아버지?' ― '너의 아름다운 손에.' 딸은 더 이상 묻지 않았다. 그것이 무슨 뜻인가? 그녀는 칼을 들어 손을 잘랐다. 그리고 그것을 금 단지에 넣어서 아버지에게 보냈다. 그것을 본 아버지의 반응을 상상해보라. 그는 분노해서 딸을 가두었고, 궤짝에 약간의 먹을거리와 함께 넣어서 바다에 던졌다."

우리가 이탈리아 여자들이 손 훼손에 관한 이야기를 특별히 좋아한다고 비난한다면 그것은 어리석은 일일 것이다. 그림 형제의 동화 중에서 「손 없는 여자아이」(Mädchen ohne Hände, KHM 31)라는 끔찍한 동화만 생각해보자. 거기에는 이렇게 적혀 있다. "그때 그는(악마는) 그녀에게 다시 가까이 다가 갈 수 없었다. 그는 화를 내며 뮐러에게 말했다. '그녀의 손을 잘라라. 그렇지 않으면 나는 그녀에게 아무것도 해줄 수 없다.' 뮐러는 놀라서 대답했다. '어떻게 내가 내 아이의 손을 자를 수 있단 말입니까!' 그러자 악마가 그를 위협했다. ……그래서 그는(아버지는) 딸아이에게 다가갔다. ……여자아이가 말했다. '아버지, 아버지가 원하는 대로 하세요. 나는 아버지 아이예요.' 그러고는 두 손을 내민 채 자르게 했다." 오히려 여러 곳에서 자주 일어난 육체의 징벌, 특히 손의 절단은 유럽의 모든 민족에게 깊고도 지속적인 강박관념이 되고 있다. 강박관념은 그런 이야기에서 — 물론 대부분 희생자는 여성이다 — 통풍구를 제공하려고 했다. 손의 손상과 관련된 이야기는 민속문학이나 시민문학에 많이 존재한다.

치욕의 손

손은 죽음을 넘어서까지 — '잘린 손'은 그것을 명확하게 보여준다 — 권력, 명성, 존경이나 적어도 암시적인 의미를 지닌다. 13세기 초의 박식한 시토회 수도사인 캐사리우스 폰 하이스터바흐(Caesarius von Heisterbach)는 그의 『기적의 대화』(Dialogus miraculorum, 12, 471)에서 영국 수도원의 수도사들이 필경사인 리처드의 무덤에서 그의 손이 — 그의 나머지 시체와는 달리 — 부패하지 않은 채 그대로 있는 것을 발견했다고 이야기한다. 우리는 중세에 필경사와 서예가들이 어떤 존경을 받았는지 알고 있다. 한편으로 남겨진 손은 과거의 범행에 관해 알려준다. 많은 전설들이 그런 경고의 상징에 관해 보고한다. 특히 과거에 부모의 따귀를 때렸던 손은 고집스런 악당의 무덤에서 끔찍하게 솟아나온다. 아힘 폰 아르님(Achim von Arnim)과 클레멘스 브렌타노(Clemens Brentano)의 「사내아이의 기적의 호른」(Des Knaben Wunderhorn, 1869, I, Nr. 226 a)은 무엇을 노래하는가?

"보라, 이 사악한 아이야!
사람들이 여기서 발견하는 것을 보라.
부패하지 않은 손,
그 손의 주인이
예의바르지 못한 아이였기 때문이다.
그러니 빨리 행실을 고쳐라.

아들이 아버지를 때렸다.
그래서 그는 그 대가를 치러야 한다.
그는 아버지를 손으로 때렸다.
그리고 이제 자신의 치욕을 본다.
손이 땅에서 솟아나온다
비난은 영원히 계속된다."

우리는 차라리 환경을 의식하는 프리드리히 폰 쉴러를 더 좋아한다. 그는 「빌헬름 텔」(III, 3)에서 어린 아들 발터로 하여금 그의 아버지에게 이렇게 묻게 한다. '사람들이 나무를 도끼로 치면 나무가 피를 흘린다는데 그것이 사실인가요?' "누가 그런 말을 하더냐, 얘야?" 이어서 빌헬름이 말한다. 그러자 아들이 용감하게 대답한다.

"양치기 목동 우두머리가 이야기해주었어요. 나무들이
마법에 걸렸다고. 그가 말했어요. 나무를 상하게 하는 사람은
그의 손이 무덤에서 자라 나온다고요."

구전문학 수집가였던 테오도르 슈토름(Theodor Storm)은 시체의 손 이야기를 그의 고향인 후줌에서 듣고는 그것을 『일화, 전설……』(Anekdoten, Sagen...)에서 묘사했다. "란트룸이라는 마을에서 1년 전 집 한 채가 불에 탔다. 사람들은 주인의 방화로 추정했다. 주인은 그 자리에 새 집을 지었다. 그런 다음 젊은 로스캄[말장쉬]에게 팔았다. 로스캄은 젊은 아내를 얻었다. 그런데 신혼 첫날밤에 부부는 병이 들어 남편은 14일 후에 죽었다. [아내는] 공포로 인해 침대에서 나올 수가 없었다. 그 집의 거실 벽에서 갑자기 완전한 손가락과 관절을 가진 손 하나가 튀어나왔다. 사람들은 그것을 잘라서 함 속에 보관했다." 그리고 그림 형제 역시 그 모티브를 무시하지 않았으며, 그것을 「고집스런 아이」(Eigensinneges Kind, KHM 117)라는 협박과 공포 동화에 도입했다. 절대 복종하지 않는 고집불통 아이는(우리끼리 말하자면 평범한 아이) 알려져 있다시피 "사랑하는 신"에 의해 벌을 받아 죽게 된다. 그리고 "그

아이를 무덤 속에 내려놓고 흙을 덮자 갑자기 그 아이의 팔 하나가 튀어나오더니 공중으로 솟아올랐다. 그리고 ……다시 튀어나왔다. 그래서 [사랑하는] 아이의 어머니가 직접 무덤으로 가서 회초리로 팔을 때려야 했다. 그러자 비로소 팔이 움츠러들어서 아이는 땅속에서 조용히 잠이 들었다." 무덤 위로 채찍질을 하는가? 그것이 독일 정신인가? 당시에도 마찬가지였다. 솔로몬의 잠언(13:24)을 인용하면서. "자식을 사랑하는 자는 근실히 징계하느니라." 오늘날 우리는 차라리 이렇게 말해야 할 것이다. 자식을 사랑하는 자는 끔찍한 독일 동화와 전설로 자식에게 경고한다고.

집게손가락: 암시

> "어떤 남자가 벽에 썼다.
> 나는 손마다 열 개의 손가락이 있다
> 각각 다섯 개씩 손과 발에 전부 스무 개가 있다."

이런 동요는 어린이와 성인에게 여러 가지를 가르쳐준다. 인간은 어리석은 속담으로도 희롱당할 수 있다는 것, 주문장과 부문장은 제대로 콤마로 분리시키는 것이 중요하다는 것, 제대로 글을 쓰지 못하는 남자도 똑같이 20개의 손발가락을 가지고 있다는 것, 그리고 마지막으로 여러 언어에서, 예컨대 슬라브어와 로만어에서도 손가락과 발가락을 지칭하는 동일한 단어가 존재한다는 것. 여기서 우리는 가끔씩 손과 발에 여섯 개의 손가락과 발가락을 가지고 태어나는 아이들이 있다는 사실로 혼란을 겪어서는 안 된다. 영국의 폰티프리드(Samantha Evans von Pontypridd)는 손가락과 발가락이 여섯 개라는 이유로 주목을 끌었던 마지막 경우이다(『블리크』, 1997년 3월 5일). 자연은 우리에게 분명 다음과 같은 사실을 자주 상기시킨다. 10진법 외에도 오래전부터 인정받으며 널리 퍼진 방식이 존재하는데, 그것은 12진법으로 세고 측량하는 방식으로, 특히 시계판과 달력이 그렇다. 그리고 인치(1/12피트)와 온스(1/12파운드) 같은 척도와 중량에서도 그렇다. 그러면 왜 손가락이 12개가 아닐까―그랬다면 그것은 수천 년 동안 셈하는 데 많은 도움을 주었을 것이다.

손가락은 어쨌든 아주 탁월한 교습수단이다. 시스티나 성당 천장 그림에서 방금 창조한 인간을 자유롭게 해주는 미켈란젤로의 비상하는 신은 전기가 통하는 손가락과 손가락의 접촉을 통해 아담에게 마지막 학습 에너지를 부여하려고 한다. 교육학자들과 심리학자들은 어쨌든 손가락이 언어발달과 기억강화에 도움이 된다는 것을 알고 있다. 가족구성원 중 어른들은 아이들에게 세대를 넘어 손가락과 관련된 이런저런 삶의 원칙과 믿음의 원칙을 설명한다. 또한 결국은 이 책의 독자들 눈에도 띄었을 것이다. 과거의 의사들이 얼마나 자주 '손가락 너비'라는 척도로 측정했는지를.

그리고 손가락의 도움으로 어떻게 모든 것을 발견하고 배울 수 없단 말인가! 다섯 손가락의 명칭을 예로 들어보자. 그러면서 주목해야 할 것은 엄지손가락 이외의 네 손가락은 많은 언어에서 비슷한 명칭을 지니고 있다는 점이다. 둘째 손가락은 일반적으로 'index' 혹은 인지라고 불린다. 셋째 손가락은 'Median' 혹은 'Medius' 즉 중지라 불리고, 넷째 손가락은

'Anularisu' 혹은 약지, 그리고 다섯째 손가락은 어디서든 새끼손가락으로 불린다. 그러나 일상 언어에서 손가락은 그에 합당한 다른 이름을 가진다. 중세 후기와 근세 초기의 대중적 교과서인 『엘루시다리우스』(Elucidarius)에 는 넷째 손가락과 새끼손가락을 금 손가락과 귀 손가락이라는 명칭으로 부 른다(새끼손가락은 오늘날에도 프랑스어로 'auriculaire'라 불리고 손톱이 길게 자라면 귀를 후 비는 데 사용된다). 브란덴부르크에서는 앞의 세 손가락을 'Luseknecker, Potlecker, Langer Lietrich'라고 불렀다. 왜 우리는 결국 가족관계를 손가락 에 전이시켜서 부르겐란트(오스트리아의 주)에서처럼 "아버지, 어머니, 남종, 여종, 애인"이라고 지칭하면 안 되는 것인가? 손가락은 그럼으로써 극장인 형의 형상을 취하며, 이런 인물들은 희극과 비극을 공연할 수 있다.

인간의 손과 손가락은 세계에서 가장 오래된 무대이며 가장 작은 무대이 기도 하다. 세계적으로 이 육체 부위는 — 자신의 손이나 혹은 아이의 손을 이용하는 연출자나 연사의 도움을 받아 — 연극을 공연한다. 유럽 전역에서 다섯 손가락 소극은 유명한 편인데, 독일에서는 "이것이 엄지손가락이다" 라는 문장과 함께 시작하며, 악의 없는 자두서리 일화 같은 것을 보여준다. 국제적으로 비교해보면(R. Schenda, 1985) 음식물 절도나 조금 심한 정도의 절 도에 관해 다루는 추리 이야기나 아이들의 이런 공연은 가난한 시절을 극복 하는 데 기여할 것이라는 결론이 나온다. 그래서 예를 들면 알자스에서는 (August Stöber) 이렇게 전해진다.

"이것이 엄지손가락이다.
집게손가락이 즐겁게 자두를 먹는다.

428

엄지손가락이 말한다. 어디서 났니?

집게손가락이 말한다. 신부님 정원에서.

짓궂은 새끼손가락이 신부님에게 고자질하려 한다."

나폴리에서의 변형도 아주 비슷하게 진행된다. 그것은 새끼손가락에서 시작한다. "새끼손가락이 빵을 원한다. 집게손가락이 말한다. 빵이 없어. 새끼손가락이 말한다. 훔치러 가자. 집게손가락이 협박하듯이 말한다. 일러줄 거야!" 그리고 엄지손가락은 "구멍에 처박힌다", 그것은 다른 손가락에 의해 둘러싸이는 것을 의미한다. 원칙적으로 그런 작품들은 할머니와 손자가 놀이를 하는 거라고 생각해야 한다. 그리고 할머니와 손자는 어머니가 곧 맛있는 고기구이를 준비하거나 아니면 적어도 뜨거운 기장죽이라도 요리하기를 기대하고 있음을 쉽게 추측할 수 있다. 그래서 카탈루냐에서는 손, 손가락(그리고 입으로)으로 예컨대 이렇게 진행된다. "이 길 위로[손바닥 위로] 돼지가 달려간다. 저기 그것이[엄지손가락이] 돼지에게 약을 준다. 돼지를 잡고 가죽을 벗긴다. 그리고 먹는다. 거기 그것이[새끼손가락이] 말한다. '피, 피, 왜 내게는 아무것도 안 주는 거야?' 물론 부르겐란트에서처럼 토끼를 가지고 연극을 할 수도 있다.

"저기에[손바닥에] 토끼가 앉아 있다.

그것이[엄지손가락이] 토끼를 보았다

집게손가락이 그것을 쏘았다.

토끼를 불에 굽고

그것을 먹었다

그리고 새끼손가락은 아무것도 얻어먹지 못했다."

고귀한 장소에서도 손가락은 극적인 사건에 포함된다. 유령 같은 손가락은 "인간의 손처럼" 벨사살 왕에게 불행한 예언을 눈앞에서 써서 보여준다.

"흰색 벽에 불꽃의 철자로 글자를 썼다

글자를 쓰고 사라졌다.

왕은 거기 앉아서 그것을 보았다.

무릎이 서로 부딪치고 얼굴이 죽은 것처럼 창백해졌다."

지혜로운 다니엘은 이런 글의 암호를 발견하고 그것을 이렇게 풀어낸다. "메네 메네 데겔 우바르신", 즉 하느님이 이미 왕의 나라의 시대를 세어서 그것을 끝나게 하셨으며, 왕을 저울에 달아보니 부족함이 보였고, 왕의 나라가 나뉘어 메대아 바사 사람에게 준 바 되었다라는 뜻이다(다니엘 5:5, 25-28). "그 날 밤에 갈대아 왕 벨사살이 죽임을 당하였고." 그래서 하인리히 하이네의 『노래의 책』에서 이런 일화를 읽을 수 있다.

손가락이 황야에서 더 대담하게 행동하면 할수록, 그것들은 부상을 당할 위험이 더 커진다. 여러 민족의 환상 이야기는 그런 불행에 관해 많이 언급하고 있다. 더 정확하게 관찰한다면 예컨대 그림 형제의 『어린이와 가정을 위한 동화집』도 진짜 살인극, 살해극으로 드러날 뿐 아니라(거기서 폭력적인 죽임을 당하는 경우를 수없이 발견할 수 있다) 손가락 부상을 위한 응급상황으로도 볼 수 있다. 「일곱 마리의 비둘기」동화(KHM 25)에서 착한 언니는 비둘기 동생들을 구하려고 유리산으로 가는 문을 열어주기 위해 "새끼손가락을 자"른다. 여러 개의 손에 관해서는 더 이상 언급하지 않겠다. 「도둑 신랑」(Räuberbräutigam, KHM 40)에서는 어느 처녀가 잡혀서 잔인하게 토막이 난다. 시체의 손가락에는 금반지가 끼여 있었다. "그가[도둑이] 바로 그 반지를 꺼내지 못하자 그만 도끼로 손가락을 잘라낸다. 그러나 손가락은 공중으로 튀어올라 통을 넘더니 신부의 품에 떨어졌다. 도둑은 촛불을 가지고 와서 그것을 찾으러 다녔다. ……그때 노파가 소리쳤다. '이리 와서 식사나 하게나. 손가락은 내일 찾고. 어디 도망갈 리 없지 않수.'" 이런 손가락이 물론 다시 나타난다. 도둑의 신부는 그것을 악당들의 살육에 대한 증거로 제시한다. 손가락 주인의 시체는 물론 그 잔인한 장소에 남아 있다. 「대부」(Herm Gevatter, KHM 42)에서는 "많은 죽은 손가락"이 계단 위에 널려 있다. 그것들 중 하나가 의사가 되려는 가난한 사람의 길잡이가 된다. 악마의 대부는 그 손가락이 우엉 뿌리였다고 주장한다. 「잠자는 숲속의 공주」(Dornröschen, KHM 50)에서 손가락을 물레에 찔리는 것은 사소한 일이다. 물론 100년 동안 잠이 들어버리는 엄청난 결과를 가져온 작은 사고이다. 물레를 돌리려다 당한 「지빠귀 부리 왕」(König Drosselbart, KHM 52) 신부의 부상은 별로 아프지는 않았을 것이다. "그러나 거친 실이 그녀의 연약한 손가락을 자꾸 뺐으며 거기서 피가 흘러나왔다." 물론 그녀 탓이다. 남편이 말한다. '당신은 어떤 일에도 맞지 않는구려. 당신을 데려온 건 나의 실수였소.'

그렇다고 이런 끔찍한 동화집의 아픈 데를 매번 노골적으로 지적할 수는 없다. 물론 선한 출구를 가로막는 잔인한 손가락도 존재한다. 그런 손가락으로는 「핸젤」(Hänsel, KHM 15)의 말랐지만 남성적이고 부상당하지 않는 손가락도 있다. 그 손가락은 결국 아이의 비극을 해피엔딩의 희극으로 돌려놓았다 ─ 우리가 사소한 점들을 간과한다면 그렇다. "그리고 그 뻔뻔한 마녀는 고통스럽게 불에 타죽을 수밖에 없었다."

그런 예들은 이런 10개의 손가락이 손과 함께 아주 용감하게 세상으로 힘을 뻗치며, 또한 아주 부상당하기 쉬운 존재임을 우리에게 보여준다. 의사인 빌헬름 파브리치우스 역시 악한 사람에 의해 잘린 손가락은 생명을 위협하며, 정체성을 규정하는 부상이 될 수 있다고 기술한다. "베른에서 멀지 않은 보르프라는 마을에 한스 슐리히터라는 농부가 싸움에 말려들었다. 그의 상대방이 싸움을 하면서 심하게 화를 내며 그의 왼손 가운뎃손가락 둘째 마디를 깨물었다. 그는 손가락 때문에 운이 없게도 이발사로부터 두 달 동안이나 치료를 받았다. 그러다가 상처가 더 심해져서 어쩔 수 없이 병원의 외과의를 찾아갈 수밖에 없었다. 의사는 다른 치료수단이 없음을 알았다. 즉 그 착한 농부에게는 손가락을 통째로 자르는 것 외에 다른 방법이 없었다. 이런 수술을 위해 의사는 며칠 동안이나 그를 설득해야 했다. 그때 페터 폰 바텐빌 씨가 나타러 환자에게 가보라고 권했다. 그의 손과 팔, 온몸이 지속적이고 극심한 통증으로 오그라드는 것 같았다. 그런데 손가락은 이상하게도 부어올랐다. 관절에 염증이 생긴 것이다. 염증이 근육과 관절로 파고들어갔다. 그리고 뼈는 서로 분리되었다." 파브리치우스 의사는 어리석은 이발사도 아니고 단순한 외과의도 아니었기 때문에 세정하는 소독약을 사용하여(환자의 장을 비우는 것을 포함해서) 나머지 것을 잘라냈다. 그리고 골절을 치료하는 약을 뿌리고 손을 다시 연결했다. 6주 후에 베른의 농부는 "신의

432

도움으로" 다시 회복되었다. 그리고 의사가 그 손가락이 뻣뻣해질 수도 있다고 예상했기 때문에 그는 바로 손가락을 굽히고 펴는 연습을 해서 손 전체가 다시 완전해질 수 있었다.

이미 우리의 선조들이 그렇게 많은 치료술을 지니고 있었는데도 최근의 대중매체들이 물려서 잘린 손가락 마디에 관한 이야기에 그렇게 주목하는 것이 놀라울 따름이다. 1996년 6월 4일자 파리의 석간신문인 『프랑스 수아르』(France Soir)의 경우처럼. 그 기사에 따르면, 경마에 미친 사람이 사촌 손가락을 물어 끊고는 그것을 다시 이어붙이기 위해 찾았지만 결국 찾을 수 없었다고 한다.

프랑스 사람들은 모든 가능한 변형의 손가락 조각을 좋아한다. 대단히 진지한 신문인 파리의 『리베라시옹』지는 1997년 4월 14일자에 지방의 저급 신문에나 실릴 만한 이야기를 포기하지 못하고 있다. 그 이야기는 간단하게 줄이면 이렇다. "담배 실은 트럭을 무기를 소지한 채 습격한 혐의로 마르세유에 체포되어 있던 라미는 왼쪽 새끼손가락의 마지막 마디를 잘라서 지난 금요일 마르세유 일간지인 『르 프로방스』(Le Provençal)에 보냈다. 이런 사실이 그 신문의 토요일 판에 어떻게 실리게 되었는가? 절단된 손가락 마디가 하얀 손수건에 곱게 싸여 편집장에게 배달되었다. 긴 편지와 함께 봉투에 넣어져서. ……라미는 자신에게 가해지는 비난도 부인한 채, 자신이 장기간의 금고형을 받을 것이라는 전망도 부인했다. 재판이 언제 열릴지 알지도 못한 채 그는 더 이상 감옥에서 기다릴 수 없었다." 손가락은 대체로 끔찍하고 멋진 클라이맥스를 지닌 흥미로운 소설의 소재를 암시한다. 신문은 어쨌든 비극적이고 극적인 손가락 손상의 결과를 매우 확대시켜 보여준다.

"캐나다의 록스타인 닐 영은 다음 주부터 시작될 유럽 16개국 순회연주 일정을 취소했다. ……끔찍한 행위의 모티브이다. 그는 하필이면 빵을 자르면서 왼손 집게손가락을 잘랐던 것이다." 그때 라인하르트가 손가락 세 개만 가지고도 기타의 거장이 되었다는 암시는 아무 도움이 되지 않았다. 단지 아침 빵 때문에 세계는 닐 영의 목소리를 들을 수 없게 된 것이다. 손가락이 세계사를 만든다. 냉전시대에는 손가락 하나만 눌러도 지구의 반을 파괴할 수 있었을 것이다.

엄지손가락: 강한 녀석

엄지손가락은 손의 첫 번째에 해당된다. 그것의 라틴어 명칭은 'pollex'로 '강하다'를 뜻하는 어원과 관계가 있다. 프랑스 동화 제목인 『작은 엄지손가락』(Le petit poucet)은 앞에 있는 형용사와 뒤에 달린 축소형 어미가 이 녀석이 비록 작기는 해도 큰일을 할 수 있음을 보여준다. 옛 단위로 볼 때 엄지는 피트의 1/12이었다. 당시에 엄지는 12그란(옛 단위로 약 65밀리그램)이나 코른으로 나뉜다. 엄지손가락은 그렇게 작기 때문에 행운을 가져오는 것으로도 여겨졌다. 그리고 누군가에게 '엄지손가락을 세워주면'(den Daumen halten[drücken]) 그에게 좋은 운명을 안겨주려는 것이다. 미신 이야기에서 똑바로 세운 엄지손가락은 통증을 완화시켜주거나 심지어 치유력이 있는 역할을 한다. 그리고 도둑의 엄지손가락, 참수당한 도둑의 엄지손가락을 지닌 자는 재물의 축복을 받을 수 있다.

월리엄 셰익스피어는 「로미오와 줄리엣」의 첫 장면에서 엄지손가락의 또 다른 사용법을 상기시키고 있다. 캐플릿 가의 하인인 샘슨과 그레고리 역시 몬테규 가의 하인인 에이브러햄과 발타자르에 대해 갖가지 이중적인 놀이를 한다. 그들은 상대방 녀석들을 끌어내리려고 계획을 세웠다. 그리고 갈등이 벌어졌다.

"그레고리: 그럼 내가 저놈들 옆을 지나가면서 얼굴을 찡그려줄 테야. 놈들 마음대로 생각하라지.

샘슨: 아냐, 그건 저놈들 담력에 달렸어. 나도 엄지손가락을 튕겨볼 테야. 그래도 가만히 있다면 자기네 망신이지.

에이브러햄: 여보시오, 왜 우리를 보고 손가락을 튕기는 거요?

샘슨: 난 내 손가락을 튕겼을 뿐인데!

에이브러햄: 이보시오, 우리를 보고 손가락을 튕긴 게 아니란 말이오?

샘슨: (그레고리에게) 그렇다고 말해도 이쪽에 책임이 있는 것은 아니겠지?

그레고리: 웬걸.

샘슨: 천만에. 당신네들 보고 빈정거린 게 아니고 그저 내 손가락을 튕겼을 뿐이오.

그레고리: 이보시오, 지금 시비를 거는 거요?"

이 장면의 많은 독일어 번역에서는 그런 제스처 대화를 예의바르지 못한 것으로 생각할 수 있다. 그것은 무엇을 의미하는가? 샘슨은 엄지손가락 손톱 끝을 입에 집어넣고 귀에 들릴 정도로 톡톡 소리를 내거나 앞니에 튕기면서 꺼낸다. 당시에 그것은 분명 모욕적이며 성적인 의미를 지닌 조롱의 제스처였다. 그것은 여성의 음부와 관련된 제스처(이탈리아어로 'la fica')와 비슷하다. 이런 비언어의 몸짓으로 하는 저주에서는 엄지손가락을 아래에서 검지와 중지 사이에 끼워넣는다. 현대의 미국 '랩'이나 프랑스 '랩'에서는 오래전부터 그런 제스처 없이도 이렇게 표현된다. 'fuck your mother', 'nique ta mére.' 오늘날(1996년 6월) 프랑스 극우파 국민전선 관계자는 그런 표현을 검열의 가위로 자르겠다고 협박했는데, 그는 스스로 의사소통 사건에 400년 혹은 그 이상 뒤져 있다는 것을 알지 못했다.

다른 손가락과는 달리 첫째 손가락은 두 개의 마디밖에 없다. 그 대신 우리의 엄지손가락은 중요한 기능을 가진다. 엄지손가락은 아웃사이더로서 손을 펼 때 다른 손가락과는 아주 다른 방향을 가리킨다. 그리고 엄지손가락만이 다른 손가락과 반대가 될 수 있다. 다른 손가락에 강력히 저항하면서. 그리고 다른 어떤 손가락과도 어울려 집게를 만들 수 있다.

일반적으로 엄지손가락의 모양은 모든 가능한 위험에 내맡겨진 다른 손가락 모양과 별로 다르지 않다. 엄지손가락은 통증에 예민하다. 그래서 근세 초기의 고문관들은 피의자로부터 고백을 얻어내기 위해 엄지손가락에—악한들에게만 했던 것이 아니라!—그들의 'forcipes digitorum', 즉 엄지손가락 나사를 올려놓았다. 그것은 '혹독한 질문', 즉 고문의 첫째 단계에 해당한다. 나무나 금속을 가공하는 사람들, 특히 집에서 일하는 사람들의 엄지손가락은 유감스럽게도 너무 자주 피를 흘린다. 많은 사람들은 아마도 제롬의 『보트의 세 사나이』(1889)에서 온 가족이 진정한 동정심을 보낸 바보 같은 삼촌 포저를 기억할 것이다. "결국 포저 삼촌은 벽에 표시된 점을 다시 발견했다. 그는 왼손으로 못 끝을 그 점 위에 놓고 오른손으로는 망치를 들었다. 맨 처음 내리치면서 이미 그는 자신의 엄지손가락을 부서놓았다. 그리고 망치를 떨어뜨리면서 누군가의 발끝을 때려 비명소리가 나게 만들었다. 마리아 숙모는 이어서 이렇게 부드럽게 말했다. 포저 삼촌이 못을 박으려 할 때는 가능하면 제때 알려달라. 그러면 그녀는 그가 못을 박는 1주일 동안 여행할 준비를 할 수 있을 거라고."

그리고 엄지손가락 절단에 관한 이야기도 생생하게 묘사되고 있다. 롤프-빌헬름 브레드니히(Rolf-Wilhelm Brednich)는 그의 『전설 이야기』(*Sagenhafte Geschichte*, Nr. 4)에서 그런 종류의 모험을 이야기한다. 어떤 개가 사고로 떨어져나간 누군가의 엄지손가락을 삼켰다가 다시 뱉었지만 접합 수술은 더 이상 생각할 수가 없었다. 부상을 당한 사람이 그 개를 죽였다. 그것은 엄지손가락을 다친 사람과 개 주인 사이의 재판으로까지 번졌다. 그리고 손에 장애를 입은 그 남자는 개값을 지불해야 했다. 우리는 인간의 육체를 대충 셈할 필요는 없다. 작지만 대단하다는 것을 결론적으로 확인하기 위하여.

매니큐어를 칠하거나 칠하지 않은 손톱

파레는 『외과학』에서 손톱의 놀라운 성질과 유용성에 관해 정확하게 기술하고 있다. "알려진 작은 물건들(못, 이삭의 끝, 가시 등등)을 잡기 위해서는 손톱이 필요하다. 그럼으로써 두 가지, 즉 연약한 살과 딱딱한 손톱이 있는 손가락은 그런 모든 일에 적합해진다. ……긁고, 문지르고, 벗겨내고, 바스러뜨리고, 부딪치는 것 등이 손톱을 통해 이루어진다. 그것들은 물론 뼈로 이루어지지 않았음에도 바로 부러지지 않을 정도의, 그러면서도 쉽게 물러나지 않을 정도의 강도를 지니고 있다.” 그것이 딱딱하고 부드러운 균형을 이룬 손톱의 유용성이다. 독일어권에서 사용되는 단어인 ‘Nagel’이나 ‘nail’, 라틴 로만어의 ‘unguis’(‘ongle’, ‘unghia’ 등은 발톱을 의미한다)는 실제로 할퀴고 잡는 기능을 암시한다. 손톱의 이런 도구로서의 특성은 그것의 숙련성, 붙이기, 뚫기, 잡기, 빗질하기, 표시하기, 집기, 청소하기, 문지르기, 잡아떼기, 긁기, 돌리기, 쑤시기, 치기, 잡아당기기, 뒤틀기 등을 증명해준다. 그럼에도 그것의 화학적 성질에 관해 언급해야 할 것이 약간 있다. 작센 제후의 주치의이며 비텐베르크 대학의 의학교수인 제너르트가 『의학 실무』(Medicina pracitica, 1654, 363 = 8부 36장)에서 보고한 바에 따르면, 인간의 잘린 손톱이 소화기관에 도달하면 나쁜 영향을 미칠 수 있다고 한다. 그것들은 “파내는 힘”을 가지고 있어서 강한 구토를 유발한다. 제너르트는 그에 대한 치료약으로 올리브유나 우유 혹은 신선한 버터를 추천한다. 당아욱즙이나 고편도유 같은 것으로 관장을 하는 것도 상당히 도움이 된다.

잘 알려진 구부러진 특수 가위가 발명되기 이전에도 사람들은 일하거나 달리면서 손톱을 잘 다듬을 수 있었다. 사람들은 손톱 끝을─위에서 소화할 수 없음에도 불구하고─잘 물어뜯었다. 그럼에도 많은 사람의 손톱과 발톱은 엄청난 길이로 자라고 기이하게 구부러진다. 토마스 바르톨리누스가 그의 의학적 일화에서 기이한 느낌의 목판화를 통해 확인했던 것처럼 (Epistolarum medicinalium... centuria II, 99-100 [1663, 729-739], 733쪽 그림). 이와 관련해서 코펜하겐의 한 의사는 동물처럼 돌아다니며 머리카락과 손톱을 제멋대로 자라게 했던, 성경의 느부갓네살 사람(다니엘 4장)을 떠올린다. 그는 주지하다시피 사람에게서 쫓겨나서 동물처럼 돌아다닌다. 그리고 머리카락과 손톱을 손질하지 않은 채 자라게 했다. "바로 그 때에 이 일이 나 느부갓네살에게 응하므로 내가 사람에게 쫓겨나서 소처럼 풀을 먹으며 몸이 하늘 이슬에 젖고 머리털이 독수리 털과 같이 자랐고 손톱은 새 발톱과 같이 되었더라." 1663년에 이미 "게으른 문화"(negligentia cultus)에 관해 이렇게 씌어 있다. 느부갓네살 사람은 "몸을 손질하지 않는 것"으로 인해 비난을 받았다. 미학적으로 손톱이 주목을 끄는 대상으로 사용된 것에 관해서는 아직 뚜렷하게 언급되지 않고 있지만 말이다. 19세기 중반에는 수도가 연결된 목욕탕이 아직 귀했음에도 불구하고 몸 가꾸기는 일반적인 문화로 여겨졌다. 우리는 프랑크푸르트의 의사인 하인리히 호프만의 『더벅머리 페터』에서 시민 출신의 부모들이 자녀들에게 완고한 고집의 날개뿐 아니라 긴 손톱도 정기적으로 자르게 하는 데 얼마나 신경을 썼는지를 알 수 있다.

"양 손 전부
그는 손톱을 거의 1년 동안
자르지 못하게 했다.
머리카락도 빗지 못하게 한다. ……
'피' 모두가 외친다
'지저분한 더벅머리 페터!'"

상류층의 남녀는 그들의 시선을 점점 더 손과 손톱의 관리에 집중시킨다. 손과 손톱은 19세기 중반의 인용에서 나오듯이 그 자체로 상대방에게 관심을 기울인다. "찰스는 그녀의 하얀 손톱에 놀랐다. 그녀의 손톱은 반짝였으며, 뾰족하게 이어지면서 디에프의 상아 세공품보다 더 깨끗하게 아몬드 모양으로 잘려 있었다. 그녀의 손은 물론 아름답지 않았다. 그렇게 하얗지 않았고, 관절 부분이 약간 건조했다."

그렇게 구스타브 플로베르(Gustave Flaubert, 1821-1880)는 의사인 찰스 보바리로 하여금 교양 있는 농부의 딸 에마의 바느질하는 손가락을 쳐다보게 한다. 이어서 그는 그녀의 눈에 잠시 주목한다. 그리고 에마가 유명한 『보바리 부인』(1857)이 될 때까지는 그리 오랜 시간이 걸리지 않았다. 무색의 혹은 반짝이는 색색의 매니큐어는(그것은 아주 무시되던 발가락에도 발라져 있는 경우가 자주 있다) 오늘날 많은 여성들의 화장도구의 기본에 속한다. 그리고 최근에는 소수의 예민한 남성들도 그렇다. 특히 파트너 관계에서 남녀는 손가락 끝의 예민한 감각을 필요로 한다.

바닥에 붙어 있는 발

마지막으로 우리의 발(Pedes)이 찬미받을 차례이다. 발바닥(Regio plantaris)은 우리가 안전하게 바닥에 붙어 있고, 그럼으로써 우리의 인간적인 현존과 아직 살아 있음에 대해 지속적이며 구겨지지 않는 보증서를 제공해준다.

"어떤 인간도
신과 견주려 해선
안 되기 때문이다.

만약 인간이 위로 올라가

그 정수리가 별에 닿는다고 해도

불확실한 발바닥은 어디인들

붙일 곳 없어,

구름과 바람의 노리개가

되리니. "

(괴테, 「인류의 한계」)

　이 세상의 격언 지혜는 무척 습한 날씨라도 나무다리보다는 발로 뛰는 것이 더 낫다거나, 차가운 머리를 위해 따뜻한 발이 매우 중요하다는 것을 알려준다. 어쨌든 우리에게는 그냥 돌아다니다가 그루터기에 차여 비틀거릴 수 있는 위험이 존재한다. 그리고 적지 않은 사람들이 이미 죽을 지경에 이르렀다는 사실을 아주 잘 알고 있다. 한편으로 민속학자들은(예컨대 P. Bartoli, 1996) 사람들이 맨발로 불타는 목탄 위를 달릴 수 있으며, 그들 자신의 발바닥이 타지 않고도 그런 신경 흥분을 체험했다고 이야기한다.

　로마 여행자들은 불멸의 도시인 로마에서 몇 가지 주목할 만한 발과 부딪치게 될 것이며, 그것들은 돌아다니느라 고통스런 그들의 다리를 잊어버리게 만든다. 우선 오늘날 카피톨리노(캄피돌리오) 미술관 마당에는 돌로 만든 두 개의 거대한 발이 전시되어 있다. 그것들은 2천 년 전부터 계속 그 자리에 서 있었다. 반면에 바티칸 무덤 교회의 왕좌에 앉아서 축복하는 성 베드로의 청동 발은 그렇게 영원하다는 느낌을 주지 않는다. 수백만의 순례자들은 털이 많이 난 예언자의 오른쪽 발을 잡고 키스를 한다. 그것의 발가락은 거의 알아볼 수 없을 정도로, 어부였던 그의 발은 마치 지느러미처럼 보인다. 지중해 로만 사람들의 경건한 세계에서 볼 수 있는 많은 십자가의 나무 발은 거의 원래의 형상을 유지하지 못한다. 그것들은 성금요일 행렬과 교회 내부에서는 경건한 수천의 순례자들에 의해 닳아서 오래전에 새로 보수가 되어야 했다.

발의 고통

발은 그렇게 보이는 대로 고통을 견디어 내기 위해 만들어졌다. 수천 명의 의사들과, 정형외과 기사, 발 정골사를 포함한 발과 관련된 세공업자들은 파이거나 휜 고통스런 발을 바른 형태로 그리고 제대로 걸을 수 있도록 하기 위해 애쓰고 있다. 발꿈치의 벗겨지고 갈라진 피부에 생긴 물집을 누가 모르겠는가? 예컨대 티눈도 어쨌든 불쾌감을 유발하며 생겨난다. 이런 주목할 만한 형상, 'clavi pedum' 혹은 계안창이라 불리는 이런 형상은 가시처럼 이발사들의 시선을 끈다. 의학서는 그에 대해 여러 가지 처방을 준비하고 있지만 그 어떤 것도 제대로 도움이 안 된다. 테오도르 안드레아스 헬비히는 1728년에 숙련된 면도사에게 말했다(*Kluger und lustiger Medicus*, 210). "그것들은 우리에게 최고의 혐오감을 느끼게 한다." 부드럽게 하거나 제거하는 약이 필요하기 때문이다. "사람들은 그런 것을 달이 기울 때 잘라낸다. 나는 매일 아침 검은 담배 한 조각을 그 위에 붙인다. 월경혈을 여기에 발라도 좋다." 요한 야콥 보이트는 1737년에 그의 『보고』에서 많은 화학약품 외에 다음과 같은 것을 추천했다. "제비뿌리즙" 이나 "식초와 함께 양의 오물을 휘저은 것", 역청, 아마포 오일 혹은 운향유를 "따뜻하게 바르거나 아니면 아마포 오일에 적신 수건을 그 위에 올려놓는다." 포도주 식초와 물을 넣은 생석회, 갤버넘(풍지향) 수지나 심지어 "lapid. infernal", 즉 질산. 이것들은 적당한 치료제인가? 모든 것을 시험해보라. 그럼에도 티눈은 여전히 발가락 안에 부드럽게 달려 있다.

그렇다면 신데렐라(KHM 21) 언니들의 고통과 자기 훼손을 생각해보자. "그때 어머니가 그녀에게 칼을 주고 말했다. '발가락을 잘라라, [둘째 딸에게는 '발꿈치에서 조금 잘라내라'고 말한다] 네가 왕비가 되면 더 이상 걸어다닐 필요가 없다.' 그 여자아이는 발가락에서(발꿈치에서 한 조각을) 잘라낸다. 발을 신발에 억지로 집어넣고 고통을 참으며 왕자에게 간다. ……그때 왕자는 그녀의 피가 솟아나는 것을(신발에서 솟아나 흰색 양말을 빨갛게 물들이는 것을) 보았다. 그래. 봐라, 온통 피투성이다!" 다른 지체를 위해서는 특별히 그것만을 위한 상점이 존재하지 않는다. 그러나 피곤한 발을 위한 처방은 오래전부터 잘 알려졌으며, 전과 마찬가지로 여전히 주위의 약국에서 찾을 수 있다. 아우구스부르크 출신의 요제프 슈미트는 350년 전에 이미 그의 『외과술의 실례』에서 다음과 같이 추천했다. "사슴의 지방과 골수는 치료효과가 좋다. 그것은 이발사와 외과의들이 사용할 뿐 아니라 모든 방랑자들, 사절들 그리고 그 비슷한 사람들이 피곤한 발에 바르는 것으로 알려져 있다. 왜냐하면 그것을 바르면 팔다리를 따뜻하게 해서, 경직된 근육과 딱딱해진 혈관에 아주 좋기 때문이다. 의사들은 연고와 고약으로 치료를 했다."

겨울에 날씨가 심하게 추울 경우에는 걸을 때 동상으로 통증을 느끼게 된다. "어제 발의 대부분이 얼었다고 생각했다." 엘리자베트 샤를로테는

1695년 2월 3일에 베르사유에서 제후 부인 소피 폰 하노버에게 이런 편지를 썼다. "왜냐하면 왕 옆에서 우리는 왕에 대한 경의를 표하기 위해 어떤 가죽도 사용해서는 안 되었기 때문이다. ……그로 인해 몸 컨디션이 아주 나빠졌다. 발이 너무도 차가워졌다. 그래서 나는 다시 기침이 나오기 시작했고 밤새도록 기침을 했다"(L. v. Ranke, *Französische Geschichte*, 6: Briefe der Herzogin von Orléans, 1877, 117). 이런 맥락에서 그것은 정신적으로도 영향을 미친다는 것을 고려해야 한다. 프란츠 그릴파르처는 1819년에 그의 일기에서 이렇게 한탄한다. "차가운 발이 상상력을 냉각시키며, 따뜻한 발바닥이 좋은 생각을 떠오르게 한다는 것은 정말 끔찍하지 않은가?"

스위스의 농부이자 양치기인 울리히 브래커(Ulrich Bräker)는 그의 『자서전』(*Lebensgeschichte*, ed. S. Voellmy. Basel 1978, XVII-XVIII)에서 1745년경에 발을 다친 일에 관해 보고했다. 그는 가파른 바위 아래로 미끄러지고는 한동안 어떤 "불편함"도 느끼지 못했다. "그러나 갑자기 내 발이 마치 사람들이 그것을 냄비 안에 넣고 끓이는 것처럼 그렇게 끓기 시작했다. 그러고는 통증이 시작됐다. 아버지는 내 발을 살펴보더니 발바닥 중간에 커다란 구멍이 나 있고, 그 안에 이끼와 풀이 들어가 있다고 했다. 그제서야 내가 날카로운 전나무 가지에 올라갔다는 기억이 났다. 애티는 칼로 그것을 파내고 붕대로 발을 감아주었다. 나는 며칠간 절룩거리며 다녀야 했다. 그 후에 나는 붕대를 잃어버렸다. 오물이 그 구멍을 채웠다. 결국에는 회복되었다"(S. 73).

그리고 맨발로 달리는 것이 순수한 기쁨만은 아니었을 것이다. 그래서 많은 시골아이들은 도시에 오면 부유한 아이들이 장화를 신고 있는 것을 부러운 눈으로 쳐다보았다. 『이상한 나라의 앨리스』의 저자인 루이스 캐롤은 그의 어린 독자들에게 보통 여자아이의 발은 양말과 신발을 제대로 신고 싶어한다는 것을 알려주었다. 이야기가 시작되면서 앨리스는 마법의 음료와 과자가 들어 있는 작은 병을 발견한다. 그것은 그녀를 크게, 점점 더 크게 만든다. "'이상하군, 정말 이상해', 앨리스가 외쳤다. '이제 나는 세상에서 가장 큰 확성기처럼 분리될 거야. 안녕, 발들아!' (그녀가 자신의 발을 내려다보았을 때는 그것들이 거의 시야를 벗어난 것처럼 보였고 점점 더 멀어졌다.) '아, 나의 가련한 발들아, 누가 지금 너희에게 신발과 양말을 신겨줄 것인가? ……나는 너무 멀리 떨어져 있고, 더 이상 너희를 위해 신경을 쓸 수 없어. 이제 너희들은 가능한 한 혼자 독립해야 해! ─그래도 나는 발들에게 친절해야 해', 앨리스가 생각했다. '그렇지 않으면 그것들은 내가 원하던 대로 더 이상 멀리 달리지 않을 거야! 좋아. 발들은 매년 크리스마스에 새로운 장화를 얻게 되지.'" 그렇게 교육을 잘 받은 앨리스가 발의 청결보다는 발을 가리는 것에 더 신경을 쓴다는 점이 눈에 띈다. 발을 씻는 것의 주제는 수학자 캐롤에게는 중요하지 않거나 아니면 'unmentionable', 즉 말해서는 안 되는 것으로 보일 수도 있다.

그럼에도 다른 사회적 영역에서도 사랑하는 발의 기쁨에 관해 무엇인가 할 이야기가 있다. 인간이 태어날 때부터 혹은 사고로 인해 팔을 잃고 세상에 내던져졌을 때 발은 완전히 손의 기능을 대체할 수 있다. 취리히의 재단사인 크리스토프 슈바이처는 1570년에 프랑크푸르트에서 열린 출판사, 인쇄소, 서적 행상인들의 가을 박람회에 한 젊은이가 앉아 있는 것을 보았다. 그는 "손도 없이, 허벅지는 구부러지고, 키가 작은 사람이었다." 이 남자는 여러 가지 장식 알파벳을 발로 썼다. 그는 관청식 서체도 잘 구사했다. 심지어 자신의 펜을 직접 깎을 수도 있었다. 그의 그림은 오늘날 요한 야콥 비크스(Johann Jacob Wicks, 1522-1588)의 선집에서 발견할 수 있다. 볼프강 킬리안(Wolfgang Kilian)이 조각한 1651년 아우구스부르크의 전단에는 중간에 팔이 없는 여자가 그려져 있다. 그리고 21개의 그림틀에서 다양한 작업을 하고 있는 모습을 보여준다(바느질, 뜨개질, 코를 풀고 아이에게 젖을 먹이고, 총을 쏘고 그리고 함을 연다). 그 여자는 마르가레타라고 불리는 대목장 예능인으로 ─ 그녀는 스톡홀름 출신이다 ─ 이 모든 일을 발로 할 수 있었다. 그림 아래에서 다음과 같은 글을 읽을 수 있다.

> "불쌍하게도 나는
> 손과 손가락도 없고, 팔도 없기 때문에
> 스스로를 도와야만 한다
> 그래서 나는 이 모든 것을 발로 한다."

마찬가지로 발만 가지고 용감하게 생을 헤쳐나가는 이런 부류의 남성 팔장애자들에 관해 우리는『1720년 슐레지엔에서 겨울 3개월 동안 일어난 자연과 의학 이야기 모음집』(*Sammlung von Natur- und Medicin- Geschichten, so sich An. 1720 in den 3. Winter-Monaten in Schlesien... begeben*, Leipzig/Bautzen 1720, 204)에서 다음과 같은 글을 읽을 수 있다. "트리어 태생의 프란츠 비니오트는 내가 1696년 처음으로 라이프치히 부활절 미사에서 보았을 때는 31살이었다. [그]는 돈 때문에, 나중에 예나에서도 자신의 모습을 보여주었다. 그리고 그는 팔과 손이 없어서 모든 것을 발로 처리했다. 바이센펠스에서 우리와 함께 식사할 때처럼 그는 단지 발만 사용했다. ……그의 왼쪽 발의 새끼발가락에서 깨끗한 다이아몬드 반지를 보았다. ……그의 기술과 관련해서 언급하자면 그는 최고의 숙련도와 속도를 가지고 면도를 했고, 바늘에 실을 꿸 수 있을 뿐 아니라 바느질도 했다. 북을 치기도 했으며, 카드를 다룰 줄도 알았다. 놀라운 속도로 빠르게 카드를 다루었다. ……그는 자신이 직접 장전한 엽총을 쏘았다. 그리고 탁자 구석에 외발로 서 있다가 다른 다리를 들어올리면서 몸을 굽혀서 입으로 돈을 물어 올렸다.”

발은 어쩔 수 없는 경우라면 달리기뿐 아니라 무엇인가를 기록하는 데도 사용된다. 에로틱한 모험을 다룬 두꺼운 책이라면 우리는 틀림없이 발 페티시즘(대물성 성도착증)에 관한 장을 발견하게 될 것이다. 놀라운 것은 부드러운 발가락뿐 아니라 발뒤꿈치 역시 거기에 해당된다. 고대 로마 사람들은 이런 육체 부위를 ‘calx’라 불렀는데, 그것은 석회로 표시된 어떤 물건의 끝을 말하는 것으로, 즉 인간 육체의 끝이다. 한편으로 이 육체 부위는 걸어갈 때 땅과 접촉하게 되는 첫 번째 부위이기도 하며, 인간의 토대 중에서 경탄할 정도로 강력하고, 역동적이며, 질긴 부위이다. 일상 언어에서 발뒤꿈치는 독일어로 하케(Hacke)라고 불린다. 그러나 ‘Hacke’는 곡괭이라는 의미로도 사용된다. 우선은 땅을 일구기 위한 도구이다. 인간은 발뒤꿈치로 경작지에 구덩이를 파고, 마른 가지를 집어넣고, 곤충을 밟아 죽인다. 프로방스의 곤충학자인 파브르는 그의 마을(아베이롱) 선생이 달팽이 박멸 시위를 위해 학생들을 동원한 일을 기억한다(*L'atavisme. In: Promenades entomologiques*. Paris 1980, 64). “선생님이 다년초 식물 잎 가장자리에 있는 달팽이를 밟아 죽이라고 우리를 데리고 나가면 나는 달팽이를 밟아 죽여야 하는 내 임무를 양심적으로 행하지 않았다. 나의 발꿈치는 내가 모아놓은 달팽이 앞에서 가끔 주저한다. 그것들은 너무 아름답다! 나는 쉬는 시간에 가지고 놀기 위해 가방을 그것들 중 가장 화려한 것으로 채운다."

아담의 타락 이후로 하느님이 뱀에게 말한다. "내가 너로 여자의 원수가 되게 하고 네 후손도 여자의 후손과 원수가 되게 하리니 여자의 후손은 네 머리를 상하게 할 것이요 너는 그의 발꿈치를 상하게 할 것이니라 하시고"(창세기 3:15). 거기서 인간은 살아 있는 것을 발꿈치로 아니면 더 낫게는(이러면 살인자라는 직접적인 느낌을 적게 가진다) 장화의 뒤축으로 부서뜨릴 수 있는 권리를 유추해 냈다. 이런 생각은 작가와 영화제작자들로 하여금 인간에 의한 굴욕과 파멸에 대해 거부감이 들 정도로 묘사하게끔 자극했다. 에밀 졸라와 그의 『테레즈 라깽』(XI장)의 연인을 예로 들어보자. 이 장면은 세느 강변으로 산책을 나가면서 벌어진다. "로랑은 자고 있는 카밀을 쳐다보고 과장된 몸짓으로 그의 발꿈치를 들어올렸다. 한 번의 발길질로 그는 그녀의 얼굴을 으깨놓으려 했다. 테레즈는 얼굴이 창백해져서 눈을 감고 고개를 돌렸다. 마치 뿜어져 나오는 피를 피하려는 것처럼. 그리고 로랑은 몇 초간 그의 발꿈치를 공중에, 바로 카밀의 얼굴 위에 들고 있었다. 그러고 나서 그는 천천히 다리를 다시 거둬들이고 몇 걸음 뒤로 물러섰다. 그는 이런 식으로 아주 어리석은 살인이 저질러질 수도 있다고 생각했다." 아마도 졸라 역시 그렇게 부서지는 것에 대한 자연주의적 묘사가(그때 피만 뿜어져 나오는 것은 아닐 것이다!) 그의 독자들에게 충격을 주거나 혹은 신빙성 없는 것으로 느껴질 수 있다고 생각했을 것이다.

자연의 복수: 통풍

악마는 하느님이 말했던 대로 여성의 씨를 발꿈치 안에 성실하게 찔러넣을 것이다 — 거기만이 아니라 다른 곳에도. 이탈리아의 인문주의자인 히에로니무스 카르다누스(Hieronymus Cardanus)는 『통풍에 대한 찬미』(*Lob der Gicht*)를 기술했다. 그리고 요한 베버비크 폰 도르트레히트(Johann Beverwyck von Dordrecht)는 우리를 위해 그것을 번역했다(*Allgemeine Artzney*. Frankfurt/M. 1674, I, 245-255). 그러나 저자가 그런 고귀한 통증을 통해 보다 높은 정신적 업적을 이룰 수 있도록 자극받았던 사람들을 일일이 호명한 것을 아주 진지하게 받아들이기는 힘들다.

"영국의 히포크라테스"라 불리는 토머스 시드넘(Thomas Sydenham, 1624-1689)은 죽을 때까지 계속 통풍에 시달리던 사람이었다. 1681년에 그는 『통풍에 관한 논문』(*Opera omnia medica, editio novissima*. Genf 1696, 727-728; ed. J. L. Pagel, Leipzig 1910)에서 이 병의 진행을 다음과 같이 기술한다(S. 10f.). "1월 말 혹은 2월 초[환자는 몇 주 전에 상한 위 때문에 혹은 소화불량으로 고통을 겪었으며, 육체가 매일 더 무거워지고 팽창하는 것 같은 느낌을 받았다] 아침에 갑자기 고통이 그를 덮쳤다. 그 통증은 대부분 엄지발가락에, 가끔은 발꿈치나 발바닥, 아니면 뼈로 이어졌다. 그리고 나서 바로 오한과 발열이 이어졌다. 처음에 약하던 통증은 점점 더 심해졌다. ……환자는 그러면서 이불의 무게나 방에서 느껴지는 발자국 소리로 인한 흔들림도 견딜 수가 없었다. 환자는 불안하고 고통스런 밤을 보낸다. 줄곧 몸을 뒤척인다. 육체의 움직임을 통해 고통을 줄일 수 있는 시도를 수천 번 해본다. 그러나 아무 소용이 없었다." 양쪽 발에 "통풍의 발작"이 올 때까지 그 통증이 계속되었다고 시드넘은 말했다. 그리고 그것은 두 달 동안이나 지속되었다.

통풍의 고통에 관한 이야기 모음집이 있다 — 예를 들면 샤프하우젠의 잠
언집을 기술한 루돌프 후버의 글이 그렇다. 그가 겪은 경우 중 한 가지는 놀
라운 치유에 관해 보고한다. "토비아스 슈미트는 츠비카우 연대기 675쪽에
서 츠비카우의 한 고귀한 시민에 관해 이야기한다. 그는 통풍으로 큰 고통
을 겪어야 했다. 그는 1642년에 말을 타고 전쟁에 나갔는데, 전쟁터에서 엽
총을 무릎 위에 올려놓고 앉았다. 그런데 그만 실수로 총이 발사되어 그의
한쪽 발이 부상당했다. 그때부터 10년 넘게 살았음에도 불구하고 그는 다친
발뿐 아니라 다른 발에도 더 이상 통증을 느끼지 않았다." 더 크거나 끔찍
한 통증이 작은 통증을 몰아냈다. 이런 현상에 관해 파울리니는 그의 『플라
겔룸 잘루티스』(105f.)에서 기술하고 있다. 즉 "어떤 성직자가 잦은 ……통
풍으로 인한 발의 통증을 없애기 위해 여러 가지를 시도했다. 그런 고통의
와중에 신선한 배즙을 바르고 …… 그러나 발을 따뜻한 물이 가득 든 양동
이나 따뜻하게 데운 암소 배설물 속에 한동안 집어넣는 것보다 더 약효가
보증된 것이나 더 편안한 것을 발견할 수가 없었다. 그렇게 하니까 발의 통
증이 완화되는 것을 느꼈기 때문이다. 그래도 ……완전히 사라지지는 않는
다. 자주는 아니라 할지라도 다시 통증이 시작되었고, 그럼에도 그런 수단
을 통해 매우 편안해질 수 있었다."

그런 방법이 물론 항상 도움이 되는 것은 아니다. 빌헬름 파브리치우스가
보고했듯이 손가락이나 발가락 관절의 갈라진 틈에 요산이 쌓이면 가끔은
돌 크기 정도가 될 수도 있다. "가끔은 외부 관절에서 돌이 발견된다. 특히
약간 오래 통증을 앓았던 사람에게서 그렇다. 1602년 모르제에서 멀지 않은

곳에 살던, 존경할 만한 그뤼에르의 프랑수아에게서 로잔의 의사인 아벨 루씨와 함께 어느 날 땅콩 크기의 작은 돌이 그의 발 위에서 옮겨다니는 것을 보았다." 통풍에 걸린 사람들, 주로 남자들의 고통은 상상할 수 없을 정도이다. 그리고 로테르담의 에라스무스나 혹은 스페인의 유스토 수도원에 있던 카를 5세 황제처럼 통풍으로 고통받는 사람들은 여전히 우리의 동정심을 사기에 충분하다. 다음과 같은 점을 고려한다면 말이다. "거기에는 근육, 신경, 골막, 막, 인대 등이 있기 때문에 우리의 기질 속에서 최고의 예민함을 감지하게 되는 그런 육체 부위가 대부분 공격을 받는다. 그로 인해 우리는 환자 자신이 신음을 하고 고통스러워하는 것을 들을 뿐 아니라 그들의 지체가 프란치스코회 수도사인 귀르텔에게서 보았던 것과 같은 그토록 많은 혹과 결절로 가득 차 있는 것을 보게 된다. 헬몬티우스는 아주 지혜로운 창조자에 의해 그렇게 아름답게 형상화된 인간이 동시에 혐오감이 드는 돌로 만들어진 괴물로 변한다고 말한다"(J. A. von Gehema, *Eroberte Gicht*, Hamburg 1683, 9f.).

마침내 헤르만 부쇼프라는 이름을 가진, 동인도에서 영향력이 있던 네덜란드 성직자의 중개를 통해 통증을 진정시켜주는 치료약이 동방에서 들어왔다. 그것은 뜸쑥(Moxa)이라 불렸으며, 긴 관의 형태로 제공되어, 통풍 결절 근처에서 연기 막대기처럼 태운다. 그것은 놀랄 정도로 빠르게 효과가 나타나며, 많이 인용된 로마 작가 오비디우스의 구절, 즉 의학은 통풍을 이 세상에서 제거할 능력이 없다는 말을 반증한다. 작센 의사이며 화학자인 게오르크 볼프강 베델(Georg Wolfgang Wedel)은 말려놓은 독일산 쑥 줄기의 껍질은 인도의 뜸쑥과 동일한 영향을 미칠 수 있음을 발견했다(J. J. Woyt, *Schatz-*

Kammer, 597). 폴란드의 외과의인 게헤마(Gehema)가 "중국의 뜸쑥"이라 불렀던 이 뜸쑥은 그 사이 알게 된 것이지만 불을 붙여서 "연기를 쐬면" 끔찍한 치통에도 효과가 있다고 한다(J. A. von Gehema, *Zwantzig... Chirurgische Observationes*. Frankfurt/M. 1690, 14).

마지막도 발가락, 처음도 발가락

발가락은 라틴어로 'Digiti pedis'라 불린다. 라틴어 'articulum'(지체, 단락, 모든 발가락은 그 중에서 두 개만 가진다)에서 프랑스어 'arteil'가 유래되었다. 오늘날 'orteil', 즉 독일어의 'toe'나 'Zehe'는 무조건 숫자 10(Zehn)과 관계가 있다. 그것은 '가리키는 것'과 관계가 있을 수도 있다. 발 역시 방향을 가리킨다. 문법적인 성으로 볼 때 여성인 발가락은 저 아래, 땅 근처에 있기를 좋아한다. 그럼에도 발가락은 본래의 신분의 명예를 가지고 있다. 우리는 그 위에 서 있고 걷는다. 우리는 더 높은 명성을 얻기 위해 발돋움하여 선다. 그리고 우리가 모욕을 받으면 발가락이 밟힌 것처럼 느낀다. 어떤 사건을 오래전에 미리 알고 있는 것은 새끼발가락이다. 그러나 이것은 오히려 아이러니컬한 의미이다. 엄지발가락은('커다란 손가락'이라는 이름에서 빌려왔다) 어쨌든 예민하고, 느낌이 풍부하며, 육체의 주요 무게와 발의 통풍의 가장 심한 고통까지 겪어내야 하는 그런 것이다. 둘째 발가락에서 넷째 발가락은 손처럼 어떤 고유의 이름도 가지고 있지 않다. 기껏해야 발 예술가와 발 페티시스트들만 그 각각의 고유 가치를 평가할 줄 안다.

발가락이 손가락보다 덜 움직이고 덜 숙련되어 있다는 것은 거의 터무니

없는 소리에 가깝다. 이미 보여주었듯이 발과 발가락으로 우리가 손으로 하듯 아주 능숙하게 작업하는 수많은 사람들이 존재한다(그것도 대부분 한 발로만). 16세기 후반의 토마스 슈바이커(Thomas Schweiker, 1540-1602)의 경우는 세계적으로 유명하다. 후기 고딕식 미하엘 교회의 슈바벤 홀에는(네 번째 부속 예배당에) 그의 자화상이 걸려 있다. 그는 이 도시에 살았을 때 팔 없이 발로 그림을 그리고, 발가락 사이에 붓을 끼워서 이력서를 썼다. 그렇게 본다면 차가운 머리에서 따뜻한 발로 가는 것은 절대 먼 길이 아니다. 그리고 우리는 이 책을 발에서부터 시작할 수도 있었을 것이다.

왜냐하면 결국 발이 가장 먼저 나오기 때문이다. 죽은 사람들이(관 속에 들어 있지만) 집이나 교회에서 실려나올 때면 발부터 나온다―태어날 때는 머리가 먼저였다. 오늘날―추리영화는 그것을 이렇게 설명한다―해부학 조수는 냉동실에서 발을 앞으로 해서 시체를 꺼낸다. 발바닥이 시체를 덮은 흰색 시트 밖으로 나와 있다. 'Calces'라 불리는 발꿈치의 창백한 안쪽 살에 분필로 두꺼운 점을 그리듯이 사망날짜를 표시해놓았다. 생명이 없이 계란 모양을 하고 있는 엄지발가락에 작은 카드가 매달려 있고, 거기에 적힌 표식이 그 시체가 누구의 시체인지를 알려준다. 거기에도 육체와 생명, 고통과 기쁨이 있지 않았을까?

참고문헌

[AaTh:] Aarne, Antti/Thompson, Stith: *The Types of the Folktale. A classification and bibliography.* Second Revision. Helsinki 1973. (FFC, 184).

Ackerman, Diane: *Die schöne Macht der Sinne. Eine Kulturgeschichte.* (A Natural History of the Senses. New York 1990.) Übers. Antoinette Gittinger. München 1991.

Adler, Kathleen/Pointon, Marcia (Hg.): *The Body Imaged. The human form and visual culture since the Renaissance.* Cambridge/New York 1993.

Alber, Wolfgang/Bausinger, Hermann/Frahm, Eckart/Korff, Gottfried (Hg.): *Übriges. Kopflose Beiträge zu einer volkskundlichen Anatomie. Utz Jeggle zum 22. Juni 1991.* Tübingen 1991.

Andral/Bégin/Blandin u.a., siehe: Universal-Lexicon 1835-1848.

Anz, Thomas: *Gesund oder krank? Medizin, Moral und Ästhetik in der deutschen Gegenwartsliteratur.* Stuttgart 1989.

Bächtold-Stäubli, Hanns/Hoffmann-Krayer, Eduard (ed.): *Handöorterbuch des Deutschen Aberglaubens.* 1-10. Berlin 1932-1942.

Barbette, Paul: *Opera omnia medica et chirurgica notis et observationibus [...].* Hg. Jean Jacques Manget. Genève: J. A. Chouet 1683. 4 Bl. n.n., 273 S.

Barta, Ilsebill/Breu, Zita/Hammer-Tugendhat, Daniela u.a. (Hg.): *Frauen-Bilder-Männer-Mythen. Kunsthistorische Beiträge.* Berlin 1987.

Barta, Ilsebill: Der disziplinierte Körper. Bürgerliche Körpersprache und ihre geschlechtsspezifische Differenzierung am Ende des 18. Jahrhunderts. In: Barta, I. u.a.: *Frauen-Bilder - Männer-Mythen,* 1987, 84-106.

Bartholinus, Thomas: *Epistolarum medicinalium centuriae a doctis vel ad doctos scriptarum centuria I-IV.* Kopenhagen:P. Haubold 1663-1667. (I-II:) 10 Bl. n.n., 739 S.; (III:) 6 Bl. n.n., 442 S.; (IV:) 4 Bl. n.n., 568 S.

Bauhinus, Casparus: *Theatrum Anatomicum Caspari Bauhini Basileen. [sic] Archiatri. Infinitis locis auctum, ad morbos accomodatum & ab erroribus ab authore repurgatum, observationibus & figuris aliquot novis œneis illustratum.* [Kupferstichband II:] Vivae imagines partium corporis humani æneis formis expressæ & ex Theatro Anatomico Caspari Bauhini Basilien. Archiatri desumptæ. Basel: J. Th. De Bry. 1621, 1620[sic]. (I:) 8 Bl. n.n., 664 S., 8Bl. n.n.,(Indices). - (II:) 265 S. +Appendix:21 S.; zahlr. Kupfertafeln.

Bäumer, Eduard: *Die Geschichte des Badewesens.* Breslau 1903. (Abhandlungen zur Geschichte der Medizin, 7).

Bäuml, Betty J. and Franz H.: *A Dictionary of Gestures.* Metuchen/N.J. 1975.

Benner, Klaus-Ulrich: *Der Körper des Menschen. Das Wunderwerk des menschlichen Körpers, Aufbau, Funktionen, Zusammenwirken, Abläufe und Vorgänge.* (The Human Body. London 1989.) Augsburg 1995.

Benzenhöfer, Udo/Kühlmann, Wilhelm (Hg.): *Heilkunde und Krankheitserfahrung in der frühen Neuzeit. Studien am Grenzrain von Literaturgeschichte und Medizingeschichte.* Tübingen 1992. (Frühe Neuzeit, 10).

[Berlichingen, Gottfried:] *Lebensbeschreibung des Herrn Gözens von Berlichingen.* München 1924. (Rupprechtspresse, 29).

Bette, Karl-Heinrich: *Körperspuren. Zur Semantik und Paradoxie moderner Körperlichkeit.* Berlin/New York 1989.

Beutelspacher, Martin: *Kultivierung bei lebendigem Leib. Alltägliche Körpererfahrungen in der Aufklärung.* Weingarten 1986.

Bienville, J.-D.-T.: *Traité des erreurs populqires sur la santé.* La Haye: P.F. Gosse 1775. 300 S.

Birkner, Othmar: Bürgerliche Lebenswelten zwischen Cholera und Revolution. Mit besonderer Berücksichtigung der Wiener Beamten. In: Gyr, Ueli (Hg.): *Soll und Haben. Alltag und Lebensformen bürgerlicher Kultur.* Zürich 1995, 31-46.

Bischoff, Claus/Zenz, Helmuth (Hg.): *Patientenkonzepte von Körper und Krankheit.* Bern 1989.

Blacking, John (Hg.): *The Anthropology of the Body.* London 1977. (Association of Social Anthropologists of the Commonwealth, Monographs, 15).

Blohmke, Maria/Ferber, Christian von/Kisker, Karl Peter/Schaefer, Hans (Hg.): *Handbuch der Sozialmedizin in drei Bänden.* Stuttgart 1975-1976.

Böhm, Winfried/Lindauer, Martin(Hg.): *Mann und Frau - Frau und Mann. Hintergründe, Ursachen und Problematik der Geschlechterrollen.* Stuttgart/Düsseldorf/Berlin/Leipzig 1992. (Fünftes Symposium der Universität Würzburg).

Böning, Holger: Medizinische Volksaufklärung und Öffentlichkeit. Ein Beitrag zur Popularisierung aufklärerischen Gedankengutes und zur Entstehung einer Öffentlichkeit über Gesundheitsfragen. Mit einer Bibliographie medizinischer Volksschriften. In: *Internationales Archiv für Sozialgeschichte der deutschen Literatur* 15 (1990) 1-92.

Bornemann, Ernest: Sex im Volksmund. *Die sexuelle Umgangssprache des deutschen Volkes. Wörterbuch und Thesaurus.* Reinbek 1971.

Bottomley, Frank: *Attitudes to the Body in Western Christendom.* London 1979.

Bourdieu, Pierre: Remarques provisoires sur la perception sociale du corps. In: *Actes de la Recherche en Sciences Sociales* 14 (avril 1977) Sp. 51-54.

Bräuner, Johann Jacob: *Thesaurus Sanitatis, oder Neueröffneter Schatz menschlicher*

Gesundheit, in welchem [...] gezeigt wird, wie man alle und jede menschliche Krankheiten [...] mit Segen Gottes glücklich curiren kan [...]. Band 1. Frankfurt/M.: S.T. Hocker 1712. 12Bl. n.n., 1022 S. +50 S., 17 Bl. n.n.

Ders.: *Thesauri Sanitatis oder Schatzes menschlicher Gesundheit Zweyter Theil [...] wie man Operationes & Experimenta chirurgica, oder äußerliche Leibes-Gebrästen [...] tractiren und heilen [...] kan*. Ebenda 1713. 11 Bl. n.n., 1240 S., 24 Bl. n.n.

Braunfels, Sigrid(ed.): Der " vermessene Mensch" . *Anthropometrie in Kunst und Wissenschaft*. München 1973.

Brednich, Rolf Wilhelm: *Die Spinne in der Yucca-Palme. Sagenhafte Geschichten von heute*. München 1990.

Ders,: *Die Maus im Jumbo-Jet. Neue sagenhafte Geschichten von heute*. München 1991.

Ders,: *Das Huhn mit dem Gipsbein. Neueste sagenhafte Geschichten von heute*. München 1993.

Ders,: *Die Ratte am Strohhalm. Allerneueste sagenhafte Geschichten*. München 1996.

Brillat-Savarin, Anthelme: *Physiologie du goût. Présentation de Jean-François Revel*. Paris 1982, 1994.

Brown, Peter: *Die Keuschheit der Engel. Sexueller Entsagung, Askese und KÖrperlichkeit am Anfang des Christentums*. (The Body and Society. Men, women and sexual renunciation in early christianity. New York 1988.) München 1991.

[Browne, Thomas] *Sir Thomas Browne' s Pseudodoxia Epidemica [or, Enquiries into very many received tenents, and commonly presumed truths*. London: Tho. Harper/Edward Dod 1646.]. Ed. by Robin Robbins. Vol. I-II. Oxford 1981.

Brunold-Bigler, Ursula/Bausinger, Hermann (Hg.): *HÖren Sagen Lesen Lernen. Bausteine zu einer Geschicht der kommunikativen Kultur. Festschrift für Rudolf Schenda zum 65. Geburtstag*. Bern/Berlin/Frankfurt/M. etc. 1995.

Büchli, Arnold/Brunold-Bigler, Ursula: *Mythologische Landeskunde von Graubbünden. Ein Bergvolk erzählt*. Band 1-4. Disentis 1980-1992.

Buisson, Françoise/Destanque, Pierette(Hg.): *Fémininmasculin. Le sexe de l' art*. [Ausstellungskatalog.] Paris 1995.

Burton, Robert: *The Anatomy of Melancholy. What it is, with all the kinds, causes, symptoms, prognostics, and severall curses of it. [...] Philosophically, Medicinally, Historically opened & cut up. By Democritus Junior*. [1621.] London: H. Crips/L. Lloyd 1652/P. Parker 1676 etc.). London 1887. - [Unvollständige deutsche Ausgaben:] Burton R.: Schwermut der Liebe. Übers. Peter Gan. Zürich 1952. - Burton R.: Anatomie der Melancholie. Über die Allgegenwart der Schwermut, ihrer Ursachen und Symptome sowie die Kunst, es mit ihr auszuhalten. Übers. Ulrich Horstmann. Zürich 1988.

Bußmann, Hadumod/Hof, Renate (Hg.): *Genus. Zur Geschlechterdifferenz in den Kulturwissenschaften*. Stuttgart 1995.

Bynum, Caroline Walker: *Fragmentation and Redemption. Essays on gender and the human body in medieval religion*. New York 1991.

Dies.: *Fragmentierung und ErlÖsung. Geschlecht und KÖrper im Glauben des Mittelalters*. Übers. Brigitte Große. [Fragmentation and Redemption, gekürzt.] Frankfurt/M. 1996. (edition suhrkamp, 1731).

Dies.: *The Resurrection of the Body in Western Christianity, 200-1336*. New York 1995. (Lectures on the History of Religions, N.S. 15).

Dies.: Warum das ganze Theater mit dem Körper? Die Sicht einer Mediävistin, Übers. Christa Krüger. In: *Historische Anthropologie: Kultur, Geschichte, Alltag* 4(1996) 1-33.

Bynum, W.F./Porter, Roy(Hg.): *Companion Encyclopedia of the History of Medicine*. Vol. 1-2. London/New York 1993.

Cabanis, Pierre Jean Georges: *Rapports du physique et du moral de l' homme*[1802]. 2. Aufl. 1-3. Paris: J.B. Baillière 1824.

Calvo Salgado, Luis Manuel: *Die Wunder der Bettlerinnen. Krankheits- und Heilungsgeschichten in Burgos und Santo Domingo de la Calzada (1554-1559)*. Diss. Zürich 1998(im Druck).

Camporesi, Piero: *Il governo del corpo. Saggi in miniatura*. Milano 1995.

Carmichael, Ann G./Ratzan, Richard M.(Hg.): *Medizin in Literatur und Kunst*, Köln 1994.

Carus, Carl Gustav: *Symbolik der menschlichen Gestalt. Ein Handbuch zur Menschenkenntniß*. Leipzig 1853.

Cash, Thomas F./Pruzinsky, Thomas(Hg.): *Body Images. Development, deviance, and change*. New York 1990.

Caskey, Noelie: Interpreting Anexoria nervosa. In: Suleiman, S.R.: *The Female Body in Western Culture*, 1986, 175-189.

Chapeaurouge, Donat de: *"Das Auge ist ein Herr, das Ohr ein Knecht". Der Weg von der mittelalterlichen zur abstrakten Malerei*. Wiesbaden 1983.

Choulant, Ludwig: *History and Bibliography of Anatomic Illustration in its Relation to Anatomic Science and the Graphic Arts*. (Geschichte und Bibliographie der anatomischen Abbildung [...] Leipzig 1852.) Übers. Mortimer Frank. Chicago 1920.

Coclitus, Bartholomaeus: *Phisonomei. Eins iedem menschen Art, Natur und complexion, auß Formierung und gestalt des Angesichts, Glieder, und allen geberden, zu erlernen. [...]* o.O., o.J. [um 1530]. 15 fol. n.n.

Comar, Philippe: *Les Images du corps*. Paris 1993. (Coll. Découvertes Gallimard, Sciences, 185).

Le Corps humain. Nature, culture, surnaturel. Actes du 110e Congrès National des Sociétés Savantes, Montpellier 1985. Paris:Ministère de l' Education Nationale. Comité des Travaux Historiques et Scientifiques(CTHS) 1985.

Dane, Gesa: "Die heilsame Toilette", Kosmetik und Bildung in Goethes 'Der Mann von funfzig Jahren'. Göttingen 1994.

Daxelmüller, Christoph: Das Fromme und das Unfromme. Der Körper als Lernmittel und Lernbild in der spätmittelalterlichen 'Volks'frömmigkeit. In: Kröll, K./Steger, H.: Mein ganzer Körper ist Gesicht, 1994, 107-129.

Delaveau, Pierre: La Mémoire des mots en médecine; pharmacie et sciences. Nouvelle édition revue et augmentée. Paris (1992) 1995.

Descamps, Marc-Alain: Corps et psyché. Histoire des psychothérapies par le corps. Marseille 1992.

Doerfer, Gerhard: Grundwort und Sprachmischung. Eine Untersuchung an Hand von Körperteilbezeichnungen. Stuttgart/Wiesbaden 1988. (Münchner ostasiatische Studien, 47).

Donatus, Marcellus(Marcello Donati): De Medica Historia mirabili Libri sex nunc primùm in lucem editi. Venezia: F. Valgrigi 1588. 10 Bl. n.n., 312 Bl. num. - Frankfurt 1613. 12 Bl. n.n., 715 S., 8 Bl. n.n.

Dornheim, Jutta/Alber, Wolfgang: Ärtzliche Fallberichte des 18. Jahrhunderts als volkskundliche Quelle. In: ZsVk 78(1982) 28-43.

Duden, Barbara: Body History-a Repertory. Körpergeschichte - ein Repertorium. Wolfenbüttel 1990. (Tandem, 1).

Dies.: Geschlecht unter der Haut. Ein Eisenacher Arzt und seine Patientinnen um 1730. [1987.] Stuttgart 1991.

Dies.: Der Frauenleib als öffentlicher Ort. Vom Mißbrauch des Begriffs Leben. Hamburg/Zürich 1991. (Luchterhand Essay, 9).

Dülmen, Richard van: Theater des Schreckens. Gerichtspraxis und Strafrituale in der frühen Neuzeit. München 1985, 2. Aufl. 1988.

Ders. (Hg.): Dynamik der Tradition. Frankfurt/M. 1992.(Studien zur historischen Kulturforschung, IV).

Ders.(Hr.): Körper-Geschichten. Frankfurt/M. 1996.(Studien zur historischen Kulturforschung, V).

[Du Monchaux, Pierre Jean:] Medicinische Anekdoten, oder Sammlung besonderer Fälle, welche in die Anatomie, Pharmaceutik, Naturgeschichte etc. einschlagen, nebst einigen merkwürdigen Nachrichten von den berühmtesten Aerzten. [Paris 1762.] Aus dem Französischen übersetzt. Erster Theil. (Zweyter Theil). Frankfurt/Leipzig: Tobias Göbhardt 1767. 20 Bl. n.n., 256 S.; 255 S.

[EM=] *Enzyklopädie des Märchens. Handwörterbuch zur historischen und vergleichenden Erzählforschung.* Hg. von Kurt Ranke/Rolf Wilhelm Brednich u.a. Berlin/New York 1977ff. (bis 1997 erschienen Bd. 1-8, A-L).

[Fabricius, Wilhelm]: *Deß Weitberühmten Guilhelmi Fabricii, Hildani Ihro Fürstl. Gnaden deß Marggraven von Baden und Hochberg, etc. Wie auch der Löblichen Stadt Bern Leib-, Stadt-, und Wundartztes Wund-Artzney. Gantzes Werck, und aller Bücher, so viel deren vorhanden.* [...] Auß dem Lateinischen in das Teutsche übersetzt durch Friderich Greiffen. [...] Hanau/Frankfurt/M.: J. Aubry/J. Beyer 1652. 14 Bl. n.n., 1338 S. 14 B. n.n. (Reisger), III.

Ders.: *Opera quœ extant omnia [...] multisque in locis [...] aucta.* [...] Frankfurt/M.: J. L. Dufour und B. C. Wust 1682. 16 Bl. n.n., 1044 S. 10 Bl.

[Ders.:] *Von der Fürtrefflichkeit und Nutz der Anatomy [1624] von Wilhelm Fabry von Hilden, genannt Fabricius Hildanus, Stadtarzt in Bern von 1615-1634.* 2. Auflage, (Hg.) F. de Quervain/Hans Bloesch. Aarau/Leipzig 1936. (Veröffentlichungen der Schweizerischen Gesellschaft für Geschichte der Medizin und der Naturwissenschaften, 10).

Featherstone, Mike/Hepworth, Mike/Turner, Bryan S.: *The Body. Social process and cultural theory.* London 1991.

Feher, Michel/Naddaff, Ramona/Tazi, Nadia: *Fragments for a History of the Human Body.* 1-3. New York 1989. (Zone, 3-5).

Fellsches, Josef(Hg.): *Körperbewußtsein.* Essen 1990. (Folkwang-Texte, 1: Beiträge zu Theorie und Kultur der Sinne,2).

Fémininmasculin - siehe Buisson,F./Destanque, P., 1995.

Fischer, Helmut: *Der Rattenhund. Sagen der Gegenwart.* Köln/Bonn 1991. (Beiträge zur rheinischen Volkskunde, 6).

Fischer-Dückelmann, Anna: *Die Frau als Hausärztin. Ein ärztliches Nachschlagebuch der Gesundheitspflege und Heilkunde in der Familie mit beseonderer Berücksichtigung der Frauen- und Kinderkrankheiten, Geburtshilfe und Kinderpflege.* (70.-80. Tsd.) Stuttgart 1903.

Fischer-Homberger, Esther: *Krankheit Frau. Zur Geschichte der Einbildungen.* [1979]. Darmstadt/Neuwied 1984. (Sammlung Luchterhand, 498).

Foucault, Michel: *Naissance de la clinique, Une archéologie du regard médical.* Paris 1963. 5. Aufl. Paris 1983?.

Frank, Johann Peter: *System einer vollständigen medicinischen Policey.* Band 1-6[Band6: 1.-3. Teil]. Mannheim: C.F. Schwan 1779-Wien: C. Schaumburg 1817/1819.

Frevert, Ute: Frauen und Ärzte im späten 18. und frühen 19. Jahrhundert. Zur Sozialgeschichte eines Gewaltverhältnisses. In: Kuhn, Annette/Rüsen, Jörn(Hg.): *Frauen in der Geschichte,*

II, Fachwissenschaftliche und fachdidaktische Beiträge zur Sozialgeschichte der Frauen [...]. Düsseldorf 1982. (Geschichtsdidaktik. Studien, Materialien, 8), 177-210.

Dies: *Krankheit als politisches Problem, 1770-1880. Soziale Unterschichten in Preußen zwischen medizinischer Polizei und staatlicher Sozialversicherung.* Göttingen 1984. (Kritische Studien zur Geschichtswissenschaft, 62).

Friedrich, Evitta: *Die midizinischen Flugschriften des 16. Jahrhunderts.* (diss.) Wien 1983.

Galtier-Biossière, Dr: *Dictionnaire illustré de Médecine usuelle.* 58ᵉ édition. Paris 1918.

Gay, Peter: *The Bourgeois Experience: Victoria to Freud. Vol. I: Education of the Senses.* New York/Oxford 1964.

Gebauer, Gunter(Hg.): *Körper- und Einbildungskraft. Inszenierungen des Helden im Sport.* Berlin 1988. (Historische Anthropologie, 2).

Gilman, Sander L.: *Disease and Representation: Images of Illness from Madness to AIDS.* Ithaca/N.Y. 1988.

Gnann, Martin: *Populäres Heilen im kulturellen Umfeld der Vormoderne.* Diss. Tübingen. Tübingen 1994.

Gockelius, Eberhard: *Tractatus Polyhistoricus Magico-Medicus Curiosus, Oder Ein kurzer, mit vielen verwunderlichen Historien untermengter Bericht von dem Beschreyen und Verzaubern, Auch denen darauß entspringenden Kranckheiten und zauberischen Schäden. Was dasselbe eigentliche seye? aus waserley Ursache solches herkomme? wie sich vor solchem Unwesen zu hüten? Und auf was Weise die darauß entstandene Kranckheiten [...] curiret werden könne?* [...] Frankfurt/Leipzig: L. Kroniger/G. Göbels Erben 1699. 4 Bl. n.n., 182 S.

Goldstein, Laurence(Hg.): *The Female Body. Figures, styles, speculations.* Ann Arbor 1991.

Grabner, Elfriede(Hg.). *Volksmedizin. Probleme und Forschungsgeschichte.* Darmstadt 1967. (Wege der Forschung, 63).

Gregory, Richard L.(Hg.): *Le Cerveau un inconnu. Dictionnaire encyclopédique.* Traduit de l' anglais par Jean Doubovetzky. (The Oxford Companion to the Mind, 1987.) Paris 1993.

Guggino, Elsa: *Il corpo è fatto di sillabe: Figure di maghi in Sicilia.* Palermo 1993. (Prisma, 160).

Guthrie, R. Dale: *Body Hot Spots. The anatomy of human social organs and behavior.* New York/Cincinnati etc. 1976.

Gyr, Ueli: Stille Gewalt. Zur Bedeutung nonverbal ausgeubter Macht im Alltag. In: Brednich, Rolf W./Hartinger, Walter(Hg.): *Gewalt in der Kultur: Vorträge des 29. Deutschen Volkskundekongresses,* Passau 1993. Teilband 1. Passau 1994. (Passauer Studien zur Vilkskunde, 8), 77-96.

Hagner, Michael(Hg.): *Der falsche Körper. Beiträge zu einer Geschichte der Monstrositäten.*

Göttingen 1995.

Händel, Fred/Hermann, Axel(Hg.): *Das Hausbuch des Apothekers Michael Walburger*, 1652-1667. 1-5. Hof 1988. (33-37. Bericht des Nordoberfränkischen Vereins für Natur-, Geschichts- und Landeskunde).

HDA- siehe Bächtold-Stäubli, H.

Heidt, Erhard U.: Körper und Kultur: Die gesellschaftliche Konstruktion des menschlichen Körpers. In; Herzog, H.M.: *The Body/Le Corps*, 1994, 110-128.

Heinemann, Käthe/Arteil, Walter/Kümmel, Werner Friedrich: Die Ärzteheiligen Kosmas und Damian. Ihre Wunderheilungen im Lichte alter und neuer Medizin. In: *Mhj 9* (1974) 255-317.

Hellman, Cecil: *Körpermythen. Werwolf, Medusa und das radiologische Auge.* Übers. Elfriede Peschel. (Body Myths. London 1991.) München 1991.

Hellwig, Christoph: *Vollkommenes Teutsch- und Lateinisches Psysicalisch- und Medicinisches Lexikon, Worinnen die Kunst-Wörter der Medicorum, Apotheker, Chirurgorum und Materialisten [...] zusammengetragen [...].* Hannover: N. Förster 1713. 4 Bl. n.n., 1004 S., 18Bl. n.n.(Register).

[Hellwig, Theodor Andreas von:] *Kluger und lustiger Medicus, Welcher Durch anmuthige Historien, Gespräche und Fragen, nicht allein den jetzigen Zustand der edlen Medicin vor Augen leget, die groben Spähne von selbiger, als Medicastros, Empiricos, und Pfuscher abhobelt; sondern auch den rechten Grund, zum wahrhaften Studio Medico zu kommen, anzeigt, auch ein ziemliches von guten und sicheren Medicamenten und Recepten mittheilt; Aufgesetzt und verbessert von T.A.v. Hiatrophilo.* Zittau: J.J. Schöps 1728, 4 Bl. n.n., 354 S., 3 Bl. n.n.

Helmont, Jean Baptiste de: *Aufgang der Artzney-Kunst, Das ist: Noch nie erhörte Grund-Lehren von der Natur, zu einer neuen Beförderung der Artzney-Sachen, so wol die Kranckheiten zu vertreiben, als ein langes Leben zu erlangen. Geschrieben von Johann Baptista von Helmont [...] in die Hochteutsche Sprache übersetzt [...].* Sulzbach: J.A. Endters Söhne 1683. 16 Bl. n.n., 1270 S., Register.

Héritier-Augé, Francoise et al: *Le Corps en morceaux.* Paris 1992.

Herzlich, Claudine/Pierret, Janine: *Kranke gestern, Kranke heute: Die Gesellschaft und das Leiden.* München 1991.

Herzog, Hans Michael(Hg.): *The Body/Le Corps. Zeitgenössische Kunst aus Kanada*, Kilchberg-Zürich 1994.

Hiatrophilus, T.A.: siehe Hellwig, T.A.

Hirsch, August(Hg.): *Biographisches Lexikon der hervorragenden Ärzte aller Zeiten und Völker.* 2 Aufl. hg. von W. Haberling/F. Hübotter, H. Vierodt 1-5 und Ergänzungsband.

462

Berlin/Wien 1929-1935.

Holzapfel, Otto: *Vierzeiler-Lexikon. Schnaderhüpfel, Gesätzte, Gestanzeln, Rappeditzle, Neck-, Spott-, Tanzverse und verwandte Formen aus mündlicher Überlieferung - ein kommentiertes Typenverzeichnis.* Band 1-5. Bern/Frankfurt/M. etc. 1991-1994. (Studien zur Volksliedforschung, 7-11).

Honegger, Claudia: *Die Ordnung der Geschlechter: Die Wissenschaften vom Menschen und das Weib, 1750-1850.* Frankfurt/M./New York 1991.

Houbre, Gabrielle: *La Discipline de l' amour: L' éducation sentimentale des filles et des garçons à l' âge du romantisme.* Paris 1997.

Hufeland, Christoph Wilhelm: *Enchiridion midicum oder Anleitung zur medizinischen Praxis. Vermächtnis einer funfzigjährigen Erfahrung.* 2. vermehrte Auflage. Berlin 1836.

Imhof, Arthur E. (Hg.): *Mensch und Gesundheit in der Geschichte. Les hommes et la santé dans l' histoire. Vorträge eines internationalen Colloquiums in Berlin, 1978.* Husum 1980. (Abhandlungen zur Geschichte der Medizin und der Naturwissenschaften, 39).

Ders. (Hg.): *Leib und Leben in der Geschichte der Neuzeit: Vorträge eines internationalen Kolloquiums, Berlin 1981.* Berlin 1983. (Berliner historische Studien, 9).

Ders. (Hg.): *Der Mensch und sein Körper: Von der Antike bis heute.* München 1983.

Jeggle, Utz: *Der Kopf des Korpers. Eine volkskundliche Anatomie.* Weinheim/Berlin 1986.

Ders.: Im Schatten des Körpers. Vorüberlegungen zu einer Volkskunde der Körperlichkeit. In: ZsVk 76(1980) 169-188.

Jütte, Robert: *Ärzte, Heiler und Patienten. Medizinischer Alltag in der frühen Neuzeit.* München/Zürich 1991.

Kamper, Dietmar/Rittner, Volker(Hg.): *Zur Geschichte des Körpers.* München 1976. (Reihe Hanser, 212).

Kamper, Dietmar/Wulf, Christoph(Hg.): *Die Wiederkehr des Körpers.* Frankfurt/M. 1982. (edition suhrkamp, 1132).

Kamper, Dietmar/Wulf, Christoph(Hg.): *Transfiguration des Körpers. Spuren der Gewalt in der Geschichte.* Berlin 1989. (Historische Anthropologie, 6).

Käser, Rudolf/Pohland, Vera(Hg.): *Disease and Medicine in Modern German Cultures.* Ithaca/N.Y. 1990. (Western Societies Program Occasional Paper, 28).

Kay, Sarah/Rubin, Miri(Hg.): *Framing Medieval Bodies.* Manchester 1994.

Keleman, Stanley: *Verkörperte Gefühle. (Emotional Anatomy). Der anatomische Ursprung unserer Erfahrungen und Einstellungen.* München 1992.

Kennedy, Brian P./Coakley, Davis(Hg.): *The Anatomy Lesson: Art and Medecine.* An Exhibition of Art and Anatomy to celebrate the Tercentenary of the Royal Charter of 1692 of the Royal College of Physicians of Ireland. Dublin: The National Gallery of Ireland 1992.

[KHM=] Brüder Grimm: Kinder- und Hausmärchen. 1-3. Hg. Heinz Rölleke. Stuttgart 1980. (RUB, 3191-3193).

Kimbrell, Andrew: *Ersatzteillager Mensch. Die Vermarktung des Körpers.* (The Human Body Shop. The Engineering and Marketing of Life. New York 1993). Übers. Thomas Steiner. Frankfurt/M./New York 1994.

Klotter, Christoph: *Der geraubte Körper-verführt und zugerichtet.* Pfaffenweiler 1993. (Schnittpunkt Zivilisationsprozeß, 12).

Köhler, Michael(Hg.): *Ansichten vom Körper. 150 Jahre Aktfotografie.* [Ausstellungskatalog.] Kilchberg/Zürich (1986) 1995.

Korte, Barbara: *Körpersprache in der Literatur. Theorie und Geschichte am Beispiel englischer Erzählprosa.* Tübingen 1993.

Kröll, Katrin/Steger, Hugo(Hg.): *Mein ganzer Körper ist Gesicht. Groteske Darstellungen in der europäischen Kunst und Literatur des Mittelalters.* Freiburg/Br. 1994. (Rombach Wissenschaft, Reihe Litterae, 26).

Kubik, Sabine: *Krankhiet und Medizin im literarischen Werk Georg Büchners.* Stuttgart 1991.

Kühn, Oscar: *Medizinisches aus der altfranzösischen Dichtung.* Breslau 1904. (Abhandlungen zur Geschichte der Medizin, 8).

Laneyrie-Dagen, Nadeije/Diebold, Jacques: *L' Invention du corps. La représentation de l' homme du Moyen Age à la fin du XIX* siècle.* Paris 1997.

Lavater, Johann Kaspar: *Von der Physionomik und Hundert physiognomische Regeln.* Hg. Karl Riha/Carsten Zelle. Frankfurt/M. 1991 (Insel TB, 1366).

[LCI=] Kirschbaum, Engelbert/Braunfels, Wolfgang(Hg.): *Lexikon der christlichen Ikonographie.* Band 1-8. Rom/Freiburg/Basel/Wien (1968-1976) 1990.

Le Breton, David: *Corps et sociétés. Essai de sociologie et d' anthropologie du corps.* Paris 1985.

Ders.: *Anthropologie du corps et modernité.* Paris 1990.

Ders.: *La Chair à vif. Usages médicaux et mondains du corps humain.* Paris 1993.

Legman, Gershon: *Rationale of the Dirty Joke. An analysis of sexual humor.* First (Second) Series. New York 1968, 1975.

Lemnius, Levin: *Occulta naturae miracula: Das ist, Wunderbarliche Geheimnisse der Natur in dess Menschen Leibe und Seel [...]. [...] theils von neuem selbst geschrieben durch Jacobum Horstium [...].* Frankfurt/Hamburg [1588] 1672.

Lichtenberg, Georg Christoph: *Schriften und Briefe. 3. Band. Aufsätze, Entwürfe, Gedichte, Erklärung der Hogarthischen Kupferstiche.* Hg. Wolfgang Promies. München 1972.

[LMA=] *Lexikon des Mittelalters.* Bd. 1-7(München 1980-1995 und ff.).

Lomperis, Linda/Stanbury, Sarah(Hg.): *Feminist Approaches to the Body in Medieval*

Literature. Philadephia 1993.

Loux, Françoise: *Das Kind und sein Körper in der Volksmedizin. Eine historisch-ethnographische Studie*. (Le jeune enfant et son corps dans la médecine traditionelle, 1978.) Hg. Kurt Lüscher. Frankfurt/M. 1991. (Fischer TB, 10 269).

Dies/Richard, Philippe: *Sagesses du corps. La santé et la maladie dans les proverbes français*. Paris 1978. (Les Littératures populaires de toutes les nations, N.S., 25).

Dies.: *Pratiques et savoirs populaires Le Corps dans la société traditionnelle*. Nancy/Paris 1979.

Loyseau, Guillaume: *Observations Medicinales et chirurgicales, avec histoires, noms, pays, saisons & tesmionages*. Bordeaux:Gilbert Vernoy 1617. 12 Bd. n.n., 131 S.

Lust am Leib. Die Entdeckung des Körpers. (Spiegel Special. Das Magazin zum Thema, Nr. 4.) Hamburg 1997.

Lutz, Ronald: Punk, Randale, Prügelei: Zur Gewalt der Jugendlichen. In: *ZsVk* 89(1993) 34-48.

Magnus, Hugo: *Der Aberglauben in der Medizin*. Breslau 1903. (Abhandlungen zur Geschichte der Medizin, 6).

Ders.: *Die Volksmedizin, ihre geschichtliche Entwicklung und ihre Beziehungen zur Kultur*. Breslau 1905. (Abhandlungen zur Geschichte der Medizin, 15).

Maledicta, The International Journal of Verbal Aggression. Vol. [1(1977)-] 12. Reinhold Aman, Editor. Santa Rosa, CA. 1996.

Mann, Gunter: Medizinisch-biologische Ideen und Modelle in der Gesellschaftslehre des 19. Jahrhunderts. In: *MhJ* 4 (1969) 1-23.

Mascia-Lees, L./Sharpe, Patricia(Hg.): *Tattoo, Torture, Mutilation, and Adornment, The denaturalization of the body in culture and text*. Albany 1992.

Mattenklott, Gert: *Der übersinnliche Leib. Beiträge zur Metaphysik des Körpers*. Reinbek 1982. (Das neue Buch, 170).

Medicinische Anecdoten - siehe Du Monchaux, P.J.

Meiners, Uwe: "Korsetts und Nylonstrümpfe". Überlegungen zur Dingbedeutsamkeit am Beispiel einer Ausstellung. In: Lipp, Carola. *Medien popularer Kultur:(FS R.W.Brednich.)* Frankfurt/M./New York 1995, 445-453.

[MhJ] = *Medizinhistorisches Journal. Internationale Vierteljahresschrift für Wissenschaftsgeschichte*. Hg. von W.F. Kümmel, G. Mann, P. Schölmerich, U. Tröhler, U. Weisser u.a.(ab Bd. 1 [1966] bis 32 [1997]).

Michel, Paul(Hg.): *Symbolik des menschlichen Leibes*. Bern etc. 1995. (Schriften zur Symbolforschung, 10).

Milz, Helmut: *Der wiederentdeckte Körper: Vom schöpferischen Umgang mit sich selbst*. München/Zürich 1992.

Mizaldus[Mizauld], Antonius[Antoine]: *Memorabilium, utilium, ac iucundorum centuriœ novem, in Aphorismos Arcanorum omnis generis locupletes, perpulchrè digestœ.* Paris: F. Morel 1567. 16 Bl. n.n., 136 Bl.

Möhrmann, Renate(Hg.); *Verklärt, verkitscht, vergessen. Die Mutter als ästhetische Figur.* Stuttgart/Weimar 1996.

Morris, David B.: *Geschichte des Schmerzes.* (The Culture of Pain, 1991.) Übers. Ursula Gräfe. Frankfurt/M. 1994. (Suhrkamp Taschenbuch, 2529).

Morris, Desmond: *Körpersignale. Bodywatching.* München 1986.

Morton, Leslie T.(Hg.): *A Medical Bibliography (Garrison and Morton). Am annotated checklist of texts illustrating the history of medicine.* 4. Aufl. Aldershot/Hampshire 1983.

Most, Georg Friedrich: *Encyklopädie der Volksmedizin.* Einleitung Karl Frick und Hans Biedermann.(Leipzig 1843). Graz 1973, 1984.

[Mot. =] Thompson, Stith: *Motif-Index of Folk-Literature. A Classification of Narrative Elements in Floktales [...] and Local Legends. Revised and enlarged edition.* 1-6. Copenhagen 1955-1958.

Müller, Jan-Dirk(Hg.): *'Aufführung' und 'Schrift' in Mittelalter und früher Neuzeit.* Stuttgart/Weimar 1996. (Germanistische Symposien, Berichtsbände, 17).

Muller, Klaus E.: *Der Krüppel. Ethnologia passionis humanae.* München 1996.

Murault, Johannes von: *Anatomische Collegium, in welchen alle und jede Theile deß Menschlichen Leibes zusamt denen Kranckheiten und Zufällen, welchen sie unterworffen [...], beschrieben worden. [...] vorgetragen zu Zürich auf einer Löblichen Gesellschaft zum Schwartzen Garten.* Nürnberg: Wolfgang Moritz Endter 1687. 12 Bl. n.n., 775 S., 44 Bl. n.n. (Register).

Ders: *Hippocrates Helveticus, oder der getreu-, sicher- und wohlbewährte Eydgnössische Stadt-, Land- und Hauß-Arzt, in welchem eine klare und wahrhaffte Beschreibung innerlicher Gebrechen und Kranckheiten des menschlichen Leibs und aller dessen Gliedern, nach den besten Grundsätzen der Heilkunst enthalten [...] zu unaußsprechlicher Bequemlichkeit dem Alphabet nach vorgestellet [...].* Basel: Emanuel und Johann Georg König 1692. 16 Bl. n.n., 1046 S., 12 Bl. n.n.(Register).

Muri, Walter(Hg.): *Der Arzt im Altertum. Griechische und lateinische Quellenstücke von Hippokrates bis Galen mit der Übertragung ins Deutsche.* 2. Aufl. München 1962.

Nagi-Docekal, Herta(Hg.): *Körper.* Wien/Köln/Weimar 1994.

Ohly, Friedrich: *Schriften zur mittelalterlichen Bedeutungforschung.* Darmstadt 1977.

Paracelsus, Theophrastus: *Des Weitberümbten Hochgelehrten und Erfarnen Aureoli Theophrasti Paracelsi Medici etc. Wund- und Artzney Buch.* Hg. Adam von Bodenstein. Frankfurt/M.: Martin Lechler/Sigmund Feyrabend/Simon Hüter 1565. 8. Bl. n.n.,

CCCCCCVI(706) Bl., 1 Bl. n.n., mehrere (wiederholte) Holzschnitte im Text.

Pare, Ambroise: *WundtArtzney, oder Artzneyspiegell des Hocherfahrnen und Weitberühmbten Herrn Ambrosii Parei [...] von Petro Uffenbach [...] transferirt und gesetzt.* Frankfurt/M.: Zacharias Palthenius/Peter Fischers Erben 1601. 8. Bl. n.n., 1239 S., 8 Bl. n.n.(Register).

Paullini, Christian Franz: *Neu-Vermehrte, Heilsame Dreck-Apotheke, Wie nemlich mit Koth und Urin fast alle, ja auch die schwerste gifftigste Kranckheiten und bezauberte Schaden, vom Haupt biß zum Füssen, inn- und äusserlich glücklich curiret worden. [...]* Frankdurt/M.: Friedrich Knoch 1698. 12 Bl. n.n., 158 S., 2 fol.

Payer, Lynn: *Andere Länder, andere Leiden. Ärzte und Patienten in England, Frankreich, den USA und hierzulande.* (Medicine and Culture. New York/London 1988/1989.) Übers. Bettina Abarbanell. Frankfurt/M./New York 1989.

Pearsall, Ronald: *The Worm in the Bud. The world of Victorian sexuality* [1969]. Harmondsworth 1985.

Perrot, Philippe: *Le travail des apparences. Le corps féminin. XVIIIᵉ - XIXᵉ siècle.* Paris 1984. (Coll. Points Histoire, H 141).

Pfeiffer, Carl J.: *The Art and Pratice of Western Medicine in the Early Nineteenth Century.* Jefferson, N.C./London 1985.

[Pitrè; Giuseppe:] *Märchen aus Sizilien. Gesammelt von Giuseppe Pitrè.* Übers. und hg. Rudolf Schenda und Doris Senn. München 1991.

Platter, Felix: *Observationum in hominis affectibus plerisque, corpori & animo, functionum loesione, dolore, aliáve molestiâ & vitro infensis, libri tres [...]. [1614].* Basel: Ludwig König 1641. 24 Bl. n.n., 912 S. + Indices.

Platter Felix: *Tagebuch. (Lebensbeschreibung) 1536-1567.* Hg. Valentin Lötscher. Basel/Stuttgart 1976. (Basler Chroniken, 10).

Platzer, Werner (Hg.): *Pernkopf Anatomie. Atlas der topographischen und angewandten Anatomie des Menschen.* 3. Aufl. München/Wien/Baltimore 1994.

Porter, Roy: History of the Body. In: Bruke, Peter(Hg.): *New Perspecktives on Historical Writing.* Cambridge 1992, 206-232.

Prat, Marie-Hélène: *Les Mots du corps. Un imaginaire lexical dans Les Tragiques d' Agrippa d' Aubigné.* Genève 1996. (Travaux d' Humanisme et Renaissance, 303).

[Problemata Aristotelis:] *Ein schöner Tractat, mancherlaz Frag, Menschlicher und Thyerlicher Natur und Geschicklichkait, zu Latein genant Problemata Arestotilis, Galieni, und ander natürlicher Mayster und Philosophi.* o.O.M.D. XXXI[1531]. 18 Bl. n.n.

Putz, Reinhard/Pabst, Reinhard(Hg.): *Sobotta. Atlas der Anatomie des Menschen.* Band 1: Kopf, Hals, obere Extremität. Band 2: Rumpf, Eingeweide, untere Extremität. 20. Aufl.

München/Wien/Baltimore 1993.

Riedel, Wolfgang: Anthropologie und Literatur in der deutschen Spätaufklärung. Skizze einer Forschungslandschaft. In: *Internationales Archiv für Sozialgeschichte der deutschen Literatur*, 6. Sonderheft 1994, 93-157.

Röhrich, Lutz: *Lexikon der sprichwörtlichen Redensarten*. 1-4. Freiburg/Basel/Wien[1973] 1977.

Rosset, Francois de: *Les Histoires mémorables et tragiques de ce temps*. [1614]. 1619. Édition établie par Anne de Vaucher Gravili. Paris 1994. (Bibliothèque classique, 703).

Rotundo, E.A.: Body and Soul. Changing ideals of American middleclass manhood, 1770-1920. In: *Journal of Social History* 16(1983) 23-38.

Sacks, Oliver: *An Anthropologist on Mars. Seven paradoxical tales*. (New York 1995). London 1995.

Schade, Sigrid: Der Mythos des "Ganzen Körpers". Das Fragmentarische in der Kunst des 20. Jahrhunderts als Dekonstruktion bürgerlicher Totalitätskonzepte. In: Barta, I. u.a.: *Frauen-Bilder - Männer-Mythen*, 1987, 239-260.

Schenda, Rudolf: *Das Elend der alten Leute. Informationen zur Sozialgerontologie für die Jüngeren*. Düsseldorf 1972.

Ders.: Volkmedizin - was ist das heute? In: *ZsVk* 69(1973) 189-210. - Engl. Übersetzung: Folk Medicine - What Is It Today? In: Dow, James R./Lixfeld, Hannjost (Hg.): German Volkskunde. A Decade of Theoretical Confrontation, Debate, and Reorientation (1967-1977). Bloomington 1986, 140-156.

Ders.: Stadtmedizin - Landmedizin. Ein Versuch zur Erklärung subkulturalen medikalen Verhaltens. In: *Stadt-Land-Beziehungen. Verhandlungen des 19. Deutschen Volkskundekongresses in Hamburg. 1973*. Hg. Gerhard Kaufmann. Göttingen 1975, 147-170

Ders.: Das Verhalten der Patienten im Schnittpunkt professionalisierter und naiver Gesundheitsversorgung. Historische Entwicklung und aktuelle Problematik. In: Blohmk, M. u.a.: *Handbuch der Sozialmedizin*, 3: Sozialmedizin in der Praxis, 1976, 31-45.

Ders; Der "gemeine Mann" und sein medikales Verhalten im 16. und 17. Jahrhundert. In: Telle, J.: *Pharmazie und der gemeine Mann*, 1988, 9-20.

Schenda, Rudolf: Leidensbewältigung durch christliche Andacht. Geistliche und soziale Therapie-Techniken in der Devotionalliteratur des 17. und 18. Jahrhunderts. In: Bödeker, Hans Erich/Chaix, Gérald/Veit, Patrice, (Hg.): *Le Livre religieux et ses pratiques - Der Umgang mit dem religiösen Buch. Studien zur Geschichte des religiösen Buches in Deutschland und Frankreich in der frühen Neuzeit*. Göttingen 1991, 388-402.

Ders.: *Von Mund zu Ohr. Bausteine zu einer Kulturgeschichte volkstümlichen Erzählens in*

Europa. Göttingen 1993.

Ders.: Märchen aus der Toskana. Übers. und erläutert von R.S. München 1996.

Schmid, Joseph: *Speculum Chirurgicum, oder Spiegel der WundArtzney; darinnen [...] zu ersehen, wie allerhand Verwundungen, sie kommen durch Hauen, Stechen, Schießen, Werffen oder Schlagen; item, offene oder unoffene Beinbrüch, und Ausweichungen der Glieder [...] in Mangelung eines Medici, mögen curirt werden [...]. Alles, aus eigener Erfahrung, in Ihrer Kayserl. Majest. Kriegs-Diensten, gesehen, gebraucht, und beschrieben.* Ulm/Augsburg: J. Wehe 1656. 6 Bl. n.n., 904 S., 11 Tafeln, 12 Bl. n.n. (Register).

Schmidt, Jean-Claude: *Les Revenants. Les vivants et les morts dans la société médiévale.* Paris 1994.

Schön, Erich: *Der Verlust der Sinnlichkeit oder die Verwandlung des Lesers. Mentalitätswandel um 1800.* Stuttgart 1987. (Sprache und Geschichte, 12).

Schott, Heinz: *Die Chronik der Medizin.* Unter Mitarbeit von Ingo Wilhelm Müller, Volker Roelcke, Barbara Wolf-Braun sowie Hans Schadewaldt. Dortmund 1993.

Schowe, Ulrike: *Mit Haut und Haar: Idomatisierungsprozesse bei sprichwörtlichen Redensarten aus dem mittelalterlichen Strafrecht.* Frankfurt/M./Berlin/Bern etc. 1994. (Germanistische Arbeiten zu Sprache und Kulturgeschichte, 27).

Schreiner, Klaus/Schnitzler, Norbert (Hg.): *Gepeinigt, begehrt, vergessen. Symbolik und Sozialbezug des Körpers im späten Mittelalter und in der frühen Neuzeit.* München 1992.

Scott, Sue/Morgan, David (Hg.): *Body Matters. Essays on the sociology of the body.* London/Washington, D.C. 1993.

Seid, Roberta Pollack: *Never Too Thin. Why women are at war with their bodies.* New York 1989.

Seignolle, Claude: *Le Folklore de la Provence.* Paris 1967.

Senfft, A.A.: *Gesundheitskatechismus für das Landvolk und den gemeinen Mann.* Neue umgearbeitete Auflage. München: J.B. Strobl 1788. 8 Bl. n.n., 231 S.

Shusterman, Richard: Die Sorge um den Körper in der heutigen Kultur. In: Kuhlmann, Andreas (Hg.): *Philosophische Ansichten der Kultur der Moderne.* Frankfurt/M. 1994, 241-277.

Siegbauer, F.: *Lehrbuch der Normalen Anatomie des Menschen.* 2.Aufl. Berlin/Wien 1930.

Simon, Manuel: *Heilige-Hexe-Mutter. Der Wandel des Frauenbildes durch die Medizin des 16. Jahrhunderts.* Berlin 1993. (Historische Anthropologie, 20).

Singer, Samuel - siehe: [TPMA=] Thesaurus Proverbiorum Medii Aevi.

Smith, Anthony: *The Body.* (London/New York 1968.) Harmondsworth 1970.

Sobiech, Gabriele: *Grenzüberschreitungen. Körperstrategien von Frauen in modernen Gesellschaften.* Opladen 1994.

Sonntag, Michael: Die Zerlegung des Mikrokosmos. Der Körper in der Anatomie des 16. Jahrhunderts. In: Kamper, D./Wulf, C.: *Transfigurationen des Körpers*, 1989, 59-96.

Sournia, Jean-Charles/Poulet, Jacques/Martiny, Marcel u.a. (Hg.): *Illustrierte Geschichte der Médizin.* Hg. Richard Toellner u.a. 1-8. (Histoire de la medecine; de la pharmacie, de l' art dentaire et de l' art veétérinaire.) Salzburg 1980-1984.

Spickernagel, Ellen: Vom Aufbau des großen Unterschieds. Der weibliche und männliche Körper und seine symbolischen Formen. In: Barta, I. u.a.: *Frauen-Bilder - Manner-Mythen*, 1987, 107-114.

Stafford, Barbara Maria: *Body Criticism. Imaging the unseen in Enlightenment art and medicine.* Cambridge/Mass. 1991.

Starobinski, Jean: A Short History of Bodily Sensation. In: Feher, M. u.a.: *Fragments*, 2. 1989, 352-405.

Steinberg, Leo: *The Sexuality of Christ in Renaissance Art and Modern Oblivion.* New York 1983.

Stolberg, Michael: Patientenschaft und Krankenhausspektrum in ländlichen Arztpraxen des 19. Jahrhunderts. In: *MhJ 28* (1993) 3-28.

Stoll, Johannes: *Versuch einer medicinischen Beobachtungskunst.* Zürich: Orell, Füßli und Compagnie 1802. XXIII, 482 S., Tabellen.

Stoll, Johannes: *Staatswissenschaftliche Untersuchungen und Erfahrungen uber das Medicinalwesen nach seiner Verfassung, Gesetzgebung und Verwaltung.* Erster - dritter Theil. [III: 1-2]. Zurich: Orell, Fußli und Compagnie 1812-1813. XXXIV, 284; VI, 396; IV, 286; VIII 295 S.; Tafeln.

Stolz, Susanna: *Die Handwerke des Körpers. Bader, Barbier, Perückenmacher, Friseur. Folge und Ausdruck historischen Körperverständnisses.* Diss. Marburg. Marburg 1992.

Suleiman, Susan Rubin (Hg.): *The Female Body in Western Culture. Contemporary perspectives.* Cambridge/Mass./London 1986.

Sydenham, Thomas: *Medizinische Werke.* Übers. Joseph Johann Mastalir. 1-2. Wien: J.D. Hörling 1786-1787. 458, 706 S.

Tanner, Jakob: Körpererfahrung, Schmerz und die Konstruktion des Kulturellen. In: *Historische Anthropologie* 2 (1994) 489-502.

Telle, Joachim(Hg.): *Pharmazie und der gemeine Mann. Hausarznei und Apotheke in deutschen Schriften der fruhen Neuzeit.* [Ausstellungskatalog.] (Wolfenbuttel: Herzog August Bibliothek 1982.) Weinheim 1988.

Theweleit, Klaus: *Männerphantasien. 1: Frauen, Fluten, Körper, Geschichte; 2: Männerkörper. Zur Psychoanalyse des weißen Terrors.* Frankfurt//M. 1977.

Thomann, Klaus-Dieter: Der "Krüppel": Entstehen und Verschwinden eines Kampfbegriffs.

In: *MhJ* 27 (1992) 221-271.

Thompson, Stith: siehe Mot.

Tiemersma, Douwe: *Body Schema and Body Image. An interdisciplinary and philosophical study.* Amsterdam 1989.

[TPMA=] Thesaurus Proverbiorum Medii Aevi. Lexikon der Sprichwörter des romanisch-germanischen Mittelalters. Begründet von Samuel Singer. Hg. vom Kuratorium Singer der Schweizerischen Akademie der Geistes- und Sozialwissenschaften. 1-5: A - He (und Quellenverzeichnis). Berlin/New York 1995-1997.

[Tubach=] Tubach, Frederic C.: *Index Exemplorum. A Handbook of Medieval Religious Tales.* Helsinki 1969. (FFC, 204)(zitiert nach Nr. 1-5400).

Universal-Lexicon der practischen Medicin und Chirurgie [Dictionnaire de Médecine et de Chirurgie pratiques, vol. 1-15] von Andral, [L.J.] Bégin; Blandin [...] und Sanson. Frei bearbeitet so wie mit den allgemeinen und besonderen Grundsätzen und practischen Erfahrungen aus dem Gebiete der Homöopathie bereichert von einem Vereine deutscher Aerzte. 1-14. Leipzig: H. Franke/Voigt und Fernau 1835-1848.

Ussel, Jos van: *Sexualunterdrückung. Geschichte der Sexualfeindschaft.* Übers. Hubertus Martin. Reinbek 1970. (rororo, 8024/8025).

Verdier, Yvonne: *Façons de dire, façons de faire. La laveuse, la couturière, la cuisinière.* Paris 1979 (Bibliothèque des Sciences Humaines).

Vesalius, Andreas: *De humani corporis fabrica libri septem.* [1542]. Basel: Johannes Oporinus 1555. 6 Bl. n.n., 824 S., 23 Bl. n.n. (Index), III.

Vogt, Irmgard/Bormann, Monika(Hg.): *Frauen-Körper. Lust und Last.* Tübingen 1992. (Forum für Verhaltenstherapie und psychosoziale Praxis, 19).

Walburger, Michael: siehe Händel, F./Herrmann, A.: *Das Hausbuch des Apothekers M. Walburger,* 1988.

Walker, Benjamin: *Encyclopedia of Esoteric Man.* London 1977.

Walton, John/Beeson, Paul B./Scott, Ronald Bodley (Hg.): *The Oxford Companion to Medicine.* Oxford/New York 1986.

Warneken, Bernd Jürgen (Hg.): *Der aufrechte Gang. Zur Symbolik einer Körperhaltung.* Tübingen 1990.

[Weber, Karl Julius]: *Demokritos oder hinterlassene Papiere eines eines lachenden Philosophen. Von dem Verfasser der "Briefe eines in Deutschland reisenden Deutschen".* (1832). 8. Aufl. 1-12. Stuttgart o.J.

Wernz, Corinna: *Sexualität als Krankheit. Der medizinischen Diskurs zur Sexualität um 1800.* Stuttgart 1993. (Beiträge zur Sexualforschung, 67).

Willey, Basil: *The Eighteenth Century Background, Studies on the Idea of Nature in the*

Thought of the Period. London 1946.

Wirsung, Christoph: *Ein Newes Artzney Buch, darin fast alle euserliche und innerliche unnatürliche Geschwülste, alle deß gantzen Menschlichen Leibs und dessen Gliedmassen Wunden, alle Geschwär und Fisteln aller und jeder Glieder: Endlich auch die Beinbrüche selbst, beschrieben, und wie dieselbe [...] curiert werden mögen angezeigt wird. [...] Durch den [...] Herrn Petrum Uffenbach, der Artzney Doctorn, und der Statt Franckfort wolbestelten Ordinarium.* [...] Frankfurt/M.: Zacharias Palthenius 1605. 6 Bl. n.n., 261 S., 1 Bl. n.n. (Register).

Ders.: *Ein newes Artzney Buch, darinnen fast alle Glieder menschliches Leibs, sampt ihren Kranckheiten und Gebrechen, von dem Haupt an, biß zu der Fuß-Sohlen, begriffen [...]. Verbessert durch [...] Herrn Petrum Uffenbachen [...].* Frankfurt/M.: Z. Palthenius 1619. 112 B.n.n.(Dictionarium und Register), 237S., 134S.(6.-8. Teil gesondert gezählt).

[Wirtz, Felix: *Wundartzney Buch,* Basel 1596. Titelblatt fehlt]. 12 Bl. n.n., DCLIII(653) S.

Wöbkemeier, Rita: *Erzählte Krankheit. Medizinische und literarische Phantasien um 1800.* Stuttgart 1990.

Wohlgemuth, Matthias(Hg.): *Körper- Fragment - Wirklichkeit. Beispiele aus der Schweizer Kunst des 20. Jahrhunderts.* [Ausstellungskatalog Kunstmuseum Solothurn, 1994.] Solothurn 1994.

Woyt, Johann Jacob: *Gazophylacium medico-physicum, Oder Schatz-Kammer Medicinisch- und Naturlicher Dinge [...].* [1709] Leipzig: Friedrich Lanckischs Erben 1737. 4 Bl., 1035 S., 34 Bl. (Register).

Wunder, Heide: *"Er ist die Sohn', sie ist der Mond". Frauen in der frühen Neuzeit.* München 1992.

Young, Katharine/Babcock, Barbara(Hg.): Bodylore. [Themenheft]. In: *Journal of American Folklore 107* (1994)(Number 423).

Zahn, Johannes: *Specula Physico-mathematico-historica notabilium ac mirabilium sciendorum in qua Mundi Mirabilis Oeconomia [...] curiosis omnibus cosmosophis inspectandus proponitur.* [...] Tomus 1-3. Nürnberg: J.C. Lochner 1696.

Zsindely, Endre; *Krankheit und Heilung im älteren Pietismus.* Zürich/Stuttgart 1962.

[ZsVk=] Zeitschrift für Volkskunde.

옮긴이의 말

노령화 시대를 맞이하여 요즘 사람들 사이에서 가장 많이 떠오르는 화젯거리는 아마도 웰빙과 건강일 것이다. 그러면서 우리 몸에 대한 관심 또한 커지고 있다. 각종 매체에서는 몸과 관련된 정보들이 홍수를 이룬다. 건강에 대한 이런 관심과 열풍이 맞물려서 누구를 만나든 대화의 주제는 건강이나 질병, 다이어트 같은 몸과 관련된 경우가 많다. 그리고 이런 정보의 홍수 속에서 부정확한 정보를 과신한 나머지 일어나는 부작용 사례들도 종종 접하게 된다.

이 책은 이런 현대인이 원하는 것, 즉 우리 몸에 대해 알고 싶어하는 심리를 관통하고 있으며, 일반 독자를 대상으로 몸에 대한 담론을 펼친다. 이 책은 머리에서부터 발끝까지 신체의 각 부위에 대한 의학적인 기본 지식과 함께 성경, 전설, 연대기, 동화, 시, 소설, 희곡, 신문 및 잡지 기사, 유행가 등을 인용하면서 다양한 각도에서 몸에 관한 이야기를 풀어간다. 문학과 동화 속에 자주 등장하는 굴러가는 머리 같은 모티브들, 몸의 각 부위가 상징적으로 지니는 의미, '히스테리'라는 개념의 유래, 처녀막의 신화, 시에서 항상 찬미의 대상이 되는 눈과 입술 등에 관한 내용은 독자의 관심을 끌기에 충분하며, 의학서나 연대기 같은 온갖 종류의 기록물에서 뽑아낸 인용문들을 읽는 재미도 만만치 않을 것이다. 가끔은 잔인하고 무시무시한 이야기들이 심기를 거스르기도 하겠지만, 이 책이 우리와는 다른 유럽이라는 문화적 배경 속에서 펼쳐지는 몸의 문화사를 접해볼 좋은 기회가 되리라 생각한다.

유럽 문화사와 관련된 책을 번역할 때마다 느끼는 애로사항이지만, 유럽 전역에 걸친 지명이나 인명의 정확한 표기, 의학적 용어의 번역, 그리고 시대상으로는 중세부터 현대까지, 지역적으로는 유럽 전체를 아우르는 수많은 인용문의 번역이 쉽지 않았다. 인용문 중 일부는 기존의 번역본을 참고했음도 밝혀둔다.

2007년 봄에 박계수

찾아보기

욕망하는 몸
인간의 육체에 관한 100가지 이야기

2007년 5월 10일 초판 1쇄 찍음
2007년 5월 25일 초판 1쇄 펴냄

지은이 | 루돌프 센다
옮긴이 | 박계수

펴낸이 | 정종주
주   간 | 최연희
기획편집 | 소은주 · 박지현
마케팅 | 김창덕

펴낸곳 | 도서출판 뿌리와이파리
등록번호 | 제10-2201호(2001년 8월 21일)
주소 | 서울시 마포구 서교동 451-48 2층
전화 | 02)324-2142~3
전송 | 02)324-2150
전자우편 | puripari@hanmail.net
누리집 | www.puripari.net

디자인 | 이석운 · 이선희
종이 | 화인페이퍼
인쇄 | 영신사
제본 | 우진제책
라미네이팅 | 금성산업

값 28,000원
ISBN 978-89-90024-69-5 (03900)